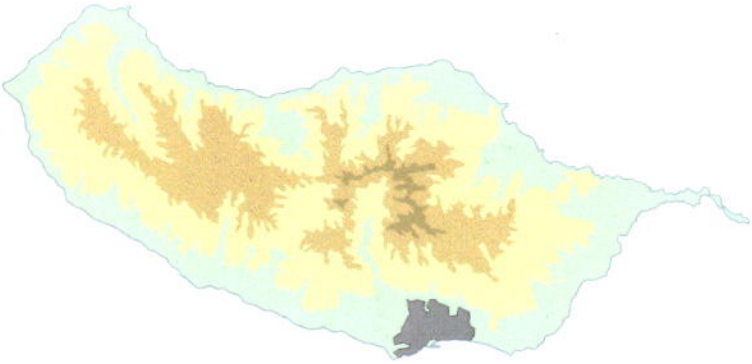

Reisepraktisches

Funchal

Südwesten

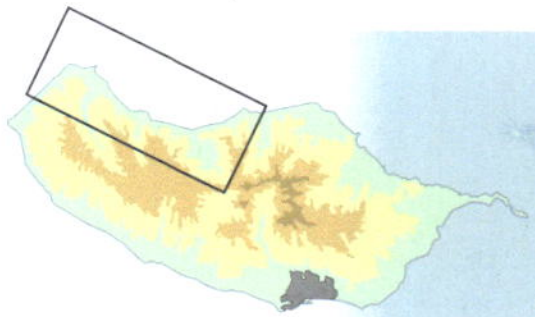

Nordwestküste

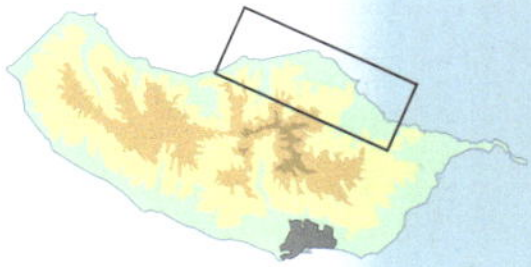

Nordosten

Südosten

Zentrum der Insel

Nebeninseln

Text und Recherche: Irene Börjes
Lektorat: Dagmar Tränkle
Redaktion und Layout: Nona-Andreea Kolle
Fotos: Ivan Egorov
Karten: Kim Vanselow
Covergestaltung: Karl Serwotka
Coverfotos: oben: Markthalle in Funchal
unten: Santa Cruz

ISBN 978-3-89953-295-1

3. komplett überarbeitete und aktualisierte Auflage 2007

MADEIRA

Irene Börjes

INHALT

Blumeninsel im Atlantik ... 10

Madeira im Überblick ... 12
Klima und Reisezeit ... 12
Anreise ... 13
Wohin auf Madeira? ... 16
Wohnen auf Madeira ... 19
Sport ... 21
Wandern ... 22
Ausflüge ... 24

Inselnatur ... 25

Landschaften ... 25
Geologie ... 26
Flora ... 28
Fauna ... 33

Geschichte und Wirtschaft ... 35

Entdeckungsgeschichte(n) ... 35
Inbesitznahme ... 35
Aufstieg und Fall mit Zucker und Wein ... 36
Arbeit und doch Hungersnöte ... 37
Endlich Demokratie und Stabilität ... 38

Essen und Trinken ... 42

Typisch Madeirisches ... 42
Für zwischendurch ... 42
Fischgerichte ... 43
Fleischgerichte ... 43
Nachspeisen ... 44
Gebäck ... 44
Getränke ... 44
Madeirawein ... 45

Unterwegs auf Madeira ... 47

Mit öffentlichen Verkehrsmitteln ... 47
Mit dem Mietfahrzeug ... 48
Verkehr ... 49

Rundfahrten ... 50

1. Fischerdörfer im Südwesten ... 51
2. Nach Nordwesten ... 52
3. Nach Osten ... 54
4. Ins Zentralgebirge und in den Norden ... 55

Wissenswertes von A bis Z ... 57

Ärztliche Versorgung ... 57
Apotheken ... 57
Baden ... 58
Einreisebestimmungen ... 60
Feiertage und Feste ... 60
Fotografieren ... 61
Geld/Banken ... 62
Haustiere ... 63
Information ... 63
Internet ... 63
Kleidung ... 64
Konsulate ... 65
Kriminalität ... 65
Kunsthandwerk/Souvenirs ... 66
Landkarten ... 67
Literatur ... 67
Notruf ... 68
Öffnungszeiten ... 68
Post ... 68
Preise ... 69
Sprache ... 70
Strom ... 70
Telefonieren ... 70
Trinkgeld ... 71
Zeit ... 71
Zoll ... 71

Funchal 72

Stadtgeschichte 73
Gärten, Parks und Quintas 86
Stadtrundgänge 88
Rundgang im Stadtzentrum 88
Rundgang durch die Zona Velha/Altstadt 93
Spaziergang in die Oberstadt 95
Weitere Sehenswürdigkeiten 99
Baden 100
Wandern 102
Ausflüge in Funchal 102
Botanischer Garten mit Papageienpark und Orchideengarten 102
Quinta da Boa Vista 104
Ausflüge in die Umgebung 107
Monte 107
Terreiro da Luta 112
Curral das Freiras 112
Quinta do Palheiro Ferreiro/ Blandy's Garden 116
Weitere schöne Ausflugsziele in der näheren Umgebung 117

Südwesten 118

Câmara de Lobos 119
Sehenswertes in der Umgebung 123
Cabo Girão 124
Ribeira Brava 125
Tábua 129
Ponta do Sol 129
Sehenswertes in der Umgebung 131
Die drei Calhetas 132
Calheta 132
Arco da Calheta und Estreito da Calheta 135
Jardim do Mar 136
Paúl do Mar 137
Prazeres 138
Wandern 139
Weiter nach Westen 140

Nordwestküste 142

Das Tal von São Vicente 143
São Vicente 144
Seixal 147
Sehenswertes in der Umgebung 148
Chão da Ribeira 148
Ribeira da Janela/Fanal 149
Porto Moniz 150
Wandern 154

Nordosten 156

Ponta Delgada 157
Boaventura 159
Arco São Jorge 160
Santana 162
Sehenswertes in der Umgebung 166
Wanderungen/Spaziergänge 168
Faial 173
Porto da Cruz 173
Wandern 175

Südosten 176

An der Küste entlang 176
Caniço 177
Caniço de Baixo 179
Garajau 184
Santa Cruz 185
Água de Pena 188
Machico 189
Sehenswertes in der Umgebung 194
Caniçal 195
Ponta de São Lourenço 199
Im Hinterland 202
Camacha 202
Santo da Serra (Sto. António da Serra) 205
Wandern 208

Zentrum der Insel ... 209

Zentralgebirge ... 210
Parque Ecológico do Funchal ... 210
Pico do Arieiro ... 211
Ribeiro Frio ... 214
Pico Ruivo ... 217
Encumeada-Pass ... 220
Hochebene Paúl da Serra, Rabaçal und Fanal ... 221
Wandergebiet Rabaçal ... 223
Fanal ... 226

Nebeninseln ... 228

Porto Santo ... 228

Porto Santo im Überblick ... 228
Geschichte ... 230
Porto Santo heute ... 232
Vila Baleira ... 240
Sehenswertes in der Umgebung ... 243
Rundfahrt: Von Vila Baleira nach Norden und über den Osten zurück ... 244

Ilhas Desertas und Selvagens ... 246

Ilhas Desertas ... 246
Naturschutzgebiet Ilhas Desertas ... 247
Ilhas Selvagens ... 248
Naturschutzgebiet Ilhas Selvagens ... 248

Etwas Portugiesisch ... 250

Register ... 254

Zeichenerklärung für die Karten und Pläne

Landkarten

Autobahn
Hauptverkehrsstraße
Nebenstraße
Piste
Wanderweg

Stadtpläne

Hauptstraße
Nebenstraße

Bebaute Fläche
Grünanlage
Gewässerfläche
Flughafen/-platz
Kirche
Schloss/Festung
Berggipfel
Wasserfall
Allgemeine Sehenswürdigkeit
Badestrand
Aussicht
Leuchtturm
Tunnel

Bushaltestelle
Taxistandplatz
Information
Post
Museum
Parkplatz
Krankenhaus
Campingplatz
Apotheke
Telefon
Bank
Öffentliches WC
Supermarkt

Wanderungen

W 1: Levadaweg nach Câmara de Lobos ... 105
W 2: Abstieg ins Nonnental ... 115
W 3: Die Küste hinunter nach Paúl do Mar ... 139
W 4: In die Schlucht des Ribeira da Janela ... 155
W 5: Kurzwanderung: Von O Rancho Madeirense zum Park von Queimadas und zurück ... 168
W 6: Queimadas – Caldeirão Verde – Queimadas ... 169
W 7: Küstenwanderung auf alten Pfaden von Santana nach São Jorge ... 171
W 8: Kurzwanderung zur wilden Nordküste ... 200
W 9: In den letzten Inselzipfel ... 201
W 10: Kurzwanderung: Drei Aussichtsplätze ... 212
W 11: Von Gipfel zu Gipfel ... 213
W 12: Kurzwanderung: Waldweg auf den Balkon ... 215
W 13: Auf den Pico Ruivo und zurück ... 218
W 14: Abstieg Achada do Teixeira – Queimadas – Santana ... 219
W 15: Kurzwanderung: Zum Risco-Wasserfall und zurück ... 224
W 16: Zu den 25 Wasserfällen ... 224
W 17: Tiefer Einstieg in die Schlucht ... 225
W 18: Rundwanderung mit Aussicht ... 227

Kartenverzeichnis

Funchal Innenstadt ... Umschlagklappe vorn
Madeira & Porto Santo Übersicht (+ Archipel) ... Umschlagklappe hinten

Rundfahrten auf Madeira ... 51
Câmara de Lobos ... 121
Ribeira Brava ... 127
Porto Moniz ... 153
Caniço de Baixo/Caniço ... 181
Machico ... 191
Vila Baleira (Porto Santo) ... 239

Übersicht der Wanderungen ... 22
Wanderung 1 ... 105
Wanderung 2 ... 115
Wanderung 3 ... 140
Wanderung 4 ... 155
Wanderung 5/6/7/14 ... 169
Wanderung 8/9 ... 201
Wanderung 10/11/13 ... 214
Wanderung 12 ... 216
Wanderung 15/16/17 ... 225
Wanderung 18 ... 227

Alles im Kasten

Levadas: Wasser- und Wanderwege 23
Stand am Anfang die Liebe? 36
Illustre Gäste und zwei Todesfälle 38
Abschied von Bananen? 39
Des Rätsels Lösung:
Wie der Madeirawein zu seiner Vollendung reifte 46
„Die Menschen sind offen und ernsthaft“ 74
Maurisch und manuelinisch 90
Der letzte Kaiser 110
Von Schultern auf Kufen 114
Zukunft ohne bunte Boote 120
Ein Ritter mit vielen Namen 132
Ein Haus mit Strohdach 166
Beschwerlicher Marsch mit Betrunkenen 172
Von Walfängern zu Walschützern 196
„Ein fürchterlich blutiges Gemetzel“ 198
„Vielleicht werde ich später Krankenschwester“ 204
Geschützte Natur 210
„Lorbeerspieße schmecken mir nicht mehr“ 216
Wasser für den Süden 222
Artensterben für Gesundheit und Schönheit 231
Felipa und Christoph Kolumbus 242

Was haben Sie entdeckt?

Trotz gründlicher Recherche kann es passieren, dass uns etwas entgeht. Wenn Sie einen einsamen Strand, ein typisches Restaurant oder eine freundliche Pension gefunden haben, lassen Sie es uns bitte wissen. Auch für Kritik und Verbesserungsvorschläge sind wir dankbar.

Schreiben Sie an:

Irene Börjes
Stichwort „Madeira"
c/o Michael Müller Verlag
Gerberei 19
91054 Erlangen
E-Mail: irene.boerjes@michael-mueller-verlag.de

Wolken schwappen von Norden her über die Bergzüge

Blumeninsel im Atlantik

Grün dominiert: Dunkelgrün schimmert das Laub der Lorbeerbäume, zwischen ihnen sitzen auf glänzend grünen Blättern blaue, weiße und rote Blüten von Hortensien und Azaleen, dick wie Pompons. Zartgrün schimmern Weinranken und saftige Gräser. Mittendrin nicken Lilienkelche, leuchten die Kerzen von Girlandenblumen, summen Bienen um Natternköpfe und blühenden Ginster. Als Wegbegleiter rauschen Bäche und Wasserfälle. Madeira macht seinem Beinamen „Blumeninsel im Atlantik" alle Ehre. Die Übersetzung von Madeira ist „Holz", und das gibt es hier noch reichlich; allerdings stehen die Wälder heute unter Naturschutz.

Aus dem Grün ragen die felsigen, von Zedern- und Heidegebüsch bewachsenen Bergzinnen des Zentralgebirges, nur auf der östlichen Halbinsel gibt freiliegendes Vulkangestein den Farbton an. „Üppig" und „vielfältig" sind die passenden Attribute für Madeiras Landschaften. Verliehen werden sie vor allem von Urlaubern, die bisher den kargen Mittelmeerinseln den Vorzug gaben. Der Urlaubsklassiker Madeira war über Jahrzehnte aus der Mode geraten.

„Madeira? Du meine Güte, da fuhr schon meine Oma hin, das muss doch total touristisch sein!" Das mit der Oma kommt wohl hin. „Total touristisch" ist aber total daneben getippt, wenn man einmal vom Hotelviertel bei Funchal absieht. Schon in der lebhaften Hauptstadt selbst verlieren sich die Urlauber zwischen all den Einheimischen beim Einkauf oder Stadtbummel.

Seit Omas Schwarm Sissi hier Urlaub machte, hat sich viel getan; seit Oma selbst sich in einem der Parks und in lauer, duftender Luft erholte, verhältnismäßig wenig, und das ist auch gut so. An Madeira sind die stürmischen Entwicklungen des Massentourismus, die in den siebziger und achtziger Jahren die spanischen Küsten, die Kanaren und Mallorca heimsuchten, vorbeigezogen. Den Anschluss sucht die Insel erst seit wenigen Jahren wieder, aber da war der Boom der schnell hochgetürmten Massenquartiere schon vorbei, und man baute in kleineren Einheiten, flacher und im Stil der Gegend. Urlaub auf dem Lande hat ohnehin – britischen Vorlieben folgend – Tradition. Madeiras zauberhafte Küsten blieben weitgehend frei von Hotels und Apartmentanlagen, seine Fischerdörfer und Städtchen unversehrt und charmant. Häufig müssen die Autos draußen bleiben, denn für sie ist kein Platz in den schmalen Gassen, und ihre Plätze schmücken die Madeirer lieber mit Mosaiken als mit PS. Ruhig und gelassen wie die Menschen ist das dörfliche Leben: Man hat Zeit für ein Dominospiel auf der Caféterrasse und für einen Plausch, dem Besucher begegnet man mit aufrichtigem Interesse.

Santanahäuschen

Abseits der Metropole lebt man bisher nur wenig vom Tourismus, Landwirtschaft und Handwerk bilden die Lebensgrundlage, allerdings bisher kaum berührt von den modernen Errungenschaften: Der Boden wird mit der Hacke bearbeitet, Früchte und Futter werden mit der Sichel geschnitten. Der Wein reift in alten Holzfässern, mancherorts wird er noch in Ziegenlederbeutel gefüllt. Es gibt immer noch Fischer, die ihre 2000 m langen Angelschnüre von fantasievoll bunt bemalten Holzbooten aus in die Tiefsee gleiten lassen. Aber die Zeit der Stahlmotorkutter bricht auch hier an, Edelstahlweintanks lösen die alten Holzfässer ab. Neue Schnellstraßen erschließen bisher abgelegene Orte und schaffen schnelle Verbindungen zu Bade-, Ausflugs- und Wanderzielen. Und Madeira hat sich aufgemacht, eine von vielen als Mangel empfundene natürliche Gegebenheit zu verändern: Sandstrände, bisher kaum vorhanden, werden an der Südküste aufgeschüttet. Sie sollen natürlich die Attraktivität des Archipels steigern, denn auch in Zukunft werden die Urlauber dringend gebraucht, um wirtschaftlich bestehen zu können.

Schön ist Madeira, reich an Urwäldern und Gebirgen, romantisch und malerisch sind seine Dörfer, liebenswürdig die Menschen. All das schafft eine Atmosphäre der Gelassenheit, die dazu beitragen wird, die Schätze der Insel zu bewahren.

Madeira im Überblick

Lage: Der Archipel von Madeira befindet sich auf dem 33. nördlichen Breitengrad. Er liegt etwa 900 km südwestlich vom europäischen Festland entfernt und 600 km westlich von Nordafrika.

Fläche: Zum Archipel gehören neben der Hauptinsel Madeira mit 741 km² das nordöstlich gelegene Porto Santo mit 41 km². Südöstlich liegt die unbewohnte Felseninselgruppe Ilhas Desertas, ein Naturschutzgebiet mit insgesamt nicht mehr als 30 km², und näher an den Kanarischen Inseln der Miniarchipel Ilhas Selvagens. Die Hauptinsel Madeira dehnt sich bis auf 57 km Länge aus, die breiteste Stelle beträgt 22 km.

Höhe: Die Hauptinsel Madeira erhebt sich als Gebirge aus 4000 m Meerestiefe. Ihre Gipfel erreichen Höhen von 1861 m (Pico Ruivo), 1851 m (Pico das Torres) und 1818 m (Pico do Arieiro). Porto Santo ist eine relativ flache Insel, auf der mehrere Bergkegel herausragen. Mit 517 m ist der Pico do Facho der höchste. Die Ilhas Desertas erreichen Höhen bis zu 442 m.

Bevölkerung: Bei der letzten Volkszählung 2001 lebten 255.000 Menschen auf dem Archipel, davon knapp 5000 auf Porto Santo. Alle größeren Städte liegen im Süden Madeiras. Im Großraum Funchal sind 120.000 Menschen beheimatet, in der Stadt selbst leben 55.000. Die zweitgrößte Stadt ist Machico mit 21.000 Einwohnern. Der Norden ist sehr dünn besiedelt und verlor durch Abwanderung in der Vergangenheit ständig an Einwohnern. In Porto Moniz führte dies zwischen 1981 und 1991 zu einem Bevölkerungsrückgang von 13 %. Durch verstärkte Investitionen in Straßenbau und Tourismus versucht die madeirische Regierung, wirtschaftliche Alternativen zur Landwirtschaft zu schaffen und den Bevölkerungsschwund zu stoppen.

Regierung und Verwaltung: Der madeirische Archipel ist eine autonome portugiesische Region (Região Autónoma da Madeira, kurz RAM). Die Inselgruppe hat damit mehr durch die Verfassung garantierte Selbstbestimmungsrechte (administrative und finanzielle) als die anderen Regionen im Land. Regierungspartei ist seit 1976, mit kurzen Unterbrechungen, die sozialdemokratisch orientierte PSD. Die Gemeinden und Städte haben eigene Räte (Conselhos).

Wirtschaft: Madeira lebt nicht vom Tourismus allein, wohl aber steigt sein Anteil am Bruttosozialprodukt. Für 2005 wurde er auf 34 % geschätzt. Jeder sechste berufstätige Madeirer arbeitet in diesem Sektor. Die Landwirtschaft verliert mit 10,5 % des Bruttosozialproduktes an Bedeutung (Bananen/Weinexport). Industrie und Handwerk tragen mit weniger als 30 % zur Wirtschaft der Insel bei. Neben der Bauwirtschaft gibt es keine nennenswerte Industrie. Von Bedeutung ist der Export von Madeirastickerei, er ist aber durch die Konkurrenz aus Asien rückläufig. Die Arbeitslosenquote ist mit ca. 7 % erheblich niedriger als im Mutterland. Die portugiesischen Löhne haben immer noch mit weitem Abstand das niedrigste Niveau in der Gruppe der „alten" Mitgliedsstaaten der Europäischen Gemeinschaft. Noch gehört Portugal zu den besonders geförderten Mitgliedsländern. Ab 2013 aber werden die Subventionen verstärkt in Richtung Osten fließen. Bis dahin muss auch Madeira fit sein, um weitgehend aus eigener Kraft wirtschaftlich bestehen zu können (vgl. Geschichte und Wirtschaft).

Klima und Reisezeit

Madeira gilt wegen seines ausgeglichenen Klimas als typisches Ganzjahresreiseziel. Die Monate November bis März/April sind die Hauptreisemonate für Urlauber aus Nord- und Mitteleuropa. Portugiesische Gäste kommen vor allem in den Sommerferien – von Juli bis September sorgen sie für volle Häuser. In den Monaten April bis Juni und im Oktober hingegen geben die Hotels und Reiseveranstalter vielfach Rabatte.

Trotz des ganzjährig milden Klimas und der durchschnittlichen Tages- und Wassertemperaturen an der Südküste von 17 bis 22 °C herrscht auf Madeira nicht immer und überall ideales Ferienwetter. Entscheidend für die Urlaubsplanung ist u. a. das Lokalklima. Eine typische Tageswetterlage im Winter kann z. B. sein: Wolken und viel Regen an der Nordküste, Schnee im Gebirge und Sonnenschein mit Badetemperaturen im Süden. Verantwortlich für das Klima generell ist das Zusammenspiel aus Relief und Lage des Archipels innerhalb der Passatwindzone, an deren nördlichem Rand sich Madeira befindet. Der Süden, im Windschatten der Gebirgszüge, bleibt vor allem im Sommer, wenn Madeira fast vollständig im Einflussbereich der Passatwinde liegt, meist wolkenfrei und warm. Im Winter jedoch gewinnt durch die Verschiebung der Passatwindzone in Richtung Äquator der zyklonale Einfluss der Westwindzone an Bedeutung und sorgt für kühle, feuchte Luftmassen, die v. a. an den Nordhängen der Gebirge aufsteigen. Dabei kondensiert die Feuchtigkeit zu Regenwolken oder fällt auf dem Dach der Insel gar als Schnee. Auch über die Hänge des flacheren Inselostens schleichen sich dann die Wolken und hüllen ihn ein. Bei den niedrigeren Temperaturen im Winter und wenn zusätzlich Winde pfeifen, drückt es die Wolken ab und an bis an die Südküste, und es kann ausgiebig regnen. Wolkenbildung durch aufsteigende Luftfeuchtigkeit ist, unabhängig vom Passat, in den höheren Lagen durchaus auch an den Südhängen und in den Sommermonaten üblich.

	Ø Lufttemp.	Ø Wassertemp.
Jan.	16° C	17° C
Feb.	16° C	17° C
März	16° C	17° C
April	17° C	18° C
Mai	18° C	19° C
Juni	19° C	20° C
Juli	20° C	21° C
Aug.	22° C	22° C
Sept.	22° C	21° C
Okt.	21° C	20° C
Nov.	19° C	19° C
Dez.	17° C	18° C

Als Faustregel für die Reiseplanung gilt: Wer den üppig grünen Norden und die herrlichen Wanderungen auf den Höhen bei Sonnenschein erleben möchte, kommt im Sommer. Wer Wärme und Sonne sucht, ist im Winter an der Südküste am besten aufgehoben.

Beachten sollte man auch die hohe Luftfeuchtigkeit auf der Insel. Madeira ist so herrlich grün, bewaldet und voller Blumen, weil ganzjährig eine relativ hohe Luftfeuchtigkeit herrscht. Nicht jeder kommt damit gut zurecht.

Für die Nebeninsel *Porto Santo* gelten die genannten Regeln nicht. Sie ist so flach, dass fast alle Wolken über sie hinwegziehen, es regnet ausgesprochen selten. Für Badeurlauber ideal, für die Bauern ein Problem.

Anreise

Mit dem Flugzeug

▸ **Charterflüge:** Ob mit oder ohne Pauschalbuchung, Charterflüge sind die preiswerteste und meist auch schnellste Möglichkeit, ans Ziel zu kommen. Von vielen deutschen Flughäfen starten Maschinen der großen Charterfluggesellschaften. In Wien, Salzburg und Linz starten Air Berlin und die Chartergesellschaft NIKI, ab Zürich Air Berlin und ab Basel die Chartergesellschaft Hello. Die Verbindung Luxemburg–Madeira stellt die Luxuair her. Madeira ist gut gebucht, rechtzeitige Reservierung ist also empfehlenswert. Die Preise für Flüge (ohne Unterkunft) bewegen sich je nach Saison zwischen 350 und 450 €. Als **Last Minute-Angebot** ist Madeira ab 150 € zu haben.

- **Linienflüge:** Lufthansa fliegt Madeira ab Frankfurt über Lissabon an. Die portugiesische Fluggesellschaft TAP hat Madeira von Barcelona, Paris und Lissabon aus im Flugplan und die britische BA ab London. Die Preise für Linienflüge beginnen bei 450 €. Reisebüros beraten Sie über Sondertarife (z. B. Jugendtarif Europa).
- **Ankunft:** Der Flughafen liegt etwa 20 km östlich von Funchals Zentrum. In der Ankunftshalle befindet sich das Büro der **Touristeninformation,** das täglich von 9 bis 24 Uhr geöffnet ist. Hier können Sie kostenlose Stadtpläne, Landkarten, Übernachtungsverzeichnisse und Busfahrpläne für die Weiterfahrt bekommen. Gleich nebenan hat sich das Buchungszentrum von **Madeira Rural** eingemietet. Es vermittelt traditionelle Bauernhäuser, die zu Ferienhäusern ausgebaut wurden (vgl. S. 19). Ebenfalls in der Ankunftshalle finden Sie eine Filiale der Bank Totta (geöffnet 8.30–18.30 Uhr) sowie Geldautomaten.

  Hinter der Schranke zur Gepäckhalle warten Vertreter der Reisegesellschaften auf Pauschalreisende, um den Transfer zu regeln. Wer individuell reist, hat folgende Möglichkeiten, den Urlaubsort anzufahren:

Öffentliche Busse: Der Flughafenbus/Aerobus bringt Sie zum Einheitspreis von 5 € (Fluggäste der TAP fahren gratis) 7-mal täglich nach Funchal. Die Haltestelle *(Paragem)* liegt dem Flughafenausgang gegenüber. Der Aerobus hält an mehreren Stationen zwischen Campo da Barca im Osten der Stadt und Praia Formosa am westlichen Ende des Hotelviertels. Nicht ganz so schnell, dafür aber mit mehr Verbindungen und mit 2,15 € preiswerter, erreicht man Funchal über Canico mit den normalen Linienbussen 20, 53, 78 und 113.

Die Linienbusse fahren in die Gegenrichtung über Machico weiter bis Santo da Serra (Linie 20) und nach Canical (Linie 113) oder bis Faial an der Nordküste (Linien 53 und 78). Die Haltestelle für Linienbusse finden Sie im westlichen Abschnitt vor der Flughafenhalle.

Taxis warten vor der Ankunftshalle. Für eine Fahrt ins Zentrum von Funchal muss man mit 20 € rechnen und, je nach Ziel, mit 23–25 € ins Hotelviertel. Nach Machico zahlt man etwa 10 €.

Leihwagen: Mehrere Vermieter direkt in der Flughafenhalle. Wenn Sie von zu Hause aus einen Wagen zum Flughafen bestellt haben, wartet ein Vertreter der Verleihfirma hinter der Schranke.

Übrigens: Der Flughafen ist schon lange nicht mehr der Schrecken aller Piloten. Die Landebahn wurde schon vor einigen Jahren verlängert.

Mit dem Schiff

Eine Fährverbindung zum europäischen Festland gibt es nicht mehr. Langzeiturlauber, die ihren Wagen mitnehmen möchten, müssen auf Frachtschiffe ausweichen. Ohne Fahrzeug akzeptieren auch Kreuzfahrtschiffe in Ausnahmefällen Teilzeitgäste. Spezialreisebüros geben nähere Auskunft. Seit Sommer 2006 verkehrt (zunächst als Test) eine Fähre der Gesellschaft Navieras Armas (www.navieras armas.com) zwischen den Kanarischen Inseln und Madeira.

- **Porto Santo:** Infos zu den Verbindungen per Flugzeug und Fähre nach Porto Santo ab S. 233.

Pauschal oder individuell

Die weitaus größte Zahl der Urlauber entscheidet sich für ein Pauschalangebot mit einem Hotel/Apartment für die gesamte Urlaubszeit. In den meisten Fällen wohnen sie im Hotelviertel von Funchal oder in Caniço de Baixo. Die pauschale Buchung ist im Regelfall preisgünstiger als eine individuelle, weil die großen Unternehmen „en

Wenn es nicht auf das Meer geht, dürfen die Kinder mit ins Boot

bloc" reservieren und erhebliche Rabatte bekommen. Land und Leute lernt man in diesen Urlauberzentren zwar kaum kennen, aber mit dem Bus oder dem Leihwagen kann man ohne Probleme auch als Pauschaltourist die Insel erkunden und in den Dörfern Kontakte knüpfen. Auch wer seinen Urlaub an wechselnden Standorten oder lieber in einem Landhotel oder Ferienhaus verbringen möchte, muss den Aufenthalt nicht zwangsläufig selbst organisieren. Die großen Reiseunternehmen reagieren in ihren Katalogen auch auf Sonderwünsche und bieten ein entsprechendes Programm. Das umfangreichste Angebot, vom Luxushotel über Ferienhäuser bis hin zum Pensionszimmer, hat Olimar, der Spezialreiseveranstalter für Portugal.

Adresse **Olimar,** Pasteurstraße 19, 50735 Köln, ✆ 0221/20590-490, ℻ 25159, www.olimar.de.

Auch Reisebüros haben sich spezialisiert und arbeiten mit Agenturen auf Madeira zusammen, die das Angebot und die Entwicklung der Insel genau kennen und den Wünschen der Kunden entsprechend auch Rundreisen zusammenstellen.

• *In Deutschland* **Ihden Reisen,** Hauptstraße 49, 21379 Scharnebeck, ✆ 04136/910818, ℻ 910819, www.ihden-reisen.de, ihden-reisen@t-online.de.

Check-In, Individuelle Flugreisen GmbH, Dieffenbachstraße 1, 61169 Friedberg, ✆ 06031/62063, ℻ 63110, www.portugal-entdecken.de, info@check-in-reisen.de.

• *Auf Madeira* **Bendix Tours,** Rua Velha da Ajuda 10B (hinter dem Shopping Center Monumental Lido), 9000–115 Funchal, ✆ 291-700351, ℻ 291-764159, www.bendixtours.com, jette.bendix@bendixtours.com.

Infos zu Häusern des Tourismus Rural siehe S. *19*.

Auf eigene Faust, völlig unabhängig von Reservierungen, Programmen und Essenszeiten, mit Quartier- oder Ortswechsel bei Nichtgefallen, schlechtem Wetter oder Reiselust, kann man sich seinen Urlaub auch ohne Probleme selbst organisieren. Dies ist wahrscheinlich die schönste Art, die Insel zu entdecken, sie erfordert aber unterwegs einigen Zeitaufwand für Planung und Zimmersuche. Außerhalb der absoluten Hochsaisonzeiten (zwischen Weihnachten und Neujahr, in der Karwoche

Ponta do Sol an der Südwestküste

und während der portugiesischen Sommerferien) wird man damit aber keine Probleme haben. Für die genannten Spitzenzeiten sollte man sich zumindest für die ersten Tage ein sicheres Standbein durch eine Reservierung schaffen, um dann vor Ort weiterzusehen. Die Büros der Touristeninformation haben auch Listen der Privatunterkünfte. Sie bieten zwar keine Zimmervermittlung, aber üblicherweise sind die Angestellten gern bei der Suche behilflich. Vorab kann man sich über die Tourismusbüros im Heimatland eine Unterkunftsliste zuschicken lassen (vgl. S. 64) oder aus den im Buch vorgestellten Übernachtungsmöglichkeiten eine Auswahl treffen.

Wohin auf Madeira?

Kurzüberblick

Je nach Ortswahl hat man höchst unterschiedliche Möglichkeiten, seinen Urlaub zu gestalten. Es ist deshalb lohnend, sich vor der Reservierung einen Überblick über die einzelnen Regionen und ihr Angebot zu verschaffen. Für einen längeren Urlaub bietet sich durchaus auch ein Standortwechsel an, für einen Wanderurlaub ist dies ohnehin die beste Variante, um die gesamte Bandbreite der madeirischen Wege kennen zu lernen. Die Bademöglichkeiten sind in allen Regionen Madeiras vergleichbar. Sandstrände gibt es, mit zwei Ausnahmen (weitere sollen aufgespült werden), nur auf der Nebeninsel Porto Santo, grobe Kieselstrände und Meerwasserbadeanlagen findet man dagegen an mehreren Orten.

Tipp: Versuchen Sie, einige Tage an der Nordküste einzuplanen, zumindest im Sommer.

- **Funchal:** Die schöne Inselhauptstadt verfügt über das breiteste Bettenangebot – vom Luxushaus in der Hotelzone bis zur kleinen, persönlich geführten Pension in der Altstadt. Die Stadt hat eine urbane, aber nicht großstädtische Atmosphäre mit vielen Restaurants, Einkaufsmöglichkeiten und Sehenswürdigkeiten. Die Verkehrsverbindungen sind von Funchal aus besser als von jedem anderen Ort. Mehrere Badeanlagen ersetzen die noch fehlenden Sandstrände. Klima: wärmer als im Norden und im Zentrum. Das ist im Winterhalbjahr angenehm, im Sommer aber, wenn keine frische Brise in die Stadt weht, kann es schwül und stickig werden.

- **Südwesten:** Dicht besiedelte, bergige landwirtschaftliche Zone mit vielen Dörfern, aber wenig Tourismus. Das kleine Städtchen **Ribeira Brava** bietet eine kleinere Zahl von Unterkünften für Individualtouristen. Noch grobkiesiger Strand, eine ausreichende Zahl von Restaurants und gute Verkehrsverbindungen nach Funchal und ins gebirgige Inselzentrum sind seine Pluspunkte. Die bisher ganz ruhigen Fischerdörfer **Ponta do Sol** und das abgelegene **Calheta** verfügen inzwischen über je ein modernes Hotel/Apartmenthaus. In Calheta entstand eine Marina und, als Knüller an der Südwestküste, ein Strand mit goldgelbem Sand, der vom portugiesischen Festland herangeschafft wurde. In Ponta do Sol und Ribeira Brava wird (2006) an neuen Stränden noch gearbeitet. Jeweils nur ein Hotel findet man in den Miniküstendörfern **Jardim do Mar** und **Paúl do Mar.** Im und um das ruhige Dorf **Prazeres** sind komfortable kleinere Hotels für Individualisten und eine größere Pauschalurlauberanlage entstanden. Gute Wanderwege befinden sich in der Umgebung, aber wenig Badeplätze. Fazit: ideal zum Relaxen, doch abgesehen von Ribeira Brava kein guter Ausgangspunkt für Rundfahrten. Klima: auch im Winter relativ warm, im Sommer frischer als in Funchal.

- **Nordküste:** Großartige Steilküstenlandschaft, immergrüne Lorbeerwälder bis an die Küste, Wasserfälle, Teilstrecken der alten, abenteuerlichen Küstenstraße, entzückende Dörfer und unberührte Landschaft, sehr gute Wandermöglichkeiten in Reichweite, gute Badegelegenheiten in Meerwasserschwimmbecken – lang ist die Liste, die für den Norden als Urlaubsregion spricht. Kleine Landhotels gibt es in mehreren Orten. Nachteile: weite Wege (z. B. nach Funchal) und das Klima außerhalb der Sommermonate. Im Norden erreichen Wolken und Regen Madeira, da kann es im Winter ganz schön kühl und feucht werden.

Boaventura an der Nordküste

Im Fischerhafen Câmara de Lobos

Porto Moniz, mit den besten Naturschwimmbecken, ist beliebter Urlaubsplatz für madeirische Familien, mehrere Hotels/Apartmenthäuser und Privatunterkünfte.

Seixal: Entzückendes Dorf mit kleinen Landhotels.

São Vicente: Hübsches Dorf in traumhaft schönem Tal, gute Verbindung ins Inselzentrum, mehrere kleine u. ein größeres Hotel.

Ponta Delgada, Boaventura, Arco São Jorge: Kleine Dörfer an der Küste oder in Küstennähe, in wunderschöner grüner, bergiger Umgebung, immer das Meer im Blick. Bis auf eine Ausnahme nur kleine Landhotels oder Privatunterkünfte.

Santana: Etwas höher gelegenes Bergdorf, sehr guter Ausgangspunkt für Wanderungen; Landhotels/Apartments.

Porto da Cruz: Fischerdorf mit Landwirtschaft, Ausgangspunkt für Wanderungen im Ostzipfel Madeiras; kleine Hotels und Ferienhäuser.

▸ **Südostküste:** Nicht ganz so reizvoll grün und bergig wie die Nord- und die Südwestküste, aber verkehrstechnisch besser erschlossen. Mehrere relativ große Orte mit guten Badegelegenheiten, gute Ausflugsmöglichkeiten ins Hinterland, mit guten Wanderwegen auch auf die Landzunge Ponta de São Lourenço im Osten. Klima: wärmer als der Norden, im Sommer frischer als in Funchal. Als Winterreiseziel gut geeignet, obwohl regnerische Tage nicht ausgeschlossen sind.

Machico: Älteste Stadt Madeiras mit hübscher Innenstadt und neuer großzügiger Promenade. Ein großes und mehrere kleine Hotels.

Santa Cruz: Ruhiges, charmantes Fischerstädtchen mit Bademöglichkeiten. Zwei größere Hotels und eine Pension im Ort.

Caniço de Baixo: Nach Funchal zweites Touristenzentrum mit guter touristischer Infrastruktur, guten Bade- und Sportmöglichkeiten. In der Nähe das Städtchen Caniço. Vielfältiges Übernachtungsangebot. Gute Verkehrsanbindung nach Funchal.

Garajau: Pauschaltourismusziel mit entsprechender Infrastruktur.

▸ **Auf dem Lande:** Völlige Ruhe, grüne Umgebung, gute Wanderwege vor der Tür und wenige kleinere, meist edle Unterkünfte in Quintas (noble Landhäuser) und Estalagems (kleine Landhotels) sprechen für einen Urlaub fern der Küste. Nachteil:

Außerhalb des Hochsommers ist es hier häufiger bewölkt und feuchter als an der Südküste. Ein Urlaubszentrum im Grünen ist **Santo da Serra** im Osten mit mehreren, schon klassisch zu nennenden Quintas.

- **Im Gebirge:** Tolle Bergtouren beginnen vor der Tür der Berghotels und der wenigen Unterkünfte, die auf Wanderer im Gebirge warten. Im Winter kann es aber dort oben ganz schön kalt und neblig werden und im Herbst/ Frühjahr feucht. Für einen kompletten zwei- oder gar dreiwöchigen Urlaub ist das Wohnen im Gebirge ohnehin nicht zu empfehlen – so viele Wanderziele gibt es dort nicht. Aber einige Tage auf dem Dach Madeiras zu verbringen ist eine interessante Abwechslung zum Küstenleben.
- **Porto Santo:** Das liebste Ferienziel der Madeirer erreicht man nach gut 2 Stunden Bootsfahrt. Ein Traumstrand, weißgolden und 9 km lang, ist die Hauptattraktion der relativ flachen, kargen Nachbarinsel Madeiras. Mehrere große, komfortable Hotels, kleine Pensionen und ein Zeltplatz liegen in Strandnähe. Gute Tauchmöglichkeiten, ideal zum Radeln. Trockenes, warmes Klima das ganze Jahr über.

Wohnen auf Madeira

Bis in die ersten Jahrzehnte des 20. Jh. war Madeira ein Reiseziel des europäischen Hochadels. Auf dessen Spuren machten europäische, insbesondere englische, finanzstarke Großbürger Ferien. Entsprechend hat sich die touristische Infrastruktur zunächst entwickelt. Viele Jahre war Funchal Europas Spitzenreiter bei der Anzahl von Luxushotels. Die Vorliebe der Briten für anspruchsvolle Landhäuser bescherte Madeira daneben ein Netz von *Quintas,* in Parks gelegenen Herrenhäusern, die im Laufe der Jahre in edle Landhotels umgewandelt wurden. Vom Image, eine Urlaubsinsel für alte, reiche Engländer zu sein, hat Madeira sich in den letzten 15 Jahren befreit. Zwischen den 4- und 5-Sterne-Hotels in Funchals Hotelviertel entstanden moderne Apartmentanlagen, ebenso in den neueren Urlaubsorten wie Caniço de Baixo. In alten Stadthäusern in Funchal gibt es daneben schlichtere Hotels, Pensionen, Residencials (meist persönlich geführte, bequeme Pensionen) und Aparthotels. Auf dem Lande findet man neben den Quintas sog. *Estalagems,* etwas schlichtere Landhotels – manchmal versteckt sich hinter dem Namen Estalagem auch ein tiefstapelndes Luxushotel. Mit Unterstützung der EU konnte man viele leer stehende Bauernhäuser zu Ferienhäusern umbauen und damit ein interessantes Angebot für Individualisten schaffen, s. u. Insgesamt hat das Übernachtungsangebot ein höheres Niveau als das vergleichbarer Urlaubsinseln. Selbst einfache Unterkünfte sind anspruchsvoller ausgestattet als anderswo.

Hinweis: Pensionen und Residencials haben üblicherweise keine ständig besetzten Rezeptionen. Wenn Sie ohne vorherige telefonische oder schriftliche Reservierung dort ankommen, werden Sie nicht selten vor verschlossenen Türen stehen. Also besser vorher anmelden und eine Zeit für die Ankunft ausmachen.

Ländlicher Tourismus – Tourismus Rural: Wenn nicht Wassersport ganz oben auf der Wunschliste steht, sondern Natur pur, dann bietet das Angebot des *Tourismus Rural* die individuellste und erholsamste Art, den Urlaub zu verbringen. Innerhalb dieses von der EU geförderten Projektes werden alte Höfe in ländlichen Regionen restauriert und zu Urlaubsdomizilen ausgebaut. Nebenbei werden auf diese Weise vor Ort Arbeitsmöglichkeiten geschaffen und der Landflucht Einhalt geboten. 32 Ferienhäuser und kleine Landhotels sind bereits entstanden. Die ruhig gelegenen Häuser, deren Gärten zum Teil noch bewirtschaftet werden, befinden sich immer etwas abseits. Einige der Häuser und Landhotels finden Sie in den Programmen von Spezialreiseveranstaltern, alle aber bei *Madeira Rural.*

Die **Reservierungszentrale** liegt in der Ankunftshalle des Flughafens, *Aeroporto da Madeira*, Piso 0 Cheqadas, 9100–105 Santa Cruz, ✆ 291-520868, 📠 291-520869, www.madeirarural.com.

Übernachtungspreise nach Kategorien, jeweils für ein DZ pro Nacht:
Luxushotels (4 und 5 Sterne): 150–1500 €;
Mittelklassehotels: einfache ab 40 €, anspruchsvollere ab 60 €;
Residencials: ab 35 €;
Pensionen: ab 25 €;
Studios/Apartments: ab 35 €;
Quintas: ab 60 €;
Estalagems: ab 35 €;
Privatquartiere (nur an wenigen Orten): ab 20 €;
Ferienhäuser je nach Ausstattung (meist sehr gut) und Personenzahl (2–9): 350–1000 € pro Woche.

Jugendherbergen: Vier *Centros de Juventude* bieten schlichte und preiswerte Übernachtungsmöglichkeiten. Sie stehen jedem Reisenden offen, wer allerdings älter als 25 Jahre ist, zahlt 3 € zusätzlich pro Übernachtung. Ein Jugendherbergsausweis ist nicht erforderlich. Die schönste Herberge befindet sich in Funchal und ist in einer alten restaurierten Quinta untergebracht. Die Jugendherbergen in Estreito da Calheta, Porto Moniz und auf Porto Santo sind hübsche, einfache Neubauten (Beschreibung und Preise siehe Ortsteile).

Reservierungsadresse ist in jedem Fall das *Centro de Juventude* in Funchal, Rua 31 de Janeiro 79, 9054–532 Funchal, ✆ 291-741381, 📠 291-742868, info@ijm.pt. Die Reservierung und eine Anzahlung von 50 % müssen für die Hochsaison (16.3.–30.4. und 1.7.–30.9. sowie 16.12.–31.12.) einen Monat vor Anreise erfolgen, für die Nebensaison reichen 10 Tage. Öffnungszeiten der Rezeption Mo–Fr 9–12.30 und 14–20 Uhr, Sa, So und feiertags 9–13 und 18–20 Uhr.

Campingplätze: Auf Madeira musste der einzige offizielle Campingplatz in Porto Moniz der Erweiterung der Promenade weichen. Als Ersatz wurde im östlich gelegenen Ribeira da Janela eine kleine, komplett gepflasterte Fläche mit Wasch- und Toilettenhäuschen zur Verfügung gestellt, die aber wohl nur für etwa 10 bis 12 Caravans Raum bietet. Der Platz war beim letzten Besuch (Sommer 2006) noch nicht eröffnet. Anders auf Porto Santo: dort gibt es einen großen Campingplatz in Strandnähe, Beschreibung siehe dort.

▶ **Kostenlose Unterkünfte für Wanderer:** In den Nationalparks und in nahezu allen für Wanderer attraktiven Gebieten stellen die Kommunen einfache Unterkünfte zur Verfügung (häufig in Form von Mehrbettzimmern), die mit einem Genehmigungspapier *(licença)* kostenlos genutzt werden können. An Wochenenden und während der Ferien, d. h. auch von Ende Juni bis Ende September, sind diese Unterkünfte meist von Einheimischen langfristig reserviert.

Die **Genehmigung** erhält man in der *Secretaria Regional do Ambiente e dos Recursos Naturais*, Avenida Arriaga (5. Etage) 21-A, 9000 Funchal, ✆ 291-201830, 📠 291-220605. Pass oder Personalausweis mitbringen (bei schriftlicher Anmeldung Passnummer angeben) und die genauen Übernachtungstage festlegen.

Hinweis: In Leserbriefen wurde ich darauf hingewiesen, dass Reservierungswünsche des Öfteren nicht entgegengenommen wurden, weil angeblich alle Häuser komplett besetzt waren. Vor Ort stellte sich jedoch heraus, dass die Unterkünfte ganz oder teilweise leer standen. Dies erklärte man auf meine Nachfrage damit, dass mehr reserviert als in Anspruch genommen wird, weil die Unterkünfte kostenlos sind. Die Verantwortlichen bestätigten noch einmal, dass dieses Angebot auch ausländischen Urlaubern zur Verfügung steht.

Sport

Die Zeiten, als Madeirareisende andere für sich laufen ließen, sind noch gar nicht lange vorbei. Fliesenbilder in Funchal und historische Fotos zeigen elegant im Stil der zwanziger Jahre gekleidete Damen und Herren, in Hängematten liegend und in Sänften hockend, unterwegs zu Wasserfällen und Berggipfeln. Statt Matten- und Sänftenträger sind heute Wanderführer und Tauchtrainer gefragt, denn die immer jüngeren Urlauber bewegen sich am liebsten selbst. Die Möglichkeiten sind zwar noch nicht grenzenlos, aber das sportliche Angebot wird umfangreicher. Hier nur ein Überblick, wo man was machen kann, genaue Beschreibungen, Kosten und Adressen finden Sie in den Ortskapiteln.

Tauchen: Superreviere längs der Südküste Madeiras und auf Porto Santo. Empfehlenswert ist Tauchen aber nur Mai–Okt. Eine Ausnahme bildet Caniço de Baixo. Dort haben die Tauchbasen rund ums Jahr geöffnet. Tauchbasen gibt es in Funchal, Garajau, Caniço de Baixo, Machico und auf Porto Santo.

Windsurfen: Surfspots an der Südküste und auf Porto Santo, Materialverleih und Kurse bisher lediglich in Funchal und Santa Cruz.

Segeln: Bootsverleih in Funchal, Santa Cruz, Canical und Porto Santo, Kurse in Funchal.

Kanuten: Madeiras einheimische Kanuten befahren keine Binnengewässer, sondern das Meer. Bootsverleih und geführte Touren ab Funchal.

Hochseeangeln: Ab Funchal und Machico.

Wasserski: In Funchal.

Tennis/Squash: Über Tenniscourts verfügen viele Hotels. In Funchal gibt es daneben auch öffentliche Plätze.

Reiten: Leihställe und Ausritte ab Funchal, Machico, Santana und Porto Santo.

Golfen: Zu Europas schönsten Plätzen zählen die Courts von Santo da Serra im Osten und Palheiro Golf in der Nähe von Funchal. Auf Porto Santo liegt Madeiras neuester Golfplatz.

Biken: Leihräder und geführte Touren ab Funchal, Caniço de Baixo, Machico, Prazeres, nur Verleih auch auf Porto Santo.

Paragliding: Sehr gute Bedingungen durch gleichmäßige Winde, Materialverleih und Abfahrt zu den besten Plätzen in Funchal.

Klettern und Canyoning: Ab Funchal.

Schwimmen und Baden: siehe S. 58.

Madeiras Südküste und Porto Santo sind erstklassige Tauchreviere

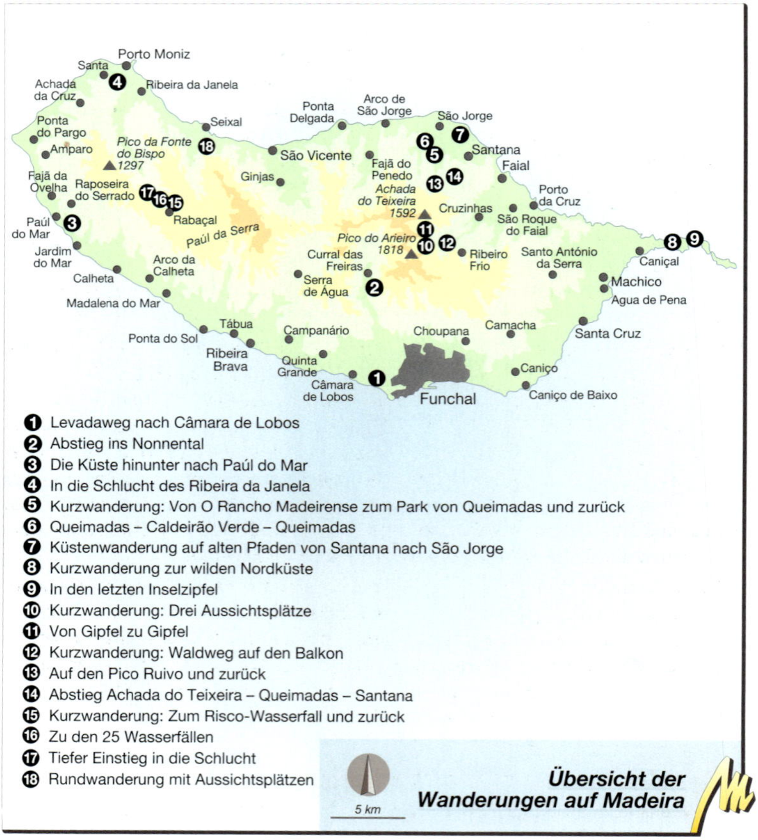

Wandern

Ob mit oder ohne Führung, Madeira ist eine ideale Wanderinsel für alle Anforderungen; sie bietet Wege für ausgedehnte Spaziergänge ebenso wie für anspruchsvolle Gebirgstouren. Viele der wunderschönen Landschaften lassen sich ohnehin nur zu Fuß erreichen. Neben den alten Verbindungswegen, die als Wanderpfade ausgebaut wurden, eigens angelegten Pfaden auf die Gipfel des Zentralgebirges, an Felsenküsten entlang und durch Wälder hat Madeira eine wohl einmalige Attraktion zu bieten: Wanderungen auf den Wegen der Wartungsarbeiter längs der **Levadas,** der Wasserkanäle. Das Netz der Wasserkanäle zieht sich über mehrere tausend Kilometer durch sonst unzugängliche Gebiete. Mit ihnen lassen sich fast unberührte Naturparadiese entdecken. Sie führen teils abenteuerlich anmutend an Steilwänden entlang, sind aber durch den Wartungsweg und die Kanalmauer als Geländer meist gefahrlos zu begehen. Um Wasserverluste zu vermeiden, überwinden sie Gefälle meist sehr gemächlich. Wanderer haben deshalb nur selten heftige Ab- oder Aufstiege. Parallel zu steilen Teilstücken findet man häufig Treppenwege. Kaum eine Levada kommt ohne Tunnel aus, die ganz und gar unzugängliche Gebiete durchqueren. Sie haben sehr unterschiedliche Längen, durchaus mehrere hundert Meter, und eine Höhe, die für die Größe eines durchschnittlichen portugiesischen Mannes ausreichend ist – hochgewachsene Wanderer müssen schon mal den Kopf einziehen. Die Tunnel sind immer stockfinster, und Wasser tropft von der Decke, wenn nicht gar ein kleiner Wasserfall durchschritten werden muss. Für Levadawanderungen ist deshalb eine besondere Vorbereitung notwendig.

Gleiches gilt für Wanderungen ins Zentralgebirge während der Wintermonate. Dann können dort die Temperaturen unter Null sinken und die Bergwege verschneien und vereisen. So manches Mal sind sie auch unzugänglich.

Kurze und längere Wanderungen durch alle Landschaften sind in diesem Buch beschrieben. Weitere Wanderrouten finden Sie in den auf S. 68 genannten Wanderführern.

- **Ausrüstung für Wanderer:** Geeignetes Schuhwerk sollten Sie auf jeden Fall tragen, am besten Wanderstiefel, denn viele Wege sind rutschig und geröllig. Ein Regenschutz ist für Levadawanderungen auch im Sommer unerlässlich, ebenfalls eine Taschenlampe pro Person. Ansonsten reichen im Sommer leichte, bequeme Wanderkleidung und ein Sonnenschutz für den Kopf. Im Herbst und Frühjahr empfiehlt es sich, immer einen Anorak im Rucksack zu haben, günstig sind auch wasserdichte Hosen. Von Oktober bis März benötigen Sie zusätzlich warme Kleidung, auch Mütze und Handschuhe für Wanderungen oberhalb von 800 m Höhe. In den Bergen können die Temperaturen bis unter den Gefrierpunkt sinken.
- **Geführte Wanderungen:** Tagestouren unterschiedlicher Dauer und verschiedener Schwierigkeitsgrade bieten mehrere Veranstalter in allen Urlaubsorten an. Ihre Informationsbroschüren und Faltblätter liegen in allen Hotels und in den Büros der Touristeninformation aus. Kostenpunkt mit An- und Abfahrt pro Person um 35 €.
Wanderwochen auf Madeira haben alle großen Wanderreiseveranstalter, Reiseunternehmen und Spezialreisebüros im Programm.

Levadas: Wasser- und Wanderwege

Um das lebenswichtige Nass, das im Inselzentrum und Norden als Niederschlag reichlich fällt und in Quellen zutage tritt, zu den weniger begünstigten Plantagen, Dörfern und Städten im Süden zu transportieren, begann man schon Ende des 15. Jh. mit dem Bau der ersten, damals noch kurzen Kanäle. In den folgenden Jahrhunderten stießen die Wasserbauer in immer weitere Entfernungen vor, näherten sich Schritt für Schritt den großen, natürlichen Wasserreservoirs in Rabaçal und an den Hängen des Zentralgebirges. Die Levadas genannten Kanäle (port. *levar* = tragen/bringen) wurden nicht nur gemauert, sondern auch aus den häufig lotrecht abfallenden Felswänden geschlagen, immer mit Begrenzungsmauern und einem Wartungsweg. Sie durchziehen die ganze Insel und erschließen Fußgängern Regionen, in die nie ein Fahrzeug vordringen könnte. Vor dem Bau von Straßen und Wegen bildeten sie meist die Verbindung der Höfe und Dörfer in den ländlichen Gegenden.

- **Infos:** Schon zu Hause können Sie sich im Internet informieren, z. B. unter www.madeira-wandern.com, wo die wanderbegeisterten Besitzer des Aparthotels Villa Opuntia in Canico de Baixo ihre liebsten Wege vorstellen. Unter www.madeiralevada-walks.com findet man eine ausführliche Präsentation des Wanderveranstalters *Madeira Explorers.*

- **Tipp:** Wer erst auf Madeira seine Lust am Wandern entdeckt, kann sich in Funchal zünftig ausstatten. In den Einkaufszentren Marina, an der Av Arriaga und Monumental Lido gibt es Spezialgeschäfte.

Ausflüge

Madeiras Top Ten

- **Funchal:** Selbst wer wegen des Naturerlebnisses nach Madeira gekommen ist, sollte sich zumindest einen halben Tag in Madeiras schöner Hauptstadt gönnen. Der gesamte Innenstadtbereich und angrenzende Stadtteile sind fast vollkommen von der Moderne verschont geblieben. Im Zentrum sind die Gebäude aus den vergangenen Jahrhunderten gut erhalten, die alten Plätze und Straßen sind wunderschön mit schwarz-weißen Basaltmosaiken belegt. Viele Fußgängerzonen, Grünflächen und Parks machen einen Stadtbummel zum Vergnügen. Museen, Kirchen und Quintas bieten abwechslungsreiche Besichtigungspunkte. Kein übermäßiger Verkehrslärm, beste Einkaufsmöglichkeiten.
- **Curral das Freiras:** Grüner Talkessel, umstanden von Madeiras höchsten Gipfeln. Zwischen den üppig grünen Terrassenfeldern liegt ein bezauberndes Dorf und stehen kleine Bauernhöfe.
- **Pico do Arieiro:** Einer von Madeiras höchsten Gipfeln inmitten der Hochgebirgszone. Vom Aussichtsplateau hat man einen weiten Blick über die ganze Insel. Ausgangspunkt für Wanderer.
- **Rabaçal:** Dichter Lorbeerurwald, durchzogen von Wasserläufen und umrauscht von Wasserfällen. Ausgangspunkt für Wanderungen unterschiedlicher Länge, auch einfache Spaziergänge mit eindrucksvollen Zielen sind möglich.
- **Santana/Queimadas:** Bauerndorf in hügeliger Landschaft. Hier ist noch eine große Zahl der traditionellen Strohdachhäuser zu finden. Oberhalb in Queimadas locken ein Märchenwald und aufregende Wassertunnelwanderungen.
- **São Vicente und Tal:** Bezauberndes kleines Städtchen in geschützter Lage an der Nordküste. Sein liebliches, fruchtbares Tal zieht sich voller Blumen und Wälder bis in die Höhe des Encumeada-Passes. In Ortsnähe können interessante Vulkanhöhlen besichtigt werden.
- **Nordküstenstraße:** Teile der über Jahrzehnte abschnittsweise nur einspurig befahrbaren Strecke zwischen São Vicente und Porto Moniz, auf der der Verkehr aber in beide Richtungen lief, kleben nach wie vor an der wilden Steilküste. Auf der einen Seite liegt das schäumende Meer, auf der anderen ragen dicht bewaldete Felswände empor. Entlang der Küste finden sich spektakulär gelegene Orte wie Seixal. Finstere Tunnel führen um Wasserfälle herum. Die Straßenbauer haben in den letzten Jahren parallel dazu eine überwiegend durch Tunnel führende neue Strecke mit einer Fahrbahn von „normaler" Breite fertig gestellt. Die noch existierenden Abschnitte der „antiga ER 101" dürfen seither nur noch in einer Richtung befahren werden. Auf ihnen kann man aber nachvollziehen, wie den Fahrern wohl das Herz in die Hose rutschte, wenn ihnen früher ein Bus – womöglich noch in einem Tunnel – entgegenkam. Kaum weniger aufregend und durch großartige Landschaft führt der immer noch reguläre Streckenabschnitt Ponta Delgada–Arco de São Jorge.

Madeira bietet ideale Voraussetzungen für Wanderer

- **Câmara de Lobos:** Malerisches Fischerdorf in besonders schöner Lage. Auf dem Strand liegen alte, bunt bemalte Holzboote. Sie sind noch immer in Gebrauch.
- **Monte:** Madeiras Wallfahrtsort oberhalb von Funchal. Die Inselpatronin Nossa Senhora do Monte hat in der gleichnamigen Kirche ihre Heimstatt. Rundherum grüne, gepflegte Umgebung mit besonders schönen Parks. Eine Seilbahn ab Funchal führt hinauf. Unterhalb der Kirche starten die bekannten Korbschlittenfahrten talabwärts. Sie können aber auch ganz konventionell per Bus oder Pkw hinauf- und hinunterfahren.
- **Ponta de São Lourenço:** Die andere Seite des grünen, lieblichen Madeira. Lang gestreckte, zerklüftete und karge, vom Meer umtoste Halbinsel. Gute Wandermöglichkeiten.

Infos zu öffentlichen Bussen und Leihwagen sowie Vorschläge für Rundfahrten finden Sie im Abschnitt Unterwegs auf Madeira ab S. 47.

Inselnatur

Landschaften

Bergspitzen und Hochebenen, tiefe Schluchten und liebliche, weite Täler, Steilküsten und Strände, Wälder und wüstenhafte Kargheit; Madeiras Landschaften sind so vielfältig, dass man kaum glauben mag, auf einer eher kleinen Insel Urlaub zu machen. Zum Vergleich: Teneriffa hat die fast dreifache Grundfläche, Mallorca ist gar fünfmal so groß.

Viele besonders schöne Regionen abseits der Schnellstraßen und Autobahnen sind nur über serpentinenreiche und manchmal recht schmale Landstraßen zu erreichen. Sie erfordern eine geduldige, ruhige Erkundung und schließen aus, dass man nach einem Kurzurlaub die Insel als bekannt abhaken kann.

Das Dach Madeiras bildet ein **Zentralgebirge,** dessen Picos (Gipfel) bis zu 1861 m erreichen. Felskegel, steil abfallende Schluchten, dazu farbige, vulkanische Gesteinsbänder lassen selbst für Alpinisten keine Wünsche offen. Nach Westen geht das Gebirge in die **Hochebene Paúl da Serra** über, die mit ihren farnbedeckten Flächen den vollkommenen Kontrast zu den in Sichtweite liegenden Bergspitzen bildet. Doch damit nicht genug: In die Hochebene hat sich ein weit verzweigter Canyon gegraben, in den Wasserfälle rauschen und dessen Wände ein dichter Mantel aus Lorbeerwald bedeckt. Bei **Rabaçal** finden Wanderer und Spaziergänger einen Einstieg in dieses urweltlich anmutende Paradies, dessen Lorbeerwälder sich längs der Levadas, der Bewässerungskanäle, durchstreifen lassen.

Von den Höhen kommend haben Wasserläufe (portug. **Ribeiras**) rund um Madeira Schluchten und Täler gegraben. Im Süden fließt ihr Wasser eher gemächlich ins Meer, bildet Buchten und meist grobe **Kiesstrände.** Im Norden, insbesondere im Nordwesten, stürzen sie als Wasserfälle über eine wilde **Steilküste.** Bei São Vicente lassen die Klippen Platz für ein fruchtbares und blumenreiches Tal. In Richtung Osten wird die Landschaft sanfter, hügeliger. Um die Dörfer zieht sich das helle Grün der Terrassenfelder und Weinberge, darüber das dunkle Grün der Lorbeerwälder. Den lang gezogenen Ostzipfel bildet das karge, wüstenhafte Felsgetümmel der **Ponta de São Lourenço,** die sich wie ein Finger in den Atlantik schiebt. Landwirtschaftlich am intensivsten genutzt wird die Südküste mit ihren weniger schroffen Hängen. Sie bietet gleichzeitig das stabilste, wärmste Klima, das den Anbau tropischer Früchte erlaubt.

Dörfer und **Städtchen** haben sich ganz ohne Hast und meist ohne sichtbare Zeichen der Moderne um ihre alten Ortskerne entwickelt. Besonders romantisch schmiegen sich die kleinen Küstenorte und Fischerdörfer im Südwesten und Norden in Buchten oder thronen auf Felsvorsprüngen. Selbst die Großstadt **Funchal** hat ihren alten Charme bewahrt und liegt malerisch wie eh und je, von Gärten umgeben, im weiten Halbrund ihrer Bucht.

Geologie

Ist Madeira ein Überbleibsel des sagenumwobenen Atlantis? Hatte es eine Landverbindung zum afrikanischen Kontinent, die in mächtigen Erderschütterungen versank?

Diese Fragen beschäftigten Historiker und Geologen gleichermaßen noch bis Mitte des letzten Jahrhunderts. Inzwischen weiß man es besser: Madeira ist eine rein vulkanische Insel atlantischen Ursprungs wie weiter nordwestlich die Azoren und im Süden die Kanaren und Kapverden. Vor 135–65 Mio. Jahren riss der Meeresgrund in 4000 m Tiefe, und glühende Lava floss aus. Seither baute sich aus diesem Riss ein Vulkankegel auf, der vor etwa 20 Mio. Jahren den Meeresspiegel durchstieß und fortan als Insel weiterwuchs. Diese eine Vulkaninsel war die Grundform des gesamten Archipels. Bei späteren explosiven Eruptionen zerbrach der Vulkan, Teile versanken im Meer, zurück blieben die Rohlinge der Inseln des jetzigen Archipels mit Madeira, Porto Santo und der Gruppe der Ilhas Desertas. Seither ließen die vulkanischen Aktivitäten nach, der letzte kleine Ausbruch soll sich vor 2000–1000 Jahren ereignet haben. Vermutlich ist, bedingt durch die Ausdehnung des Atlantikbodens, Madeira langsam, aber stetig nach Osten über den Ausbruchsherd hinweggezogen. Ganz zur Ruhe kommt es aber dennoch nicht. Noch in den siebziger Jahren des

Hochebene Achada do Teixeira

20. Jh. erschütterte ein schwaches Erdbeben die Inselgruppe, allerdings ohne nennenswerten Schaden anzurichten.

Die Erosion hatte viele Millionen Jahre Zeit, dem Archipel sein heutiges Gesicht zu geben: Bergkegel und Täler bildeten sich, weil das vulkanische Material unterschiedliche Qualitäten aufweist. Hartes Gestein, wie Basalt etwa, entsteht u. a. aus flüssiger Lava, weiche Tuffe sind zusammengebackene Aschen, die bei Explosionen aus dem Schlot geschleudert werden. Erschütterungen vor erneuten Ausbrüchen führen zu Rissen. Wind und Wasser spülen seit Millionen Jahren Tuffe ins Meer. Das Ergebnis sind Täler und die zurückbleibenden harten Materialien als Berge. Die Atlantikbarecher nagen an den Küsten. Ist ein vorhandener Riss ausgehöhlt, brechen ganze Partien harter Gesteine ab und es formen sich Steilküsten.

Dort wo Erde und Vegetation den Fels nicht bedecken, offenbart Madeira seinen vulkanischen Ursprung ganz deutlich. Die Schlackenbänder, die das Meeresschwimmbecken von Porto Moniz eingrenzen, wirken wie gerade aus dem Ofen geholt. Auf der Landzunge Ponta de São Lourenço liegen rote Tuffstreifen und schwarze Basaltbänder offen, und Wanderer im Zentralgebirge begeistern die glühenden Farben der Tuffstreifen in der aufgehenden Sonne.

Trotz aller Erkenntnisse gibt so manche Region den Geologen allerdings noch heute Rätsel auf. Der zauberhafte Curral das Freiras, unweit von Funchal, spaltet die Wissenschaftler in zwei Fraktionen. Die eine vertritt die Auffassung, der Kessel sei ein eigener Vulkankrater, die andere Seite schreibt seine Form gänzlich der Erosion zu. Wer sich für den vulkanischen Ursprung Madeiras interessiert, sollte die *Grutas* bei São Vincente besuchen. Nach einem Rundgang durch Grotten und Vulkanröhren folgt ein Besuch des Centro Vulcanico, wo u. a. in eindrucksvollen 3D-Animationen die Entstehung des Archipels erläutert wird (siehe auch S. 146). Der neue Themenpark bei Santana beschäftigt sich ebenfalls mit dem madeirischen Vulkanismus (siehe S. 168).

Bougainvillea leuchtet farbenfroh an vielen Ecken

Flora

Dem Beinamen Blumeninsel wird Madeira ohne weiteres gerecht. Das ganze Jahr über grünt und blüht es in allen Winkeln der Insel, selbst an den Straßenrändern, längs der Kanäle oder wo man sonst allenfalls unansehnliche Kräuter erwartet, nicken die Köpfe von blauen und weißen Schmucklilien neben rosa blühendem Oleander oder leuchtend roten Bougainvilleen.

In den Wäldern bedecken nicht nur bescheidene Veilchen und Vergissmeinnicht den Boden, sondern überraschen immer wieder Hortensienbüsche von ungeahnten Ausmaßen, besetzt mit dicken, hellblauen Blütenbällen. Genauso blütenreich sind die Straßenbäume. In Funchal und anderswo entfalten sie ihre exotische Pracht während jeder Jahreszeit. Die Madeirer sind sich ihrer botanischen Schätze durchaus bewusst, kennzeichnen und beschriften sie, sodass man durch ganz normale Straßen und Grünanlagen wie durch einen botanischen Garten spazieren kann.

Farbenprächtige Exoten

Die Mehrzahl der schmucken Blütenträger war während der Zeit der ersten Besiedlung hier nicht heimisch, sondern wurde erst in den vergangenen Jahrhunderten eingeführt. Ihr Ursprung liegt in Südafrika, Asien, Mittel- und Südamerika und in der Karibik. Auf all den Kontinenten, die portugiesische Eroberungs- und Handelsschiffe anliefen, wanderten neben kostbaren Gewürzen und Gold auch Pflanzenableger für die heimischen Gärten in die Schiffsbäuche. Auf Madeira, wo es durch die unterschiedlichen Höhenlagen verschiedene Klimazonen gibt, gediehen sie prächtig. Den Weg in die Natur fanden sie allein oder wurden bei Straßen- und Kanalbau von

Blumenfreunden angepflanzt. Viele vermehrten sich so rasant, dass man bei Rundfahrten und Wanderungen aus dem Staunen nicht herauskommt. Im Frühjahr und Sommer fallen insbesondere die wohl in die Millionen gehenden blauen und weißen Blütenkugeln der Schmucklilie auf, auch afrikanische Liebesblume *(Agapanthus praecox)* genannt. Ihre Heimatregion ist Südafrika.

Nicht nur die Portugiesen sorgten für die botanische Bereicherung Madeiras. Die Engländer, die über Jahrhunderte wirtschaftliche Schlüsselpositionen innehatten, pflegten auch hier ihren heimischen Lebensstil, zu dem eine hoch entwickelte Gartenkultur gehört. Die Mehrzahl der Quintas (Landhäuser mit herrlichen Gärten) war im Besitz wohlhabender englischer Familien. Ihre Gärten mit seltenen exotischen Bäumen, Sträuchern und Stauden in kleine Paradiese zu verwandeln war für sie Prestige und Hobby zugleich. Immer gehörte ein Gewächshaus dazu, in dem sie empfindliche Tropenflora wie Orchideen züchteten und so Madeira zu einem wichtigen Lieferanten dieser kostbarsten aller Blumen machten. Mildred Blandy, deren Familie eine der schönsten Quintas gehört, konzentrierte sich auf die Sammlung von Proteas und machte damit die farbigen südafrikanischen und australischen Varianten dieser Art auf Madeira heimisch. Heute stehen viele Quintagärten Besuchern offen (vgl. insbesondere Kap. Funchal, Ausflüge in Funchal und Ausflüge in die Umgebung).

Einheimische Vegetation und Naturschutz

Die ersten Besucher Madeiras richteten ihren Blick weniger auf Blumen als auf die wirtschaftlichen Möglichkeiten der Insel. Sie prägten den Namen (Madeira heißt übersetzt Holz) und machten damit deutlich, dass diese Insel zum großen Teil von Wäldern bedeckt war. Weite Flächen, insbesondere an der Südküste, fielen mit der Besiedlung der Brandrodung und dem Haus-, Möbel- und Schiffsbau zum Opfer. In den schwerer zugänglichen, gebirgigen Zonen bestimmen noch immer Wälder, heute in Naturparks geschützt, das Landschaftsbild.

Schmucklilien am Wegesrand

Ähnlich wie auf den benachbarten Inselgruppen der Azoren, Kanaren und Kapverden, unter Botanikern *Makaronesischer Raum* genannt, prägten Pflanzen, die nur auf diesen atlantischen Inseln vorkommen (sog. Endemiten) die Vegetation. Inzwischen weiß man anhand von Versteinerungsfunden, dass diese Flora einstmals im ganzen Mittelmeerraum heimisch war. Klimakatastrophen der Erdgeschichte, wie die Eiszeit in Europa und die Versteppung Nordafrikas, machten ihnen dort den Garaus, auf den gleichmäßig temperierten Inseln dagegen konnten sie überleben.

Die Pflanzenvielfalt Madeiras basiert nicht nur auf seinem seit Millionen von Jahren gleichmäßigen Klima, sie ist ebenso durch seine Höhenunterschiede, die immer auch unterschiedliche Temperaturen und Niederschläge bedeuten, bedingt. Man unterscheidet zwischen folgenden Klima- und Vegetationszonen:

Trockene Küstenzonen im Süden mit wenig Niederschlägen und gleichmäßig milden Temperaturen. Hier fühlten sich die Trockenheit liebenden Pflanzen wie Wolfsmilchgewächse und Natternköpfe wohl. Die schönste, **Madeiras Stolz** *(Echium candican)*, reckte hier ihre blauen Blütenkerzen in die Höhe und bildete gemeinsam mit **Ölbäumen** *(Olea europaea ssp. Maderensis)* und **Drachenbäumen** *(Dracaena draco)* einen lichten Wald. Von dieser Vegetation sind allenfalls noch Rudimente erhalten.

Darüber liegt eine Zone mit etwas mehr Niederschlägen, deren Vegetation sich heute noch längs der Nordküste findet. Myrten, Lorbeer und Weiden gedeihen hier.

Als botanisch wichtigste Region gilt das regenreichste Gebiet auf 700–1200 m Höhe, im Norden auch darunter. Dies ist die Zone von Madeiras Urwald, dem **Laurazeen**- oder **Lorbeerwald** *(Laurisilva)*.

Auf der gegenüberliegenden Seite dargestellte Pflanzen:
Frangipani, Pagodenbäume, Lieblingsgewächs in Parks und Gärten (oben links)
Eukalyptusblüte (oben Mitte)
Heliconie (oben rechts)
Girlandenblumen (unten rechts)
Lilien (unten links)
Herbstzeitlose (unten Mitte)

Der wirtschaftlichen Nutzung entgingen vor allem die Wälder an der unzugänglichen Nordküste und an den östlichen Hängen des Zentralgebirges. Das Holz der Bäume des Lorbeerwaldes war bei den Tischlern sehr beliebt. Der **Til,** Stinklorbeer *(Ocotea foetens)*, erreicht Höhen bis 30 m. Til heißt Linde – weil sich das Holz dieses ihnen unbekannten Baumes so gut wie Lindenholz verwenden ließ, nannten ihn die ersten Siedler einfach genauso. Als Madeira-Mahagoni bezeichneten sie den **Vinhático** *(Persea indica)*, wegen seines rötlichen Farbtons war er in der Möbelherstellung beliebt. Sein würziges Holz bringt den **Barbusano** *(Laurus canariensis)* noch heute in ständige Gefahr. Auf seine Äste wird das Fleisch für den traditionellen Lorbeerspieß gesteckt. Lorbeerblätter für Suppen und Soßen stammen übrigens von einem Verwandten im Mittelmeerraum, alternativ eignen sich auch die des azorischen Lorbeers.

Unterhalb der grünen Dächer des Lorbeerwaldes gedeiht eine üppige Strauchschicht mit Verwandten des Schneeballs und Fingerhuts. Bäume und Sträucher sind der Lebensraum für Vögel, die sich ausschließlich von deren Früchten ernähren (vgl. unten, Lorbeertaube). Trotz des Raubbaus in den vergangenen Jahrhunderten blieb auf Madeira mehr Fläche mit Lorbeerwald bedeckt als auf den anderen Inselgruppen des Makaronesischen Raums. Diese weltweit einmalige Vegetationsgesellschaft genießt als Weltnaturerbe der UNESCO besonderen Schutz innerhalb von Natur- und Nationalparks. Erhaltung der Artenvielfalt ist ein zwar wichtiges, aber nicht das einzige Argument für den Schutz dieses Waldes. Seine Bäume und Wurzeln sichern ganz wesentlich den natürlichen Wasserhaushalt Madeiras und verhindern Erosion. Ohne den Wald wäre Madeira kahl und karg wie etwa Fuerteventura, wo

vom Lorbeerwald nicht eine Pflanze übrig blieb. Dennoch liefern sich Naturschützer und Landwirte z. T. erbitterte Auseinandersetzungen (siehe dazu Interview auf S. 216).

Herrliche Waldspaziergänge und Wanderungen im Lorbeerurwald bieten sich in den Naturparks Ribeiro Frio und Queimadas an. Rabaçal sollten alle, die gut zu Fuß sind, ohnehin nicht versäumen.

In den höheren Zonen wächst zwischen den Arten des Lorbeerwaldes **Baumheide** *(Erica arborea)*, die bis zu 14 m Höhe erreichen kann. Sie gedeiht gemeinsam mit der **Madeirazeder** *(Juniperus cedrus)*, einer Wacholderart, bis unter die Gipfel.

Eine botanische wie geologische Besonderheit ist die Hochebene von Paúl da Serra mit ihrem teils moorigen Untergrund. Sie ist heute fast ausschließlich von **Adlerfarn** *(Pteridium aquilinum)* bewachsen und traditionelles Weidegebiet. Weideland und fast vollkommen kahl gefressen war auch bis vor wenigen Jahrzehnten der nordwestliche Teil der Hochebene, der Fanal. Seitdem er unter Naturschutz steht, sind Baumheide und Madeirazeder schon wieder übermannshoch gewachsen. Auch das Überleben der ältesten Lorbeerbäume, die man auf der Insel fand, wurde damit gesichert.

Mit der Erklärung aller Zonen oberhalb von 700 m Höhe zum Nationalpark dokumentierte das madeirische Parlament 1982 seine Entschlossenheit, das natürliche Erbe vor weiterem Raubbau zu schützen. Die Wiederaufforstung der Wälder ist nur eine Maßnahme innerhalb eines ganzen Kataloges, der bewältigt werden muss. Zumindest hierbei kommt Hilfe von der Europäischen Union.
Forstwirtschaft wie Landwirte haben Einwände gegen die Aufforstung mit den früher hier heimischen Bäumen. Insbesondere im Süden wurden in den vergangenen hundert Jahren kahl geschlagene Flächen mit hier nicht einheimischen Kiefern und australischen **Eukalyptusbäumen** aufgeforstet. Beide Baumarten wachsen relativ schnell und bringen aus wirtschaftlicher Sicht gute Ergebnisse. Als besonders

Madeiras Stolz (Echium candican)

Flechten signalisieren reine Luft im Lorbeerwald

aggressive Pflanzen gefährden aber gerade die Eukalyptusbäume die einheimische Vegetation, sie graben ihr schlicht das Wasser ab. Zudem brennen sie bei Feuer im Wald wie Fackeln (sie enthalten reichlich ätherische Öle) und gefährden damit zusätzlich ihre Umgebung. Auf der Kanareninsel Gomera begann man deshalb nach einem Großbrand, der 14 Menschen das Leben kostete und viele Hektar Wald im Nationalpark vernichtete, mit der schrittweisen Entfernung von Pinien und Eukalyptusbäumen. Auf Madeira wollen die Verantwortlichen davon noch nichts wissen. Sie sehen die Eukalyptusanpflanzungen eher als „tampão", als Puffer zwischen Kultur- und Naturlandschaft.

Fauna

So reizvoll Madeira für Pflanzenfreunde ist, so enttäuschend ist es für Liebhaber von Waldtieren.

Auf Grund der fehlenden Landverbindung haben es nur Insekten, Vögel, eine Fledermausart *(Morcego orelhudo)* und Eidechsen aus eigener Kraft auf die Insel geschafft. Es gibt kein Großwild und zur Freude der Wanderer keine Schlangen und giftigen Spinnen; auch streunende Hunde sind uns nicht begegnet.

Die Zahl der **Insektenarten** wird je nach Sichtweise von Experten mit 700 bis 1400 angegeben. Käfer überwiegen, aber auch an Schmetterlingen herrscht kein Mangel. Im Frühjahr und Sommer beglücken sie Ausflügler und Wanderer als farbenfreudige Begleiter. Weniger angenehm sind Stechmücken, doch hält sich ihre Zahl erfreulicherweise in Grenzen. Wenn es im Gebüsch raschelt, huschen dort meist **Eidechsen** auf Nahrungssuche umher. Die kleinen, grau-grün bis rötlich-braunen Gesellen verschmähen auch einen Apfelrest vom Picknick nicht, und zum Leidwesen der Bauern machen sie auch vor süßen Trauben nicht Halt.

Frühstückszeit auf der Paúl da Serra

Vielfältig gestaltet sich die **Vogelwelt.** Mehr als 200 Arten wurden auf Madeira gezählt. Auf den Inselgruppen Desertas und Selvagens werden Seevögel und ihre Nistplätze besonders geschützt. Eine Seevogelart, der Kapverdensturmvogel *(Pterodroma feae)*, nistet weltweit nur noch auf der Deserta-Insel Búgio. Bussarde ziehen in den Höhen ihre Kreise, und nachts sind Eulen unterwegs. In freier Natur kommt auch das Sommergoldhähnchen *(Regulus ignicapillus maderensis)* nur auf Madeira vor. Andere Vögel gibt es auch auf den benachbarten Inselgruppen, wie den Stammvater der Kanarienvögel, den Girlitz *(Serinus canaria)*. Endemisch, vom Aussterben bedroht und deshalb besonders geschützt ist die blaugraue **Lorbeertaube** *(Columba trocaz heinecken)*. Mit der Dezimierung der Lorbeerurwälder schrumpfte ihr Lebensraum und damit auch ihre Überlebenschance. Die Entscheidung, den größten Teil der Oberfläche Madeiras unter Naturschutz zu stellen, soll ihren Bestand sichern.

Eine große Zahl der Tiere Madeiras wurde mit der Besiedlung eingeführt. Dazu gehören die Haus- und Nutztiere ebenso wie Mäuse und Ratten. Eine richtige Landplage sind ausgesetzte **Kaninchen,** auf die gern Jagd gemacht wird. Immerhin sorgen sie in Soße geschmort für eine Bereicherung des Speiseplans. Aus kulinarischer Sicht begrüßenswert ist auch die Einführung und Aufzucht von Forellen. In so manchem Bach tummeln sie sich inzwischen, ebenso wie ausgesetzte Frösche.

Richtig bunt und spannend ist die Artenvielfalt im Meer. Früher verfolgt und heute geliebt sind die **Mönchsrobben** *(Lobos marinhos)*. Wilde Jagd hatte ihre einstmals Tausende von Individuen umfassende Population auf acht bis zehn Exemplare reduziert, die sich vor die unbewohnten Desertas-Inseln retteten. Weltweit gibt es nur noch wenige Vertreter dieser Spezies. Die Mönchsrobben stehen deshalb auf der internationalen Liste der geschützten Wirbeltiere an erster Stelle.

Bis 1981 wurden auch noch **Pottwale** von der Fangstation in Caniçal aus gejagt. Dann unterschrieb Portugal das Washingtoner Artenschutzabkommen, und aus den Walfängern wurden Walschützer (vgl. S. 196). Begegnungen mit Pottwalen sind für Taucher eher die Ausnahme. Großfische wie **Mantas, Thunfische** oder **Barrakudaschwärme** bekommen sie jedoch sicher vor die Taucherbrille, ebenso leuchtend bunte **Papageienfische.** Von den rund 250 Fischarten vor Madeira lebt ein großer Teil in der Tiefsee. Den Fischern entgehen sie aber auch dort nicht. Der wichtigste Speisefisch ist der schwarze **Degenfisch** *(Espada preta),* den sie an hakenbesetzten Schnüren aus 1500 m Tiefe heraufziehen.

Im Naturkundlichen Museum *(Museu Municipal de História Natural e Aquário)* in Funchal sind nicht nur ausgestopfte Landtiere ausgestellt, in seinen Aquarien tummeln sich auch Bewohner der küstennahen Gewässer. Weitere Meerestiere kann man im *Aquário* von Porto Moniz bewundern, siehe S. 154.

Geschichte und Wirtschaft

Entdeckungsgeschichte(n)

Als ältestes Dokument, in dem Madeira erwähnt wird, gilt eine florentinische Seekarte aus dem Jahre **1351,** auf die der Archipel schon recht genau eingezeichnet ist.

Seit Beginn des 14. Jh. waren die Küsten Nordafrikas viel befahrene Seewege, und man kann davon ausgehen, dass Madeira früher als die weiter südlich gelegenen Kanarischen Inseln erkundet worden war (auf Lanzarote gingen bekanntermaßen 1280 die Genueser Kaufleute Vivaldi an Land). Wahrscheinlich ist auch, dass arabische Seefahrer Madeira seit Jahrhunderten kannten, der Archipel lag ja geradezu vor ihrer Haustür. Weder sie noch die später in den Gewässern kreuzenden europäischen Seefahrer machten sich aber die Mühe, die unbewohnten Inseln in Besitz zu nehmen. Über die Gründe muss man nicht lange spekulieren. Die Seeleute dieser Tage, Araber wie Europäer, waren keine Landnehmer, die Lebensraum für landlose Bauern suchten. Sie waren Händler, auf eigene Rechnung unterwegs und auf der Suche nach schnellem Gewinn. Der ließ sich damals vor allem mit einer „Ware" erzielen: mit Sklaven. Die unbewohnten Inseln waren für sie uninteressant – anders als die umkämpften Kanaren mit ihrer weißen Urbevölkerung. Zur Besiedlung der Terra Incognita bedurfte es einer Persönlichkeit, die die strategische Bedeutung Madeiras als Hafen für weitere Eroberungen längs der afrikanischen Küsten und des unbekannten Westens sah und die gewohnt war, in Generationen und nicht in Jahren zu denken. Dies war der portugiesische Prinz Heinrich, genannt *Der Seefahrer* und Begründer der Vorherrschaft des kleinen Portugal auf den Weltmeeren bis ins 16. Jh.

Inbesitznahme

1418/19 gingen die portugiesischen Adligen **João Gonçalves Zarco, Tristão Vaz Teixeira** und **Bartolomeu Perestrelo** auf Porto Santo und später auf Madeira an Land, um im Auftrag von Heinrich dem Seefahrer den Archipel in ihren Besitz zu bringen. Zarco und Teixeira teilten sich die Hauptinsel, denn sie erkannten schon bald die Möglichkeit, hier den kostbaren Zucker zu produzieren. Perestrelo wurde mit Porto Santo abgefunden.

In den folgenden Jahrzehnten wurden die Inseln besiedelt, Felder mittels Brandrodung angelegt, und neben Feldfrüchten für die eigene Versorgung wurde Zuckerrohr mit Hilfe von Sklaven angebaut. Häfen, Handelsplätze und die ersten Städte

entstanden. Madeira gewann an Bedeutung als Ausgangspunkt für die Entdeckung und Eroberung der afrikanischen Küsten und später des amerikanischen Kontinents. Es scheint gesichert, dass **Christoph Kolumbus** längere Zeit auf Porto Santo lebte, er war mit einer Tochter des Bartolomeu Perestrelo verheiratet. Gewiss ist, dass er zumindest zeitweilig als Agent für einen Zuckerhändler die Inseln bereiste und dass ihn seine dritte Atlantiküberquerung über Madeira führte.
Ende des 15. Jh. war Madeira bereits der wichtigste Zuckerlieferant Europas. 1497 gliederte **König Manuel I.** Madeira in das portugiesische Königreich ein. Als seine Stellvertreter fungierten nun nur noch die Nachfahren von Zarco.

Stand am Anfang die Liebe?

Über die ersten Bewohner kursiert eine romantische, variantenreiche Geschichte, die im Laufe der Jahrhunderte leichte Abwandlungen erfuhr: Das aus England geflohene Liebespaar Anne Dorset und Robert Machim (oder Machyn) und sein Gefolge betraten als erste Menschen Madeira. In England hatte der grausame Vater des Mädchens dem Paar die Vermählung verweigert. Beide waren auf der Flucht nach Frankreich (ersatzweise Portugal), um dort ein neues Leben zu beginnen. Ein Sturm trieb sie weit vom Seeweg ab, bis in die Bucht von Machico. Der junge Edelmann Robert sah hierin einen Wink des Schicksals und beschloss, die Insel zu besiedeln als Heimstatt für seine zukünftige Familie. Die Bootsmannschaft allerdings verspürte wenig Lust, statt Meere zu besegeln ab sofort Wälder zu roden und machte sich mit dem Schiff auf und davon. Zurück blieb das traurige Paar mit einem treuen Pagen. Die zarte Anne starb vor Kummer. Der tapfere Machim konnte Madeira (wie auch immer) verlassen und sorgte mit Hilfe von arabischen Seeräubern, die sowohl ihn als auch die treulosen Verräter fingen, für Gerechtigkeit. Die Abtrünnigen endeten unter dem Schwert, er aber setzte seine Reise fort, um am portugiesischen Königshof von seiner Entdeckung zu berichten.

Aufstieg und Fall mit Zucker und Wein

1508 erhielt Funchal die Stadtrechte, im Wappen werden fünf Zuckerhüte geführt. Die reiche Stadt verfügte inzwischen über eine Kathedrale und mehrere Adels- und Handelspaläste; Klöster und Kirchen wurden gebaut, Kirchenschätze angehäuft. Damit wurde Madeira – insbesondere Funchal – in den nächsten Jahrhunderten zum bevorzugten Ziel von **Piraten und Freibeutern.** Ihnen gelang es mehrfach trotz des Baus von Befestigungsanlagen die Städte zu plündern, zu brandschatzen und zahlreiche Bewohner in die Sklaverei zu verschleppen. Von einer Zerstörung im Jahr **1566** erholte sich Madeira lange Zeit nicht, zumal mit den karibischen Inseln und Brasilien mächtige Konkurrenz auf dem Zuckermarkt entstanden war.

Portugal verlor **1580** in Folge einer Erbstreitigkeit seine Unabhängigkeit an Spanien. Im Kampf um die Vorherrschaft auf den Weltmeeren zwischen Spanien und England besiegten die Briten **1588** die spanische Armada. Damit blieben auch Madeiras und Porto Santos Küsten ungeschützt und wurden zur leichten Beute. Erneut fielen Piraten und Freibeuter über die Küstenstädte her. Ab **1640** befreite sich Portugal mit Unterstützung Englands von der spanischen Herrschaft, musste dafür aber Konzessionen an die Verbündeten machen. Auf Madeira geriet der aufblühende Weinhandel in die Hände englischer Handelshäuser. Weinanbau und -export verhalfen zu einem wirtschaftlichen Aufschwung. Über 200 Jahre blieb Madeira einer der wichtigsten Weinexporteure Europas, andere landwirtschaftliche Kulturen wurden vernachlässigt. England hielt an seiner „Beschützerrolle" fest. So besetzten die Briten Madeira **1801** vorsorglich, um es dem napoleonischen Zugriff zu entziehen. **1850–1872** vernichteten Mehltau und Reblaus nahezu den gesamten Bestand an Weinstöcken. Madeira konnte wegen seiner auf Export ausgerichteten Landwirtschaft die Bevölkerung nicht ernähren. Hungersnöte und Auswanderungswellen waren die Folge.

Zarco, einer der Ersten auf Madeira

Arbeit und doch Hungersnöte

Die wirtschaftliche Lage stabilisierte sich Ende des 19. und Anfang des 20. Jh. mit Hilfe des Exports von Handarbeiten und einer differenzierteren Landwirtschaft, die allerdings auf Export ausgerichtet blieb. Es waren die englischen Handelshäuser, die durchaus im eigenen Interesse Madeira als Exporteur von besonders feinen **Stickereien** und **Korbwaren** erneut ins Geschäft brachten. Zeitweilig muss der überwiegende Teil der arbeitsfähigen weiblichen Bevölkerung mit Nadelarbeiten beschäftigt gewesen sein – **1912** wird die Zahl der Stickerinnen jedenfalls mit 32.000 angegeben. Die Herstellung von Handarbeiten hat bis heute, wenn auch mit veränderten Schwerpunkten, Bestand. Die Weinfelder konnten mit amerikanischen Rebstöcken neu bepflanzt werden. Der **Weinexport** erlangte zwar seine frühere Bedeutung nicht zurück, blieb aber wichtiger Bestandteil der madeirischen Wirtschaft. Als zusätzliches Exportgut kamen ab **1920 Bananen** hinzu. Parallel hatte sich Madeira zum bevorzugten **Reiseziel** bürgerlicher Kreise entwickelt. Die neue Gästegruppe kam im Kielwasser gekrönter Häupter, britischer Offiziere auf der Durchreise zu den Kolonien und kontinentalen Geldadels.

Das Ende der portugiesischen Monarchie **1910,** die folgenden Wirren und den Ersten Weltkrieg überstand Madeira einigermaßen unbeschadet. Ein deutsches U-Boot versteckte sich zwischen den Desertas-Inseln, torpedierte den Hafen von Funchal und versenkte ein französisches Kriegsschiff. Härter traf Madeira der Putsch von Streitkräften unter Salazar **1926.** Am Anfang der fast fünfzig Jahre währenden Diktatur stand eine **Hungersnot. 1931** erhielten die Feudalherren von den neuen Herrschern das Monopol für Mehlimporte und zogen die Preisschraube an. Auf der noch immer auf Exportlandwirtschaft ausgerichteten Insel, die Lebensmittel für den eigenen Bedarf importieren musste, hatte diese Entscheidung katastrophale Folgen. Brot wurde für viele zum unerreichbaren, kostbaren Gut. Hungerrevolten wurden unterdrückt. Erneut wanderten große Teile der Bevölkerung aus. Ihre Ziele waren die überseeischen Kolonien, Südafrika und Venezuela. Im **Zweiten Weltkrieg** blieb Portugal neutral. Der Krieg unterbrach aber die Transportwege und hatte damit wirtschaftliche Folgen auch für Madeira.

1960 erfolgte mit der Eröffnung des Flughafens auf Porto Santo (ihm folgte 1964 der Flughafen auf Madeira) ein neuer Schritt in der Tourismusentwicklung. In den folgenden Jahrzehnten entstanden neben Hotels der Luxusklasse auch Mittelklassehotels. Das Nobelreiseziel Madeira wurde für Normalverdiener erschwinglich.

Illustre Gäste und zwei Todesfälle

Hätte es damals die Regenbogenpresse heutigen Zuschnitts gegeben, wären in Funchal ab Mitte des 19. Jh. sicher ihre wichtigsten Auslandsredaktionen eingerichtet worden. Mit Bedacht eröffnete Vicente Gomes da Silva just hier 1848 Portugals erstes Porträtfotostudio. Europas Prominenz gab sich ein Stelldichein, und einige der Hauptdarsteller wurden auf der Insel von herben Schicksalsschlägen getroffen. **Elisabeth von Österreich,** besser bekannt als **Sissi,** war zwar nicht der erste, wohl aber der bekannteste Gast. Sie verbrachte in der Quinta Vigia in Funchal, dem heutigen Präsidentensitz, den Winter 1860/61 und soll sich entsetzlich gelangweilt haben. Auch gesundheitlich war Madeira für sie kein voller Erfolg. Dem milden Klima wurde nachgesagt, dass es heilende Wirkung bei der damals grassierenden Schwindsucht habe. Beweisen konnte man das nie. Im selben Domizil wie die österreichische Kaiserin logierte bereits 1853 ihre Kollegin **Kaiserin Amelia von Brasilien** mit ihrer Tochter Marie Amelia. Das junge Mädchen sollte auf Madeira eine Tuberkulose ausheilen, verstarb aber nach fünf Monaten. **Kaiser Karl I. von Österreich** ereilte der Tod durch Lungenentzündung 1922 in Monte (vgl. S. 110).
Trotz dieser tragischen Fälle verließen Madeiras Urlauber in ihrer weit überwiegenden Zahl die Insel höchst lebendig und gut erholt. Zunächst wohnten die Wohlhabenden in Quintas, weitläufigen Landhäusern, die sie mit Personal mieten konnten. **1891** öffnete das legendäre **Hotel Reid's** seine Pforten, hier nächtigt seither, was Rang und Namen hat.

Endlich Demokratie und Stabilität

Die unblutige Nelkenrevolution von **1974** sorgte in ihrer Folge nicht nur für stabile demokratische Verhältnisse in Portugal, sie brachte **1976** mit den ersten Wahlen Madeira auch eine relative Selbständigkeit als autonome Provinz. Seit **1986** ist Portugal Mitglied der Europäischen Union. Der Archipel wird auf Grund seiner Randlage besonders gefördert und kann sein Bildungs- und Gesundheitssystem und seine Infrastruktur europäischen Verhältnissen anpassen. Auch die wirtschaftliche Lage stabilisiert sich. Portugal bleibt zwar ein Schlusslicht in der europäischen Gemeinschaft, Madeira kann aber durch seine differenzierte Wirtschaft (Tourismus, Handwerk, Landwirtschaft) den Lebensstandard der Bevölkerung erheblich verbessern.

Portugal gehört, seit seinem Beitritt gemeinsam mit Irland und Spanien, noch bis 2013 zu den Hauptnehmerländern der Europäischen Union. Anders als Irland und

Die frühen Urlauber ließen wandern

Spanien rangiert es aber noch immer am Ende der Einkommens- und Entwicklungsskala, sieht man von den im Jahr 2004 aufgenommenen Mitgliedsstaaten ab. Die Subventionsuhr tickt, und um aus eigener Kraft bestehen zu können, unternimmt Madeira seit einigen Jahren besondere Anstrengungen. Einer der Schwerpunkte liegt dabei auf dem Tourismussektor, denn auch in Zukunft muss die Insel sich als Urlauberstandort gegenüber der Konkurrenz wie den Kanarischen Inseln behaupten. Investiert wurde bisher vor allem in die Infrastruktur, in den Straßen- und Tunnelbau, wobei sich der aktuelle Schwerpunkt längs der Südwestküste beobachten lässt. Nachdem Calheta ein von Molen geschützter goldgelber Sandstrand beschert wurde, wird auch vor Ponta do Sol und Ribeira Brava gebaggert und gebaut. Für Funchal ist ebenfalls ein Sandstrand geplant. Wo auf Grund der Wassertiefe keine Sandstrände angelegt werden können, entstanden und entstehen neue attraktive Badeanlagen.

Abschied von Bananen?

(Ein 1999 geführtes Interview mit S. de Sousa Pita, Staatssekretär für Landwirtschaft)

In der EU hat Portugal im Verein mit Spanien und Frankreich heftig und siegreich für den europäischen Bananenanbau gestritten, aber anders als in den vergangenen Jahren bestimmen Bananenplantagen immer weniger das Bild von Madeiras Süden. Was sind die Ursachen dafür?

Ganz so siegreich waren wir nicht. Die amerikanischen Bananen kommen auf den portugiesischen und spanischen Markt, und wir werden durch ihre Konkurrenz und durch EU-Normen zu Länge und Umfang der Früchte gezwungen, uns umzustellen. Auf Grund des Klimas gedeihen hier vor allem kleine Sorten, gefordert werden aber große Früchte und damit größere Stauden, die erheblich mehr Wasser brauchen und als Windschutz treibhausartige

Bauten mit feinen Netzen oder Plastikwänden. Trotz der europäischen Subventionen dafür wollen wir sie auf Madeira nicht zulassen, denn sie verschandeln eindeutig die Landschaft und sichern keineswegs auf Dauer den Bananenexport.

Die Bananen brachten in der Vergangenheit rund 50 % der Exporterlöse. Welche Alternativen hat Madeira?

Wir müssen mehrgleisig fahren. Fruchtexport wird weiter eine große Rolle spielen, nur die Früchte werden andere sein, solche, die dem Klima besser angepasst sind und keine tropischen Regenfälle bzw. Wassermengen brauchen wie Bananen. Wir unterstützen z. B. den Anbau von Ananas und Kiwis, auch der Blumenexport lässt sich noch ausweiten. Zu den ganz wichtigen Vorhaben gehört aber die Verbreiterung der Weinproduktion. Wir machen hervorragenden Madeirawein, bringen aber keinen annehmbaren Tafelwein zustande, müssen ihn sogar fast zur Gänze einführen.

Woran liegt es? Fehlen die richtigen Sorten oder das Know-how?

Beides fehlt. Für die kommerzielle Vermarktung hat sich Madeira zu lange auf das Erfolgsmodell Madeirawein konzentriert. Reben für Tafelwein wurden zwar angepflanzt, aber nur wenige, überwiegend für den Hausgebrauch und entsprechend unprofessionell gekeltert. Aus den vorhandenen Sorten ließe sich weitaus Besseres produzieren, als in den Bars vom Fass angeboten wird. Unser Ziel ist, die Anbauflächen erheblich zu vergrößern und mit Hilfe von Experten auch aus Deutschland die Qualität zu verbessern. Damit sollte uns gelingen, den einheimischen und ausländischen Markt zu überzeugen.

Denken Sie, dass diese Maßnahmen auch ein Mittel gegen Arbeitslosigkeit sind?

Wenn es uns gelingt, die Zahl der Beschäftigten in der Landwirtschaft zu halten, sind wir schon hochzufrieden. In den vergangenen Jahren ist ihr Anteil an den Beschäftigten insgesamt von 30 % im Jahr 1976 auf 20 % 1986 und 12 % in diesen Jahren gesunken.

Wie wollen Sie neue Arbeitsplätze schaffen? Kann etwa durch Modernisierung der Fischerei die Beschäftigungssituation verbessert werden?

Dort gibt es kaum Arbeitsplatzreserven. Die Fischerei sichert nur etwa 1 % der Bevölkerung den Lebensunterhalt. Die Fänge sind sehr starken saisonalen Schwankungen unterworfen, die wir nicht beeinflussen können. Ob sich Fisch-

Bananenplantagen an der Südküste

schwärme in unseren Regionen aufhalten oder nicht, hängt von der Wassertemperatur ab. Erwärmungen, wie sie „El Niño“ gebracht hat, könnten alle Bemühungen zunichte machen. Zudem sind durch EU-Richtlinien die Fangergebnisse begrenzt. Wir müssen uns auf den Dienstleistungssektor konzentrieren, dazu gehört auch der schrittweise Ausbau des Tourismus mit besonderen Angeboten für spezielle Gruppen wie Individualurlauber, Wanderer, Sportler und Menschen, die ihren Urlaub am liebsten geruhsam auf dem Lande verbringen.

Ergänzung: Seit 1999 hat sich einiges für Madeiras Wirtschaft verändert. Infrastrukturmaßnahmen sind in großem Umfang durchgeführt worden. Einen Schwerpunkt bildete der Straßenbau (Tunnelbau), durch den die bisher schwer zu erreichenden Küstenregionen im Südwesten und Norden wesentlich besser mit dem wirtschaftlichen Zentrum Funchal und dem Flughafen verbunden sind. Damit sind sie auch für den Tourismus interessanter geworden. In beiden Zonen werden darüber hinaus durch die Anlage von Stränden (wie in Calheta), Promenaden und Marinas (Yachthäfen) zusätzliche attraktive Angebote für Urlauber auch außerhalb von Funchal und Caniço de Baixo geschaffen. Die traditionellen Fischereihäfen Câmara de Lobos und Caniçal erhielten neue Molen, damit auch Motorkutter dort anlegen können. An Bedeutung gewinnt auch die Fischzucht. Der Blumenexport, insbesondere der von Proteas, nimmt einen größeren Raum ein. Allerdings auch der ungeliebte Bananenanbau. Madeiras Landwirte wollen sich die EU-Subventionen nicht entgehen lassen und haben alte Plantagen wieder aktiviert. Für die ebenfalls von der EU subventionierten Plastiktreibhäuser gab es aber bisher keine Genehmigung. Einige Maßnahmen sind auch bezüglich des Weinanbaus ins Leben gerufen worden; so ist z. B. dem Museum Vino e da Vinha bei Arco São Jorge ein Projekt zur Qualitätssteigerung des madeirischen Tischweins angeschlossen (siehe S. 160).

Früchtevielfalt in der Markthalle

Essen und Trinken

Die traditionelle madeirische Küche ist kräftig und gehaltvoll, sie musste hart arbeitende Bauern und Fischer satt machen. Für die Entwicklung verfeinerter Genüsse war die Insel zu arm. Die wenigen Reichen orientierten sich am Speiseplan des Festlands und schufen keinen eigenen kulinarischen Beitrag. Wer hohe Ansprüche an die Urlaubsküche stellt, wird in den Restaurants dennoch gut bedient, denn die lange Tradition als Urlaubsinsel für Wohlhabende setzt sich bis heute in den Speiselokalen fort. Wer die regionale Küche kennen lernen möchte, wird ebenfalls nicht enttäuscht, insbesondere wenn frische Fischgerichte auf der Wunschliste stehen.

Typisch Madeirisches

Für zwischendurch

Sandes (von engl. Sandwich) haben die Engländer auf die Insel gebracht und die Madeirer haben sie weiterentwickelt. Es gibt sie in fantasievollen Abwandlungen in jeder Bar und in jedem noch so kleinen Lokal. Zwei Weißbrotscheiben mit viel dazwischen, von Käse und Schinken über Salat, Tomaten, Ei, Fisch, Rindfleisch und Hähnchen.

Suppen: Deftiges gibt bei den Suppen den Ton an:

Caldo verde, eine herzhafte Gemüsesuppe mit Grünkohl und des Geschmacks wegen mit Knoblauchwurst gekocht. Sie ist in ganz Portugal weit verbreitet.

Caldeira de Peixe, ein üppiger Fischeintopf mit Knoblauch, Tomaten, Kartoffeln, verschiedenen Fischen und Meeresfrüchten variiert.

Açorda, eine Knoblauch-Brotsuppe mit Ei.

Fischgerichte

Espada: Der schwarze Degenfisch aus der Tiefsee ist überall und immer in vielen Variationen zu bekommen. Außerordentlich preiswert ist er, sowohl beim Einkauf als auch in den Restaurants, und zudem auch noch besonders schmackhaft. Sein Fleisch ist fest und, da er immer frisch auf den Teller kommt, ohne penetranten Fischgeschmack. Er wird gebraten, gekocht und gedünstet, mit Tomaten und Knoblauch serviert, auf Spieße gesteckt und sogar mit Bananen (lohnt sich!) gegessen.

Bacalhau (Stockfisch) ist keine madeirische Erfindung, sondern ein internationales Produkt, das sich in Portugal länger als anderswo auf den Speisekarten gehalten hat. Gesalzener und getrockneter Kabeljau wird gewässert und mit vielerlei Zugaben geschmort.

Atun: Frisches Thunfischfilet, schmeckt fast wie Kalbssteak; unbedingt probieren.

Lapas: Napfschnecken, auch Entenmuscheln genannt, mit Knoblauch und Kräutern gegart, stehen in den Lokalen an der Küste häufig auf dem Speiseplan.

Fleischgerichte

Espetada: Lorbeerspieße – das madeirische Festtagsessen überhaupt und auf jeder Feier frisch zubereitet, aber meist nur als Familienportion zu bekommen. Gigantische Fleischbrocken werden auf kaum weniger gigantische Spieße gesteckt, mit grobem Salz, Knoblauch und Lorbeerblättern gewürzt und über dem offenen Holzkohlefeuer gegrillt. Auf Festen glüht es üblicherweise ganz prosaisch in einem alten Ölfass. Im Original muss das Fleisch auf Lorbeerstecken gespießt werden, in den Restaurants brutzelt es umweltschonender an Metallspießen.

Schweine- und Ziegenfleischragouts bekommt man vor allem in ländlichen Gasthöfen. Typisch zubereitet muss das Fleisch über Nacht in einer Weinmarinade liegen.

Kein Fest ohne Lorbeerspieße

Knackig frisches Obst und Gemüse gibt es in den Markthallen

Nachspeisen

Hauptsache süß und mit viel Zucker lautet die Parole. Selbst hergestellte Puddings mit viel Eiern und Butter sind beliebt. Die Urlauber zieht es eher zu den Obstsalaten.

Gebäck

Bolo de Caco, ein luftiges und doch herzhaftes Hefefladenbrot, bekommt man noch warm auf jedem Fest und im kleinen Format auch im Supermarkt. Es wird sowohl aus Mehl als auch aus Süßkartoffeln hergestellt.

Bolo de Mel (Honigkuchen), mit Mandeln und Trockenfrüchten verziert, erinnert an Lebkuchen. Er wird nur noch selten mit Honig, sondern häufiger mit Zuckersirup hergestellt. Die runden, braunen Laibe liegen in unterschiedlicher Größe in den Regalen der Supermärkte und Souvenirläden, sie sind ein beliebtes, nahrhaftes Mitbringsel.

Getränke

Kaffee: Madeira kennt nicht weniger als zehn Arten, den Kaffee zu servieren. Am weitesten verbreitet sind *Bica,* ein Espresso, und *Chinesa,* eine große Tasse Milchkaffee.

Wein: Selbstverständlich muss jeder Urlauber wenigstens einmal den berühmten Madeirawein probiert haben (s. u.). Zum Essen allerdings ist er zu schwer, und an Tafelwein hat Madeira noch nichts Verlockendes zu bieten, da lohnt sich der Griff zum Vinho Verde vom Festland.

Poncha: Eine süffige Mischung aus Zuckerrohrschnaps, Honig, Zucker und Orangensaft – sollten Sie versuchen, Kostenpunkt 1,50 bis 2 €. Wer zuhause für einen **Caipirinha** zweistellige Eurobeträge bezahlen muss, sollte ihn hier für nur 2,50 bis 3,50 € probieren.

Bier: Im Supermarkt wird nahezu jede ausländische Biersorte angeboten. Das einheimische *Coral* kann durchaus mithalten.

Madeirawein

Edle Tropfen

Wenn von Madeira die Rede ist, denken mindestens ebenso viele Menschen an Wein wie an die Blumeninsel im Atlantik – an den hochprozentigen trockenen Wein, den man als Aperitif zu sich nimmt, oder an den nicht weniger gehaltvollen süßen, dickflüssigen Dessertwein.

Schon die ersten Siedler bauten Reben der edlen Sorte *Malvasia* aus Kreta an. Sie gediehen auf dem vulkanischen Untergrund besser als in ihrer Heimat und ergaben einen so edlen Tropfen, dass der Wein schon bald Einzug in die Adels- und Gasthöfe auf dem Kontinent und in Großbritannien hielt. Solange aber der lukrativere Zucker exportiert werden konnte, spielte Wein für die madeirische Wirtschaft eine untergeordnete Rolle. Sein Aufstieg zum Exportschlager begann erst, als die amerikanischen Kolonien Zucker besser und preiswerter produzierten und Madeira, geschwächt von Piratenüberfällen, seine Wirtschaft neu aufbauen musste (vgl. Geschichte). Entscheidend für den Erfolg des Madeiraweins war, dass er zu Beginn des 18. Jh. einen Qualitätssprung machte. Er bekam eine bis zu dieser Zeit unbekannte, kräftige Note, und er überstand weite Wege unbeschadet, während Weine anderer Regionen unterwegs an Geschmack und Farbe einbüßten. Was genau die Ursache für diese entscheidenden Verbesserungen waren, wussten selbst erfahrene Kellermeister lange Zeit nicht.

Die Sorten:

Als Aperitif:

Serical von blasser Farbe, die mit den Jahren nachdunkelt, trockener bis sehr trockener Wein mit leichtem, würzigem Geschmack.

Verdelho, goldener Farbton, halbtrocken, leichter, eleganter Geschmack mit trockenem Abgang.

Zum Nachtisch:

Boal, von goldbrauner Farbe, halbsüß, sehr fruchtig und harmonisch.

Zum Kaffee und danach:

Malvasia, dunkelbraune Farbe, sehr süß und schwer, dabei aber harmonisch fruchtig.

Für alle Sorten gilt, dass sie mit zunehmendem Alter weicher im Geschmack werden. Am längsten haltbar ist der Malvasia. Selbstverständlich gibt es bei allen Sorten Qualitätsunterschiede, die sich im Preis niederschlagen.

Die Vernichtung der Weinstöcke durch Mehltau und Reblaus Ende des 19. Jh. brachte zunächst das Aus. Nach der Neubepflanzung aber hatte der Madeirawein den Zenit seiner Popularität überschritten. Ähnliche Qualitätsweine aus Jeréz

Die Fässer brachte man schwimmend an Bord

(Sherry) in Südspanien oder Porto in Nordportugal kamen in Europa und Übersee in Mode. Der Madeirawein hat heute eine so hohe Qualität wie vordem, wird auch weiterhin exportiert, aber seine Bedeutung in der Welt und als wichtigster Wirtschaftsfaktor der Insel hat er verloren.

Der Besuch einer Weinkellerei lohnt sich für jeden Urlauber. Während der Führungen erfährt man einiges über einen wichtigen Teil der madeirischen Geschichte (die Mehrzahl der Kellereien befindet sich noch an ihren historischen Standorten) und mit wie viel Sorgfalt an diesem Produkt gearbeitet wird (Weinkellereien und Weinmuseum siehe Funchal).

Des Rätsels Lösung: Wie der Madeirawein zu seiner Vollendung reifte

Eine Schiffsladung Wein wurde 1700 in der britischen Kronkolonie Hongkong nicht akzeptiert und nach Madeira zurückgebracht. Dort ging man davon aus, dass sie durch den langen Seeweg verdorben sei und nahm der Form halber vor der geplanten Vernichtung noch eine Probe. Sie überstieg zum allseitigen Erstaunen alles bisher Dagewesene an Qualität. Über die Gründe war man sich lange im Unklaren, Vermutungen wurden angestellt: Die lange Seereise mit dem Schaukeln der Fässer hätte der Grund sein können, das zweimalige Passieren des Äquators mit der entsprechenden Erwärmung oder auch in die Fässer eingedrungenes Salzwasser. Um keinen Aspekt außer Acht zu lassen, stachen ab diesem Zeitpunkt eigene Flotten, die *Madeira-Shippers,* in See und schaukelten den Wein über die Meere, um ihn hernach zurückzubringen, dann erst kam er in den Verkauf. Es dauerte fast einhundert Jahre, bis die Ursache für die Qualitätssteigerung entdeckt wurde – es war schlicht die Erwärmung. Damit hatten die Weltreisen des Weins ein Ende. Bald darauf entwickelten findige Weinhändler die Methode, den Wein mit einem Schuss Brandy zusätzlich zu verfeinern und zu konservieren. Madeira war der Markenname für Qualitätswein geworden.

Unterwegs auf Madeira

Mit öffentlichen Verkehrsmitteln

▸ **Öffentliche Busse:** Alle Orte und nahezu alle Ausflugsziele werden von öffentlichen Bussen angesteuert. Allerdings konnten sich die madeirischen Busgesellschaften bisher nicht zu einem Verkehrsverbund entschließen. Lediglich drei Gesellschaften (Stadtbus Funchal, CC São Gonçalo, Turismo Excursões) haben ein gemeinsames **7-Tage-Ticket** herausgegeben, das, außer für die unbegrenzte Nutzung der Stadtbusse in Funchal, auch für Fahrten zu den beliebtesten Ausflugszielen (Curral das Freiras, Camacha, Santana) gilt. Man erhält es für 15 € an den Verkaufsstellen der Stadtbusse. Alle öffentlichen Busse starten von der Avenida do Mar oder in deren Nähe in Funchal.

Busfahrpläne: Die Büros der Touristeninformation „Turismo" in Funchal und die Informationsschalter der Buslinien bieten ein Heft mit allen Busfahrplänen zum Preis von 1,25 € an. Die Touristenbüros außerhalb von Funchal geben eine Liste der Buslinien und Fahrzeiten an ihrem Ort kostenlos ab. Weitere Informationen findet man im Internet unter www.horariosdofunchal.pt.

Busgesellschaften	Zentrale Stationen	Angesteuerte Inselbereiche
Stadtbusse gelb	Infokiosk im östlichen Teil der Av. do Mar, viele Busstationen	Funchal und Umgebung, einschl. Monte
SAM cremefarben/grün	Busbahnhof, am Westrand der Innenstadt, Rua Calouste Gulbekian, zentrale Station auf der Av. do Mar, Höhe Marina	Osten und Nordosten: Flughafen/Santa Cruz/ Machico/ Caniçal/ Faial/Santo da Serra
Rodoeste cremefarben/rot	Zentrale Busstation Av. do Mar, vor der Festung	Westen/Nordwesten: Câmara de Lobos–Ponta do Pargo/ Ribeira Brava/São Vincente/ Boaventura/Porto Moniz
EACL rot/grau	Zentrale Busstation Ende der Av. do Mar, neben der Seilbahn	Ostküste–Caniço
CC São Gonçalo grau/gelb/weiß	neben der EACL	Osten/Nordosten: Camacha/ Santo da Serra/Santana/auch Curral das Freiras

Haltestellen *(Paragems)* sind, wenn nicht mit einem Wartehäuschen, dann zumindest mit einem Halteverbotsschild mit der Aufschrift „Paragem" versehen. Abfahrt ist für die meisten Busse die Avenida do Mar in Funchal, dort gibt es auch Informationskioske. Auf der Avenida do Infante, der Durchgangsstraße des Hotelviertels in Funchal, liegen mehrere Haltestellen der Stadtbusse und der Gesellschaft Rodoeste.

Einzelfahrkarten sind erhältlich an den jeweiligen Kiosken auf der Avenida do Mar, den zentralen Busstationen oder im Bus beim Fahrer. **Fahrpreise:** Stadtbusse Funchal: Einheitstarif 1,15 € (2006), nach Porto Moniz, dem am weitesten entfernten Ort, zahlt man 10 €, die Tageskarte für Funchal und viele Ausflugsziele kostet 15 €.

Achtung: Am 25. Dezember und an einigen anderen Feiertagen kein Busverkehr!

▸ **Taxis:** Die gelben Limousinen mit dem blauen Randstreifen sind im Straßenverkehr leicht auszumachen. Sie stehen an vielen Plätzen der Innenstädte, am Flughafen und am Hafen. Die Taxis haben einen Taxameter, der allerdings nur im Stadtbereich eingeschaltet werden muss, Minimum 1,50 €, nachts 2 €, km-Preis 0,51 €. Für Fahrten in andere Orte Minimum 3 €. Für Nachtfahrten wird ein Aufschlag von 20 % berechnet. Für Fahrten zwischen den Orten gibt es Richtpreise, die Sie vorher erfragen sollten. Eine Tarifliste der Taxifahrervereinigung, die Sie im Turismo in Funchal erhalten und die jeder Taxifahrer im Wagen haben muss, bezieht sich auf stundenweise Ausflüge. Wenn Sie zu dritt oder viert unterwegs sind, ist das eine gar nicht so teure Alternative zum Bus und in der näheren Umgebung von Funchal preiswerter als ein Mietwagen. Viele Fahrer kennen sich bestens aus, sprechen Deutsch oder Englisch und zeigen Ihnen unterwegs sicher gerne die eine oder andere Sehenswürdigkeit.

Knallgelb: die Taxis sind im Straßenverkehr leicht auszumachen

Preisbeispiele 2006

Flughafen–Innenstadt Funchal: 20–22 €;
Hotel Funchal–Ausflug nach Monte mit Besichtigungszeiten–Funchal: 22–24 €;
Hotel Funchal–Ausflug nach Curral das Freiras, Stopp an mehreren Aussichtspunkten, Rückkehr über Câmara de Lobos: 50 €.

Mit dem Mietfahrzeug

Reisebüros und einige Reiseveranstalter reservieren einen Leihwagen für Sie schon mit der Urlaubsbuchung bei einer der internationalen Autovermietungen, die im Flughafen ihre Büros haben, oder eine andere Vermietungsfirma bringt den Wagen zum Flughafen und übergibt ihn dort. Auch wenn Sie einen Leihwagen persönlich von zu Hause aus bestellen, bekommen Sie im Normalfall denselben Service.

Leihwagenvermietungen gibt es in Funchal, Caniço de Baixo, Machico und auf Porto Santo. Wenn Sie während des Urlaubs einen Wagen mieten wollen, können Sie auch Ihre Hotelrezeption oder ein Reisebüro mit der Bestellung beauftragen. Der Wagen wird üblicherweise ohne Aufpreis ins Hotel gebracht. In den Hochsaisonzeiten Weihnachten/Neujahr und Osterferien ist eine vorherige Reservierung ratsam.

▸ **Wagenklassen und durchschnittliche Tagespreise:** Die unten genannten Preise sind Tageskomplettpreise bei einer Mietdauer von sieben Tagen, einschließlich Steuern und Vollkaskoversicherung mit einer Selbstbeteiligung von 200 €, die von allen Vermietern verlangt wird. Bei tageweisem Mieten erhöht sich der Preis um 20–30 %. In den Preislisten der Autovermieter wird häufig lediglich der Grundbetrag genannt, im Kleingedruckten finden Sie dann die Kosten für Steuern und Versicherung. Unbegrenzte Kilometerzahl ist üblich.

Gruppe A	z. B. Lupo/ Daewoo	31 €
Gruppe B	z. B. Renault Clio/Ford Fiesta	35 €
Gruppe C	z. B. Peugeot/Polo, Fiesta, 4 Türen	40 €
Gruppe D	z. B. Seat Ibiza/Suzuki Jeep	45 €
Gruppe E	z. B. Fiat Brava/Renault Mégane	70 €
Gruppe F	Van/Kleinbus, 9 Plätze	82 €

Außerhalb der Hochsaison werben viele Vermieter mit Sonderpreisen, der Komplettpreis liegt dann bis zu 30 % niedriger!

Die Wagen sind durchweg in gutem Zustand. Ist der Tank voll, wird eine Kaution für die Tankfüllung verlangt, die Sie bei Übergabe des vollgetankten Wagens zurückerhalten. Fahrberechtigt ist nur die im Mietvertrag genannte Person, den Mietvertrag müssen Sie immer dabeihaben. Bei Pannen rufen Sie die Leihwagenfirma an, die dann alles Weitere regelt. Telefonnummern und Anschriften von Leihwagenfirmen finden Sie in den Ortsbeschreibungen.

Tipp: Ein Cabriolet ist auf Madeira keine gute Wahl für Ausflüge entlang der Küste. Die Straßen untertunneln mehrfach Wasserfälle, die sich gern durch das Gestein arbeiten und die Fahrer offener Wagen mit einer Dusche erfrischen.

- **Motorräder:** Nur sehr wenige Verleiher bieten auf Madeira motorisierte Zweiräder an. Auf dem kleinen Porto Santo kann man Motorroller leihen. Auf Madeira fanden wir lediglich zwei Vermieter, je einen in Caniço de Baixo und in Funchal, Anschriften siehe dort.

Tageskomplettpreise bei einer Woche Mietdauer

Peugeot Scooter	20–25 €
Suzuki	30–36 €
BMW 650cc	45 €
Harley-Davidson	60 €

- **Tanken:** Außerhalb von Funchal ist das Tankstellennetz nicht sehr dicht. Der Preis pro Liter Benzin liegt bei 1,30–1,40 € (Stand 2006).
- **Fahrräder:** Ebenfalls nur ein sehr mageres Angebot an Fahrradverleihern, Anschriften siehe Ortsbeschreibungen. Tageskomplettpreis für ein Tourenrad 7 €, für Mountainbikes bei einer Woche Mietdauer je nach Ausstattung 10–15 €.
- **Promillegrenze:** In Portugal werden von der Polizei maximal 0,5 Promille toleriert.

Verkehr

Das Straßennetz ist auf Madeira recht dicht. Die Straßen sind meist in gutem Zustand, bedingt durch die großen Höhenunterschiede aber abseits der Autobahnen und der neuen Schnellstraßen mit Tunnelverbindungen oft sehr kurvig. In Funchal ist das Fahren für Ortsunkundige durch viele Einbahnstraßen etwas mühsam. Die Landstraßen in und zwischen den Dörfern werden von den Bewohnern auch als Fußwege benutzt, mit Kinderwagen und Rollstuhlfahrern muss gerechnet werden, langsames Fahren ist also angebracht. Da Madeira streckenweise sehr dicht besiedelt ist, lassen sich große Entfernungen auf den Landstraßen nur mit viel Zeit überwinden.

Geschwindigkeitsbeschränkungen	
Ortschaften	50 km/h
Landstraßen	90 km/h
Autovia	120 km/h, meist aber niedrigere Geschwindigkeitsbegrenzung

Die Straßenbauer Madeiras haben in den letzten Jahren schier Unglaubliches geleistet. Um auf der gebirgigen Insel, die nahezu ohne ebene Flächen auskommen muss, Schnellstraßen bauen zu können, sind sie zu Tunnelbauern geworden. Mehrere Tunnel bringen es auf Längen von mehr als 3 km und sind damit die längsten Portugals. Auf dem Streckenabschnitt von Funchal nach Ribeira Brava hat man das Gefühl, nur dann aus Tunneln aufzutauchen, wenn es gilt, auf einer Brücke ein Tal zu überqueren. Diese Art des Bauens hat den Vorteil, dass die Landschaft relativ selten von Schnellstraßen durchschnitten oder gar zerstört wird. Positiv ist auch, dass neue Verbindungsstraßen und Tunnel häufig parallel zu den alten Straßen geführt werden. So hat man die Wahl zwischen der schnelleren, neuen Verbindung oder der landschaftlich reizvolleren, alten Streckenführung, z. B. am Encumeada-Pass oder auf Teilabschnitten der Nordküstenstraße von São Vicente nach Porto Moniz und von São Jorge bis Porto da Cruz, siehe auch S. 24. Obwohl die alten Straßenabschnitte manchmal abenteuerlich sind, kann man sie aufgrund der vielen landschaftlichen Schönheiten und Überraschungen, die man unterwegs erlebt, nur empfehlen. Da sie meist an der Steilküste entlangführen, wird vor Steinschlag gewarnt.

Autobahnähnliche Schnellstraßen verbinden Funchal mit Ribeira Brava und dem Flughafen bzw. Machico.

Die Straße klebt geradezu an der Steilküste

Rundfahrten

Vorweg: Die hier vorgeschlagenen Rundfahrten sind für Pkws und Motorräder beschrieben, für Biker sind sie nicht geeignet. Die Landstraßen sind häufig sehr schmal, kurvig und unübersichtlich, zudem sind erhebliche Steigungen zu überwinden. Die in den Ortsbeschreibungen genannten Fahrradvermieter bieten z. T. geführte Touren mit Radtransport zum Ausgangspunkt an; sie beraten auch die Kunden, die auf eigene Faust losziehen möchten.

Ausgangspunkt der Tourenvorschläge ist Funchal, alle Landschaften und Orte, die Sie durchfahren, sind im Buch beschrieben. Alle Rundfahrten sind als Tagesausflüge gedacht. Unterwegs bieten sich Stadtrundgänge und Kurzwanderungen an, Anzahl und Dauer bestimmen Sie und Ihr Zeitplan.

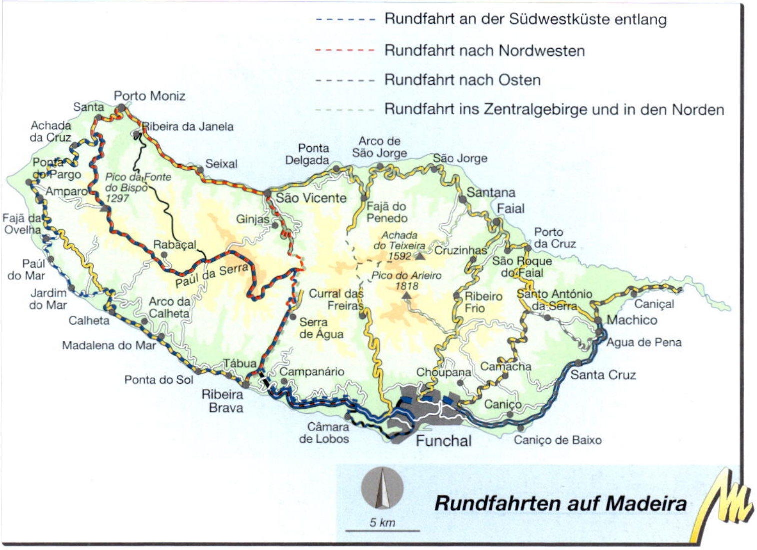

1. Fischerdörfer im Südwesten

Seit Jahrhunderten nur wenig veränderte, malerische Küstenstädtchen und Fischerdörfer machen den besonderen Reiz dieser Tour aus. Ganz im Westen durchfahren Sie kaum besiedelte Landschaften und ausgedehnte Wälder. Zurück geht es über die Hochebene Paúl da Serra und den Encumeada-Pass.

140 km mit meist gutem Straßenzustand. Unterwegs werden mehrere Tunnel passiert, einige noch sehr rustikal, andere ganz neu, wie der mehr als 3 km lange Tunnel zwischen Jardim do Mar und Paúl do Mar. Restaurants und Bars in den Orten bis Paúl do Mar, auf der Paúl da Serra und am Encumeada-Pass.

Wenn Sie das nahe gelegene Câmara de Lobos und Cabo Girão nicht auf einem eigenen Ausflug besuchen, beginnen Sie die Tour dort. Ab Funchal über die Estrada Monumental und die Landstraße nach **Câmara de Lobos,** dort Stopp und Rundgang (siehe S. 119). Über die ER 229 auf die Autobahn in Richtung Ribeira Brava, Ausfahrt **Cabo Girão** nehmen und Besuch der Klippen (siehe S. 124), zurück und Weiterfahrt über die Autobahn nach Ribeira Brava.

Wenn Sie diese Orte schon gesehen haben, können Sie die Strecke bis **Ribeira Brava** auf der Autobahn schneller bewältigen. Dort Stopp und Rundgang, ein Besuch des Ethnologischen Museums ist empfehlenswert (siehe S. 125).

Ab Ribeira Brava fahren Sie auf der Küstenstraße ER 101 durch einen Tunnel und weiter nach Westen bis **Ponta do Sol,** dort Stopp und Rundgang (siehe S. 129).

Weiter geht es durch mehrere rustikale Tunnel (der erste beginnt noch im Ort) und über eine sehr schöne alte Steilküstenstrecke mit Wasserfällen und tropischer Vegetation nach Madalena do Mar und **Calheta.** Dort Stopp und eventuell Besuch der alten Zuckermühle (siehe S. 132).

Malerisch umrahmt Câmara de Lobos die Bucht

Hinter Calheta entfernt die Straße sich von der Küste in Richtung Prazeres. Sie verlassen die ER 101, sobald **Jardim do Mar** ausgeschildert ist (ER 224) und fahren hinunter zu diesem malerischen Fischerörtchen, dort Stopp und Rundgang (S. 136). Weiter geht es durch einen der ganz langen Tunnel nach **Paúl do Mar.** Dieser Ort ist nicht so hübsch wie sein Gegenstück, deshalb geht es weiter und über die ER 223 wieder hinauf. Es folgt ein landschaftlich sehr reizvoller Abschnitt, bis Sie wieder die ER 101 erreichen. Durch eine ländliche, bald wenig besiedelte Zone geht es auf kurvenreicher Straße weiter nach Westen. In Ponta do Pargo kann man einen Abstecher zum Aussichtspunkt Miradouro und zum **Leuchtturm** machen (ausgeschildert, 8 km zusätzlich), siehe S. 141. Sehr empfehlenswert ist der Abstecher zur **Seilbahn** (Teleférico) bei Achadas da Cruz (S. 141). Bald taucht die Landstraße in blumenreiche Wälder ein. Bei Portas da Vila biegen Sie für den Rückweg auf die ER 110. Sie führt über die Hochebene **Paúl da Serra** und an der Zufahrt nach **Rabaçal** vorbei – Stopp und Blick hinunter in die Schlucht, eventuell Kurzwanderung – zum **Encumeada-Pass.** Der Streckenabschnitt zum Encumeada-Pass ist besonders am späten Nachmittag bei tief stehender Sonne traumhaft schön, und mit den alten Tunnels wird es richtig urig. Am Pass sollten Sie einen Stopp einlegen und die herrliche Aussicht genießen. Zurück nach Funchal geht es in Richtung Ribeira Brava, vor der Stadt auf die Autobahn nach Funchal abbiegen.

2. Nach Nordwesten

Diese Tour ist reich an landschaftlichen Höhepunkten: das Zentralgebirge am Encumeada-Pass, das liebliche Tal von São Vicente, die atemberaubende Nordküste und Rabaçal mit seinen Quellen und Urwäldern.

Etwa 140 km, meist sehr guter Straßenzustand, relativ wenig Serpentinen, abenteuerlich ist dann die alte Küstenstraße. In allen Orten und am Encumeada-Pass gibt es Restaurants und Bars.

Ab Funchal in Richtung **Ribeira Brava wie bei Tour 1.** Vor Ribeira Brava auf die EN 104 abbiegen. Sie führt durch das lang gezogene, enge malerische Tal des Ribeira da Serra de Água. Achtung: Die Hauptstrecke bringt Sie durch einen Tunnel direkt in das Tal von São Vicente, biegen Sie rechtzeitig zum **Encumeada-Pass** (ER 228) ab, dort Stopp (herrliche Ausblicke ins Zentralgebirge).

Sie bleiben auf der ER 228 und fahren gemächlich durch den herrlichen, mit vielen Kurven durchsetzten oberen Teil des Tals von São Vicente, weiter unten ist es durch den massiven Straßenbau beeinträchtigt. Bevor Sie erneut auf die ER 104 stoßen, sollten Sie auf die Nebenstraße in Richtung **Grutas** abbiegen, damit setzen Sie die gemütliche Fahrweise fort und können auf dem Weg nach São Vicente diese interessanten Grotten besichtigen (S. 146). Weiter geht es nach **São Vicente,** dort Stopp und Rundgang (S. 144). Ab São Vicente folgt die spannende Küstenstraße nach Westen. Bleiben Sie immer auf den Teilstrecken, die mit „Antiga ER 101" ausgeschildert sind, dann wird die Fahrt zu einem unvergesslichen Landschaftserlebnis. Bei Seixal lohnt sich ein Abstecher in das enge, grüne Tal von **Chão da Ribeira** (S. 148). Weiter die Küstenstraße entlang erreichen Sie **Porto Moniz.** Hier sollten Sie eine Pause einlegen, über die Promenade bummeln, die Badeanlage und evtl. das Auquário besuchen (S. 150). Von Porto Moniz steigt die ER 101 in vielen Serpentinen steil hinauf (Aussichtspunkte). Über Santa geht es weiter nach Portas da Vila, hier biegen Sie auf die ER 110 ab. Die Rückfahrt entspricht der Rückfahrt von Tour 1, aber jetzt sollten Sie sich Zeit für die Fahrt hinunter nach Rabaçal und die auf S. 224 beschriebene Kurzwanderung nehmen.

Blick vom Encumeada-Pass auf das Zentralgebirge

Blick auf den Ostzipfel Madeiras

3. Nach Osten

Eine Tour mit landschaftlichen Kontrasten. Zunächst steht ein Besuch der schönsten Gartenanlage auf dem Programm, dann geht es hinauf in grüne, feuchtere Zonen und wieder hinab bis zum wüstenhaften, klippenreichen Ostzipfel der Ponta de São Lourenço. Besuche der ältesten Orte Madeiras, Machico und Santa Cruz und des Walfängerdorfes Caniçal.

Knapp 100 km, gut ausgebaute Straßen, nur im ersten Drittel kurvige Strecken. In allen Orten gibt es Restaurants und Bars.

Sie verlassen Funchal nach Osten am besten auf der Autobahn und biegen bei der Abfahrt nach Camacha auf die ER 102. Nur wenige Kilometer nach Verlassen der Autobahn ist die **Quinta do Palheiro Ferreiro** ausgeschildert, Stopp und Besuch (siehe S. 116).
Weiterfahrt nach **Camacha,** dort Besuch der Korbflechterwerkstätten des Café Relógio (siehe S. 202).
Weiterfahrt auf der ER 102 bis zur Abfahrt Santo da Serra, danach weiter nach **Santo da Serra,** dort ist ein Besuch der Quinta do Santo da Serra (siehe S. 208) empfehlenswert.
Auf der Landstraße (ER 239) geht es weiter über Água de Pena nach **Machico.** Dort Stopp und Stadtbesuch (ab S. 189).
Über die ER 109 und 214 oder die neue Schnellverbindung der ER 101 nach Osten und in den Walfängerort **Caniçal,** der Besuch des Walmuseums ist empfehlenswert (siehe S. 195).
Durch die Freihandelszone Fahrt auf die **Ponta de São Lourenço,** die Straße führt am Sandstrand Prainha vorbei bis zur Abrabucht, dort Kurzwanderung möglich (siehe S. 200). Ein empfehlenswerter Abstecher zu einem Aussichtspunkt ist unterwegs ausgeschildert, dort Stopp – herrliche Aussicht.

Zurück an der Südostküste entlang nach Funchal. Unterwegs Abstecher und Rundgang in **Santa Cruz** (siehe S. 185) möglich.

4. Ins Zentralgebirge und in den Norden

Eine Tour, voll gepackt mit landschaftlichen Attraktionen. Das Zentralgebirge und seine höchsten Gipfel werden angesteuert, Naturparks, in denen der Lorbeerwald besonders geschützt ist, und die wunderschöne Nordküste, die sich östlich teils grün und lieblich, teils mit rasanten Steilküsten zeigt. Zurück geht es durch das schöne Tal von São Vicente und über den Encumeada-Pass, alternativ durch den Tunnel unter dem Pass hindurch. Sie durchfahren Wälder, Weinberge und schmucke Dörfer. In Santana sind die typischen Santanahäuschen sehenswert, und wer die dritte Tour nicht gemacht hat, sollte den Besuch von São Vicente nicht auslassen.

150 km, eine lange, anstrengende Tour, überwiegend sehr kurvig mit vielen Auf- und Abfahrten, aber fast ständig guter Straßenzustand. Brechen Sie möglichst früh auf, dann ist der Blick vom Pico do Arieiro am schönsten. Entscheiden Sie unterwegs, ob Sie die Fahrt zum Pico Ruivo auf ein anderes Mal verschieben. Restaurants und Bars in allen Orten und an den Besuchspunkten, nicht aber auf der Achada do Teixeira, unterhalb des Pico Ruivo. Unterwegs gibt es aber auch sehr schöne Picknickplätze.

Sie verlassen Funchal in Richtung Norden, auf der Autobahnabfahrt Monte. Dann fahren Sie auf der ER 103 an Monte und Terreiro da Luta (eigener Ausflug ab Funchal) und an der Zufahrt zum Parque Ecológico vorbei. Der Straßenabschnitt oberhalb von Monte ist besonders schön, er führt über viele Kilometer durch parkähnliche Landschaft. An der Kreuzung am Poiso-Pass biegen Sie zum **Pico do Arieiro** (ausgeschildert) ab. Hier Stopp und Kurzwanderung (siehe S. 211).

Weiter geht es zunächst die Straße zurück zur Kreuzung und dann Richtung Norden nach **Ribeiro Frio,** einem Naturpark, in dem der Lorbeerwald unter besonderem Schutz steht (siehe S. 214). Stopp und Kurzwanderung.

Sie setzen die Fahrt nach Norden fort. Kurz vor Faial haben Sie die Gelegenheit zu einem Abstecher um das Wahrzeichen dieser Zone herum, den Felsen Penha de Águia, auf dem Weg nach **Porto da Cruz** (siehe S. 173) sind dies 10 km zusätzlich.

Ab Faial können Sie sich für die schnelle Tunnel-Variante oder für die alte Landstraße nach Santana entscheiden. Die alte Straße führt mit prächtigen Ausblicken steil nach oben und weiter nach Santana. Vor dem Ortskern von Santana zweigt eine ausgeschilderte Stichstraße in Richtung Pico Ruivo ab, den höchsten

Selbst die Steilküsten schwelgen im Grün

Blick vom Aussichtspunkt Cabanas auf die Nordküste

Gipfel Madeiras. Sie endet auf dem Parkplatz der Achada do Teixeira. Dort Stopp und Wanderung auf den **Pico Ruivo** in knapp 2 Stunden möglich (siehe S. 217).
Weiterfahrt nach **Santana,** dort Stopp und Besuch der typischen Häuser und evtl. weiterer Sehenswürdigkeiten (siehe ab S. 162).
Weiter führt die Landstraße ER 101 durch das Dorf São Jorge auf die Steilküste mit dem herrlichen **Aussichtspunkt Cabanas/Arco de São Jorge,** lohnender Stopp mit Blick über die gesamte Nordküste. Bald darauf geht's weiter durch die malerische Streusiedlung Arco São Jorge mit einem Weinmuseum und einem Rosengarten als möglichen Besuchspunkten (siehe S. 160) und weiter steil hinauf. Lassen Sie sich nicht täuschen, wenn es so aussieht, als ob es nicht mehr weiter gehen würde: Die Straße schlängelt sich durch einen Felstunnel in ein liebliches grünes Tal und durch das Dorf Boaventura. Über einen spannenden schmalen, in die Steilküste gesprengten Straßenabschnitt geht es hinunter an die Küste nach **Ponta Delgada.** Im Sommer kann man hier ein Bad in der neuen Badeanlage nehmen (siehe S. 157).

Auf ebener Strecke geht es jetzt nach **São Vicente.** Dort Stopp und Stadtbesuch, der Besuch der Höhlen *(Grutas)* ist empfehlenswert (ab S. 144). Wenn Sie jetzt schon genug gekurvt sind, nehmen Sie die schnelle Verbindung (ER 104) unter dem Encumeada-Pass hindurch. Wenn Sie sich noch frisch genug fühlen, können Sie auch die alte, kurvenreiche und landschaftlich schönere Strecke über Grutas, die ER 228 und den Encumeada-Pass wählen. So oder so geht es dann hinunter in Richtung Ribeira Brava, vor dem Ort auf die Autobahn und zurück nach Funchal.

TIPP

Sehr lohnenswert ist auch eine Fahrt von Funchal nach **Curral das Freiras** (siehe S. 112).

Wissenswertes von A bis Z

Ärztliche Versorgung 57
Apotheken 57
Baden 58
Einreisebestimmungen 60
Feiertage und Feste 60
Fotografieren 61
Geld/Banken 62
Haustiere 63
Information 63
Internet 63
Kleidung 64
Konsulate 65
Kriminalität 65
Kunsthandwerk/Souvenirs 66
Landkarten 67
Literatur 67
Notruf 68
Öffnungszeiten 68
Post 68
Preise 69
Sprache 70
Strom 70
Telefonieren 70
Trinkgeld 71
Zeit 71
Zoll 71

Ärztliche Versorgung

Die Formalitäten für die Behandlung akuter Erkrankungen von Mitgliedern der gesetzlichen Krankenkassen innerhalb der EU sind weitgehend abgeschafft. Seit dem 1. Juli 2004 gilt statt des früher üblichen Auslandskrankenscheins E 111 die **Europäische Auslandskrankenversicherungskarte EHIC** (European Health Insurance Card). Diese Karte muss vor Reiseantritt rechtzeitig beantragt werden. Sie berechtigt zur kostenlosen Behandlung akuter Beschwerden innerhalb des öffentlichen Gesundheitssystems.

Gesundheitszentren der Sozialversicherung *(Centro de Saúde)* gibt es in jeder Gemeinde. Sie sind immer auffällig ausgeschildert. Man kann zwar nicht davon ausgehen, dass die Mediziner Deutsch sprechen, wohl aber Englisch. Jedes Gesundheitszentrum hat einen durchgehend arbeitenden Notdienst. Unsere Erfahrungen damit waren gut.

Neben den Einrichtungen der Sozialversicherungen gibt es ein Netz von privaten Gesundheitsdiensten, Ärztezentren und Kliniken, einige davon auch mit 24-Stunden-Diensten. Sie sind ebenfalls in den Orten ausgeschildert. Die größeren Hotels in Funchal haben mit diesen Zentren Verträge – wenn Sie ein Problem haben, können Sie sich an die Rezeption wenden. Leistungen des privaten Gesundheitsnetzes müssen sofort und bar bezahlt werden (detaillierte Rechnung ausstellen lassen!). Da schnell erhebliche Summen zusammenkommen können, ist der Abschluss einer privaten Zusatzversicherung vor Reiseantritt empfehlenswert. In Canico de Baixo gibt es einen Deutsch sprechenden Arzt, siehe dort.

Apotheken

In allen größeren Orten gibt es Apotheken *(farmácias)*. Ihre Öffnungszeiten entsprechen den allgemeinen Ladenöffnungszeiten. Es gibt Nacht- und Wochenenddienste. Die jeweils diensthabende Apotheke wird per Aushang im Schaufenster oder an der Tür bekannt gemacht.

Man erhält die handelsüblichen *Medikamente,* wenn auch häufig unter anderem Namen als im deutschsprachigen Raum. Wenn Sie ein bestimmtes Medikament benötigen, sollten Sie dessen Zusammensetzung kennen, am besten die leere Packung mitnehmen. Wer ein vom Arzt verschriebenes Medikament kauft, kann bei Vorlage der Rechnung von der Krankenkasse zu Hause einen Zuschuss erhalten.

Für Ihre *Reiseapotheke* benötigen Sie außer Ihren persönlichen Arzneien keine besonderen Medikamente. Bei dem feuchtwarmen Klima auf Madeira schwitzt man relativ viel. Es ist deshalb unter Umständen sinnvoll, den Mineralienhaushalt des Körpers regelmäßig durch viel gutes Mineralwasser und die Einnahme von Mineraltabletten aufzufüllen.

Fast alle Strände Madeiras sind steinig

Baden

Der schönste Badeplatz des Archipels liegt nicht auf Madeira, sondern auf der Nachbarinsel Porto Santo mit seinem 9 km langen, weiß-goldenen Strand. Die Hauptinsel Madeira ist rundherum von Steilküste umgeben und ist deshalb trotz angenehmer Wassertemperaturen zwischen 16 °C im Februar und 22 °C im August/September von Natur aus keine ideale Badeinsel. Das heißt nun wiederum nicht, dass Sie auf Madeira nicht im Meer baden können. Mit dem Prainha auf der Landzunge Ponta de São Lourenço verfügt Madeira über einen natürlichen Sandstrand. Ein künstlicher Sandstrand wurde in Calheta an der Südwestküste angelegt. An weiteren Stränden im Südwesten wird gearbeitet, so in Ponta do Sol und Ribeira Brava. Ob die Orte allerdings auch einen hellen Sandstrand erhalten, war bei der Recherche 2006 noch unklar. Für Funchal ist ein Sandstrand, dessen Sand vom portugiesischen Festland kommen soll, an Stelle der jetzt noch von groben Kieseln bedeckten Praia Formosa geplant. Die zahlreichen kleinen Kieselstrände am Ende der Schluchten spielen für das Badevergnügen der Gäste und Einheimischen eine

Im Süden ist fast immer Badewetter

eher untergeordnete Rolle. Wesentlich beliebter sind die von den Gemeinden, allen voran Funchal, geschaffenen *Küstenbadeplätze* mit natürlichen oder künstlichen Meerwasserschwimmbecken, Liegeplattformen, Treppen und Leitern ins Meer. Fast alle Anlagen bieten daneben viel Komfort, von Umkleidekabinen und Süßwasserduschen bis hin zu Restaurants. Mit einem besonders attraktiven Badeplatz kann *Porto Moniz* an der Nordküste aufwarten. Seine riesigen natürlichen Felsenschwimmbecken sind eins der beliebtesten Wochenend- und Ferienziele der Madeirer. Pools gehören zudem zur Standardausrüstung jedes Hotels mit mindestens drei Sternen. Die an der Küste gelegenen Edelunterkünfte im Hotelviertel von Funchal bieten luxuriöse eigene Badeanlagen mit mehreren Pools auf verschiedenen Ebenen und Zugänge zum Meer.

▸ **FKK:** Einen *FKK-Strand* haben wir nicht entdeckt. „Oben ohne" erregt in reinen Urlauberzonen keinen Anstoß, an den Badeplätzen, die auch madeirische Familien besuchen, wird es allerdings nicht gern gesehen.

Strände und Badeplätze rund um Madeira

Funchal: Zahlreiche öffentliche und private Anlagen und (noch) grober Kieselstrand;

Im Südwesten: *Câmara de Lobos:* grober Kieselstrand;

Ribeira Brava: (Noch) Kieselstrand und moderne Badeanlage;

Ponta de Sol: Kieselstrand, an dem 2006 gearbeitet wurde, s. o.;

Calheta: Goldgelber Sandstrand und Promenaden;

Jardim do Mar: Mole u. Treppen ins Meer;

Paúl do Mar: Grober Kiesstrand, Mole und Treppen ins Meer;

Im Norden: *Porto Moniz:* Große Meerwasserschwimmanlage;

Seixal: Grober Kiesstrand, natürliche Meerwasserbadeanlage sowie Mole und Treppen ins Meer;

São Vicente: Meerwasserschwimmbecken;

Ponta Delgada: Badeanlage mit Meerwasserschwimmbecken;

Porto da Cruz: Durch Molen geschützte Badeanlage;

Im Südosten: *Caniçal:* Grober Kieselstrand, neue Badeanlage und in der Nähe der Sandstrand Prainha;

Machico: Kieselstrand mit Holzliegen und Süßwasserduschen, an den sich die neue breite Promenade anschließt;

Santa Cruz: Grober Kieselstrand, Anlage mit Meerwasserschwimmbecken sowie in der Nähe ein Aquapark mit diversen Rutschen;

Caniço de Baixo: Zwei Badeanlagen mit Meerwasserschwimmbecken, grober Kiesstrand mit abgeteiltem Becken und Brücke und Treppen ins Meer.

Einreisebestimmungen

Für Deutsche und Österreicher gibt es nach dem Schengener Abkommen keine Grenzkontrollen mehr. Allerdings benötigen Sie den Personalausweis oder Reisepass bei vielen Gelegenheiten (Einchecken im Hotel, Wagen mieten usw.). Schweizer benötigen für die Einreise die nationale Identitätskarte oder den Reisepass. Die Papiere müssen mindestens noch sechs Monate gültig sein. Bei einem Aufenthalt von mehr als drei Monaten ist eine Aufenthaltsgenehmigung nötig. Man bekommt sie im Ausländeramt **Servício de Estrangeiros e Fronteiras** in Funchal.

Feiertage und Feste

Portugal kennt nationale, regionale und kommunale Feiertage. Es kann Ihnen also passieren, dass Sie in einem Ort vor verschlossenen Ladentüren stehen, während in der Nachbarstadt der normale Geschäftsbetrieb läuft. Funchals Stadtfeiertag ist der 21. August.

Hier eine Liste aller inselweiten gesetzlichen Feiertage:

1. Januar	Neujahr
25. April	Jahrestag der Revolution von 1974
1. Mai	Tag der Arbeit
10. Juni	Portugal-Tag
15. August	Mariä Himmelfahrt
5. Oktober	Tag der Republik
1. November	Allerheiligen
1. Dezember	Unabhängigkeitstag
25. Dezember	Weihnachten

Bewegliche Feiertage:

Februar	Karnevalsdienstag, Aschermittwoch
März/April	Karfreitag
Juni	Fronleichnam

Feiertag heißt nicht unbedingt, dass auch gefeiert wird. Die Feste folgen ihren eigenen Regeln. Wer mitfeiern möchte, orientiert sich hier, wann was los ist.

Feste

20. Januar	Fest zu Ehren des heiligen Sebastian in Câmara de Lobos.
Februar	Karneval mit Umzügen und Maskenbällen, Höhepunkte in Funchal.
April	Blumenfest in Funchal, ebenfalls mit einem Umzug, Wagen und Teilnehmer sind fantasievoll mit Blumen geschmückt.
Juni/Juli	Schafschurfest auf dem Pico do Arieiro, im Curral das Freiras, auf der Paúl da Serra und dem Fanal.
29. Juli	Feste zu Ehren des Sankt Petrus in allen Fischerorten.

Kerzen zu Ehren der Jungfrau in Monte

August	Viehmarkt in Porto Moniz.
August	Um den 15.8., Mariä Himmelfahrt, finden viele Festlichkeiten statt, die wichtigsten rund um die Wallfahrtskirche in Monte.
August	Autorallye „Vinho da Madeira", Teil der europäischen Tourenwagenmeisterschaft.
September	Weinfest, insbesondere in Estreito de Câmara de Lobos und in der Kellerei von São Francisco in Funchal.
Oktober	Apfelfest in Camacha.
Dez./Jan.	Vom 8. Dezember bis 6. Januar ist Funchal abends in ein Lichtermeer getaucht. Gärten, Parks und Straßenbäume erstrahlen in farbigem Licht. Auf den Plätzen werden Figuren aus Glühlampen gezaubert. An vielen Stellen sind große Krippenszenen aufgebaut, bei denen lebende Tiere wie Ochs und Esel mitwirken.
Silvester	Größtes Fest mit Tanz auf den Straßen und Plätzen, das neue Jahr wird in Funchal mit einem Feuerwerk der Sonderklasse begrüßt, zu dem sich regelmäßig Kreuzfahrtschiffe im Hafen einfinden.

Fotografieren

In Fotogeschäften brennt man Ihnen die Bilder von den Speicherkarten von Digitalkamers auf CD. Herkömmliches Filmmaterial, Batterien usw. sind auf Madeira deutlich teurer als zu Hause. Es lohnt sich, sie mitzubringen. *Filmentwicklungen* werden zwar schnell und gut erledigt, sind aber ebenfalls erheblich teurer als daheim.

Preisbeispiele Entwicklung eines Diafilms 12 €, Abzüge vom Negativ pro Stück 0,50 €.

Die Landschaften Madeiras bieten viele schöne Motive. Wer auch die Menschen fotografieren will, sollte auf jeden Fall vorher fragen. Mit einem freundlichen, erklärenden Satz, z. B. „Bei uns sieht man selten Korbflechter bei der Arbeit", hat uns

Beliebtes Fotomotiv: farbenprächtig gekleidete Blumenfrauen in Funchal

niemand den Wunsch abgeschlagen. Für die farbenprächtig gekleideten Blumenfrauen in Funchal und die Verkäufer in der Markthalle ist es nichts Neues, dass sie fotografiert werden – mit einer freundlichen Frage sind sie gerne bereit, auch einen bunten Blumenstrauß oder einen besonders schönen Fisch ins Bild zu halten. In abgelegenen Dörfern kann es schon sein, dass man Sie um einen Abzug bittet.

Geld/Banken

Portugal gehört seit 2002 zur Eurozone, **Geldwechsel** entfällt deshalb für Deutsche und Österreicher. Wer noch Escudos in Scheinen von früheren Urlauben gehortet hat, kann sie bei der portugiesischen Zentralbank in Funchal, Av. Arriaga 8, bis ins Jahr 2021 umtauschen.

Wechselkurs für Schweizer Franken (Stand: 10/2006):
1 sFr = 0,63 €
1 € = 1,59 sFr

Bankfilialen und **Geldautomaten** findet man allerorten. Die erste Bank können Sie schon am Flughafen in der Ankunftshalle aufsuchen, geöffnet 8.30–18.30 Uhr.

Die allgemeinen **Öffnungszeiten** der Banken: Mo–Fr 8.30–15.00 Uhr. Am Freitag (Zahltag für Löhne) sind einige Filialen länger geöffnet, andere öffnen auch am Samstagvormittag.

Kreditkarten: Eurocard und Visa werden in Verbindung mit dem Ausweis in großen Bankfilialen, Hotels und von Autovermietern in Funchal üblicherweise akzeptiert. Fragen Sie aber auf jeden Fall vorher. Außerhalb von Funchal, selbst im Touristenort Caniço de Baixo, wird manchmal noch Barzahlung verlangt. Sie sollten vor der Reise Ihr Kreditkartenlimit erfragen, damit es vor Ort keine Probleme gibt.

Postbank SparCard: Inhaber dieser Karte erhalten mit der SparCard 3000plus Bargeld an jedem Geldautomaten, der das Akzeptanzsymbol VISA PLUS trägt.

Reiseschecks: Bei der Einlösung von Reiseschecks muss immer ein Ausweis vorgelegt werden. Teilweise werden für die Auszahlung Gebühren berechnet. Vorteil der Schecks ist, dass sie bei Verlust ersetzt werden.

Haustiere

Für Hunde und Katzen auf Reisen benötigen Sie ein ärztliches Gesundheitsattest, das erst kurz vor der Reise angefertigt werden darf, sowie die Bestätigung einer Tollwutimpfung. Diese muss mindestens dreißig Tage zurückliegen und darf nicht älter als ein Jahr sein. Für den Flug müssen größere Hunde in eine Transportbox, die Sie bei den Fluggesellschaften kaufen können, Kostenpunkt ca. 55 €. Reisebüros können Sie in dieser Frage detailliert beraten, auch darüber, ob Ihr Liebling in der Ferienanlage willkommen ist.

Den Tieren zuliebe

Tierschützer warnen ausdrücklich davor, Tiere mit in den Urlaub zu nehmen, denn eine Reise im Flieger, im Extremfall in einer Transportbox im Gepäckraum (!), wo es laut, dunkel und kalt ist, wird für jeden Vierbeiner zur Qual. Großen Hunden muss vor dem Flug sogar ein Beruhigungsmittel gegeben werden. Am besten lassen Sie Ihr Tier zu Hause betreuen (es gibt z. B. „Catsitter" – im Tierheim nachfragen) oder bei Freunden wohnen und ersparen Ihren Lieblingen auf diese Weise ein mögliches Trauma.

Information

Wer sich schon vor der Reise Informationsmaterial über Madeira zukommen lassen möchte, wendet sich an:

ICEP – Portugiesisches Touristik- und Handelsbüro.

- *In Deutschland* Schäfergasse 17, 60313 Frankfurt/Main, ✆ 069/234094, 📠 231433, www.icep.de.
- *In Österreich* Stubenring 16/3, A-1010 Wien, ✆ 01/5131670, 📠 5128828.
- *In der Schweiz* Zeltweg 15, 8032 Zürich, ✆ 043/2688768, 📠 043/2688760.

Auf Madeira gibt es Informationsbüros des „Turismo" in Funchal, Câmara de Lobos, Ribeira Brava, Ponta do Sol, Porto Moniz, Santana, Machico, Caniço de Baixo und Vila Baleira auf Porto Santo.

Die Informationsbüros des „Turismo" bieten keine Zimmervermittlung. Sie haben aber Listen der örtlichen Vermieter und sind in den kleineren Orten, in denen häufig nur Portugiesisch gesprochen wird, bei der Zimmersuche sehr hilfsbereit.

Internet

Im Internet gibt es eine ganze Reihe von Informationen zu Portugal, die bei der Reisevorbereitung und zur allgemeinen Information über das Land sehr hilfreich sein können. Soweit die im Buch genannten Organisationen, Hotels u. a. über eigene

Internetseiten verfügen, sind sie im Text angegeben. Zu Madeira empfehlen sich folgende Startseiten:

www.madeiratourism.com: Seiten des Tourismusamtes, auch auf Deutsch, mit vielen Informationen zur Insel, allen Hotels, Restaurants, vielen Infos zu Sport, Naturschutzgebieten etc. Mit vielen weiteren Links.

www.madeira-club.de/hotels/index.htm: Mit vielen Infos zur Insel, zu Wanderungen; Büchertipps etc.

www.inseltouring.de: Wanderbeschreibungen, Reiseberichte etc.

www.madeira-web.com: Hotel- und Mietwagenangebote etc.

www.madeirahotelsdirect.com: Buchungsmöglichkeit für zahlreiche der größeren Hotels.

www.madeira-rural.com: Beschreibung aller Landhotels und Ferienhäuser dieses Projektes.

www.horariosdofunchal.pt: Busfahrpläne ab Funchal.

www.anam.pt: Seite des Flughafens mit Ankunfts- und Abflugszeiten der Linienmaschinen.

www.portosantoline.pt: Reedereiseite für Fahrten nach Porto Santo und Beschreibungen der Hotels der Linie.

www.madeira-aktiv-wandern.com: Wanderbeschreibungen. Updates zu den Wanderungen finden Sie auch auf den Seiten der Verlage, z. B.: **www.sunflowerbooks.co.uk** (auch auf Deutsch) und **www.rother.de.**

Wer „Madeira-Aktuell" in die Suchmaschinen eingibt, erhält nahezu unendlich viele Adressen.

Kostenlose Internetzugänge bieten viele Hotels und Apartmentanlagen für ihre Gäste an, selbst die Jugendherbergen. In Funchal gibt es darüber hinaus einen „Espaco Net"-Internet-Point in einem Kiosk am Rathaus, ein zweiter wird am Einkaufszentrum Marina, gegenüber dem Denkmal für Heinrich den Seefahrer, eingerichtet.

Internetcafés gibt es in allen größeren Orten. In Funchal z. B. im Shopping Center Monumental Lido; im kleinen Einkaufszentrum oberhalb der Markthalle, in der Rua dos Ferreiros Nr. 9 und in der Seitenstraße zur Markthalle, Rua do Hospital Velha 25.

Aktuelle Informationen zu diesem Reiseführer, die nach Druck dieser Auflage nicht mehr berücksichtigt werden konnten, finden sich auf den Madeira-Seiten des Michael Müller Verlages unter: **www.michael-mueller-verlag.de.** Benutzen Sie zum Informationsaustausch auch unser dort eingerichtetes Leserforum.

Kleidung

In den Sommermonaten Juni bis September ist leichte Sommerkleidung (einschließlich leichter Jacke) ausreichend. In den Bergen kann es auch in dieser Zeit, bedingt durch hereinziehende Wolken, einmal kühler werden – lange Hose, Pullover und Anorak sollten Sie deshalb im Gepäck haben. Ein Sonnenschutz für den Kopf (Tuch oder Mütze) ist ebenfalls empfehlenswert.

In den Monaten Oktober bis Mai sind die Temperaturen niedriger, und es kann auf der ganzen Insel zu Regenfällen kommen. Sie sollten deshalb neben Sommerkleidung auch „Übergangskleidung", also lange Hose, Pulli, leichte Jacke und Regenschutz, im Gepäck haben.

Zu jeder Jahreszeit sind bequeme Schuhe mit dicker Sohle sinnvoll, selbst wenn Sie nur Stadtrundgänge in Funchal unternehmen möchten. Die Fußwege der Hauptstadt sind mit wunderschönen, aber harten Basaltsteinmosaiken belegt, auf denen ein längerer Spaziergang mit lederbesohlten Sandalen zur Qual für die Füße wird.

Gut ausgebaute Wege warten auf Wanderer

- **Für Wanderungen und Ausflüge ins Gebirge:** Wenn Sie wandern möchten, und sei es auch nur eine Wanderung entlang der Levadas, ist ein Regenschutz auch im Sommer unerlässlich. Kaum eine Wanderung kommt ohne den Gang durch einen Wassertunnel aus. Wasser tropft dort ständig von der Decke, wenn Sie nicht gar einen Miniwasserfall durchschreiten müssen. Eine Taschenlampe benötigen Sie ebenfalls. Geeignetes Schuhwerk sollten Sie auf jeden Fall tragen, am besten Wanderstiefel, zumindest aber Schuhe mit guter Profilsohle, denn viele Wege sind rutschig.
  Von Oktober bis März benötigen Sie warme Kleidung. In den Bergen können die Temperaturen bis unter den Gefrierpunkt sinken.
- **Kleiderordnung:** Die Menschen auf Madeira kleiden sich relativ förmlich. Die Männer tragen selbst im Sommer ausschließlich lange Hosen. Niemand erwartet von den Urlaubern, dass sie genauso gekleidet sind, aber reine Badebekleidung gehört an den Lido und nicht in die Innenstadt. In den Hotels und Restaurants erwartet man allerdings eine angemessene Bekleidung, zwar herrscht in den seltensten Fällen Krawattenzwang, aber Ober- oder Polohemd statt T-Shirt sind Pflicht.

Konsulate

Deutschland, Österreich und die Schweiz sind durch Honorarkonsulate auf Madeira vertreten.

- *Für Deutschland u. die Schweiz* Largo do Phelps 6, 9000 Funchal, ✆ 291-220338, ℻ 291-230108. Sprechstunde: Mo–Fr 10–12 Uhr.
- *Für Österreich* Avenida Arriaga 75/1, 9000 Funchal, ✆ 291-223063. Sprechstunden: Mo–Fr 9–12.30 Uhr und 14.30–18 Uhr.

Kriminalität

Madeira gilt als sicheres Urlaubsziel. Es gab bisher keine gravierende Kriminalität. Selbst kleinere Diebstähle und Trickbetrügereien sind selten. Halten Sie sich dennoch an folgende Regeln:

– Benutzen Sie die Schließfächer des Hotels und lassen Sie keine wertvollen Gegenstände oder größeren Geldbeträge im Zimmer liegen. Wenn Sie das Zimmer verlassen, schließen Sie Fenster und Balkontüren.

– Achten Sie an den Badeplätzen und an touristischen Besuchspunkten, wie in der Innenstadt von Funchal und Câmara de Lobos, auf Taschen und Kameras.

– Wenn Sie mit dem Wagen unterwegs sind, treffen Sie die üblichen Vorsichtsmaßnahmen, und lassen Sie keine Wertgegenstände sichtbar im Auto liegen.

– Falls Sie dennoch Opfer eines Diebstahls geworden sind, erstatten Sie sofort Anzeige bei der Polizei, um eventuelle Ansprüche gegenüber Ihrer Versicherung geltend machen zu können.

Kunsthandwerk/Souvenirs

An schönen oder lukullischen Mitbringseln besteht auf Madeira kein Mangel. Die größte Auswahl bietet Funchal, aber auch in den kleineren Orten, die von Touristen angesteuert werden, gibt es entsprechende Geschäfte. Am preiswertesten waren bei der Recherche alle Artikel in Porto Moniz, einem kleinen Urlaubsort, der auch von Einheimischen und portugiesischen Urlaubern gern besucht wird.

Madeirawein: Der berühmte Wein kann in verschiedenen Preisklassen direkt beim Hersteller im Rahmen einer Weinprobe oder auch ganz einfach im Supermarkt in jedem Ort erworben werden. Wer mehr als eine Flasche kauft, bekommt sie in einem praktischen Karton verpackt (vgl. Madeirawein, S. 45).

Madeirastickereien: Die nicht minder bekannten Stickereien und Applikationen auf zartem Gewebe kann man direkt ab Fabrik oder in vielen Läden in Funchal und in den Touristenorten kaufen. Für die Echtheit bürgt ein Bleisiegel.

Fast alle Flechtarbeiten kommen aus Camacha

Gobelinstickerei: Neben den nicht immer sehr gelungenen Kopien berühmter Porträts findet man auch hübsche Kissen- und Stuhlbezüge sowie Handtaschen.

Korbwaren: Schöne Flechtarbeiten aus Weide sind ein hübsches und nützliches Mitbringsel. Die Bandbreite reicht vom Brotkörbchen bis zur Sitzgarnitur, die sich leider schlecht transportieren lässt. Die Ware wird aber auf Wunsch gut verpackt oder per Schiff nachgeschickt. Beste Einkaufsmöglichkeiten in Camacha, siehe dort.

Strickwaren: Wer schon einmal in Portugal war, kennt die molligen portugiesischen Strickjacken und Pullover aus grob gesponnener Wolle, meist in Naturfarben und mit verschiedensten Zopfmustern. Das Angebot wird auf Madeira von rustikalen, handgestrickten Socken und den typischen lustigen Ohrenklappen-Pudelmützen ergänzt – zu sehr günstigen Preisen: Strickjacke ab 35 € in allen Größen, Socken ab 7,50 €.

Blumen/Pflanzen: Ein besonders beliebtes Mitbringsel sind Strelitzien als Schnittblumenbund. Sie bekommen sie vor allem an den Blumenständen in den Straßen von Funchal und in der dortigen Markthalle – auch in flugtauglicher Verpackung. Für Freunde seltener Blumen sind Orchideen als Topfpflanzen ein besonderes Andenken. Verkauf vor allem in Funchal in den Orchideenzuchten *Jardim Orquídea* und *Quinta Boa Vista* (siehe Funchal). Wer einen Garten oder sogar ein kleines Treibhaus hat, sollte bei den Blumenzwiebeln, Wurzelknollen und kleinen Pflanzen zugreifen, die es besonders in der Markthalle in Funchal in großer Auswahl gibt. Zu den Ren-

Bemalte Kürbisse sind ein beliebtes Andenken an Madeira

nern im Angebot zählen die herrlichen Schmucklilien, die auf Madeira an den Straßenrändern, längs der Levadas und in den Parks wachsen. Wer wenig Platz im Koffer hat, kauft Samentütchen.

Kuchen: Gut transportieren lässt sich der beliebte *Bolo de Mel*, ein runder Honigkuchen, der mit Rohrzuckersirup und Mandeln hergestellt wird. Es gibt ihn in vielen Größen und Preislagen, immer hübsch dekoriert und schon verpackt in Supermärkten und Geschäften zu kaufen.

Landkarten

▸ **Im deutschen Sprachraum erhältlich:**

Marco Polo, Maßstab 1:50.000, mit Tipps zu Ausflügen und zur Freizeitgestaltung. Preis: 4,95 €.

freytag & berndt, Auto- und Freizeitkarte im Maßstab 1:40.000, sehr gute Straßenkarte mit Wanderwegen von Madeira und Porto Santo. Preis: 8,95 €.

Kompass, Wander-, Freizeit- und Straßenkarte, Maßstab 1:50.000. Mit Ausflugstipps und Beschreibung von Sehenswürdigkeiten. Preis: 8,95 €.

Goldstadt Wanderkarten, Madeira, Maßstab 1:50.000. Mit 50 kurzen Wegbeschreibungen. Preis: 6,80 €.

▸ **Auf Madeira erhältlich:** In den Büros der Touristeninformation erhält man kostenlos eine Landkarte im Maßstab 1:137.000 mit Stadtplan von Funchal. Stadtplan und Inselkarte sind für Rundfahrten ausreichend.

freytag & berndt, Auto- und Freizeitkarte im Maßstab 1:40.000, sehr gute Straßenkarte mit Wanderwegen von Madeira und Porto Santo. Preis: 8,95 €.

Tourismus Card, Verlag Geobloco, aktuell mit allen neuen Straßen und Tunneln und Wanderungen. Maßstab 1:55.000. Preis: 8,70 €.

Madeira Book and Touring Map, Einfachere Karte, Maßstab 1:75.000, ohne Schummerung. Auch mit Wanderungen. Preis: 4 €.

Literatur

• *Flora* **Madeira Blumen,** L. O. Franquinho, A. da Costa, Verlag Francisco Ribeiro & Filhos. 400 Seiten mit Fotos von einheimischen und eingeführten Pflanzen, ihren Namen (auch auf Deutsch) und sehr knappen Angaben zu Herkunft und Blütezeit. Überall im Buchhandel auf Madeira, Preis: 15.90 €.

Und wohin nun?

• *Wanderführer* **Landschaften auf Madeira,** Pat und John Underwood, Sunflower Verlag. Sehr gründliches Buch. 100 Wanderwege, 41 Hauptwanderungen und 59 Varianten. Man muss sich erst einmal einlesen, aber wenn man das System von Hauptwegen und Varianten mit all ihren separaten An- und Abreisewegen erst einmal durchschaut hat, einfach spitzenmäßig. Praktisches Hosentaschenformat. Nett sind auch die Picknickvorschläge. Leider wurde extrem bei den Skizzen/Karten gegeizt. Im deutschen Buchhandel 12,70 € und in vielen Buchhandlungen in Funchal, dort zum Preis von 16,50–17,50 €.

Madeira, Rolf Goetz, Bergverlag Rother. 50 Wanderungen und brauchbare Wanderskizzen. In vielen Buchläden und beim „Turismo" in Funchal für 13,50 € erhältlich.

• *Bildbände* **Madeira,** W. Dahle und W. Leyerer, neben den herrlichen Fotos viele Info-Texte, z. B. über Folklore, Kunstgeschichte, Flora; Früchtekalender. Verlag Edition Erde, 1999. Im deutschen Buchhandel für 22,50 €.

Madeira – Azoren – Kapverden, HB-Bildatlas special. Schönes Bildmaterial, kurze, knappe Info-Texte, jedoch nur ca. 50 Seiten zu Madeira. Im deutschen Buchhandel für 8,50 €.

Notruf

Der europaweite Notruf 112 gilt auch in Portugal. Sie werden mit Deutsch sprechenden Mitarbeitern verbunden. Der Notruf gilt für alle Notfälle, Polizei, Feuerwehr und Ambulanz können damit zu Ihnen geschickt werden.

Öffnungszeiten

Auf Madeira gilt kein Ladenschlussgesetz. Folgende Öffnungszeiten gelten als Faustregel für den Einzelhandel: Mo–Fr 9–13 und 15–19 Uhr, Sa 9–13 Uhr, im Dezember auch am Nachmittag. In Funchal haben einige Einkaufszentren und große Supermärkte durchgehend von 9–22 Uhr, auch am Samstag und Sonntag, geöffnet. Banken siehe Geld/Banken.

Post

Postämter finden sich in allen Ortschaften. Sie sind an dem Schild CTT *(correiro, telefone, telegrama)* zu erkennen. In Funchal gibt es neben der Hauptpost zwei

Filialen: am Largo Jaime Moniz in der Zona Velha und näher am Hotelviertel in der Rua Calouste Gulbenkian (siehe Stadtplan).

Öffnungszeiten Hauptpost Funchal Mo–Fr 9–20 Uhr; Sa 9–12.30 Uhr. In den anderen Orten: Mo–Fr 9–13 Uhr und 14.30–18 Uhr, Sa nur vormittags.

- **Porto:** Postkarten und einfache Briefe innerhalb Europas 0,60 €. Briefmarken *(selo)* werden auch in Tabak- und Souvenirgeschäften verkauft. Sondermarken gibt es in einem eigenen Laden im Hauptpostamt in Funchal.

Für die **Anschrift:**
Deutschland = Alemanha, Österreich = Áustria, Schweiz = Suíça.

Sieben Tage dauert es bis zur Zustellung der Post an die Lieben daheim.

- **Postlagerung:** In jedem Postamt mit folgenden Angaben möglich: Name, „Poste restante", Postleitzahl und Ort, z. B. 9000 Funchal, 9400 Porto Santo, Portugal. Beim Abholen müssen Sie sich ausweisen.

Preise

Obwohl die Portugiesen am Ende der europäischen Einkommensskala rangieren, bewegen sich die Preise auf Madeira eher im europäischen Mittelfeld. Das Preisniveau für Leihwagen und Lebensmittel ist mit dem in Deutschland vergleichbar, Essen und Getränke im Restaurant sind allerdings meist preiswerter. Raucher werden sich wohlfühlen, denn es gibt keine Einschränkungen wie in Italien und Spanien; außerdem kosten 20 Glimmstängel nur 2,50 €. Dienstleistungen wie Filmentwicklung sind dagegen erheblich teurer (alle im Buch genannten Preise wurden im Sommer 2006 ermittelt).

Niedrige Einkommen zwingen zum Preisvergleich

Sprache

Die Landessprache ist Portugiesisch. Wegen der über Jahrhunderte währenden engen Verbindung zu England und der langen Tradition als Urlaubsinsel sprechen viele Menschen auch sehr gut Englisch, insbesondere in Funchal und in den Urlaubsorten. In den Hotels und Restaurants in Funchal wird häufig auch Deutsch gesprochen. In abgelegenen Dörfern im Inneren der Insel und an der Nordküste kommt man sehr gut mit Spanisch zurecht, sobald man sich in die portugiesische Aussprache eingehört hat.

Strom

Die Stromspannung entspricht der im übrigen Europa. Für Schukostecker benötigen Sie einen Adapter.

Telefonieren

Vor der Nutzung des Zimmertelefons im Hotel kann nur gewarnt werden. Die Gebühren betragen, wie fast überall, ein Mehrfaches der normalen Telefongebühren. Als Alternative bieten sich Telefonzellen an, allerdings ist ihr Netz nicht sehr engmaschig. Die Apparate schlucken Münzen oder buchen von Telefonkarten *(cartão telefónico)* ab, die man bei der Post oder in autorisierten Geschäften/Kiosken, am Schild *„correio"* zu erkennen, kaufen kann. Günstig und einfach ist

Und so stellt man die Verbindung zu den Lieben daheim her:
Vorwahl Ausland: 00, dann Landesvorwahl (Deutschland 49, Österreich 43, Schweiz 41), jetzt die Ortswahl ohne die erste 0, dann die Nummer des Anschlusses.
Und so sind Sie auf Madeira zu erreichen:
00351 für Portugal, dann für Madeira 291 und dann die Anschlussnummer.
Bitte beachten: Für alle Festnetzanschlüsse auf Madeira wird immer die Ortsnetzkennzahl 291 mitgewählt.

auch das Telefonieren in den Kabinen der Postämter. Man zahlt die Gebühren nach dem Gespräch am Schalter.

Telefaxe versendet ebenfalls die Hauptpost in Funchal.

▸ **Tarife:** Für Ortsgespräche gilt ein Zeittakt von 3 Minuten. Dafür benötigen Sie in einem Münzfernsprecher 15 Cent. Für ein Gespräch in einen anderen Ort auf Madeira reduziert sich der Zeittakt auf 33 Sekunden. Werfen Sie also mindestens 30 Cent ein, sonst ist die Verbindung unterbrochen, kurz nachdem sie hergestellt wurde. Besser ist es daher, mit Karten zu telefonieren (Telecom Card PT). Sie bekommen Telefonkarten für 3, 6 und 9 € bei den Postämtern und im Zeitschriftenhandel.

Neue Zeiten

Ferngespräche sind Mo–Fr 21–9 Uhr, Sa ab 14 Uhr und So den ganzen Tag über günstiger.

Mobilfunk: Die wichtigsten portugiesischen Netzbetreiber sind TMN, Telecel und Optimus. Fragen Sie Ihren Anbieter nach dem günstigsten Netz und wählen Sie sich dort ein, internationale Anbieter wie Vodafone stellen ihr Handy automatisch um.

Trinkgeld

In den Restaurantpreisen ist das Bedienungsgeld enthalten. In den kleinen Familienrestaurants auf dem Lande erwartet man kein Trinkgeld, eine kleine Erhöhung des Rechnungsbetrages lehnt allerdings niemand ab. In den touristischen Lokalen und in Funchal ist es üblich, den Rechnungsbetrag um 5–10 % aufzurunden. Man lässt den Betrag auf dem Tellerchen liegen, mit dem das Wechselgeld zurückkam. Auch für Taxifahrer ist eine Aufrundung des Rechnungsbetrages üblich. Zimmermädchen im Hotel erhalten normalerweise einen Betrag von etwa 3–5 € pro Woche. Falls Sie Hotel mit Halbpension gebucht haben, ist es am einfachsten, wenn Sie am Ende des Urlaubs dem Oberkellner einen Trinkgeldbetrag für die gesamte Zeit und alle Kellner, die Sie bedient haben, übergeben.

Zeit

Auf Madeira gilt die Westeuropäische Zeit (WEZ). Es ist eine Stunde früher als in Mitteleuropa (Deutschland, Österreich, Schweiz). Die Zeitdifferenz gilt auch während der Sommerzeit, die auf Madeira ebenfalls eingeführt ist.

Zoll

Da Madeira Mitglied der Europäischen Zollunion ist, gibt es keine Beschränkung bei der Mitnahme von Artikeln für den persönlichen Bedarf und Geschenken.

Funchal: schmucke Plätze im Zentrum

Funchal

Malerisch drängt sich das Stadtzentrum in die Bucht, nur die Kirchtürme ragen aus dem Häusermeer. Davor blitzt der Atlantik, Hunderte von Yachten schaukeln in der sanften Hafendünung. Nicht weniger idyllisch ziehen sich die Vororte mit ihren Tausenden von einheitlich weiß gestrichenen und mit roten Dachpfannen belegten Einfamilienhäusern in ebenso vielen Gärten die steilen Hänge hinauf. Für eine Großstadt im 21. Jahrhundert zeigt Funchal eine seltene architektonische Einheit.

Nahezu alle Gebäude im Zentrum stehen seit mehr als 150 Jahren. Kirchen, Paläste, Herrenhäuser und Festungen gehen bis auf das 15. Jh. zurück. Wunderschön gestaltete Promenaden, Fußgängerzonen, Plätze und exotische Blütenpracht längs der Straßen machen den Stadtbummel zum Genuss, zumal nicht Touristen, sondern die Einheimischen und ihr Alltag das Kolorit bestimmen: in farbenfreudige Trachten gekleidete Blumenverkäuferinnen, nicht weniger bunte Auslagen an Obst- und Gemüseständen oder das korrekte Habit der Geschäftsleute, die bei Vinho und Zigarre im Terrassencafé einen Vertragsabschluss vorbereiten. Funchal hat noch immer das Flair einer altehrwürdigen, überseeischen portugiesischen Hafen- und Handelsstadt.

Spätestens beim Stadtrundgang zeigt sich, wie sinnvoll es war, die Hotels nicht ins Zentrum zu bauen, sondern ein Hotelviertel außerhalb, am westlichen Stadtrand, anzulegen. Denn selbst wenn weniger als die Hälfte der dortigen Nobelherbergen in der Stadt errichtet worden wären, hätte dies ausgereicht, Funchal in eine der gesichtslosen, austauschbaren Urlauberstädte ohne Charakter und ohne erkennbare

Geschichte zu verwandeln. Der Traum von der Moderne in Form von Hochhäusern und autogerechten Straßenzügen, der in den sechziger und frühen siebziger Jahren des 20. Jh. so manche alte mediterrane und kanarische Stadt verschandelte, hat Funchal nicht erreicht. Mit der Stadterneuerung wurde erst in den neunziger Jahren begonnen, als man auch auf dem europäischen Kontinent den Wert alter Bausubstanz allmählich erkannte. Neubauten werden an die Ränder des Zentrums gesetzt. Der Erhalt des Ambientes hat auch bei den Plätzen, Promenaden und Boulevards Vorrang. Alle Gehwege der Innenstadt, selbst schmale Gassen, sind mit schwarz-weißen Mosaiken gepflastert. Auch dort, wo Neues angelegt wird, wie im erweiterten Fußgängerbereich der Avenida Arriaga, setzt man diese Tradition fort, teils mit schlichten Mustern, teils mit kunstvollen Bildern oder überraschenden optischen Effekten wie auf der Praça Município. Die Häuser allerdings und auch die angrenzenden Bezirke in Richtung Oberstadt und die Zona Velha, die sich östlich ans Zentrum anschließt, könnten eine Auffrischung vertragen – vieles strahlt einen eher morbiden Charme aus.

Spaziergänge durch Funchal sind durch die von Cafés und Restaurants gesäumten Uferpromenaden, Fußgängerzonen und vielen Plätze ein urbanes Vergnügen, das durch die Vielzahl der exotischen, blütenreichen Straßenbäume noch gesteigert wird.

Stadtgeschichte

Funchals Aufstieg zur Metropole Madeiras mit heute mehr als 160.000 Einwohnern begann relativ spät. Erster Siedlungsort war Machico im Osten, und erster Versorgungshafen für das Gebiet um das heutige Funchal war das westlichere Câmara de Lobos. Der Funke für den Start von Funchal sprang 1425 über. Weil hier drei kleine Flüsse dicht nebeneinander ins Meer strömten (die heute kanalisierten *Ribeiras de João Gomez, Santa Luzia* und *São João*), bot sich der Platz für den Bau der ersten mit Wasserkraft betriebenen Zuckerrohrmühlen an. Es lag dann nahe, den Rohzucker an Ort und Stelle weiterzuverarbeiten und zu verschiffen. Damit war die Zukunft Funchals vorbestimmt. Die Bucht wurde zum Hafen ausgebaut, Arbeitskräfte wurden angesiedelt, die großen europäischen Handelsdynastien bauten Zweigstellen auf, und Handwerker folgten. Die besonders geschützte Lage bot auch für die Landwirtschaft gute Perspektiven. Durch Brandrodung, die sieben Jahre gedauert haben soll, schuf man Platz für Felder. Ein Opfer der Flammen wurde auch der hier besonders reichlich wachsende wilde Fenchel (port. *funcho*), dem die Stadt ihren Namen verdankt.

Die Ortschaft wuchs und gedieh, es wurden Wohnhäuser, Kirchen und Kapellen errichtet, aus dieser ersten Blütezeit Funchals blieb aber nichts erhalten. Ende des 15. Jh. wurde der Bau der *Kathedrale Sé* als Bischofssitz, des Klosters *Santa Clara* und des alten *Zollhauses* in Auftrag gegeben. Sie sind die ältesten erhaltenen Gebäude der Stadt, vom Zollhaus steht allerdings nur noch das Portal (heute Zugang zum Parlamentsgebäude). Die Stadtrechte erhielt Funchal 1508. Der Reichtum der Stadt übte jedoch nicht nur auf Händler eine magische Anziehungskraft aus, Piratenüberfälle machten den Bewohnern bis ins 19. Jh. das Leben schwer. Um 1540 begann deshalb der Bau der Festung *São Lourenço.* Dem Ansturm einer Piratenflotte von elf Schiffen und 1300 Mann im Jahre 1566 konnte sie allerdings nicht standhalten. Funchal wurde geplündert und gebrandschatzt, nur die massivsten Gebäude blieben erhalten. Die *Fortaleza do Pico* ab 1600 und die *Fortaleza São Tiago* ab 1614 verstärkten die Befestigungsanlagen.

Der Niedergang des Zuckerexports im 16. Jh. fiel mit dem Aufstieg der jungen Metropole als Weinstadt zusammen. Einen Entwicklungsschub brachten vor allem englische Händler, die mit ihrer Kultur und Sprache, ihrer Weltläufigkeit, ihren internationalen Beziehungen und nicht zuletzt mit ihrem Erfindungsgeist Funchal und Madeira in den folgenden Jahrhunderten wesentlich prägten. Der Weinhandel blühte weit bis ins letzte Jahrhundert – mit Spitzenergebnissen Anfang des 19. Jh.

Ohne Sorgen blieben die Einwohner von Funchal während dieser Jahrhunderte der wirtschaftlichen Blüte allerdings nicht. Ein Erdbeben zerstörte wesentliche Teile der Stadt und mit ihr zahlreiche Prachtbauten im Jahre 1748. Mehrere kleinere Beben richteten ebenfalls Schäden an. Bei einem Hochwasser 1803 ertranken viele Bewohner der heutigen Zona Velha, als der damals noch nicht kanalisierte Ribeira de João Gomez über die Ufer trat.

Vom Zusammenbruch des Weinexportes, ausgelöst durch Schädlinge, erholte sich Funchal zwar, seine hervorragende Marktstellung konnte es aber nie wieder erreichen. Ab Ende des 19. Jh. gewann der Tourismus zunehmend an wirtschaftlicher Bedeutung. Den Anfang machte der europäische Hochadel, der hier seine Ferien verbrachte, gefolgt von Kleinadligen und Industriemagnaten. Ab Mitte des 20. Jh. begann der Chartertourismus auf hohem Niveau. Mit ständig steigenden Gästezahlen hat sich der Dienstleistungssektor inzwischen vor den Export von Wein, Blumen, Früchten, Stickereien und Korbwaren an die Spitze der Wirtschaft gesetzt.

„Die Menschen sind offen und ernsthaft"

(Gespräch mit Jette Bendix, Inhaberin einer Reiseagentur)

1971 kam sie aus Dänemark als Reiseleiterin nach Madeira und traf dort Carlos Rodrigues, ein Jahr später heirateten sie. Seither lebt Jette Bendix mit ihrer Familie in Funchal. Vor einigen Jahren machte sie sich mit einer Incoming-Agentur selbständig.

Wie lebt man als Dänin auf Madeira, gibt es Vorbehalte gegen Ausländer?

Nein, überhaupt nicht. Ich habe nie ein entsprechendes Erlebnis gehabt oder auch nur davon gehört. Pauschale Vorbehalte gibt es allenfalls gegen die Menschen aus Lissabon. Das richtet sich eigentlich gegen die Zentralregierung und den Hochadel, die über Jahrhunderte die Insel und ihre Menschen ausgebeutet haben. Menschen aus Porto oder der portugiesischen Provinz sind jedenfalls beliebter.

Wie kommt man als Frau, die im Norden aufgewachsen ist, mit südländischem Temperament zurecht?

Die Portugiesen sind nicht so spontan und extrovertiert wie etwa Italiener. Es sind eher bedächtige Menschen. Insbesondere auf dem Land sind sie Fremden gegenüber offen und sympathisch herzlich, aber gleichzeitig auch zurückhaltend. Mir gefällt die Art der Menschen hier, sie sind sehr seriös, zuverlässig und eher ernst als heiter.

Worin unterscheidet sich das madeirische Familienleben von dem in Dänemark?

Ich habe das Gefühl, hier konzentrierter zu leben, nicht so unverbindlich und beliebig. Familienzusammenhalt und Freundschaften werden gepflegt. Man lebt intensiver zusammen. Es ist selbstverständlich, dass man sich an jedem Wochenende mit der Familie und Freunden trifft.

Portugal steht mit weitem Abstand, auch zum Nachbarn Spanien, am Ende der Einkommens- und Entwicklungsskala Europas. Welche Erklärung haben Sie dafür?

Die Bedächtigkeit, von der ich eben sprach, hat selbstverständlich auch ihren Niederschlag im Wirtschaftsleben. Allen Neuerungen stehen die Menschen hier sehr skeptisch gegenüber, insbesondere wenn sie selbst etwas dazu beitragen sollen. Sie sind Individualisten, die sich nicht oder nur sehr schwer entschließen können, mit anderen zusammenzuarbeiten. Lieber bauen sie sich ein großes Privathaus, wie die Emigranten, die mit Vermögen aus Kanada, Venezuela oder Südafrika zurückkommen, als dass sie etwas in ein Unternehmen investieren.

Information

Die Touristeninformation **TURISMO** bietet einen sehr guten Service: Urlauberfreundliche Öffnungszeiten, mehrsprachiges, kompetentes Personal, kostenlose Stadt- und Landkarten, Informationsbroschüren. Auch eine Standardauswahl an Reise-, Wander- und Pflanzenbüchern (auch auf Deutsch) steht zum Verkauf. In den Nebenräumen stellen regelmäßig bekannte und unbekannte einheimische Künstler aus. Av. Arriaga 18, Öffnungszeiten: Mo–Fr 9–20 Uhr, Sa/So/Feiertage 9–18 Uhr.

Ein zweites kleineres Büro der Touristeninformation befindet sich im Hotelviertel, im Shopping Center Monumental Lido. Öffnungszeiten: Mo–Fr 9–20 Uhr, Sa 9–14 Uhr.

Verbindungen

Als Metropole, über die fast der gesamte Personen- und Güterverkehr im Archipel abgewickelt wird, ist Funchal mit nahezu jedem Ort auf Madeira direkt per Bus und über eine Fähre mit der Insel Porto Santo verbunden.

Funchal–Flughafen: Siehe Kapitel Anreise, Ankunft, S. 14.

Funchal–Porto Santo: Eine Autofähre verbindet die beiden Inseln 1-mal täglich, Fahrpreis für Hin- und Rückfahrt ab 54 € (vgl. Kap. Porto Santo).

Super Blicke auf Funchal bietet die Fahrt mit der Seilbahn

• *Überlandbusse* Zwischen allen Orten verkehren Busse, bis auf wenige Ausnahmen starten sie in Funchal. Eine Aufstellung der Busgesellschaften und der Regionen, die sie ansteuern, finden Sie im Kapitel Unterwegs auf Madeira, S. 47. Die konkreten Linien, ihre Abfahrtshäufigkeit und Fahrtdauer sind bei den jeweiligen Zielorten angegeben.

• *Stadtverkehr Funchal und Umgebung* Die Stadtbusse sind gelb lackiert und können selbst bei gleicher Liniennummer nicht mit einem Überlandbus verwechselt werden. Die zentrale Station liegt am östlichen Ende der Av. do Mar, es gibt aber daneben diverse andere Abfahrtsmöglichkeiten und Haltestellen in der Stadt und im Hotelviertel. An der zentralen Station steht ein Informationskiosk, an dem man Fahrkarten kaufen kann und kostenlos einen Übersichtsplan für alle Linien erhält. Der Einheitsfahrpreis betrug zur Zeit der Recherche 2006 1,15 €. Das 7-Tage-Ticket (vgl. Kapitel Unterwegs auf Madeira) ist mit 15 € sehr günstig, wenn Sie auch Ausflüge in die Umgebung machen möchten.

Seilbahn – Teleféricos nach Monte: Das beliebte Ausflugsziel Monte, oberhalb von Funchal, kann man nicht nur mit dem Bus, sondern auch mit der Seilbahn erreichen. Die Station in der Zona Velha, Caminho das Babosas 3, ist durch die ein- und ausfahrenden Gondeln leicht auszumachen. Die Station in Monte liegt am östlichen Rand des Jardim Monte Palace. Die Gondeln sind von 9.30–18 Uhr ständig unterwegs. Fahrpreise: Einfach Erw. 9,50 €, Kinder ab 4 Jahren 4,75 €, Hin- und Rückfahrt Erw. 14,50 €, Kinder 7,25 €.

Seilbahn von Monte zum Botanischen Garten: Der Erfolg der Seilbahn nach Monte – mehr als eine Million Fahrgäste in den ersten zwei Jahren – hat einen Seilbahnboom auf Madeira ausgelöst (siehe auch Capo Girão, Achadas da Cruz und Santana). Innerhalb von 9 Minuten kann man seit 2005 tägl. von 9.30–17.45 Uhr von Monte zum Botanischen Garten und zurück schweben. Die einfache Fahrt kostet 7,50 € für Erwachsene, für Kinder 6 €, hin und zurück 12 bzw. 6 €, siehe auch Ortsbeschreibung von Monte.

• *Taxis* An vielen Plätzen in der Innenstadt und im Hotelviertel warten Taxis (gelb mit hellblauem Seitenstreifen) auf Kundschaft. Die Preise liegen unter dem deutschen Niveau. Man kann Taxis auch stunden- und tageweise zum Festpreis für Ausflüge mieten. Eine Preisliste erhält man auf Anfrage bei der Touristeninformation (vgl. Stichwort Taxi im Kap. Unterwegs auf Madeira).

Taxistände und ihre Telefonnummern:

Av. Arriaga vor dem Park	✆ 291-220911
Av. Arriaga vor der Kathedrale	✆ 291-222500
Praça Município	✆ 291-222000
Av. do Mar	✆ 291-224588
Hotelviertel – Nähe Lido	✆ 291-771610
Hotelviertel – Madeira Palácio	✆ 291-766620
Funktaxi, inselweit	✆ 291-764 476, ✆ 291-741 412

• *Mietfahrzeuge* Die weitaus meisten Fahrzeugverleiher haben ihre Büros in den Einkaufszentren des Hotelviertels, aber auf Bestellung stellt man Ihnen den gewünschten fahrbaren Untersatz ohne zusätzliche Kosten überall in Funchal vor die Tür.

Pkw: *Atlantic Rent a car*, im Centro Comercial Belo Sol, Rua da Casa Branca, ✆ 291-761711, ℻ 291-771712. *Baía car rental*, Estrada Monumental 270, ✆ 291-768271, info@baia-rentacar.com, *Europcar*, Estrada Monumental 306, ✆ 291-765116, ℻ 291-766850.

Motorräder/Motorroller/Mountainbikes: Espaco Milenio, Estrada Monumental, Centro Comercial Olimpo, Laden 208, ✆ 291-280941, www.espaco-milenio.com.

Wichtige Adressen und Telefonnummern

Allgemeiner Notruf: ✆ 112, auch auf Deutsch (Polizei, Feuerwehr und Krankenhäuser sind angeschlossen).

Centro de Sáude de Bom Jesus/Öffentliches Gesundheitszentrum, Rua das Hortas 67, ✆ 291-208700.

Centro Médico da Sé/Privates Gesundheitszentrum, hinter der Kathedrale, Rua dos Murcas 42, ✆ 291-30127/8/9, 24-Stunden-Notdienst.

Ambulanz – Rotes Kreuz, ✆ 291-741115.

Krankenhaus mit 24-Stunden-Aufnahme: Hospital Central do Funchal, Cruz de Carvalho, Av. Luis de Camoes, ✆ 291-705600.

Apotheken: Mehrfach in der Innenstadt, z. B. Largo do Chafariz, schräg gegenüber der Kathedrale, in den Centros Comerciais und im Hotelviertel, z. B. Estrada Monumental 304–6.

Post: Hauptpostamt mit abendlichen Öffnungszeiten und Postbank, Av. Zarco.

Banken: An vielen Punkten in der Innenstadt.

Übernachten (siehe Karte Umschlagklappe vorn)

Von den rund 30.000 Touristenbetten Madeiras konzentrieren sich etwa 18.000 auf Funchal. Die weitaus größte Anzahl befindet sich im sog. *Hotelviertel* im westlichen Teil der Stadt an der Küste. Auf beiden Seiten der Straßen Avenida do Infante und Estrada Monumental reihen sich Vier- und Fünf-Sterne-Hotels aneinander, meist von Gärten oder gar Parks umgeben. In der zweiten Reihe finden sich die Häuser mit weniger Sternen. Madeira konnte lange Zeit stolz darauf sein, hier über die größte Zusammenballung von Luxushotels in Europa zu verfügen. Die Zimmerpreise in diesen Hotels liegen zwischen 150 € und 1500 € pro Nacht (Letzteres in der traditionsreichen Nobelherberge Reid's Hotel). Alle Hotels und auch die wenigen Apartmenthäuser finden Sie in den Katalogen der großen Reiseveranstalter. Sie pauschal zu buchen ist in jedem Fall günstiger als eine individuelle Anreise und individuelle Reservierung, zumal viele Hotels nur pauschal für Reiseunternehmen reservieren und nicht auf Individualreisende eingestellt sind. Diese Häuser werden deshalb hier nicht beschrieben.

Neben den Unterkünften im Hotelbezirk gibt es in der Stadt Funchal kleinere, persönlich geführte Hotels und Apartmenthäuser, meist in restaurierten Altstadtgebäuden, die einen Urlaub fern vom Massentourismus zu erschwinglichen Preisen möglich machen. Aus diesem Angebot wurden unten stehende Hotels, Pensionen und Apartmenthäuser ausgewählt und durch besonders schöne Nobelherbergen ergänzt. Eine komplette Liste aller Unterkünfte in Funchal, auch der Privatzimmer, erhält man in der Touristeninformation in Funchal oder vorab über die portugiesische Fremdenverkehrszentrale.

• *Hotels/Pensionen* **** **Hotel Porto Santa Maria (31),** neues Edelhotel, stilvoll an die vorhandene Bebauung am Rand der Zona Velha angepasst. Es liegt direkt an der Küste. 146 Studios und Suiten mit viel Komfort. Hallenbad und Außenpool, Garten, Terrassen, Fitnessräume, Restaurant, Bar und vieles andere mehr. Preise: Studio je nach Saison und Blick (Meer oder Garten) 120–180 €/Person. Im Programm von TUI, Neckermann und Olimar. Avenida do Mar, 9050-029 Funchal, ✆ 291-206770, ℻ 291-206720, www.portobay.com.

Lesertipp: **Quinta da Casa Branca (37),** wenn Sie von Vogelgezwitscher geweckt werden möchten, sind Sie hier richtig. Oberhalb des Hotelviertels, in ruhiger Lage, mit parkähnlichem Garten, liegt eines der neueren, exklusiven, kleinen Hotels. Alte Bausubstanz und moderne Architektur mit viel Glas wurden hier aufs Schönste verbunden. Ein Jahr nach ihrer Eröffnung 1998 erhielt die Quinta da Casa Branca den Architekturpreis der Stadt. 29 Zimmer, Restaurants, beheizbarer Pool, Fitness- und Sportangebote. So viel Luxus hat seinen Preis: EZ 130 €, DZ ab 170 € (Weihnachten/Neujahr 230 €), HP 38 €. Rua da Casa Branca 9, 9000–088 Funchal, ☏ 291-700770, ℻ 291-765070, www.quintacasabranca.pt.

*** **Hotel Orquídea (2),** relativ ruhig in einer Straße am Rand der Innenstadt gelegen. Gepflegter, schlichter Siebzigerjahre-Bau mit 60 frisch renovierten und komplett neu eingerichteten Zimmern. Die Zimmer in den oberen Etagen haben Balkon oder Terrasse. Im Hotel befinden sich eine Bar und ein elegantes Restaurant. Ein Pool auf dem Dach und weitere Terrassen bescheren einen schönen Blick über die Innenstadt. Preise mit Frühstück: EZ 55 €, DZ 75 €. Rua dos Netos 71, 9000–084 Funchal, ☏ 291-200120, ℻ 291-227157, www.hotelorquidea.com.

*** **Hotel Montecarlo (1),** sehr ruhig im alten Viertel der Oberstadt gelegen. Der Hotelbau stammt aus den ersten Jahren des 20. Jh. und wurde als britische Schule errichtet und inzwischen mehrfach umgebaut. Bei allem notwendigen Komfort strahlt er noch seinen alten, leicht abgenutzten Charme aus. Von den zahlreichen Terrassen und den meisten Balkons hat man einen tollen Blick über Funchal, ebenso von den Liegeterrassen im Garten und vom Pool aus. Das Hotel hat 63 Zimmer unterschiedlicher Größe. Ein Teil davon befindet sich in einem neueren Anbau, stimmungsvoller und schöner sind aber die Zimmer im alten Haus. Alle Zimmer mit Bad und Balkon. Preise inkl. Frühstück: DZ mit Meerblick 60 €, ohne Meerblick 50 €, EZ 35 €. Sonderpreise für Kinder, in der Karwoche und zwischen Weihnachten und Neujahr sind die Preise um 15 % höher. Im Programm von Olimar. Calçada da Saúde 10, P.O. Box 4507, 9000–221 Funchal, ☏ 291-226131/2/3, ℻ 291-226134, www.hotelmontecarlomadeira.com.

Residencial Santa Clara (3), ruhig in der Oberstadt, schräg gegenüber der Quinta das Cruzes, in einem herrlichen alten Park gelegenes Palais der Belle Epoque. Der alte Familienbesitz wurde in eine Residência mit 14 Zimmern umgebaut. Alle Zimmer haben ihren alten, individuellen Zuschnitt (jetzt aber mit Bad) behalten. Besonders schön sind das Intarsienparkett und die alten Möbel, mit denen alle Zimmer eingerichtet sind. Im ersten Stock liegt ein Aufenthaltsraum ganz im Stil der Belle Epoque. Frühstücksraum mit schöner Gartenterrasse und Pool mit Liegeterrasse und einem herrlichen Blick auf Funchal. Da die Besitzerin schon etwas betagt ist, denkt sie (leider) an eine Geschäftsaufgabe, aber wann, war beim Besuch 2006 unklar. Preise inkl. Frühstück: EZ 27,50 €, DZ 43 €, Dreibettzimmer 50 €. Calçada do Pico 16B, 9000 Funchal, ☏ 291-742194/5, ℻ 291-743280.

Residencial da Mariazinha (21), aufwändig und stilvoll restauriertes Altstadthaus in der Zona Velha. Noch fällt das schmucke Haus etwas aus dem allgemeinen Niveau in seiner Straße, der etwas Auffrischung gut täte. Das Haus und die Gästezimmer sind sehr komfortabel, teilweise mit Antiquitäten eingerichtet. Es gibt 10 Zimmer und eine Suite, alle mit Bad, einige mit Hydromassagebadewanne. Preise je nach Saison, immer mit Frühstück: Suite 80–100 €, DZ 60–70 €, EZ 45–50 €. Rua Santa Maria 155, 9050–040 Funchal, ☏ 291-220239, ℻ 291-241731, www.residencialmariazinha.com.

Residencial Chafariz (11), sehr gepflegtes Haus im Zentrum, in der Nähe der Kathedrale, am Beginn einer Fußgängerzone. 20 schön eingerichtete Zimmer, alle mit Bad und Satelliten-TV, einige Zimmer haben eine kleine Küchenzeile. Von den Zimmern mit den Endnummern 3, 5 und 7 aus schaut man auf den Lichthof, das hat einigen Lesern nicht gefallen. Preise inkl. Frühstück, jeweils mit und ohne Küchenzeile: EZ 35/30 €, DZ 40/38 €, mit Balkon und Küchenzeile 50 €, Suite (für drei Personen ohne Küchenzeile) 60 €. Rua do Estanco Velho 3E5, 9000 Funchal, ☏ 291-232260, ℻ 291-232250, www.freewebs.com/chafariz.

Residencial Vila Teresinha (5), oberhalb der Innenstadt, neben der Quinta das Cruzes, an einer ruhigen Aussichtstraße gelegen. Einfaches, aber sehr gepflegtes Haus mit ebensolchen Zimmern, alle mit Bad. Fantastischer Blick über Funchal von der Dachterrasse und vom Balkon einiger Zimmer. Preise je nach Verweildauer, immer mit Frühstück: DZ 50–60 €, EZ 30–40 €, DZ ohne Balkon 40 €. Rua das Cruzes 21, 9000–025 Funchal, ☏ 291-741723, ℻ 291-744515, www.pensaoresvilateresinha.com.

Residencial Americana (12), mitten im Zentrum und deshalb nicht gerade ruhig. Einfache Pension, die Zimmer sind ausreichend eingerichtet, alle mit eigenem Bad. Vorherige Anmeldung ist erforderlich.

EZ 31 €, DZ 34 €. Largo do Chafariz 20, 9000 Funchal, ✆ 291-231040, www.aparthoteltropical.com.

• *Apartments* **Aparthotel Castanheiro (6),** war beim letzten Besuch (2006) wegen Umbauarbeiten geschlossen. Nach der Neueröffnung wird es gute, anspruchsvolle Übernachtungsmöglichkeiten in einem restaurierten traditionellen Stadthaus in einer ruhigen Seitenstraße bieten. Rua do Castanheiro 27, www.aparthotelcastanheiro.com.

Apartamentos da Sé (18), in einer ruhigen Fußgängerzone hinter der Kathedrale wurde ein Altstadthaus restauriert und innen in ein modernes Apartmenthaus verwandelt. 32 Studios in 2 Kategorien und 8 Zimmer werden vermietet. Alle sind mit neuen, hübschen Möbeln eingerichtet. Es gibt Zimmer zur Straße und solche zum Innenhof. Komplette Küchen, Klimaanlage, keine Balkone. Preise je nach Ausstattung und Lage, Studio 50–85 €, Zimmer 45–56 €. Rua do Sabão 53, 9000–956 Funchal, ✆ 291-214600, ℻ 291-214606, Seite im Aufbau: www.aparthotelse-madeira.com.

Apartamentos Turísticos/Residência São Paulo e Alegria (8), zwei nah beieinanderliegende Häuser am Rand der Innenstadt. Insgesamt 19 Apartments und Studios. Alle mit kleiner Küche, Duschbad, einige mit Balkon. Die Apartments wurden kürzlich komplett renoviert. Es gibt auch zweistöckige Einheiten für 4 und 6 Personen (Duplex). Zu den Häusern gehören Sonnenterrassen. Der Besitzer spricht Deutsch. Preise: Für zwei Personen 37,50 €, in der Nebensaison auf Anfrage auch Sonderpreise möglich, z. B. im Juni 20 % günstiger. Reservierung und Rezeption: Residência São Paulo, Rua Pimenta Aguiar 2, 9000 Funchal, ✆ 291-741931, ℻ 291-741946, Mobil 965-010201, saopauloalegria@iol.pt.

Lesertipp: **Privatapartments,** ganz in der Nähe des Hotelviertels, aber sehr ruhig, liegt das Haus der deutsch/madeirischen Familie Claudia und Rafael Gomes. Sie vermieten und betreuen ein Ferienhaus und Privatapartments, die von Lesern sehr empfohlen wurden. Caminho do Arieiro de Baixo 9, São Martinho, 9000 Funchal, ✆/℻ 291-771582, ramosgomes@sapo.pt.

Blick aus einem Zimmer im Hotel Montecarlo

Jugendherberge, Centro de Juventude (7), in einer alten, hochherrschaftlichen Quinta in Zentrumsnähe. Sehr schönes Haus, dessen alte Substanz erhalten und geschmackvoll modern ergänzt wurde. Aufenthaltsräume, Küche, Esszimmer, Garten, Terrassen und eine Waschküche stehen den Gästen zur Verfügung. Neben den Mehrbettzimmern mit je 4 und 2 Doppelstockbetten und separaten oder Gemeinschaftsbädern/WCs gibt es auch Doppelzimmer und ein EZ mit eigenem Bad/WC. Preise pro Übernachtung und je nach Raum und Saison 11 €–34 € (letzteres für das DZ), über 26-Jährige zahlen pro Person 3 € mehr. Reservierung siehe Stichwort Jugendherbergen auf S. 20.

Essen und Trinken (siehe Karte Umschlagklappe vorn)

• *Restaurants in der Avenida do Mar, längs der Promenade und im Yachthafen* Auf einer Höhe mit der Promenade sind die Restaurants auf Pontons ins Wasser gebaut oder als Schiffe am Ufer vertäut. Einige davon sind sehr touristisch und bieten

Folkloreprogramme zum Hauptgang. Andere sind bei Familien aus Funchal besonders beliebt, vor allem die mit kleinen, rund um die Küche vertäuten Booten, auf denen je eine Gruppe beim Essen sitzt. Die meisten Restaurants aber liegen im Yachthafen, der Marina.

Fischgerichte und Meeresfrüchte kommen auf die Tische der Restaurants, die alle eine große Terrasse zu den Bootsanlegern haben. Der Wettbewerb ist hart, da wird intensiv geworben, manchmal auch aufdringlich, wie Leser berichteten. Die Angebote und Preise unterscheiden sich kaum. Im **Restaurant Princesa** oder **Restaurant Mar Azul (32)** bekommen Sie Fischsuppen und Fischgerichte ab 2,50 € bzw. 7,50 €. Etwas mehr kostet der Arroz Marisco, Reis mit Meeresfrüchten. Für einen Meeresfrüchteeintopf für 2 Personen müssen Sie mit 40 € rechnen.

• *In der Zona Velha* Spezialitäten der regionalen Küche isst man vor allem im Altstadtviertel. Im oberen Bereich der Rua D. Carlos I. bis zur Praça Largo do Corpo Santo und von dort in die Rua de Santa Maria hinein findet man unglaublich viele Lokale. In den meisten kann man auf der Terrasse wunderbar kleine und große Gerichte essen, von gegrilltem Fisch mit Beilagen über Espetadaspieße bis hin zu Meeresfrüchten. Die Preise halten sich in Grenzen: Suppen 2,50 €, einfache Fischgerichte ab 8 €, Espetadaspieße schon ab 7 €. Nach dem Essen hat man es nicht weit bis zum Nachtprogramm, die Fadolokale befinden sich in der Nähe (s. u.). Aus der Vielzahl der Angebote hier nur einige ausgewählte:

Das **Restaurant Portão (29),** mit Terrasse gleich hinter der Kapelle Corpo Santo, wurde von drei Lesern unabhängig voneinander gelobt. Landestypische Gerichte, urige Einrichtung und besonders aufmerksame Bedienung. Rua do Portão de São Tiago.

Aresenios (25), in der Parallelstraße mit kleiner Terrasse. Der Chef persönlich steht am Grill. Das Besondere hier: tägl. 20–22 Uhr treten Fadogruppen auf (s. u.). Preise etwas höher als anderswo. Rua de Santa Maria, Ecke Travessa das Torres.

Embaixador Madeirense (26), bombastisch der Name und etwas verwunderlich die Einrichtung: geschmackvolle Bilder an den Wänden und im zentralen Bereich steht das ganze Jahr über eine kitschige Weihnachtskrippe. Erstklassige Qualität und Quantität der preiswerten Gerichte aus heimischen Töpfen, aber auch Italienisches steht auf der Karte. Mehrere Leser waren sehr zufrieden. Keine Terrasse. Rua de Santa Maria Ecke Rua dos Barreiros.

• *Am Rand der Zona Velha* Gut und teuer: **Rest. O'Almirante (19),** in einem restaurierten Altstadthaus, mit großer Terrasse, die wie ein alter Platz mit Platanen und Brunnen gestaltet ist. Hohes Niveau bei Speisen und Service. Madeirische Spezialitäten und internationale Küche, Hauptspeisen ab 12 €, Gedeck 2,95 €. Zwischen Markthalle und Elektromuseum.

Lesertipp: Sehr preiswert ist das **Rest. A Bica (15),** mit gepflegtem Gastraum im Untergeschoss des Hauses und deshalb nicht auf den ersten Blick zu finden; serviert werden sehr gute regionale Gerichte – das Tagesgericht ist immer ein guter Tipp. Aufmerksame, freundliche Bedienung. Fisch- und Fleischgerichte schon ab 5–6 €. Rua Hospital Vehla 17.

• *In der Rua da Carreira* Nicht touristisch sind die Restaurants in dieser Straße.

Café/Restaurant Patio (16), im Innenhof und damit quasi in der zweiten Reihe, dafür aber ausgesprochen preiswert, sitzt und isst man, von Jugendstil umgeben, im Innenhof des Fotomuseums Vicente, Rua da Carreira 43.

Rest. Fim de Século (13), von mehreren Lesern bevorzugt. Man genießt auf der Terrasse im Fußgängerbereich oder innen im rustikalen Gastraum einheimische, interessant variierte Speisen zu günstigen Preisen. Gute Weinkarte, freundlicher, kompetenter Service. Rua da Carreira 144.

Rest. O Funil (14), wurde ebenfalls Stammlokal von mehreren Lesern. Preiswertes, gutes Essen und ein schöner Terrassenplatz in der Fußgängerzone waren für sie ausschlaggebend. Rua da Carreira 132.

• *Weitere Empfehlungen* **Rest. dos Combatentes (17),** von außen Jugendstil, von innen helle, freundliche Moderne. Sehr gepflegtes, gutes Restaurant, in dem neben Urlaubern auch die Einheimischen gern essen. Durch die großen Fenster schaut man auf den Parque São Francisco. Regionale und internationale Küche zu normalen Preisen. Besonders bemerkenswert ist das Nachtischbuffet. Professioneller Service. Rua Ivens Ecke Rua de S. Francisco. So Ruhetag.

O Celeiro (28), kleines Restaurant, ebenfalls in einem alten Stadthaus, aber mit eher rustikal-eleganter Einrichtung, zwischen den Tischen stehen Teile von alten Weinpressen. Draußen ist eine Miniterrasse wie ein Schiffsdeck gestaltet. Regionale Küche und portugiesische Spezialitäten, Muschel- und Fischgerichte. Menü ab 17 €. Rua das Aranhas 22.

Casa Velha (33), in Richtung Hotelviertel, gehört zu den bekanntesten und besten Restaurants. In einem weitläufigen alten Landhaus werden typisch madeirische Gerichte und internationale Küche serviert. Menü ab 17 €. Rua Imperatriz D. Amalia 69.

O Restaurante Da Fonte (35), gleich neben dem Casa Velha, wurde zum Lieblingslokal mehrerer Leser. Hier gibt es vorzügliches Essen in netter Atmosphäre bei gutem Service. Kleine, feine Karte. Suppen 3,50 €, Hauptgerichte 7,50–12,50 €, große Nachtischauswahl. Rua Imperatriz D. Amalia 64–66. Geöffnet tägl. 11.45–16 und 18–23 Uhr.

Restaurant in der Quinta da Casa Branca (37), kreative Küche des engagierten Kochs Yves Gautier im exklusiven Landhotel. Hier kann man à la carte speisen oder das Menü zum Preis von 25 € mit Parkblick genießen.

• *Cafés/Bars/Teehäuser* Als Treffpunkte für Einheimische und Urlauber dienen die vielen Straßencafés. Beliebt sind die **Cafékioske auf der Promenade an der Avenida do Mar.** Dort hat man einen weiten Blick auf das Meer und immer eine frische Brise um die Nase. In der Fußgängerzone Rua João Tavira, ganz in der Nähe der Kathedrale, sind das **Café Funchal (24)** und sein Gegenstück, das **Café Apolo (23),** immer gut besucht. Etwas eleganter geben sich das **Golden Gate (27)** auf der Av. Arriaga/Av. Zarco oder nur wenig weiter die Avenida hinauf das **Café do Teatro (30).** Mitten im Parque São Francisco unter Bäumen sitzt man am **Cafékiosk O Concerto (22)** neben dem Konzertpavillion. Auf dem herrlichen Praça Municipal lässt sich unter der Markise des **Café Leque (10)** wunderbar eine schattige Pause mit freiem Blick auf den Platz einlegen. Schräg gegenüber kann man in durchgestyltem Ambiente eine Erfrischung oder auch kleine Mahlzeiten im supermodern gestalteten Eingangsbereich des *Museu de Arte Sacra* einnehmen. Trotz allem Schick ist es im **Café do Museu (9)** auch kaum teurer als anderswo. Einer der schönsten Plätze, um sich nach anstrengendem Rundgang in der Oberstadt zu entspannen, ist das **Casa de**

Café an der Hafenpromenade Avenida do Mar

Chá-Teehaus (4) am Museum der Erinnerungen. Abgeschirmt vom Straßenverkehr lässt sich in gemütlichen Korbsesseln der weite Blick auf Funchal genießen.

Wer einmal die Luft der ganz teuren weiten Welt für einen zwar hohen, aber erschwinglichen Einsatz schnuppern möchte, sucht zum Five o'Clock Tea die traditionsreichste und teuerste Nobelherberge Funchals auf, das **Reid's Hotel (36).** Vielleicht sitzt ja nebenan eine echte Prinzessin oder ein Filmproduzent. Wenn nicht, ergötzen Sie sich an der englischen Noblesse, die Umgebung, Personal und Gäste gleichermaßen ausstrahlen. Für 18 € gibt es eine Kanne Tee und reichlich zu essen, auf der Platte liegen pro Person zwei Stück Kuchen und drei Sandwiches. Eine vorherige Reservierung ist sinnvoll.

Nachtleben (siehe Karte Umschlagklappe vorn)

Fado: Die sentimentalen portugiesischen Gesänge kann man auch in Funchal hören. Auftrittsorte sind das Restaurant **Aresenios (25),** Rua de Santa Maria, tägl. 20–22 Uhr, danach ziehen die Musiker in ihre eigene Minikneipe **Marcelino Pão e vinho (20)** und treten dort tägl. außer Sa 22–2 Uhr auf. Travessa das Torres 22 (Zona Velha).

Die weitaus größte Zahl von **Tanz- und Nachtlokalen** befindet sich im Hotelviertel oder auf dem Weg dorthin. In den großen Hotels gibt es ohnehin Nachtclubs und Diskotheken. Die bekannteste ist das **Copacabana (38)** im Casino hinter dem Santa Catarina Park.

Der **Pub Prince Alberto (34)** ist am Wochenende Disco-Treffpunkt für die bessergestellte Stadtjugend. Rua da Imperatriz D. Amalia.

Die **Molhe Disco (39)** kann mit ganz besonderem Ambiente aufwarten. Sie liegt im alten Festungsturm im Hafen auf Höhe des Fahränlegers der Porto Santo-Fähre.

Einkaufen

Als Großstadt verfügt Funchal über jede Menge von Geschäften und Supermärkten für nahezu jeden Artikel im Urlaubsalltag, als Urlaubermetropole selbstverständlich über Märkte und Geschäfte mit all den Kunsthandwerksartikeln und Spezialitäten, deren Kauf sich als leckeres, hübsches oder nützliches Andenken lohnt.

• *Lebensmittel* Ein echtes Urlaubsvergnügen ist der Einkauf im zentralen **Mercado dos Lavradores/Markthalle** am Rand der Zona Velha. Selbst wenn man dort nur schauen möchte, macht es Spaß, die mit Fliesenbildern dekorierten Gänge und den mit Blumen geschmückten Innenhof zu durchstreifen, die Blumenverkäuferinnen in ihren Trachten anzuschauen, das vielfältige Angebot an tropischem und subtropischem Obst und Gemüse zu vergleichen und die separate Fischhalle zu besuchen, in der auf Marmortischen die Fänge der letzten Nacht ausgebreitet sind. Das mit Abstand größte Angebot und Gedränge herrscht am Samstag. Auch in der Fleischabteilung gibt es Besonderes. Schlachter Manuel macht nicht nur seine Würste selbst, er trocknet auch noch Rinderfiletstreifen zu sogenanntem Biltong. Öffnungszeiten: Mo–Do 8–20 Uhr, Fr 7–20 Uhr, Sa 7–14 Uhr. Das größte Angebot und den meisten Trubel erlebt man samstags, dann kommen auch die Bauern der Umgebung mit ihrer frischen Ernte.

Internationale Presse am Parkkiosk

Kleine Obst- und Gemüsestände bieten ihre Waren auch am Samstagnachmittag und am Sonntag überall in der Innenstadt an. Marktstände sind auf dem Platz hinter dem östlichen Buskiosk an der Av. do Mar aufgebaut.

Supermärkte und Fachgeschäfte findet man in der Innenstadt. Der größte und am besten sortierte ist der **Supermarkt Pingo doce,** er liegt im Untergeschoss des **Einkaufszentrums Anandir,** schräg gegenüber der Markthalle. Auch im **Shoppingcenter Marina** befindet sich ein **Supermarkt.**

• *Madeirawein* Sie können ihren Madeirawein ganz profan im Supermarkt kaufen. Er ist dort mit 5–25 € nicht teurer als beim Direktverkauf. Viel stilvoller und interes-

Großes Früchteangebot

santer ist es jedoch, die Verkaufsräume einer der Weinkellereien anzusteuern, um dort womöglich nach einem Rundgang und einer Weinprobe zwischen alten Fässern seine Entscheidung zu treffen. Einige Weinkellereien machen Führungen für Gruppen, andere tägliche Führungen zu festen Tageszeiten.

Old Blandy Madeira Wine Lodge, Av. Arriaga 28, geöffnet Mo–Fr 8.30–18.30 Uhr, Sa 10–13 Uhr. Der Zugang zu den allgemeinen Abteilungen und zum Verkaufsraum ist gratis, Führungen in die Weinkeller 4 €.

Perreia D'Oliveira, Rua dos Ferreiros 107.

Casa dos Vinhos da Madeira, Rua dos Ferreiros 127.

Vinhos Barbeito, Av. Arriaga 48 und Estrada Monumental 145 (dort auch Führungen).

Veiga Franca, Estrada Monumental 332.

• *Bücher* **TURISMO,** im Touristeninformationsbüro gibt es ein Standardangebot an Reise- u. Wanderführern (auch auf Deutsch) sowie an Pflanzenbüchern. Av. Arriaga 18.

• *Internationale Presse* An mehreren Kiosken in der Innenstadt, z. B. am Park, Av. Arriaga und in den Centros Comerciais/Einkaufszentren im Hotelviertel.

• *Kunsthandwerk* **Stickerei,** die Madeira-Stickarbeiten sind außergewöhnlich fein und zart gearbeitet, sie haben einen entsprechend hohen Preis. Achten Sie auf ein angenähtes Bleisiegel. Nur damit können Sie sicher sein, keine billige Imitation zu kaufen.

In der Innenstadt, insbesondere im Viertel zwischen Palácio de S. Lourenço und Catedral da Sé, liegen die weitaus meisten Geschäfte für Kunsthandwerk und Stickereien. Dies ist allerdings eine sehr touristische Zone, und die Geschäfte sind entsprechend ausgerichtet. Die ausgestellten Arbeiten wirkten auf mich überladen und untypisch farbig. Die Gobelinarbeiten zeigten meist steife Kopien klassischer Porträtmalereien. Es lohnt sich, etwas weiter in Richtung Oberstadt zu gehen und sich dort umzuschauen.

Henke, Rua de Carreira 174. Nicht die klassischen Tischdecken und Spitzenkragen, sondern exklusive Mode mit Madeirastickereien gibt es hier, die Preise sind entsprechend hoch, Bluse ab 150 €.

Patricio & Gouveia, zum größten Geschäft für Madeirastickerei gehört eine Manufaktur, die auch besichtigt werden kann (siehe S. 99), Rua de Visconde de Anadia 33/34.

• *Korbwaren* Kleineres Angebot in vielen Geschäften. Wer etwas Besonderes sucht, macht einen Ausflug nach Camacha, ins Zentrum der Korbflechter (siehe S. 202)

• *Blumen* Die Blumeninsel Madeira lebt nicht unwesentlich vom Pflanzenexport. Verkauft werden Pflanzen an mehreren Orten in Funchal. Schnittblumen, Strelitzien,

Lilien und Rosen bekommt man an den Blumenständen in der Innenstadt und im **Mercado/Markthalle.** Hier gibt es zudem ein reichhaltiges Angebot an Blumenzwiebeln, Wurzelstöcken und Topfpflanzen für den heimischen Garten und Balkonkasten. Besonders beliebt sind die blau und weiß blühenden Schmucklilien, die auf Madeira überall am Wegesrand und längs der Levadas wachsen. Auf den Verkauf von Orchideen als Topfpflanzen haben sich insbesondere zwei Zuchtbetriebe spezialisiert, die man im Rahmen eines innerstädtischen Ausflugs besuchen kann: **Quinta Boa Vista** am Rand der Zona Velha (vgl. S. 104) und der **Jardim Orquídea/Orchideengarten** in der Nachbarschaft des Botanischen Gartens (vgl. S. 103).

• *Antiquitäten* Viele kleine Läden, in denen man Altes und Originelles findet, liegen im Viertel um die Kirche de São Pedro in der Rua de São Paulo und Calle da Santa Clara.

Sport

• *Wassersport* **Madeira Divepoint,** Tauchbasis und Tauchschule mit umfangreichem Angebot von Schnupperkurs (gratis) über Kinderkurs im Pool (25 €), Anfängerkurs bis Meisterklasse (200–500 €). Standort im Hotel Pestana Palms, Rua do Gorgulho, ✆ 291-794124, www.scuba-madeira.com.

Verschiedene Wassersportarten kann man auch in den privaten Clubs (siehe Baden) betreiben.

• *Segeln* Kann man mit mehreren Anbietern. Ein Gang durch die Marina verschafft den besten Überblick. Segelkurse hat z. B. **Terras D'Aventura** im Programm, s. u.

• *Tennis/Squash* Die Luxushotels haben selbstverständlich ihre eigenen Courts. Wer weniger komfortabel wohnt, kann preiswert die Tennis- und Squashplätze der **Quinta Magnolia,** eines öffentlichen Freizeit- und Sportparks, nutzen. Tennisplatz 2,50 €/Std., Squashplatz 2 €. Eine Cafeteria mit umfangreicher Karte bietet preisgünstige Tagesgerichte von 5–6 € an. Rua do Dr. Pita. Geöffnet tägl. 9–19 Uhr (siehe Gärten, Parks und Quintas).

• *Kanu* Eine echte Herausforderung für Landratten ist das madeirische Kanurevier. Nicht auf Flüssen und Seen wird das Paddel ins Wasser gesenkt, sondern auf dem Meer. Höhepunkt der jährlichen Kanusaison (nicht im Winter) ist eine Tour rund um die Insel, an der sich Hunderte von Booten beteiligen. Weitere Information und Verleih: **Terras de Aventura & Turismo,** Caminho do Amparo 25, 9000 Funchal, ✆ 291-776818, www.terrasdeaventura.com.

• *Mountainbike* Geführte Mountainbike-Touren mit Leihrad bietet **Terras de Aventura & Turismo** an (s. o.). Räder kann man leihen bei **Espaco Milenio,** Estrada Monumental, Centro Comercial Olimpo, Laden 208, ✆ 291-280941, www.espaco-milenio.com.

• *Paragliding* Materialverleih und Anfahrt zu den besten Startplätzen organisiert ebenfalls **Terras de Aventura & Turismo** (s. o.).

• *Hochseeangeln* Von der Marina laufen täglich mehrere Boote zu Angeltouren aus. Alle Veranstalter haben Informationsstände am Yachthafen. Dort erfährt man die genauen Abfahrtszeiten und Preise.

• *Golf* Der nächstgelegene Golfplatz, **Palheiro Golf,** liegt 7 km außerhalb von Funchals Zentrum, in nordöstlicher Richtung direkt neben der Quinta Palheiro Ferreiro, inmitten herrlich grüner Umgebung (vgl. S. 116). 18-Loch-Platz, Par 72. Verleih von Ausrüstung gegen Gebühr. Sítio do Balancal – São Gonçalo, 9050 Funchal, ✆ 291-792116. Die großen Hotels organisieren die Platznutzung.

Als einer der schönsten Plätze Europas gilt noch weiter nordöstlich der **Campo de Golfe da Madeira** in Santa da Serra. 27-Loch-Anlage, Par 71. Golflehrer für Anfänger und Fortgeschrittene stehen zur Verfügung. Die Ausrüstung kann man vor Ort leihen. Tagesgäste sind insbesondere an den Wochentagen gern gesehen, am Wochenende kommen viele Clubmitglieder aus Funchal. ✆ 291-552345/56/21.

Feste/Veranstaltungen

• *Feste* **Februar:** Karneval mit Umzügen und Maskenbällen in den Stadtvierteln, Hotels und auf den Straßen der Innenstadt.

April: Blumenfest, ebenfalls mit einem Umzug. Steht jedes Jahr unter einem anderen Motto, das sich im Schmuck der Wagen und der teilnehmenden Gruppen fantasievoll widerspiegelt.

August: Um den 15.8., Mariä Himmelfahrt, finden viele Festlichkeiten rund um die Wallfahrtskirche in Monte statt, dem Ziel von zahlreichen Pilgern.

Funchal
Karte Umschlagklappe vorn

Kunstvolle Mosaiken schmücken alle Plätze

September: Weinfest, insbesondere in der Kellerei von São Francisco.

Adventszeit: Vom 8. Dezember bis 6. Januar ist Funchal abends in ein Lichtermeer getaucht, Gärten, Parks und Straßenbäume erstrahlen dann in farbigem Licht. Auf die Plätze werden Figuren aus Glühlampen gezaubert. An vielen Plätzen sind Krippenszenen aufgebaut, an denen lebende Tiere wie Ochs und Esel mitwirken.

Silvester: Das größte Fest mit Tanz auf den Straßen und Plätzen sowie gigantischem Feuerwerk zur Begrüßung des neuen Jahres. Der Hafen von Funchal ist in dieser Nacht Treffpunkt von Kreuzfahrtschiffen aus aller Welt.

• *Veranstaltungen* Im Sommer veranstaltet die Stadt regelmäßig das Festival der klassischen Musik mit bekannten Künstlern aus aller Welt. Über weitere Veranstaltungen informiert das Tourismusbüro, Av. Arriaga.

Sehenswertes

Das Stadtzentrum, die östlich angrenzende Zona Velha (Altstadt) und die im Norden sich anschließende Oberstadt sind in ihrer Gesamtheit sehenswert. Diese drei Stadtteile gehen in ihrer Anlage auf die Stadtgründung zurück, allerdings ist nichts an Bausubstanz aus dem frühen 15. Jh. und nur wenig aus den folgenden Jahrzehnten erhalten. Die Brandschatzung Funchals durch Piraten 1566, ein Erdbeben 1748 und ein durch große wirtschaftliche Erfolge ausgelöster Bauboom zu Beginn des 19. Jh. haben nur die massivsten und wertvollsten Gebäude, wie die Kathedrale, die drei Festungsanlagen sowie besonders prächtige Paläste und Klöster, überstanden. Dennoch wandert man in Funchal durch eine lebendige, von ihrer Geschichte geprägte Stadt. Die Mehrheit der Bauten stammt aus den ersten Jahren des letzten Jahrhunderts, die älteren und historisch wichtigen Baudenkmäler sind hervorragend restauriert und wirkungsvoll in Szene gesetzt. Nicht nur Bauten und Plätze sind Sehenswürdigkeiten, Funchal besitzt herrliche Gärten, Parks und Quintas (Landgüter), die man unterwegs oder als eigenen Besuchspunkt durchstreifen kann.

Gärten, Parks und Quintas

Dem Beinamen „Blumeninsel" wird Madeira auch in und um die Hauptstadt gerecht. Überall im Stadtzentrum grünt und blüht es auf Straßen und Plätzen. Alleen von exotischen Bäumen, wie dem zart lila blühenden Jacaranda, säumen die Fahrbahnen, kräftig rot-orange leuchten die Blüten der Tulpenbäume. Schon bei einem Stadtrundgang lohnt sich die Mitnahme eines Pflanzenbestimmungsbuches, zumal viele Pflanzen, ganz wie in einem botanischen Garten, mit ihren portugiesischen und lateinischen Namen ausgeschildert sind. Die öffentlichen Gärten und Parks sind eine wahre Fundgrube für botanisch interessierte Spaziergänger. In und um Funchal soll es um die Jahrhundertwende noch vierzig Quintas mit prächtigen Gärten (siehe Flora) gegeben haben. Ihre Zahl ist beträchtlich geschrumpft. Dem Bauboom im Hotelviertel fielen viele zum Opfer, andere ließen sich nicht mehr finanzieren. Bei einem Spaziergang längs der Estrada Monumental kommt man an so manchem schmiedeeisernem Gitter vorbei, hinter dem sich ein verwilderter Park und ein vor sich hinbröckelndes Herrenhaus verstecken. Einige der prachtvollen Gartenanlagen, die es jederzeit mit dem Botanischen Garten aufnehmen können, sind inzwischen im Besitz der Stadt oder gemeinnütziger Stiftungen und damit für Besucher zugänglich. Selbst Privatgärten öffnen ihre schmiedeeisernen Tore für Gäste.

Parque São Francisco (auch Parque Municipal – Stadtpark – genannt): Mitten im Zentrum an der Avenida Arriaga, Beschreibung siehe S. 89 im Stadtrundgang Zentrum.

Parque de Santa Catarina: Die weitläufige Grünanlage mit Wiesen und großem Teich, Revier für seltene schwarze Schwäne, und mit vielen exotischen Bäumen bildet den Übergang vom Stadtzentrum ins Hotelviertel. Mehrere Skulpturen stehen locker verteilt in der Anlage. Seit 1968 schaut ein sinnender Kolumbus aus Stein hinunter in den Hafen. Sein kaum weniger erfolgreicher Vorgänger, Heinrich der

Seltene schwarze Schwäne im Park Santa Catarina

Seefahrer, schmückt den Parkzugang an der Praça do Infante. Ein Stück hinter dem Eingang steht eine der ältesten Kapellen Madeiras, die *Capela de Santa Catarina*. Schon 1425 ließ hier die Frau von João Zarco eine Holzkirche errichten. Ende des 15. Jh. wurde sie durch einen Steinbau ersetzt und im 17. Jh. noch einmal erneuert. Vom ersten Steinbau blieben der Glockenturm und das Weihwasserbecken erhalten.

Am Abend ist der Park der beliebteste Treffpunkt von Funchals Liebespaaren. Im westlichen Teil grenzt die Anlage an die im klassischen Rosa gestrichene *Quinta Vigia,* die als offizieller Sitz der Regionalregierung fungiert – der Besuch ist üblicherweise nicht gestattet. Daran schließt sich das *Casino Parque Hotel* an.

Quinta Magnolia: Der frühere British Country Club ist heute ein öffentlicher Freizeitpark mit vielen kulturellen und sportlichen Einrichtungen. Der Parkbesuch lohnt sich für ruhige Musestunden unter herrlichen tropischen Bäumen. Hier kann man auch baden, Tennis und Squash spielen.

• *Preise* Tennisplatznutzung 2,50 €/Std., Squashplatz 2 €. Eintritt ins Schwimmbad: Erw. 2,50 €, Kinder 1,25 €, Kleinkinder frei. Eine Cafeteria mit großer Karte bietet preisgünstige Tagesgerichte an.

Schattige Alleen machen auch im Sommer einen Stadtbummel angenehm

Im Haupthaus liegt die **Ausländerbibliothek** mit zahlreichen Titeln, auch Literatur und Sachbücher in deutscher Sprache.

Adresse/Öffnungszeiten Rua do Dr. Pita. **Park:** tägl. 9–19 Uhr. **Bibliothek:** Di–Fr 9.30–17.30 Uhr.

Quinta das Cruzes: Museumspark, siehe S. 96 im Stadtrundgang Oberstadt. Eintritt 3 €.

Quinta da Boa Vista: Privates Anwesen mit Orchideenzucht, bei einem Abstecher von der Zona Velha zu erreichen oder als eigenes Ausflugsziel, siehe S. 104. Eintritt ins Orchideenhaus 2,50 €.

Botanischer Garten mit Loiropark: Im nordwestlichen, oberen Funchal gelegen, am besten bei einem separaten Ausflug zu besuchen, siehe S. 102. Eintritt 2,50 €.

Jardim Qrquídea: In der Nähe des Botanischen Gartens, siehe S. 103. Eintritt 5,50 €.

Monte Palace Garten: In Monte, empfehlenswert ist ein Besuch im Rahmen eines Tagesausflugs nach Monte, siehe ab S. 110. Eintritt 10 €.

Quinta Palheiro Ferreiro: Privates Anwesen mit einem der schönsten Gärten Madeiras, etwas außerhalb von Funchal, siehe S. 116. Eintritt 8,50 €.

Stadtrundgänge

Rundgang im Stadtzentrum

Ausgangspunkt ist die hübsche **Uferpromenade** der Avenida do Mar, an der auch Endstation bzw. Abfahrtsstelle der Busse liegen. Sie ist von Terrassencafés gesäumt, an den Kais und Stegen sind Yachten und Ausflugsschiffe vertäut, hier herrscht also genau die richtige Atmosphäre zur Einstimmung in den Urlaubstag. Über der Promenade schwebt meist der **Madeira Balloon,** ein Heißluftballon, der Urlauber in die Höhe steigen lässt. 15 € kostet der 15-minütige Spaß. Hier starten auch die offenen Doppeldeckerbusse zur Stadtrundfahrt (7,50 €). Etwa in der Mitte der Promenade lohnt es sich, auf die andere Straßenseite zu wechseln, um Reste eines der ältesten Gebäude der Stadt, **Alfândega Velha/Altes Zollhaus,** von 1477 anzuschauen. Das Nord- und das Ostportal sowie die Wasserspeier stammen noch von dem beim Erdbeben 1748 zerstörten Gebäude. Heute ist hier das Regionalparlament untergebracht.

Der Rundgang führt weiter an der attraktiven Fußgängerzone Rua João Tavira vorbei zur ältesten Festung Funchals (1548), dem heutigen **Palácio Fortaleza São Lourenço.** Hinter den sorgfältig restaurierten Mauern residieren der Ministerpräsident und der Militärkommandant, das Gebäude ist für Besichtigungen nicht zugänglich.
Vor der Festung geht es die Avenida Zarco hoch bis zur Avenida Arriaga. Ein Standbild von João Gonçalves Zarco, der Madeira für Portugal in Besitz nahm, ziert die Kreuzung. Nach links gelangt man zum Haus der **Handelskammer,** das jetzt ein elegantes Einkaufszentrum und einen Autosalon beherbergt, dessen Fassade mit blau-weißen Kachelbildern verziert ist. Sie zeigen u. a. die typischen Handwerkskünste: Stickerinnen und Korbflechter bei der Arbeit. Ein Teil des Handelskammergebäudes wurde in eine Edelshoppingpassage umgewandelt. Direkt daneben liegt das **Stadttheater.**
Geradeaus geht es am Centro Comercial Marina vorbei zum Platz **Praça do Infante,** auf dem am Zugang zum Santa-Catarina-Park in einem Steinbogen eine Skulptur von Heinrich dem Seefahrer sitzt. Hier wechseln Sie auf die andere Straßenseite.

Tipps für die Stadtbesichtigung

Fahren Sie möglichst nicht im Pkw durch die Stadt. Zahlreiche Einbahnstraßen und die Bemühungen der Verkehrsplaner, den Innenstadtbereich vom Fahrverkehr zu entlasten, machen die Straßenführungen für Auswärtige unübersichtlich. Alle Ziele im Zentrum und in den angrenzenden Stadtteilen lassen sich sehr gut zu Fuß erreichen, zu außerhalb gelegenen Sehenswürdigkeiten fährt man einfach und preiswert per Stadtbus.
Äußerst wichtig: Damit ein Spaziergang nicht zur Qual wird, sind Schuhe mit dicker Gummisohle, Sportschuhe u. Ä. angebracht. Der wunderschöne Mosaikbelag der Fußwege aus Basaltssteinchen und Strandkieseln ist ein harter, unnachgiebiger Untergrund, der nur mit Sandalen oder dünnen Ledersohlen geschützte Füße über Gebühr strapaziert.
Wer nicht in Funchal wohnt und die Stadt nur an einem Tag im Rahmen einer Besichtigungstour besucht, sollte zunächst den beschriebenen Stadtrundgang im Zentrum wählen. Bei guter Kondition oder häufigeren Stadtbesuchen bieten sich zusätzlich die Oberstadt und die Zona Velha zu Rundgängen an.
Entwickeln Sie nicht den Ehrgeiz, alle Museen, an denen dieser Stadtrundgang vorbeiführt, zu besuchen, sondern wählen Sie aus und planen einiges für Ihren nächsten Besuch ein.

Funchal
Karte Umschlagklappe vorn

In Diogos Wine Spirits Shop befindet sich ein kleines, privates **Kolumbusmuseum.** Landkarten, Stiche, Bücher und andere Dokumente, die mit Kolumbus in Verbindung stehen, hat der Besitzer liebevoll zusammengetragen.

Öffnungszeiten Mo–Fr 9.30–19 Uhr, Sa 9.30–13.30 Uhr.

Nur wenige Schritte weiter beginnt der **Parque São Francisco** auf dem Gelände des ehemaligen Klosters São Francisco. Von Einheimischen wie Urlaubern wird er gern zu einer Pause genutzt. Beliebtes Fotomotiv ist der Ententeich mit seinen fröhlichen (Stein-)Knaben (siehe Foto S. 97). Blumenrabatten, insbesondere aber die prächtigen, in Pastelltönen blühenden Pagodenbäume *(Frangipani)* begeistern den Gartenfreund. In der sich anschließenden Häusergruppe liegt die **Weinkellerei Old Blandy Madeira Wine Company.** Der Komplex reicht bis zur nächsten Querstraße und ist für Besucher als Passage mit Geschäften und kleinen Restaurants geöffnet. Wie durch einen Altstadtteil kann man hindurchwandern. Im ältesten Weinkeller Funchals reifen noch heute edle Tropfen in Fässern aus Eichenholz und Mahagoni. Als privates Museum steht er Besuchern offen – Dokumente, Wandbilder und historisches Gerät können hier betrachtet werden. Eine Multimediaschau informiert in sechs Sprachen über die besonderen Aspekte bei der Herstellung von Madeirawein. Weitere Informationen erhalten Sie im Verlauf einer mehrsprachigen Führung montags bis freitags 4-mal täglich, samstags nur um 11 Uhr. In einer Probier- und Verkaufsstube stehen die Produkte madeirischer Weinherstellung auf dem Prüfstand.

Im Park São Francisco

Öffnungszeiten Mo–Fr 9.30–18.30 Uhr, Sa 10–13 Uhr.

Neben dem Weinkeller beginnen die Räume von TURISMO, dem Informationsbüro für Urlauber. Wenn Ihnen noch Material über Madeira fehlt, können Sie es hier bekommen. Vor dem Gebäude lohnt es sich, auf den mit Akazien bestandenen Fußgängerbereich der Avenida zu wechseln und genau auf das älteste, sehr gut erhaltene Gebäude zuzugehen, die Kathedrale von Funchal.

Kathedrale Sé: Der Name Sé bedeutet Bischofssitz. Rein äußerlich und gemessen an Kathedralen auf dem europäischen Kontinent wirkt die Hauptkirche von Funchal eher schlicht und bescheiden. Sie wurde von 1493–1514 erbaut und gilt damit als erste Kathedrale außerhalb des Kontinents. Ihre Fassade ist wie alle Bauten aus dieser Zeit im Mudéjarstil (maurischer Stil, s. u.) gehalten, weiß verputzte Bruchsteinmauern werden von Portalen, Ecksteinen und Fensterumrahmungen aus behauenen Natursteinen aufgelockert. Die Form des Portals und Mittelschiffs ist gotisch, manuelinische Verzierungen finden sich im Torrahmen und als Säulenschmuck auf der Apsis im rückwärtigen Teil.

Durch das hochgezogene Mittelschiff wirkt die Kirche von innen wesentlich eindrucksvoller. Die sorgfältig verzierte Kassettenkonstruktion der Decke ist ebenfalls Element des Mudéjarstils. Kanzel und Taufbecken stammen noch aus der ersten Zeit der Kathedrale, die Altarbilder im Querschiff entstanden im 17. Jh.
Die Kathedrale ist die Gemeindekirche für das Zentrum von Funchal. Sie ist lediglich während der Mittagsstunden geschlossen, täglich werden mehrere Messen zelebriert.

Maurisch und manuelinisch

Die portugiesische Architektur hat ihren Ursprung in der maurischen Tradition. Die Iberische Halbinsel war ab dem frühen 8. Jh. Teil des maurischen, des arabischen Reiches. Kunst, Architektur und Wissenschaften erlebten unter der Herrschaft der Mauren einen im übrigen Europa unerreicht hohen Standard. Nach der Rückeroberung des heutigen Portugal im 12. Jh. entwickelten die Architekten und Handwerker auf der Grundlage der arabischen Bauweise den **Mudéjarstil** (Mudéjars wurden getaufte Mauren genannt). Seine typischen Elemente kann man an allen erhaltenen Gebäuden Madeiras aus dem 15. und 16. Jh. finden. Bis heute beeinflusst die maurische Bauweise die portugiesische Architektur.

Merkmale des Mudéjarstils sind:

- dicke, in Trockenbauweise (d. h. ohne Mörtel) aufgeschichtete und verputzte Wände aus Bruchstein;
- schlichte Fassaden; bearbeitete Steine für die Hausecken und Portale bleiben als Schmuck vom Putz frei;
- der Grundriss sieht einen Innenhof vor, um den sich die Stockwerke mit Galerien gruppieren;
- reich verzierte Holzarbeiten an Fenstern, Türen und umlaufenden Galeriegeländern;
- mit vielen geometrischen Elementen geschmückte Dachkonstruktionen aus Holzkassetten;
- farbige Fliesen und Mosaiken schmücken Boden und Wände.

Der Reichtum der portugiesischen Krone mehrte sich mit den überseeischen Eroberungen im 15. und 16. Jh. Unter König Manuel I. (Regierungszeit 1495–1521) erlebten Architektur und Kunst einen enormen Aufschwung. Wohlstand wurde durch aufwändigen Schmuck an den Gebäuden demonstriert – es entstand der manuelinische Baustil. Säulen, Fenster- und Portalumrahmungen blieben nicht länger schlicht, sondern erhielten vielfältige Verzierungen. Besonders beliebt waren an die Seefahrt erinnernde Elemente, z. B. dem Tauwerk nachempfundene Steinbänder, die sich ohne Stilbruch in die noch immer vorherrschende maurische Baukunst einfügten. Auf manuelinische Architekturelemente sind die Portugiesen besonders stolz, denn sie sind Erinnerungen an die Zeit, in der ihr kleines Land zu den führenden Nationen der Welt gehörte. In Funchal sind manuelinische Fenster im Museumspark der Quinta das Cruzes ausgestellt. An der Kathedrale zieren manuelinische Säulen die Apsis von außen.

Fliesengeschmückte Handelskammer

Funchal
Karte Umschlagklappe vorn

Hinter der Kathedrale stehen in Trachten gekleidete Blumenverkäuferinnen und bieten Madeiras Blütenpracht an. Das Verkehrsnadelöhr an dieser Stelle überwinden Sie am schnellsten, wenn Sie die Straßenseite wechseln und über den Platz Largo do Chafariz in die Fußgängergasse Rua do Estanco Velho gehen. Von dort gelangen Sie, im Fußgängerbereich bleibend, zum eindeutig größten, schönsten und architektonisch am reinsten wirkenden Platz von Funchal.

Praça do Município: Unabhängig davon, aus welcher Richtung man den Platz betritt, wird der Blick sofort vom auffällig schwarz-weißen, schachbrettartigen Mosaik gefangen genommen. Wellenlinien lassen den Bodenbelag dreidimensional erscheinen. Die gesamte Ostseite nimmt die **Câmara Municipal,** das heutige Rathaus, ein. Es wurde im 18. Jh. vom Grafen Carvalha, der der wohlhabendsten Familie auf Madeira angehörte, als Stadtpalais in Auftrag gegeben. Der Bau ist im maurischen Stil mit barocken Elementen gehalten. Schlichte, weiß verputzte Bruchsteinmauern werden von aufwändig gestalteten Fensterumrahmungen und Portalen aus dunklem Naturstein gegliedert. Ende des 19. Jh. zog die Stadtverwaltung in den Palast. Den Eingangsbereich und die Aufgänge schmücken die typischen blau-weißen Kacheln. Im Innenhof steht eine Skulptur, die Leda mit dem Schwan darstellt.

Öffnungszeiten Das Rathaus ist während der allgemeinen Dienstzeiten an den Wochentagen bis 14 Uhr geöffnet.

Die Nordseite des Platzes wird auf voller Länge vom früheren **Jesuitenkolleg** begrenzt, das heute Teil der Universitätsgebäude der Stadt ist. Die *Jesuiten* fassten ab 1566 in Funchal Fuß. Neben ihrer seelsorgerischen Arbeit und dem Aufbau des Kollegs widmeten sie sich erfolgreich dem Weinhandel. Mit dem Bau der Kirche und der Ausbildungsstätte begann der Orden 1629, weitere Teile wurden im 18. Jh. angefügt. Auch diese Gebäudegruppe ist geprägt vom maurischen Baustil mit seinen strengen, weiß getünchten Mauern, die durchbrochen sind von barocken

Praça do Município mit Rathaus

Fenster- und Portalumrahmungen aus dunklem Vulkangestein. In die Kirchenfassade sind die Statuen der Gründer des Jesuitenordens eingefügt, das Wappen von Funchal findet sich ganz oben im Kirchengiebel. Das Innere der Kirche ist reich mit vergoldeten Schnitzereien geschmückt, die Wände zieren bunte Kachelbilder und Gemälde aus dem 16. und 17. Jh. Wegen undurchsichtiger Gold- und Diamantengeschäfte verwies der König die Jesuiten 1759 des Landes. Ihre Gebäude in Funchal verfielen, bis Universität und Kirche sie übernahmen und restaurierten. Die Kirche ist nur während der Messen geöffnet.

Die Südseite der Praça do Município schließt das **Museu de Arte Sacra** ab. Das Museum für Kirchenkunst beherbergt eine der bedeutendsten Kunstsammlungen. Im ehemaligen Bischofspalast, erbaut 1750 (der Vorgängerbau war bei dem Erdbeben zerstört worden), ist vor allem die Sammlung flämischer Gemälde aus dem 15. und 16. Jh. und portugiesischer Gemälde aus dem 15.–17. Jh. beachtenswert. Die flämischen Malerateliers waren zu dieser Zeit führend in Europa, und die auf Madeira reich gewordenen Zuckerbarone gefielen sich darin, ihren Wohlstand durch den Ankauf von Kirchenbildern aus Flandern zu betonen. Daneben stellt das Museum religiöse Goldschmiedearbeiten und Altarschmuck aus. Im Eingangsbereich kann man sich im schicken *Café/Restaurant do Museu* erholen.
Öffnungszeiten/Eintritt Di–Sa 10–12.30 Uhr und 14.30–18 Uhr, Eintritt 3 €.

Wenn Sie den Platz in Richtung Osten verlassen und die Rua 5 de Outubro ein Stückchen nach oben gehen, vorbei an dem kanalisierten und unter Bougainvilleabüschen versteckten Ribeira de Santa Luzia, gelangen sie zum **Museu de Vinho/ Weinmuseum.** Es ist gemeinsam mit dem Madeira-Wein-Institut im ehemaligen Wohnsitz des britischen Konsuls, einem imponierenden Komplex mit eigenem Turm, untergebracht. Die Ausstellung führt zurück in die Vergangenheit des Weinbaus und zeigt daneben aktuelle Techniken aus moderner Zeit. Über Fotos und Malereien wird der mühsame Transport des in Ziegenbälge abgefüllten Mostes auf den Schultern von Trägern dokumentiert (siehe S. 172). Täglich bewältigten sie nach der Lese den Weg von der Nordküste durch das Gebirge. Kiepen, Weinpressen, Fässer und Laborgeräte veranschaulichen die Geschichte der Weinherstellung.

Adresse/Öffnungszeiten Rua 5 de Outubro 78. Geöffnet Mo–Fr 9–18 Uhr.

Um zurück auf die Uferpromenade zu kommen, spazieren Sie die Rua 5 de Outubro hinunter. Wer noch Zeit und Lust hat, schaut sich den in der Nähe liegenden **Mercado dos Lavradores,** die Markthalle, an oder entscheidet sich gar, den Rundgang durch die Zona Velha anzuschließen. Dieser Spaziergang ist wesentlich kürzer.

Rundgang durch die Zona Velha/Altstadt

Im östlichen Innenstadtteil ließen sich beim Aufbau Funchals die Handwerker nieder und schufen das erste urbane Gemeinwesen mit engen Straßen und Plätzen, während Adel und Kaufmannschaft auf weitläufigen Landsitzen residierten. Später wurde es vor allem zum Viertel der Fischer, deren Boote vor der Zona Velha am Strand lagen. Die Straßenzüge sind erhalten geblieben, nicht aber die einfachen, strohgedeckten Häuser dieser Zeit. Anders als im übrigen Funchal findet man in der Zona Velha noch das jahrhundertealte Straßenpflaster – es sind nicht die schönen schwarz-weißen Mosaiken aus dem Stadtzentrum, sondern hochkant verlegte Strandkiesel.

Der Rundgang beginnt mit einer ganz zeitgemäßen Sehenswürdigkeit, dem **Mercado dos Lavradores,** der Markthalle. Auch ohne Einkauf macht es Spaß, die mit Fliesenbildern dekorierten Gänge und den mit Blumen geschmückten Innenhof zu durchstreifen. In der Nähe des Eingangs kann man den Blumenverkäuferinnen in ihren Trachten zuschauen, im Zentrum das vielfältige Angebot an tropischem und subtropischem Obst und Gemüse vergleichen und ganz hinten die Fischhalle besuchen, in der auf Marmortischen die Fänge der letzten Nacht ausgebreitet sind.

Öffnungszeiten Mo–Do 8–20 Uhr, Fr 7–20 Uhr, Sa 7–14 Uhr.

Gepflegte Fassaden in maurischer Tradition

Hinter der Markthalle beginnen die engen Straßen mit ihren schmalen einfachen Häusern. Längs der viel begangenen Straßen sind sie nett gestrichen und fröhlich mit Blumenkästen geschmückt, aber etwas abseits findet man noch viele düstere Ecken, die eine Restaurierung bitter nötig haben.

Der Rundgang führt jedoch zunächst auf der vor der Markthalle verlaufenden Hauptverkehrsstraße bis zum Haus des Elektrizitätswerkes und vor dem Gebäude nach links in die Rua D. Carlos I. Auf der Freifläche zur Avenida do Mar liegt die

Im Mercado dos Lavradores wird Einkaufen zum Urlaubsvergnügen

Talstation der Seilbahn nach Monte. Vor der Talstation macht ein historisches Dampfschiff auf das neueste und, wie mehrere Leser meinten, beste Museum Madeiras aufmerksam, auf das **Madeira Story Center.** Die Geschichte Madeiras vom vulkanischen Ursprung bis heute lässt sich hier mit allen Sinnen erleben. Multimediavorführungen, interaktive Einrichtungen, Radios, aus denen längst vergangene Musik- und Nachrichtenprogramme schallen, Fischmarktgerüche und simulierte Piratenüberfälle: all das macht das Mueum für Kinder und Erwachsene spannend.
Öffnungszeiten/Eintritt Tägl. (außer am 25. Dezember) 10–19 Uhr, Eintritt 10 €, Kinder 4–14 Jahre 5 €, Kleinkinder frei.

Auf der Grünfläche vor dem Museum befanden sich die Stände des alten Fischmarkts. Der Markt ist umgezogen, geblieben sind die vielen kleinen Restaurants, in denen preiswerte Fischgerichte serviert werden. Auch auf dem angrenzenden kleinen Platz **Largo de Corpo Santo** reihen sich Terrassenrestaurants aneinander. Dort steht auch die **Kapelle Corpo Santo,** sie gehört zu den ältesten sakralen Bauten der Stadt. Ihr Grundstein wurde Ende des 15. Jh. gelegt, an ihren Portalen findet man noch manuelinische Elemente, fertig gestellt wurde sie aber erst im 17. Jh.

Die Rua D. Carlos I. endet in Strandnähe an der **Fortaleza São Tiago,** der jüngsten der drei Festungen, die Funchal vor Piratenüberfällen schützen sollten. Ihre dicken Mauern wurden ab 1614 aufgeschichtet. Nach einem Erdbeben im 18. Jh. waren Erneuerungen erforderlich. Seit wenigen Jahren hat hier die Moderne Kunst im **Museu de Arte Contemporânea** eine Heimat gefunden. Das Museum zeigt einen Querschnitt der Arbeiten portugiesischer Künstler von 1960 bis heute.
Öffnungszeiten/Eintritt Mo–Sa 10–12.30 Uhr und 14–17.30 Uhr. Eintritt 3 €.

Am Ufer blieb noch ein Strandrest, der von den Bewohnern des Viertels eifrig genutzt wird. Der ehemals beliebte Badeplatz ist seit dem Bau einer Umgehungsstra-

ße reichlich geschrumpft. Als Alternative zum natürlichen, steinigen Strand schuf die Stadtverwaltung ganz in der Nähe die schöne Badeanlage Barreirinha (s. u.).
Vor dem Eingang zum Museum führt ein schmaler Weg nach links hinauf zur Rua de Santa Maria. Wenn man dort ankommt, erreicht man nach rechts gehend die Kirche **Santa Maria Mayor** aus dem 18. Jh., allgemein **Igreja de Socorro,** Kirche der Hilfe genannt. Ihre Vorläuferin war 1523 als Fürbitte zur Abwendung einer Pestepidemie errichtet worden. Unten an der Küste sieht man die gepflegte Badeanlage Barreirinha (vgl. Baden). Die von Blumen umrankte Pergola am Küstenweg ist ein schöner Platz, um eine Pause vor dem Rückweg einzulegen. Dafür sollten Sie die Rua do Santa Maria wählen und zurück zur Markthalle vielleicht ein paar Schlenker durch die schmalen Gassen machen.
Wer Lust auf weitere Entdeckungen hat, besucht stattdessen von hier aus die gepflegte Wildnis der **Quinta da Boa Vista** (siehe Stadtplan und Beschreibung auf S. 104).

Funchal
Karte Umschlagklappe vorn

Spaziergang in die Oberstadt

Der Gang in die Oberstadt ist etwas anstrengender als die beiden anderen Rundgänge. Er führt bis zur Festung Fortaleza do Pico hinauf, und der Weg steigt schon bald relativ steil an. Unterwegs passieren Sie nicht weniger als vier Museen, da fällt die Auswahl schwer. Die Beschreibung beginnt am **Parque São Francisco** an der Avenida Arriaga.

Sie gehen zunächst in nördlicher Richtung durch den Park über einen schmalen, gepflasterten Fußweg. Hinter dem Pavillon gelangen Sie in eine Gasse, die durch ein geschäftiges Viertel führt. Sie passieren die Rua de Carreira mit ihren vielen interessanten, kleinen Läden und gehen weiter geradeaus bis zur Rua São Pedro. An dieser Kreuzung erheben sich mehrere anschauenswerte Bauwerke, so z. B. rechts die Kirche **Igreja de São Pedro.** Ihr Baubeginn war im 16. Jh., fertig gestellt wurde die von außen schlichte weiße Kirche im 18. Jh., weitere Veränderungen wurden im 19. Jh. vorgenommen. Interessant ist die Kirche vor allem wegen ihrer Innenausstattung. Die Wände sind fast vollkommen mit Kacheln verkleidet, ihre bombastischen Bemalungen reichen bis in Deckenhöhe. Der vergoldete Altar nimmt die gesamte Raumhöhe ein. Auch den Kirchturm zieren Azulejos. Ecke Rua de São Pedro/ C. Santa Clara.

Kirche São Pedro

Links gegenüber liegt das **Museu Municipal de História Natural e Aquário.** Im Palast São Pedro, einem prächtigen Bau aus dem 18. Jh., ist das naturgeschichtliche Museum untergebracht. Im Erdgeschoss befindet sich ein Raum mit Aquarien, die einen Überblick über die küstennahe Unterwasserwelt geben. Im ersten Stock kann man sich über Geologie, Flora und Fauna Madeiras informieren. Der Palast war eine der Stadtresidenzen des wohlhabenden Grafengeschlechts von Carvalha. Er gilt als eines der schönsten ehemaligen Wohnhäuser. Schauen Sie sich die aufwändigen Steinmetzarbeiten am Portal und im Treppenhaus an. Ecke Calçada de Santa Clara/Rua Mouraria.

Öffnungszeiten/Eintritt Di–Fr 10–18 Uhr, Sa/So 12–18 Uhr, Eintritt 2 €.

Der Rundgang führt nun wieder zur Kreuzung und die nach oben führende Calçada de Santa Clara hinauf. Hier schließt an das Museum ein weiterer ehemaliger Stadtpalast an. Bewohnt wurde er im 19. Jh. von *Frederico Augusto da Cunha Freitas,* einem Juristen und Sammler von Gebrauchskunst und Bildern. Heute befindet sich darin das ihm gewidmete Museum **Casa-Museu Frederico de Freitas.** Die wichtigsten Abteilungen zeigen Lithografien mit Landschaftsansichten Madeiras aus dem 19. Jh., religiöse Skulpturen (die ältesten stammen aus dem 14. Jh.) und Kachelbilder aus der Zeit vom 13.–20. Jh. Nicht nur die Exponate sind anschauenswert, das ganze Haus, dessen Bau 1566 begonnen wurde, seine Innenhöfe und Brunnen lohnen ebenfalls den Besuch.

Öffnungszeiten/Eintritt Di–Sa 10–12.30 und 14–17 Uhr, So 10–13 Uhr, Eintritt 2 €.

Das älteste, gut erhaltene Gebäude neben der Kathedrale Sé, das **Kloster Santa Clara,** steht weiter oben auf der linken Straßenseite. Es wurde im Laufe der letzten Jahrhunderte mehrfach erweitert. Nach wie vor leben und arbeiten hier Nonnen, früher führten sie eine Ausbildungsstätte für die adligen Töchter Funchals, heute leiten sie einen Kindergarten. Das Gebäude ist deshalb nicht zur Besichtigung offen, aber wenn die Kinder gebracht und abgeholt werden, können Sie einen Blick in den Kreuzgang mit seinen gotischen Spitzbögen werfen, der noch aus der ersten Bauphase (1492–1497) stammt.

Noch ein kleines Stück weiter hinauf erreicht man das wichtigste Museum Funchals, das **Museu de Quinta das Cruzes.**

Falls Sie vor dem Besuch etwas verschnaufen wollen: Am Weg, der unterhalb der Quinta vorbeiführt, liegt ein mit Mosaikfliesen herrlich dekorierter Rastplatz. Schon von hier hat man einen schönen Blick zurück auf das Zentrum von Funchal.

Die 10.000 m² umfassende Quinta soll der Wohnsitz des Inselentdeckers Zarco gewesen sein. Sicher ist, dass an dieser Stelle schon in der ersten Zeit der Besiedlung ein Herrenhaus gestanden hat. Die ältesten Teile des jetzigen Gebäudes, die Arkaden, die Frontfassade und die Kapelle datieren aber auf das Jahr 1692. Zerstört durch das Erdbeben von 1748, musste aber der größte Part des Hauses neu aufgebaut werden. Die Sammlung des Museums zeigt Mobiliar, Geschirr und Silber aus den vergangenen Jahrhunderten, daneben Gemälde und eine Kollektion von Weihnachtskrippen. Der Garten ist als Museumspark gestaltet. Zu besichtigen gibt es hier steinerne Exponate aus den vergangenen Jahrhunderten. Als wichtigste Stücke gelten zwei manuelinische Fenster in der Mitte der Anlage und der frühere Schandpfahl von Funchal (er wurde 1831 abgerissen) im Karree neben dem Haupteingang.

Adresse/Öffnungszeiten Calçada do Pico 1. Geöffnet Di–Sa 10–12.30 und 14–17.30 Uhr, Eintritt 3 €.

Schräg gegenüber befindet sich das letzte Museum dieses Rundganges. Das **Museum der Erinnerungen – J. C. Abreu** wurde erst 2003 eröffnet. Sehenswert sind sowohl das Gebäude, ein Stadtpalast aus dem 19. Jh., als auch die außerordentlich abwechslungsreiche, z. T. skurrile Sammlung, die J. C. Abreu, reicher Bürger

Funchals, Journalist und bis 1984 Tourismus- und Kultursekretär Madeiras, auf seinen vielen Reisen zusammengetragen hat. Neben Malerei der Gegenwart, Möbeln und Schmuck aus den vergangenen Jahrhunderten wird auch die Krawattensammlung des Spenders gezeigt. Ein Saal ist der bekanntesten Fadosängerin Portugals, Amália Rodrigues, gewidmet. Die Ausstellungsstücke sind überwiegend ein Geschenk der Künstlerin an das Museum. Im Garten liegt ein sehr schönes Teehaus, in dem man sich bei Tee und Sandes oder Kuchen entspannen kann.

Öffnungszeiten/Eintritt Di–Sa 10–12 und 14–17 Uhr, So 10–12 Uhr, Eintritt: 3 €, 14- bis 18-Jährige 1,50 €, unter 14 Jahre frei, Zutritt zum Teehaus frei.

Die Straße führt weiter steil hinauf. Bald bricht die Zone der restaurierten Altstadthäuser und Villen ab. Die Häuser, die nun folgen, haben eindeutig bessere Zeiten gesehen. Ehemals schöne, im typischen Stil gehaltene Bauten aus den letzten Jahrhunderten säumen die Calçada do Pico, sie benötigen aber dringend zumindest einen neuen Anstrich. Im oberen Straßenbereich, schon ganz in der Nähe der Fortaleza, biegen mehrfach schmale Fußgängergassen nach links ab. Es sind meist Sackgassen, aber hier hat man einen weiten Blick über Dächer und kleine Privatgärten hinweg auf das Zentrum von Funchal. Zur Festung geht es durch die Rua do Castelo.

Fortaleza do Pico: Als einzige der drei Festungen Funchals dient die Anlage (erbaut um 1600) heute noch militärischen Zwecken – hier werden Marinesoldaten ausgebildet. Der Eingang ist mit einer Schranke verschlossen, und am daneben stehenden Wärterhäuschen sind die Besuchszeiten (täglich von 9–18 Uhr) für autorisierte Personen angeschlagen. Auch ohne besondere Genehmigung oder Erklärungen öffnete man uns den Zugang und versorgte uns zusätzlich mit einem Informationsblatt. Der äußere Bereich mit seinen Höfen konnte betreten werden. Über die dicken Mauern gebeugt, hat man einen fantastischen Blick hinunter auf die Bucht und auf Funchal. Eintritt frei.

Den Rückweg können Sie nicht verfehlen, es geht immer nach unten. Vielleicht machen Sie ein paar Abstecher in die alten Gassen. Östlich von der Calçada do Pico

Blütenreiche Kapokbäume überragen die Dächer der Stadt

Funchal
Karte Umschlagklappe vorn

Hübsche Plätze überall

können Sie das Hotel Montecarlo finden. Auf der Caféterrasse vor dem Eingang kann man den Panoramablick bei einer Erfrischung genießen.

Weitere Sehenswürdigkeiten

Núcleo Museológico do IBTAM/Stickereimuseum: Drei Abteilungen stellen die Traditionen und Moderne von Stickerei und Tapisserie auf Madeira vor. In der ersten Abteilung wird der Besucher in das „Romantische Madeira" des 19. Jh. zurückversetzt. In dieser Zeit gewannen Stickereien aus Madeira einen erheblichen Stellenwert für die Wirtschaft der Insel. Möbel und Zierrat ergänzen die Handarbeiten. Der zweite Raum ist unter dem Motto „Von Anfang an" ganz dieser Handwerkskunst gewidmet. Die Veränderung der Muster wird anhand von Beispielen verdeutlicht. Neben den klassischen Tischdecken und Kissenbezügen sind auch großflächige Wandbehänge und Modellkleider, gestaltet von namhaften Künstlern und Designern, ausgestellt. Der dritte Raum zeigt aktuelle Arbeiten.

Adresse/Öffnungszeiten Rua Visconde de Anadia 44. Geöffnet Mo–Fr 10–17 Uhr, Eintritt 2 €.

Patrício & Gouveia – Stickereimanufaktur: Ganz in der Nähe des Stickereimuseums. Der größte Exporteur für die berühmten Madeirastickereien öffnet seine Pforten für Besucher – nicht zuletzt, um Käufer zu gewinnen. Auch wer nichts kaufen möchte, erfährt hier viel über die verschiedenen Arbeitsgänge, denn mit dem Sticken allein ist es nicht getan. Vom Musterentwurf über das Auszählen der Stiche für die Bewertung und Bezahlung der Arbeit bis zur Qualitätskontrolle, damit das gute Stück am Ende das Gütesiegel erhält, werden die Schritte erläutert. Nur bei der Hauptarbeit, dem Sticken, kann man nicht zuschauen, das wird außer Haus von Heimarbeiterinnen erledigt.

• *Adresse/Öffnungszeiten* Rua Visconde de Anadia 33/34. Geöffnet Mo–Fr 9–13 Uhr und 15–19 Uhr, Sa 9–13 Uhr, Eintritt frei.

Tipp: In vielen Reiseagenturen und Hotels liegen Gutscheine aus, mit denen man einen Rabatt auf hier gekaufte Waren bekommt.

Centro Museológico do Açucar/Zuckermuseum, auch Museu Núcleo genannt. Madeira als Zuckerinsel und Funchal als Zuckerstadt sind die Themen dieses Museums. Der erste und für die wirtschaftliche Entwicklung im 15. und 16. Jh. verantwortliche Exportwirtschaftszweig wird hier erläutert. Geräte zur Verarbeitung des Zuckersaftes sind ausgestellt, die Wege des Zuckerexports werden verfolgt. Der schnelle, durch Zucker erworbene Reichtum hatte auch Folgen für die künstlerische und kulturelle Entwicklung Funchals. Belegt wird dies durch Ausstellungsstücke und Dokumente.

Adresse/Öffnungszeiten Praça do Colombo. Geöffnet Mo–Fr 10–12.30 und 14–18 Uhr, Eintritt 2 €.

Fotografie-Museum Vicente, im ältesten Fotostudio Portugals, das 1848 von Vicente Gomes da Silva gegründet wurde. Er war der Porträtist der Reichen, Schönen und Adeligen, die zu seiner Zeit Madeira besuchten. Besichtigen kann man nicht nur Originalfotos von Sissi, der Kaiserin von Österreich, sondern auch die erhalten gebliebene Ausstattung des Ateliers mit Kulissen und Fotoapparaten. Die Sammlung wurde durch historische Fotos aus anderen Häusern ergänzt.

Adresse/Öffnungszeiten Rua de Carreira 43. Geöffnet Mo–Fr 10–12.30 und 14–17 Uhr, Eintritt 2 €.

Söller am Palácio de São Lourenço

Madeira Magic: Der erst 2006 eingeweihte Themenpark wendet sich in erster Linie an kleine Besucher. Sie sollen hier auf spielerische Art die wissenschaftliche Herangehensweise auch an alltägliche Themen kennen lernen. Es gibt u. a. ein Planetarium, ein Raumfahrtmuseum, ein Zentrum für Gesundheit und Räume für wechselnde Ausstellungen. Die Außenanlage besteht aus einem nach pädagogischen Gesichtspunkten angelegten Garten, in dem Führungen angeboten werden. Spiel und Spaß kommen nicht zu kurz.

Adresse/Öffnungszeiten Der Park liegt bei der Ponta da Cruz, Zugang von der Lidopromenade aus. Geöffnet Di–Fr 10–18 Uhr, Sa/So/Feiertage 10–19 Uhr, Eintritt Kinder 3 €, Erw. 5 €.

Baden

Die Hotels im Hotelbezirk haben alle mindestens einen Pool und, sofern sie direkt an der Küste liegen, auch Privatzugänge zum Meer. Für Urlauber, die in der zweiten Reihe wohnen und im Meer baden möchten, gibt es öffentliche und private Badeanlagen an der Küste. Zum relativ hohen Eintrittspreis von 3,50–10 € pro Person können auch die Hotelanlagen genutzt werden.

Lido, größte städtische Badeanlage an der Felsenküste im Hotelbezirk, Rua Gorgulho. Sie verfügt über mehrere Schwimm- und Planschbecken sowie über Treppen ins Meer. Der Lido wurde für seine Sauberkeit und Umweltfreundlichkeit mit der blauen Flagge ausgezeichnet. Vor der Küste liegt ein Badefloß, der liebste Tummelplatz der einheimischen Jugend. Gute Ausstattung mit Toiletten, Duschen und Umkleideräumen, zusätzliche Sportzone mit Tischtennisplatten und Ballspielplatz. Außerdem befinden sich auf dem Gelände eine Cafeteria und ein Restaurant.

• *Anfahrt aus Funchal* Stadtbus Linie 2 und 6 ab Av. do Mar, viele Haltestellen auf dem Weg.
• *Öffnungszeiten* Tägl. im Sommer 8.30–21 Uhr, im Winter 8–19 Uhr.
• *Preise* Eintritt Erw. 2,10 €, Kinder/Jugendliche bis 17 Jahre 1,50 €, es gibt günstige Familien- und Sammelkarten.

Ponta Gorda-Pocas do Governador, vom Badeplatz Lido führt eine Promenade nach Westen bis zu der neuen Badeanlage mit zwei Pools, Liegeflächen, Strandbar und Zugängen zu einer Bucht, in der bei ruhiger See auch gebadet werden kann. Vergleichbare Einrichtungen wie in Lido, gleiche Öffnungszeiten und Preise.

Praia Formosa, am Westrand des Hotelviertels. Der rund 800 m lange Strand besteht – wie noch fast alle anderen Strände Madeiras – aus groben Kieseln. Es gibt allerdings den Plan, wie in Calheta hellen Sand vom Festland herzubringen und als Sandstrand aufzuschütten. Damit ihn die Strömung nicht fortträgt, sind vorher allerdings umfangreiche Baumaßnahmen erforderlich, vor dem Strand müssen Wellenbrecher und Molen errichtet werden. Ein Kraftwerk hinter dem Strand macht ihn allerdings nicht gerade zu einem schönen Badeplatz. Ein Fußgängertunnel führt auf die Lidopromenade und an *Madeira Magic* (siehe oben) vorbei zu den mit Meerwasser gefüllten Becken der **Badeanlage Pocas do Gomes.**

Badeplatz Lido

Barreirinha, in der Zona Velha, hinter der Fortaleza de São Tiago. Die neue städtische Anlage wurde als Ersatz für den traditionellen Badeplatz vor der Fortaleza gebaut, der einer Straßenbaumaßnahme weichen musste. Den steinigen Strandrest nutzen die Bewohner des Stadtteils als kostenlosen Badeplatz immer noch gern. Barreirinha ist etwas kleiner als der Lido und ebenfalls mit der blauen Umweltflagge ausgezeichnet. Auch hier gibt es mehrere Schwimm- und Planschbecken sowie Treppen ins Meer. Auf dem Wasser schaukelt ein Badefloß mit Sprungbrett. Cafeteria/Restaurant vorhanden.

Öffnungszeiten/Eintritt Wie im Lido, Eintritt Erw. 1,80 €, Kinder/Jugendliche bis 17 Jahre 1 €.

Quinta Magnolia: Innerhalb des herrlichen öffentlichen Sport- und Freizeitparks in der Rua do Dr. Pita liegt ebenfalls ein Schwimmbad (Beschreibung der Quinta auf S. 87).

Wandern

Herrliche Wandergebiete liegen schon in der unmittelbaren Umgebung von Funchal. Sie lassen sich problemlos mit öffentlichen Bussen erreichen (siehe Ausflüge in die Umgebung: Monte, Quinta do Palheiro Ferreiro, Curral das Freiras sowie Landschaftsteil Südwesten). Die ganz großen Touren im Zentralgebirge, in Rabaçal und oberhalb von Santana erfordern allerdings etwas mehr Planung und meist eine Anfahrt mit dem Leihwagen (siehe Wandern, S. 22, und Tourenbeschreibung in den Landschaftsteilen).
Mehrere Veranstalter bieten geführte Touren an, Kostenpunkt pro Person um 30–40 €. Im Preis sind dann jeweils die An- und Rückfahrt und ein Lunch enthalten. Prospekte dieser Firmen liegen in den Hotels und in der TURISMO (Informationsbüro für Urlauber) aus.

Ausflüge in Funchal

Botanischer Garten mit Papageienpark und Orchideengarten

Botanischer Garten *(Jardim Botânico)* und Papageienpark *(Jardim dos Loiros)* sind eine organisatorische Einheit. Der Orchideengarten *(Jardim Orquídea)* liegt etwa 500 m entfernt. Ein gemeinsamer Besuch der Gärten bietet sich deshalb an.

Tipp für botanisch Interessierte: Die Pflanzen im Botanischen Garten sind mit ihren lateinischen und portugiesischen Namen gekennzeichnet. Wer die deutschen Namen wissen möchte, nimmt am besten einen Pflanzenführer mit.

• *Anfahrt* Mit den gelben Stadtbussen ca. 20 Minuten, Linie 29, Richtung Romeiros, ab Av. do Mar, östlicher Kiosk. Linie 30, Richtung L. Miranda, ab östlichem Kiosk. Linie 31, Station vor dem Nebeneingang des Botanischen Gartens, Richtung Jardim Botânico, ab Rua Profetas. Etwas teurer, aber auch spannender, ist die Anfahrt über Monte mit der Seilbahn, siehe S. 76.

• *Essen* Im **Terrassencafé** des Botanischen Gartens bekommt man Getränke und Sandes, allerdings zu stark überhöhten Preisen. Es bietet sich deshalb an, Verpflegung selbst mitzubringen und auf einer schönen Gartenbank eine gemütliche Pause einzulegen.

• *Öffnungszeiten/Eintritt* Botanischer Garten/Papageienpark tägl. 9–18 Uhr. Eintritt: Erw. 3 €, Kinder 1,50 €.

Das Gelände des Botanischen Gartens war bis 1936 das Landgut der Familie Reid, die im Hotelgewerbe ein Vermögen erworben hatte (Reid's Hotel) und hier ihr Landhaus, das jetzige Naturgeschichtliche Museum, errichten ließ. Sie nannten ihr Anwesen *Quinta de Bom Sucesso,* Quinta des guten Erfolgs. Später ging das Landgut in den Besitz der Stadt Funchal über und wurde 1960 als Botanischer Garten eingeweiht.

Vom Eingang führt der Weg direkt zum Landhaus, **dem Naturgeschichtlichen Museum.** Die Ausstellungen dort sind nicht gerade ein Highlight des Besuchstages. In den ehemaligen Salons sind präparierte Fische, auch Haie, und Vögel sowie Fossilien zu besichtigen. Die Ausstellung nebenan (Exposição) zeigt Fotos und Beschreibungen der Pflanzen des Botanischen Gartens.

Oberhalb des Landhauses und nach Westen dehnt sich der alte Park mit ursprünglichem und vor mehr als hundert Jahren angepflanztem Baumbestand aus, einhei-

Phalaenopsis

Funchal
Karte Umschlagklappe vorn

mische Lorbeerbäume und riesige Araukarien wachsen hier. Neben dem Ententeich am oberen Weg beeindruckt eine mächtige Zeder. Die nordwestlichste Ecke nimmt die „Liebesgrotte" mit Aussichtsplatz ein. Von hier aus hat man wie von vielen anderen Plätzen im Garten einen fantastischen Blick über Funchal.

Der untere Bereich des Gartens wird von den während der vergangenen vierzig Jahre angelegten Abteilungen eingenommen. Ein Bereich ist den endemischen (einheimischen, in der Natur nur hier wachsenden) Pflanzen Madeiras gewidmet, ein anderer den Nutzpflanzen der Insel, tropischen Obstbäumen und Stauden, Kaffeesträuchern und Kräutern. Besonders interessant ist die Sukkulentenabteilung mit verschiedensten Kakteen und Euphorbien. In einem Gewächshaus gedeihen Orchideen und Klivien.

Nahe einem nachgebauten Santanahäuschen kann man auch Pflanzen kaufen (außer sonntags).

Neben dem Seerosenteich gelangt man in den tiefer gelegenen **Papageienpark,** für den die Eintrittskarte ebenfalls gilt. Wunderschöne Papageien und Sittiche sitzen dort paarweise oder in kleinen Gruppen in Volieren. Für Aras und Kakadus gibt es ein größeres Freifluggehege, aber dennoch reagieren einige dieser herrlichen Vögel auf ihre Gefangenschaft mit dem Ausrupfen ihrer Brustfedern.

Unterhalb des Papageienparks weist ein Schild den Weg zum **Jardim Orquídea.** Über 50.000 tropische Pflanzen sind hier zu einem natürlich wirkenden Dschungel gestaltet. Eine eigene Abteilung informiert über die Orchideenzucht. Alle Stationen von der Aussaat bis zur ersten Blüte (bei einigen dieser edlen Gewächse dauert diese Phase acht Jahre) können hier nachvollzogen werden. In den Monaten September und Oktober ist dieser Abstecher nicht so interessant, weil dann nur wenige Orchideen blühen. Auch hier können Sie Pflanzen kaufen. Die Preise liegen je nach Art und Größe zwischen 14 und 40 €.

Öffnungszeiten/Eintritt Tägl. 9.30–18 Uhr, Eintritt 5,50 €.

Quinta da Boa Vista

Rückweg: Selbstverständlich können Sie mit dem Bus zurückfahren, aber vielleicht ist Ihnen nach einem etwa halbstündigen Spaziergang zumute. Der Weg führt nur abwärts und ist deshalb nicht anstrengend. Bei folgendem Wegverlauf meiden Sie die verkehrsreichen Durchgangsstraßen und haben so manchen Blick in schöne Privatgärten und auf Funchal:
Sie folgen der Ausschilderung zum Jardim Orquídea, selbst wenn Sie ihn nicht besuchen wollen, und gehen diese Straße weiter (im Bogen). An einer Straßengabelung halten Sie sich links. Bald erreichen Sie ein Bushäuschen an der Hauptstraße. Sie überqueren die Straße und gehen in die gegenüberliegende, etwas nach links versetzte Rua Rochinha hinunter und dann nur noch geradeaus. Die Rua Rochinha führt Sie bis in die Nähe der Markthalle. Wenn Sie noch nicht zu müde sind und nach den vielen gestutzten Gärten Sehnsucht nach Wildwuchs haben, besuchen Sie noch die **Quinta da Boa Vista** (s. u.). Sie liegt fast am Weg.

Quinta da Boa Vista

Die Quinta da Boa Vista hat einen besonderen Charme. Sie liegt in Innenstadtnähe, ist also leicht zu erreichen und nach Stadtrundgängen über Steinpflaster, begleitet vom Straßenverkehr, eine erholsame, stille, grüne Oase. Nur wenig oberhalb der Zona Velha, in der die Häuser dicht gedrängt stehen, kann man hier durch den weitläufigen Park streifen. Anders als die übersichtlichen, säuberlich frisierten und geharkten öffentlichen Parks und Gärten ist die Quinta eher eine gepflegte Wildnis mit dichtem, z. T. undurchdringlichem Grün. In einem Teil des Parks werden Bananen kultiviert. Das Gelände ist Privatbesitz – seit mehr als hundert Jahren gehört die Quinta der englischen Familie Garton. Der Orchideengarten der Finca wurde vor 35 Jahren angelegt. Die Familie hat sich von Anbeginn die Aufgabe gestellt, gefährdete Pflanzen, Orchideen, Aloen und Bromelien zu züchten. Mrs. Garton, die jetzige Besitzerin, hat offensichtlich keine Probleme damit, dass Besucher ihren großen Park durchstreifen und direkt an ihrem herrschaftlichen Haus vorbei zu den Treibhäusern streben. Der Eintritt in den Park ist frei, erst wenn man die Orchideenzucht besichtigen möchte, wird man zur Kasse gebeten.

• *Adresse/Öffnungszeiten* Rua Lombo da Boa Vista. Geöffnet Mo–Sa 9.30–17.30 Uhr. Eintritt (nur ins Orchideengewächshaus) 2,50 €.

• *Wegbeschreibung* Sie können sehr gut zu Fuß gehen, denn von der Markthalle sind es lediglich ca.15 Minuten, es geht nur wenig bergauf. Sie gehen die vor der Markthalle verlaufende Straße *Brigadero Oudinot* hinauf, bis Sie eine Parkanlage erreichen. Diese wird in der Mitte von der *Rua Conde Carvalhal* durchschnitten, die Sie nach rechts gehen. Nur wenig weiter erreichen Sie einen Verkehrskreisel. Sie überqueren die Straße und gehen nach links hoch, immer noch auf der *Rua Conde Carvalhal*. Einige hundert Meter weiter, an einer kleinen Schlucht, verlassen Sie die Straße, wenden sich nach links (dem Schild Orchid, Quinta da Boa Vista 300 m folgend) und folgen dem Fußgängerweg geradeaus bis zum Eingang der Quinta.

Wanderung 1: Levadaweg nach Câmara de Lobos

Oberhalb des Hotelviertels beginnt die gemächliche Wanderung längs der Levada dos Piornais. Sie führt durch die ländlichen Randgebiete der Stadt und dann auf einer Landstraße hinunter nach Câmara de Lobos, Ortsbeschreibung S. 119. Rückfahrt mit der Busgesellschaft Rodoeste, mehrere Linien, häufige Abfahrten.

Leichte Wanderung, 9 km, reine Gehzeit 2 Stunden, nur am Anfang eine erhebliche Steigung von ca. 100 Höhenmetern. Außer festen Schuhen ist keine besondere Ausrüstung erforderlich. Etwas Verpflegung und Trinkwasser sind empfehlenswert.

Ausgangspunkt ist die Busstation vor dem Shopping Center Monumental Lido (1). Sie gehen ca. 10 m auf der Straße in Richtung Funchal und biegen dann links in die Straße Rua da Casa Branca. Auf dieser Straße überqueren Sie eine von links kommende Straße und gehen die Rua da Casa Blanca noch ca. 25 m weiter hoch. Rechts neben der Zufahrt zur Garage der Residência da Costa do Sol beginnt ein schmaler Treppenweg (2), er ist mit Azinhaga da Palmeira ausgeschildert (das Schild ist etwas versteckt angebracht). Sie gehen den Treppenweg hinauf und erreichen die Levada (3).

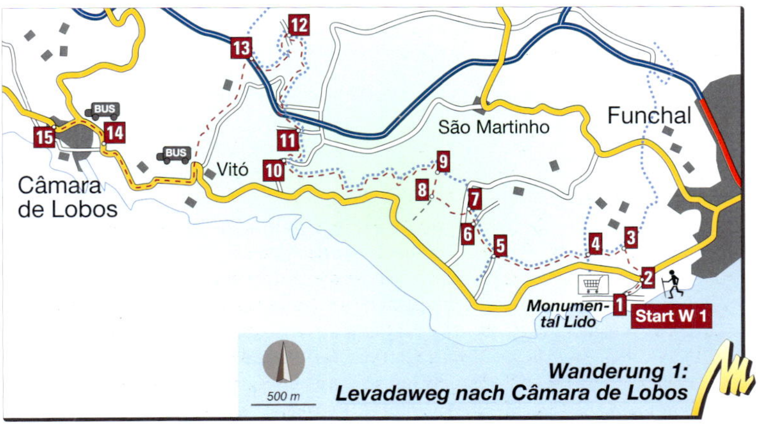

Hier oben haben Sie einen fantastischen Rundblick über Funchal. Sie gehen längs der Levada nach Westen (links) und bald schon passieren Sie Weingärten und Bananenplantagen. Bei Punkt 4 treffen Sie auf eine Kreuzung, Sie halten sich weiter geradeaus. Unter Ihnen liegen jetzt das Hotelviertel und der Badeplatz Lido. Später öffnet sich der Blick die Küste entlang, Sie schauen bis zum Cabo Girão. Bei Punkt 5 zweigen ein Weg und eine Levada nach links ab, Sie gehen weiter geradeaus. Eine Asphaltstraße wird überquert (6), auf der anderen Seite setzt sich der Levadaweg fort. Mit Punkt 7 wird eine viel befahrene Straße erreicht. Sie gehen einige Schritte nach links, um sie gefahrlos auf einem Zebrastreifen zu überqueren, und dann noch einige Meter weiter nach links. Am Hinweisschild „Travessa dos Piornais" biegen Sie nach rechts auf einen Treppenweg und befinden sich sofort zwischen Bananenplantagen. Sie folgen dem Weg durch die Plantagen und erreichen mit Punkt 008 einen quer verlaufenden Weg, den Sie nach rechts hochgehen. Er stößt bei 9 auf die Levada, auf der sie nach links weiterlaufen. Jetzt folgt ein längeres Teilstück durch eine landwirtschaftliche Zone, auf der sie Bauernhäuser und eine Levadaabzweigung mit Treppenbrücke passieren. Es geht nur geradeaus. Bei Punkt 10 überqueren Sie eine Straße, gegenüber führen Treppen hinunter auf einen Weg, dem Sie folgen. Die Levada finden Sie nach einer Kurve wieder. Von ihr aus haben Sie, mitten aus der grünen Umgebung schauend, einen schönen Blick über Gärten und Einfamilienhäuser bis zur Küste. Bei Punkt 11 endet die Levada vorläufig, vor Ihnen liegt eine Straße und dahinter die via rápida/Autobahn. Wir gingen nach links, überquerten die Straße, gingen neben der Abfahrt hinauf und überquerten die Autobahn auf der deutlich sichtbaren Brücke. Dann ging es auf der quer verlaufenden Straße nach links weiter. Nach wenigen Schritten finden Sie auf der rechten Straßenseite die Levada wieder. Auf ihr gehen Sie in eine Schlucht und spazieren sofort wieder zwischen Bananenplantagen, als seien Sie unendlich weit von der Autobahn entfernt. Mit Punkt 12 wird eine Nebenstraße überquert. In den darauf folgenden Querweg 013 biegen Sie nach links ein, überqueren auf einer Brücke die Autobahn erneut und gehen weiter geradeaus bergab. Der Weg mündet in eine Straße, der Sie weiter knapp 1 km geradeaus folgen. Dann stößt die Straße auf die quer verlaufende Straße Funchal–Câmara de Lobos. In der Straßenkurve liegt

Treppen überwinden steile Levadastücke

eine Busstation. Wenn Sie nicht nach Câmara de Lobos hineingehen möchten, können Sie von hier zurückfahren. Nach Câmara de Lobos geht es 1 km geradeaus weiter. Sie passieren ein Zementwerk und das Kraftwerk. Wir spazierten abschließend durch den Ort (siehe Skizze) bis zum Largo da República (14). Weil auf dem Platz gebaut wurde, ließen wir uns auf der Terrasse des Cafés *Pance Monion* hinter der Kirche Kaffee und Kuchen schmecken.

Ausflüge in die Umgebung

Monte

Das klassische Ausflugsziel auf Madeira und natürlich das von Funchal, denn es liegt direkt über der Stadt auf 600 m Höhe am Berghang. Seine Wallfahrtskirche ist von der Avenida do Mar mit dem bloßen Auge zu erkennen.

Im vergangenen Jahrhundert war Monte auch als Urlaubsort beliebt. Reiche Familien aus Funchal vermieteten ihre Landhäuser während der Sommermonate an solvente Sommerfrischler vom europäischen Festland. Zwei Luxushotels ergänzten damals das Angebot.
Oben in Monte (port. für Berg) ist die Luft im Sommer viel frischer als in Funchal, die Landschaft ist herrlich grün und ursprünglich bewaldet, der Blick reicht bis hinunter zur Küste. Die **Wallfahrtskirche** der Inselpatronin Nossa Senhora do Monte bot schon im 19. Jh. ein interessantes Ausflugsziel. Heute gibt es weitere Sehenswürdigkeiten, es ist deshalb ratsam, mehrere Stunden oder einen ganzen Tag für Monte zu reservieren.

Der **Stadtpark** lohnt einen ausgedehnten Spaziergang und bietet Picknickplätze im Grünen, berühmter aber sind die Gärten **Jardins do Monte Palace,** eine der größten und schönsten Anlagen Madeiras. Unterhalb der Wallfahrtskirche startet eine der bekanntesten Attraktionen Madeiras, die **Korbschlittenfahrt.** Von Monte aus kann man auch zu einer Wanderung aufbrechen. Nur 3 km oberhalb von Monte liegt **Terreiro da Luta** mit dem eindrucksvollen Friedensdenkmal der Rosenkranzmadonna.

• *Anfahrt* **Mit dem Pkw:** Sehr einfach, Monte ist auf der via rápida ausgeschildert. Der neue große Parkplatz, von dem aus Sie in ein paar Minuten zu den wichtigsten Sehenswürdigkeiten gelangen, liegt oberhalb des erst kürzlich eröffneten Parks der Quinta Jardins do Imperador.

Mit dem Bus: Mit den gelben Stadtbussen der Linie 20/21 ab Visconde do Anadia, im unteren Bereich, 30 Minuten. Die Busse halten vor dem Hauptplatz Largo da Fonte.

Mit der Seilbahn, siehe S. 76.

Taxi: Taxistand in Monte auf dem Platz Largo da Fonte in der Nähe der Bushaltestellen.

• *Übernachten* **Quinta do Monte,** eines der ganz feinen neuen 5-Sterne-Hotels von Madeira. Das alte Herrenhaus der Quinta wurde restauriert – hier sind Rezeption und Gemeinschaftsräume untergebracht – und durch einen architektonisch passenden Neubau ergänzt. Die Räume sind stilvoll und mit Antiquitäten eingerichtet. Teehaus, Restaurant, Hallenbad und der große, herrliche Garten machen das Anwesen zu einem luxuriösen Aufenthaltsort. Preise je nach Saison: EZ 111–200 €, DZ 124–213 €, Suiten ab 203 €. Camiho do Monte 192, 9050-288 Funchal, ☏ 291-780100, ℻ 291-780110, www.charminghotelsmadeira.com.

• *Essen* In Monte gibt es mehrere Ausflugslokale. Die kleine **Bar** direkt an der Busstation serviert preiswerte Sandes, Kuchen und Getränke auf ihrer Aussichtsterrasse.
Sehr nett unter Bäumen sitzt man auf der Terrasse des **Restaurants auf dem Largo da Fonte.** Hier gibt es Kaffee, Eis, Kuchen und komplette Gerichte in der mittleren Preislage.

Blick von Monte auf Funchal

Unterhalb der Kirche, ganz in der Nähe der Korbschlittenabfahrt, liegt das Traditionsrestaurant **Belomonte** mit gepflegtem Gastraum und einer großen Auswahl an madeirischen Gerichten zu mittleren Preisen. Besonders reizvoll und in historischem Ambiente sitzt man in den Cafés des Jardim do Monte Palace und des Jardim do Imperador. Sehr gepflegt speist man im **Teehaus** und im **Restaurant** der **Quinta do Monte.**

Sehenswertes

Stadtpark: Gleich an der Busstation umfängt den Besucher die ländliche Umgebung. Hier beginnt auch der Stadtpark, der sich als Landschaftsgarten durch eine Schlucht zieht. Früher war sie die Trasse einer Zahnradbahn, die bis 1943 das höher gelegene Terreiro da Luta und Monte selbst mit Funchal verband. Blumenfelder voller Lilien, Azaleen und Hortensien erstrecken sich wie von der Natur arrangiert unter Baumriesen, Farnen und längs kleiner Wasserläufe. Unterhalb der Brücke, am ehemaligen Bahnhof, ist ein Aussichtsplatz mit Steinbänken und -tischen in die Landschaft integriert (Eintritt frei).

Wallfahrtskirche Nossa Senhora do Monte: Über den von Platanen beschatteten Platz Largo da Fonte und zwei Waldwege gelangt man zum zentralen Bauwerk von Monte. Wer die große Freitreppe zur Kirche hinaufsteigen möchte, um sich wie ein Pilger der Kirche zu nähern, nimmt den unteren Weg. Den jetzigen Bau mit seinen beiden auffälligen Türmen begann man 1741, fertig gestellt werden konnte er aber erst 1818, weil ein Erdbeben die Arbeiten 1748 unterbrochen hatte. Den Eingang verzieren zwei große Kachelbilder mit biblischen Szenen. Auf dem blumengeschmückten Altar des kleinen Gotteshauses steht die Figur der Muttergottes. Ihre Verehrung geht auf das 16. Jh. zurück. Der Legende nach soll einer Schäferin an dieser Stelle die Jungfrau Maria erschienen sein. Als sie ihren Vater hierher führte, fand er die Statuette. Der Figur werden Wunderheilungen und Hilfe bei Naturkatastrophen nachgesagt.

In einer Nebenkapelle, abgeteilt durch ein schmiedeeisernes Tor, steht der Sarg mit den sterblichen Überresten des letzten österreichischen Kaisers. In der Sakristei, aber auch bei den Souvenirshops am Platz kann man sein Konterfei als Postkarte kaufen.

Am 15. August – Mariä Himmelfahrt – ist der große Tag der Schutzheiligen Madeiras. Aus allen Teilen der Insel pilgern die Gläubigen zur Kirche, um ihre Verehrung zu zeigen, Beistand und Schutz zu erflehen. Immer noch rutschen einige, ein Gelübde einlösend, auf den Knien die große Treppe hinauf. Vor der Kirche stehen bis 1,5 m hohe, dicke Kerzen, innen knien die Besucher dicht an dicht. Die kaum 30 cm hohe Figur der Heiligen wird an diesem Tag aus ihrem silbernen Schrein geholt, damit die Wallfahrer den Saum ihres Gewandes küssen können.

Rund um die Kirche herrscht in diesen Tagen Feststimmung. Musikkapellen spielen auf, längs der Wege brutzeln Lorbeerspieße auf Holzkohlefeuern, wird Brot gebacken, und der Wein geht nicht aus. Die Rennstrecke der Korbschlitten wird zur Bummelmeile, auf der madeirische Großfamilien ihr Zusammentreffen feiern.

Korbschlittenfahrten: Unterhalb der Wallfahrtskirche, am Fuße der Freitreppe, starten Madeiras witzigste Transportmittel, die Korbschlitten. Mitte des vergangenen Jahrhunderts waren diese Schlitten das erste und lange Zeit einzige öffentliche Verkehrsmittel. Damals hatten sie bis zu zehn Plätze und waren eher mit Omnibussen zu vergleichen. Heute ist die Fahrt eine Touristenattraktion, und es teilen sich nur noch bis zu drei Fahrgäste ein Gefährt. Von zwei *Carreiros,* traditionell weiß gekleidet und mit dem obligatorischen Strohhut auf dem Kopf, gesteuert, rutschen die Schlitten bergab nach Funchal. Meist geht es nur 2,5 km bis in den Ortsteil Livramente (Fahrpreis pro Schlitten 25 €). Am Ende der Fahrt wird Ihnen ein unterwegs geschossenes Foto zum Preis von 10 € angeboten.

Wallfahrtskirche Nossa Senhora do Monte

Lesererfahrung: Der Preis für das Foto konnte auf 8 € heruntergehandelt werden.

Der letzte Kaiser

Am 15. August pilgern die Madeirer zur Wallfahrtskirche, doch am 1. April ist sie das Ziel österreichischer Monarchisten. Das ist nämlich der Todestag des in Monte verstorbenen letzten Kaisers des Alpenlandes.
Der Erste Weltkrieg hatte schon das Ende der deutschen und österreichischen Monarchie eingeläutet, als Karl I. zum Kaiser von Österreich-Ungarn gekrönt wurde. Weil er sich nach Kriegsende und dem Sieg der Demokratie weigerte abzudanken, wiesen ihn die Republikaner im November 1918 aus; sein Vermögen wurde eingezogen. Daran, die Krone zurückzugeben, dachte er jedoch weiterhin nicht – im Gegenteil. Ein Versuch, die Macht wieder an sich zu reißen, scheiterte 1921. Die Engländer verschifften ihn nach Madeira ins Exil. Zunächst lebte er mit Familie und Angestellten standesgemäß in Funchal in Reid's Hotel, in der Nähe hatte schon Kaiserin Sissi ihre Urlaubsmonate verbracht. Sein Titel schützte ihn aber nicht vor den schon damals gepfefferten Hotelrechnungen. Nur vom Verkauf des Familienschmucks lebend, war er bald gezwungen, das Angebot des Bankiers Luis da Rocha Machado anzunehmen, der ihm kostenlos seine Quinta in Monte zur Verfügung stellte. So schön Monte im Sommer ist, im Winter 1921/22 hüllte es sich in Nebel; Kälte und Feuchtigkeit krochen in das ungeheizte Haus. Eine Bronchitis wuchs sich schnell zu einer Lungenentzündung aus, an der Karl von Habsburg nur zwei Monate nach seinem Umzug starb. Er wurde in der Wallfahrtskirche von Monte beigesetzt, seine Familie verließ Madeira.
Für die Habsburger ist er nicht vergessen. Anlässlich seines 50. Todestages ließen sie die Seitenkapelle anbauen, in der sein Sarg ruht. Eine Rückführung nach Österreich, mehrfach gefordert, verweigert die Landesregierung bis heute.

Die Quinta, in der er seine letzten Tage verbrachte, wurde einschließlich der Parkanlage kürzlich komplett renoviert. Sie erhielt als Andenken an den letzten Kaiser Österreichs den Namen *Quinta do Imperador*. Der Park kann besichtigt werden, s. u.

Jardins do Monte Palace: Mit 70.000 m^2 doppelt so groß wie der Botanische Garten von Funchal und doppelt so vielfältig ist der tropische Garten der *Stiftung José Bernardo.* Parkanlagen mit altem Baumbestand und angepflanzte Baumfarne und Palmen, Seen und Grotten wechseln sich ab mit Wildwuchs und Blumengärten. 100.000 Pflanzen sollen seit der Gründung der Stiftung angepflanzt worden sein. Es gibt Ecken, in denen die Gartenarchitektur im Vordergrund steht, und andere, die nach botanischen Gesichtspunkten angelegt wurden. Der madeirischen Flora ist der Ostteil gewidmet, ein orientalischer Garten liegt in der Nähe des Haupteingangs, Azaleen, Heide und Farne haben ihre Abteilungen im westlichen Teil. Den besonderen Reiz dieses Gartens aber macht aus, dass er nicht allein den Pflanzen, sondern genauso der Kunst gewidmet ist. Zwischen Blumen und Bäumen sind Skulpturen, Fliesenbilder und restaurierte architektonische Bruchstücke arrangiert. Bekannte und unbekannte Künstler, alte und neue Werke stehen nebeneinander. Die größte, jemals auf einer Drehscheibe angefertigte Vase (5,345 m Höhe) steht hier, die längste Fliesenbildallee und die weltweit umfangreichste Sammlung von *Zykadeen* (südafrikanische Brotpalmfarne), nämlich 60 von 72 bekannten Arten, sind zu sehen. Die Zykadee gilt als Fossil und steht an erster Stelle der gefährdeten und schützenswerten Pflanzen der Welt. Mitten im Park thront ein rheinisches *Schlösschen.* Hier ist eine Porzellansammlung ausgestellt, eine Edelsteinsammlung und eine Kunstgalerie sollen folgen. Eine Pause nach so vielen Eindrücken kann man im Parkcafé einlegen.

So wechselvoll, wie sich der Park heute zeigt, ist auch seine Geschichte. Auch er war im 19. Jh. die Quinta eines Engländers; als *Quinta do Prazer* (Landhaus der Freude) gehörte sie bis 1897 Konsul Murray. Dann erwarb ein portugiesischer Händler das Anwesen, erbaute, inspiriert von Besuchen in Deutschland, das Schlösschen und eröffnete es 1904 als *Monte Palace Hotel,* in dem sich illustre Gäste ein Stelldichein gaben. Später verfiel das Anwesen, bis es 1987 der Madeirer João Bernardo kaufte und im jetzigen Stil herrichtete. 1989 übergab er den Park der Stiftung, seit 1991 sind die Jardins do Monte Palace für Besucher geöffnet.

• *Anfahrt* Siehe Monte, unterhalb der Wallfahrtskirche, Haupteingang im östlichen Teil des Caminho do Monte, in der Nähe der Kapelle und des Aussichtsplatzes Babosas.

• *Öffnungszeiten* Mo–Sa 9–18 Uhr, Eintritt 10 €, das fanden Leser zu teuer, Kinder unter 14 Jahre gratis.

Riesenvasen im Park von Monte Palace

Nur 100 m östlich vom Haupteingang der Jardins do Monte Palace gelangt man zum Aussichtsplatz *Babosas* mit der gleichnamigen Kapelle. Hier beginnt ein Wanderweg, der über den Nachbarort Romeiros, weiter nach Palheiro Ferreiro und für ausdauernde Wanderer bis nach Camacha führt. Eine besonders ausführliche Beschreibung aller Etappen finden Sie in dem Wanderführer „Landschaften auf Madeira“ von Pat und John Underwood (vgl. S. 68). Noch ein Stückchen weiter liegt die Bergstation der Seilbahn zum Botanischen Garten (siehe S. 76).

Quinta Jardins do Imperador: Der hier verstorbene Kaiser Karl I. von Österreich-Ungarn war nicht das einzige gekrönte Haupt, das auf Einladung der Familie da Rocha Machado auf ihrer Quinta verweilen durfte – sowohl portugiesische als auch brasilianische Könige und Königinnen haben sich in das Gästebuch des Hauses eingetragen. Die Quinta ist seit 1982 im Besitz der Regionalregierung von Madeira, seit 2002 wird wieder an ihr gearbeitet. Mit der Unterstützung von Experten wurde insbesondere der Park restauriert. Ziel ist es, die gesamte Anlage zu einem Ort zu gestalten, an dem sich Kultur und Natur in Einklang mit der Geschichte der Quinta befinden. Vorläufig ist allerdings nur der Park zur Besichtigung freigegeben.

Sehenswert ist vor allem die große Zahl riesiger, alter Bäume aus aller Welt. Mammutbäume aus Nordamerika sind darunter, Zedern aus Mittelamerika und Australien und selbstverständlich auch einheimische Bäume, die in der Natur selten geworden sind, wie der Drachenbaum oder Lorbeerbäume von besonderer Größe. Auch an Blüten ist kein Mangel, zahlreiche Kamelien schmücken den Garten. Als Kunstwerk gilt der *Jardim Malakof*, eine symmetrische Anlage von 66 Blumenbeeten, die sich bis zu einem Marmorbrunnen erstrecken. Vom Malakofturm hat man einen herrlichen Blick über die romantische Landschaft bis nach Funchal, am besten bei Kaffee und Kuchen genießen.

Der Garten liegt etwas abseits der anderen Sehenswürdigkeiten im westlichen Teil Montes, unterhalb des großen Parkplatzes, dort ist er ausgeschildert.
Öffnungszeiten Mo–Sa 9–17.30 Uhr, Eintritt 6 €, Kinder 3 €.

Terreiro da Luta

Etwa 300 m oberhalb von Monte befand sich früher der Ausgangspunkt für die Korbschlittenfahrten. Ab 1912 machte eine Zahnradbahn den Carreiros mächtig Konkurrenz. An ihrer Endstation entstand ein Bahnhof mit einem der größten Ausflugslokale Madeiras. Der Betrieb der Zahnradbahn ist lange eingestellt, die Korbschlitten sind nicht zurückgekehrt, und aus dem Ausflugslokal wurde ein Edelgästehaus.

Der Besuch hier oben lohnt sich vor allem wegen eines ungewöhnlichen Denkmals für den Frieden, der Friedensmadonna *Nossa Senhora da Paz*. 1916, als vor Funchal ein deutsches U-Boot auftauchte und ein französisches Kriegsschiff zerstörte, versammelte sich die verängstigte Bevölkerung zu einer Bittprozession in Monte. Pater Marques Jardim versprach in seiner Predigt ein Friedensdenkmal, wenn der Krieg ein Ende fände. Ab 1918 bauten Madeirer an diesem eindrucksvollen Mahnmal gegen den Krieg. Sie schleppten rund geschliffene Steine von der Küste hier herauf und verbanden sie mit der Ankerkette des versenkten Schiffes zu einem gigantischen Rosenkranz. Die Marmorfigur der Madonna wurde auf dem Festland gefertigt und mit den Spenden von Madeirern in der ganzen Welt bezahlt. 1927 war das Werk vollendet.

Curral das Freiras

Der „Nonnenpferch", so lautet die Übersetzung, ist einer der landschaftlichen Höhepunkte Madeiras. Ein stiller, grüner Talkessel, von tausend schmalen Terrassen gefurcht und von den Gipfeln des Zentralgebirges umrahmt. Intensiver Blütenduft erfüllt die Luft im Frühjahr, und im Sommer schaukeln bunte Schmetterlinge im blauen Himmel. Unvergessen bleibt der Blick ins Tal vom Aussichtspunkt Eira do Serrado.

Wegen seiner Abgeschiedenheit lässt sich Curral das Freiras nicht auf einer Rundfahrt abhaken, sondern erfordert einen eigenen Ausflug. Wer ihn mit einer Wanderung verbinden und die ländliche Umgebung und Stille genießen möchte, plant am besten einen ganzen Tag dafür ein.

Den ungewöhnlichen Namen verdankt Curral das Freiras seinen früheren Besitzerinnen, den Nonnen des Klosters Santa Clara in Funchal. Der Talkessel war nicht nur ihr wichtigster Landbesitz, er war durch seine abgeschiedene Lage und versteckten Zugänge auch ihre Zufluchtstätte während der Piratenüberfälle und Brandschatzungen von Funchal im 16. Jh.

Abgeschieden und für Fremde kaum zu erreichen blieb Curral das Freiras bis 1959. Den Zugang bildete ein serpentinenreicher Weg für Fußgänger und Ochsenschlitten, heute ein Wanderweg (s. u.). Elektrizität gibt es seit 1962, und Fernsehprogramme können die Bewohner erst seit 1985 empfangen. Wegen seiner Höhe (400–700 m) und fehlender Transportwege lohnte sich der Anbau von Zuckerrohr und Bananen hier nicht. Curral das Freiras blieb über Jahrhunderte nahezu unbesiedelt. Im 18. Jh. forcierten die Nonnen den Anbau von Obst-, Nuss- und vor allem Esskastanienbäumen, aus denen sie kandierte Früchte, Bonbons und Liköre herstellten. Später wurden auch Weiden und Eukalyptusbäume angepflanzt, um weitere Einkommensquellen durch Korbflechterei und Holzwirtschaft zu ermöglichen. Suppe, Brot, Kuchen und Likör aus Kastanien gehören heute noch zu den Spezialitäten, die man vor Ort jederzeit probieren kann. Geröstete Maroni bekommt man allerdings nur im Herbst, wenn die reifen Früchte auf den Boden fallen.

Curral das Freiras ist von Felshängen umgeben

Heute führt durch den Talkessel eine Straße (mit kleinen Abzweigungen) als Sackgasse, verlaufen oder verfahren kann man sich nicht. Die Häuser ziehen sich längs der Straße und das Tal hinauf, viele Fußwege verbinden sie. Im kleinen Ortskern mit Bars und dem Restaurant *Nuns Valley* kredenzt man diverse ländliche Spezialitäten, u. a. den Kastanienlikör *(licor de castanha).*

• *Anfahrt* **Mit dem eigenen Fahrzeug** ab Funchal auf der Av. do Infante in die Rua do Dr. Pita abbiegen und über den Aussichtspunkt Pico dos Barcelos fahren (weiter Blick über die Stadt – Stopp empfehlenswert). Die weitere Strecke ist ausgeschildert. Unterwegs passiert man Wälder, die sich häufig in dichte Nebel hüllen, das enge Nonnental bleibt jedoch, geschützt durch die hohen Berge, meist wolken- und nebelfrei.

Mit dem Bus: Linie 81 der Gesellschaft CC São Gonçalo, Abfahrt auf der Av. do Mar vor dem Fort São Lourenço. 14 Abfahrten täglich, Fahrtzeit 1 Std., bis Eira do Serrado 45 Min. Im Tal gibt es in kurzen Abständen Haltestellen, von denen aus Sie Rundgänge unternehmen können. Nehmen Sie einen Fahrplan mit, das erleichtert die Planung des Ausflugstages.

• *Übernachten* **** **Estalagem Eira do Serrado,** in der Nähe des herrlichen gleichnamigen Aussichtsplatzes steht das neue Landhotel mit 25 Zimmern. Restaurant, Bar, Hallenbad, Sauna und Whirlpool bietet das komfortable Haus und einen fantastischen Blick von den Balkons und Terrassen ins Tal. Preise: DZ 50 €, EZ 35 €, Eira do Serrado–Curral das Freiras, 9000–421 Funchal, ✆ 291-710060, 📠 291-710061, www.eiradoserrado.com.

• *Essen* Im Ortszentrum im Tal gibt es mehrere kleine Lokale, in denen Kaffee oder die ortsüblichen Spezialitäten serviert werden. Das größte Angebot an Speisen aus Kastanien, neben Suppen auch Salate und Likör, bietet das **Rest. Nuns Valley** zu ausgesprochen niedrigen Preisen (Suppen 1,95 €, Fleisch- und Fischgerichte 6–8 €).

Am Aussichtspunkt *Eira do Serrado* kann man in einem Selbstbedienungslokal essen oder sehr gut im **Restaurant des Estalagem Eira do Serrado.** Im großen, eleganten Gastraum – es gibt auch eine Terrasse mit Traumblick – wird man absolut professionell bewirtet. Aus der Küche kommen regionale Spezialitäten zu verhältnismäßig angemessenen Preisen. Die Kastaniensuppe kostet hier 3 €, gute Fleisch- und Fischgerichte ab 9 €.

Ganz in Weiß mit „Kreissäge": die Tracht der Korbschlittenfahrer

Von Schultern auf Kufen

Die Korbschlitten sind das letzte Überbleibsel der früher weit verbreiteten Schlittentransportbranche von Madeira. Neben den Abfahrten von Monte gab es bis 1980 von Ochsen gezogene Schlitten, die in der Innenstadt verkehrten. Auch sie kutschierten in den letzten Jahren nur noch für Touristen. Wenige Jahrzehnte zuvor aber waren Ochsenschlitten neben Lasten- und Sänftenträgern die wichtigsten Transportmittel auf der Insel. Die steilen Hänge und die fehlenden Straßen erlaubten bis ins 20. Jh. keinen Waren- und Personentransport auf Rädern. Auf die Idee, Lasten von den Schultern der Träger und den Rücken der Maultiere auf Kufen zu setzen, soll der Engländer Russel Manners gekommen sein. Die englische Bezeichnung Toboggan (Schlitten) ist deshalb noch immer geläufig. Die Hauptverkehrswege wurden entsprechend hergerichtet: Die Stufen sind abgerundet und mit etwas hoch stehenden Strandkieseln oder Basaltsplittern belegt, die einerseits glatt genug fürs Gleiten waren, andererseits den Tierhufen Halt gaben. Für Fußgänger sind sie eher unbequem, wie man heute beim Spaziergang in Funchal und an vielen anderen Orten feststellen kann. Madeira ist dennoch stolz auf seine Fahrzeugentwicklungen. In der Innenstadt von Funchal stößt man überall auf Kachelbilder aus der Geschichte der Schlittenfahrt.

Funchal
Karte Umschlagklappe vorn

Sehenswertes

Curral das Freiras ist ein Landschaftserlebnis und wartet nicht mit historisch interessanten Bauten auf. Den herrlichsten Blick in das Tal hat man von **Eira do Serrado** am östlichen Berghang. Mit dem Pkw und einem fünfminütigen Spaziergang lässt sich der Aussichtspunkt leicht erreichen, die Zufahrt ist auf der Straße nach Curral das Freiras ausgeschildert. Der öffentliche Bus hat eine Haltestelle am Parkplatz. Hier befinden sich auch ein Souvenirkaufhaus, das obengenannte Hotel und die Restaurants. Schon von hier aus hat man einen schönen Blick ins Tal. Zum Aussichtspunkt gelangt man auf einem Pfad links am Hotel vorbei. Genießen Sie den Blick, einen schöneren werden Sie auf Madeira kaum finden. Zurück auf dem Parkplatz haben Sie entweder die Möglichkeit, zu Fuß auf dem alten Verbindungsweg in einer knappen Stunde ins Tal abzusteigen (s. u.) oder mit dem Auto oder dem nächsten Bus über viele Serpentinen und durch lange Tunnels hinunterzufahren.
Den Tag im Tal muss man sich selbst gestalten, kommerzielle Angebote gibt es (glücklicherweise) kaum. Eine schöne Möglichkeit ist, den Kessel ein Stück weiter hinunterzugehen, einen der schmalen Pfade an den Bergwänden zu erkunden oder bei einer Brücke in das Bachbett des Ribeira dos Socorridos zu steigen und dort die Sonne zu genießen oder gar ein kleines Bad zu nehmen. Die Levada im Nonnental ist ausnahmsweise keine besonders gute Wanderempfehlung: Sie verläuft am östlichen Berghang und ist nicht immer in gutem Zustand und teilweise auch nur für schwindelfreie Wanderer geeignet, aber ein Stückchen in Richtung Küste kann man darauf gehen.

Wanderung 2: Abstieg ins Nonnental

Der Weg ist zwar ausgebaut, nicht lang und auch nicht zu verfehlen, er überwindet aber innerhalb einer guten Stunde 500 Höhenmeter und ist deshalb kein Spaziergang, zumal er an einigen Stellen rutschig ist. Hinunter und hinauf benötigen Sie etwa 2 ½ Stunden.

Voraussetzung sind feste Schuhe mit guter Profilsohle (am besten Wanderstiefel), außerhalb der Sommermonate empfiehlt sich auch ein Anorak, denn in den höheren Zonen kann es kühl und feucht werden. Eine gefüllte Wasserflasche ist immer sinnvoll, Verpflegung brauchen Sie nicht unbedingt mitzunehmen, unten im Ort gibt es Bars und ein Restaurant.

Vom Parkplatz gehen Sie zunächst am Hotel vorbei zum Aussichtsplatz Eira do Serrado. Nachdem Sie den herrlichen Blick genossen haben, geht es wieder zurück zum Parkplatz. Das Schild "Eira do Serrado Alt. 1094m" weist auf den Wanderweg nach unten. Er beginnt bequem mit Stufen und windet sich dann in weiten Kurven durch Kastanienwald. Nach wenigen Minuten treten Sie aus dem Wald in freieres, niedriger mit Baumheide bewachsenes Gelände und haben jetzt ständig wunderschöne Ausblicke ins Tal und auf die gegenüber am Hang klebenden Häuser. Der Weg windet sich am Hang entlang immer nach unten und wird etwas unbequemer, steiler und streckenweise rutschig. Nach etwa 45 Minuten schaffen Felsvorsprünge schöne Rastplätze, dann tauchen Sie wieder in den Kastanienwald ein. Bald darauf enden die Serpentinen, Sie gehen jetzt parallel zum Hang in Richtung auf das Dorfzentrum. Sie treffen bei einer Betonsitzgruppe auf eine Straße, die Sie nach rechts in Richtung Dorf weitergehen. In einer Straßenkurve rauscht ein Wasserfall.. Die Busstation passierem Sie bald darauf. Gegenüber liegt eine kleine Bar. Zum Zentrum ist es nicht mehr weit, es geht nur geradeaus, dort finden Sie auch das Rest. Nuns Valley.

Zurück geht es auf demselben Weg, für den Sie jetzt aber etwas mehr Zeit benötigen, oder mit dem Bus zum hinauf zum Ausgangspunkt bzw. direkt nach Funchal. Bevor der Bus aber den Parkplatz bei Eira do Serrado erreicht, kurvt er noch durch alle Straßen, einschließlich aller Verzweigungen des oberen Tals. Unsere Empfehlung: Steigen Sie den Weg wieder hinauf, dass ist erholsamer.

Weitere Wanderungen in und um Curral das Freiras finden Sie in den auf S. 68 genannten Wanderführern.

Quinta do Palheiro Ferreiro/Blandy's Garden

Knapp 10 km vom Stadtzentrum in nordöstlicher Richtung entfernt liegt dieser herrliche Besitz. Er gilt als schönster Privatgarten Madeiras, bei 200.000 m² ist die Bezeichnung Park durchaus angemessen.

Zwar wurde kürzlich ein Teil für den Golfplatz Palheiro Ferreiro abgezweigt, aber noch immer benötigt man einen Rundgang von mehreren Stunden, um die Fülle der blütenreichen Pflanzen und die Arbeit der Gärtner ausreichend zu würdigen. Französische Gartenarchitektur mit ihren exakten Linien und Schnitten findet man hier ebenso wie den Stil englischer Gartengestalter, ideale Landschaften nachzubilden. Blandy's Garden ist sowohl als botanischer Garten angelegt als auch ein Ort zum Lustwandeln.

Wenn Sie vom Eingang den Weg nach rechts nehmen, geht es zunächst 500 m durch einen Landschaftspark hinunter. Mit Kamelienhecken beginnt die Gartenanlage. Der Weg führt die Besucher an der *Proteas-Sammlung* vorbei ins Zentrum des Geländes, hier befinden sich ein Steingarten und im französischen Stil gestaltete Abteilungen. Der sog. versunkene Garten zeigt eine *Sukkulentensammlung* (Kakteen, Dickblattgewächse und Aloen). Über einen natürlich wirkenden Bachlauf kommt man nach Osten gehend wieder an der Proteas-Sammlung vorbei zum *Jardim da Senhora,* dem Garten der Dame. Eine Fülle von Blüten durchbricht die exakten, mit Buchsbaumhecken eingefassten Beete. Je nach Jahreszeit blühen hier Gladiolen, Lilien, Rosen und Rittersporn oder Dahlien. Ganz im Westen liegt die Hölle *(Inferno).* Wie von der Natur angeordnet, stehen hier Mahagoni- und Lorbeerbäume friedlich mit Rhododendren, Farnen und Blumen beieinander.

Graf Carvalhal ließ 1804 den ersten Teil des Parks im französischen Stil anlegen. Sein Nachfolger und Neffe ergänzte ihn um die englischen Elemente. 1885 übernahm die in Funchal allgegenwärtige Familie Blandy den Besitz. Mildred Blandy ließ viele Pflanzen, insbesondere die Proteas, aus ihrer südafrikanischen Heimat einführen und trug wesentlich zur botanischen Vielfalt des Geländes bei. Die Familie wohnt nicht mehr im alten Landhaus, sie ließ sich Anfang dieses Jahrhunderts ein prächtiges, von Bäumen, Wiesen und Blumenrabatten umgebenes Domizil bauen. Das Stammhaus wurde kürzlich in ein luxuriöses Gästehaus umgewandelt.

• *Öffnungszeiten* Mo–Fr 9–16.30 Uhr; Eintritt ~~8,50~~ €. 10,00 € 2009

• *Anfahrt* **Mit dem Pkw:** An der via rápida ist die Ausfahrt ausgeschildert. Es geht über die Landstraße ER 102 in Richtung Camacha, an der Landstraße ist der Park ausgeschildert.

Mit dem Bus: Gelber **Stadtbus,** Linie 36 und 37, ab Av. do Mar, insgesamt nur 4 Anfahrten bis 12.10 Uhr, Fahrtzeit 30 Minuten. Alternativ dazu mit dem Bus nach Camacha, Linie 29. Er hält nicht vor dem Parkeingang, sondern an der Abfahrt von der Landstraße. In etwa 7 Minuten zu Fuß am Park entlang sind Sie am Eingang.

, Taxi Hotel-Garden-Hotel 45,-

Tipps: Der Park ist Privatgelände, es gibt keinen Restaurationsbetrieb, auch mitgebrachte Speisen und Getränke dürfen dort nicht verzehrt werden. Verschieben Sie Ihr Picknick etwas. Die nahe Levada dos Tornos ist nicht nur einen Spaziergang oder eine Wanderung wert, sie bietet auch Rastplätze.

Der Ausflug läßt sich sehr gut sowohl per Pkw als auch per Bus mit einer Fahrt nach Camacha verbinden (siehe S. 202).

▸ **Wandern:** Oberhalb der Quinta verläuft die **Levada dos Tornos,** auf ihr kann man in westlicher Richtung bis nach Monte wandern. Nach Nordosten bis nach Camacha oder Portela.

Weitere schöne Ausflugsziele in der näheren Umgebung

Câmara de Lobos: Malerisches Fischerdorf an der Südwestküste, unweit des Hotelviertels. Beschreibung ab S. 119.

Camacha: Dorf der Korbflechter, denen man auch bei der Arbeit zuschauen kann. Beschreibung ab S. 202.

Gasse in Câmara de Lobos

Die bunten Fischerboote von Câmara de Lobos sind immer noch im Einsatz

Südwesten

Tropische Pflanzungen in Küstennähe, Wein- und Obstgärten in den höheren Zonen, anmutige, alte Städtchen und Fischerdörfer sind die Vorzüge von Madeiras Südwesten. Hinzu kommt ein ideales warmes und trockenes Urlaubsklima. Etwas irritierend wirkt allerdings die Zersiedelung der Landschaft dort, wo der Boden besonders fruchtbar ist. Während an der Küste die Steilwände nur an den Schluchtenden Platz für Dörfer lassen, reiht sich in höheren Lagen vielerorts Hof an Hof bis hinauf zu den Wäldern in 700 bis 800 m Höhe. Die Ortsgrenzen sind kaum auszumachen.

Bald nach der Gründung der ältesten Stadt Machico im Südosten und der ersten Besiedlung von Funchal wurde der Südwesten als ideales Anbaugebiet für Zuckerrohr entdeckt. Die vielen Sonnenstunden, die damals noch reichlich fließenden Ribeiras (Bäche) und die windgeschützte Lage boten die besten Voraussetzungen für das Gedeihen der tropischen Pflanze. Die Stadtgründungen, z. B. von **Câmara de Lobos, São Vicente** oder **Calheta,** gehen auf das frühe 15. Jh. zurück. Architektonische Zeugen aus dieser Zeit sind die massiven Sakralbauten im arabisch-maurischen Stil mit ihren charakteristischen kunstvollen Deckenkonstruktionen aus Madeirazeder.

Über viele Jahrhunderte hinweg lief der Transport von und in den Südwesten nicht über den beschwerlichen, schluchtenreichen Landweg, sondern übers Meer. Diese Abgeschiedenheit bewirkte, dass die Städtchen bis heute unverändert ihren mediterranen Charme bewahrt haben, kein Glaspalast oder Betonklotz stört die Harmonie der alten, gewachsenen Zentren. Ob das zwischen Felswänden am Meer liegende **Ponta do Sol,** das seinen Besuchern zunächst nur seine klassischen, mit Tonpfannen gedeckten Dächer und Giebel zeigt, oder das Fischerdorf **Jardim do Mar** mit engen, verschlungenen Gassen – fast alle Orte im Südwesten sind einen Abstecher und einen Besuch wert. **Câmara de Lobos,** dem Hotelviertel von Funchal am nächsten gelegen, war mit seinen am Strand liegenden, malerisch bunten Holzbooten schon für die Urlauber im 19. Jh. ein reizvoller Kontrast zu ihrer gepflegt langweiligen Urlaubsumgebung.

Trotz seines dem Südosten ähnlichen warmen, trockenen Klimas war der Südwesten touristisch gesehen bislang fast ein Niemandsland. Außer einer Urlauberanlage bei **Prazeres** existierten bis vor kurzem nur wenige Übernachtungsmöglichkeiten in kleinen Apartmenthäusern, Hotels und Pensionen, z. B. in **Ribeira Brava** oder in Quintas **auf dem Lande.** Inzwischen haben aber auch Hotelkonzerne diesen Landstrich entdeckt. Bei **Calheta** entsteht ein kleiner Badeort mit Marina und Strand. In Ponta do Sol gibt es mittlerweile ein großes, elegantes Hotel, das, ganz dem Baustil des Dorfes angepasst, auf den ersten Blick kaum von den anderen Häusern zu unterscheiden ist. Die Regionalregierung hat in den letzten Jahren gerade im Südwesten in die Infrastruktur investiert. Neben Straßen und Tunneln wurden Hafenanlagen gebaut und, um die Küstenorte für den Tourismus attraktiver zu gestalten, Badeanlagen und Molen zur Sicherung von aufgeschütteten Sandstränden errichtet. Das Gebiet ist damit nicht nur für auswärtige Urlaubsveranstalter interessanter geworden, sondern auch für die Madeirer. Seit z. B. die vormals abgelegenen Dörfer **Jardím do Mar** und **Paúl do Mar** schneller zu erreichen sind und mehr Freizeitmöglichkeiten bieten, werden immer mehr der halbverfallenen Häuser als Feriensitze restauriert oder Eigentumsferienwohnungen gebaut. Der örtlichen Wirtschaft hat das gutgetan und es wurden zahlreiche Arbeitsplätze geschaffen. Für Individualurlauber bleibt der Südwesten sowohl an der Küste als auch im Landesinneren interessant, zumal es viele schöne Wege gibt und die Hauptwandergebiete Madeiras, Rabaçal und das Zentralgebirge, relativ schnell zu erreichen sind.

Südwesten
Karte Umschlagklappe hinten

Câmara de Lobos

Churchill liebte den Blick auf Câmara de Lobos, er hat ihn sogar gemalt. Ein bekanntes Foto zeigt ihn bei der Fertigstellung des Bildes. Tatsächlich bietet der Ort all das, was Mitteleuropäer von einem südlichen Fischerdorf erwarten: Eine halbrunde, von Felsen eingerahmte Bucht, bunt bemalte Fischerboote am Strand, dahinter drängen sich ein- und zweistöckige weiße Häuser mit roten Ziegeldächern, sie lassen nur wenig Platz für schmale Gassen, am Kai steht ein Kirchlein.

Die Idylle können auch Sie von Churchills Aussichtsplatz an der Ortseinfahrt genießen, er liegt ausgeschildert (*Aqui pintou em 1950 Winston Churchill* – Hier malte 1950 Winston Churchill) neben der Ortseinfahrt. Dort können Sie auch den Bus verlassen, den Wagen parken Sie am besten unten in der Bucht. Beim Betreten des alten Teils des Fischerdorfs wirkt die Idylle zunächst nicht mehr ganz so perfekt. Viele Häuser sind in schlechtem Zustand, der einzige Reichtum der Fischer scheint der an Kindern zu sein (Câmara de Lobos hat die mit Abstand höchste Geburtenrate). Diese haben aus hundert Jahren Tourismus gelernt, dass auswärtige Besucher eine gute Einnahmequelle sind. Die Knirpse bieten Dienstleistungen an: Falls Sie mit dem Auto hierher gefahren sind, werden Sie zu einem Stellplatz geleitet und Ihr Wagen gegen Bares „bewacht“. Andere tauchen nach Münzen oder gehen Sie auch ohne Dienstleistungen um Geld an. Aber bei konsequentem Verhalten lässt man Sie bald in Ruhe.

Strand und Hafen

Zukunft ohne bunte Boote

In Câmara de Lobos wird noch immer von den traditionellen bunten Holzbooten aus gefischt. Ihre Werft liegt am östlichen Strandende. So schön sie auch anzusehen sind, die Tage der pittoresken Fischerboote sind gezählt. Ohne Aufbauten und Navigationsinstrumente eignen sie sich nur für den Fang in Küstennähe, bei stürmischer See auch dafür nicht, und die Küste ist längst überfischt. Jahrelange Dynamitfischerei hat die Unterwasserwelt zudem so geschädigt, dass auch in Zukunft nicht mit reichen Fängen zu rechnen ist. Für die Hochseefischerei sind die Menschen von Câmara de Lobos nicht ausgerüstet, den Fang dort holen die besser ausgerüsteten Spanier und Franzosen ein.

An durchschnittlich drei Tagen in der Woche laufen die Boote aus. Mit bis zu 2000 m langen Angelschnüren holen sie den beliebtesten madeirischen Fisch aus der Tiefsee, den *Espada* (schwarzer Degenfisch), und im Sommer zusätzlich den Katzenhai, der dann, ausgenommen und aufgeschnitten, an Gestellen zum Trocknen hängt.

Mit Hilfe der EU soll es gelingen, auch in Câmara de Lobos eine seetüchtige Flotte aufzubauen, die zwar weniger hübsch sein wird, aber den Fischern und ihren Familien eine bessere Zukunft verspricht. Die Bauarbeiten für einen Hafen, in dem die neuen Boote liegen sollen, waren bei unserem letzten Besuch fast abgeschlossen.

Geschichte: Câmara de Lobos ist eine der ältesten Siedlungen. Der Inselentdecker João Gonçalves Zarco wählte sie schon 1420 für seinen Aufenthalt und als Versorgungshafen für Madeira. Der Name geht auf die zahlreichen Mönchsrobben (port. *lobos marinhos*) zurück, die damals hier in großer Anzahl in Höhlen (*câmara* = Kammer) Schutz suchten. Über Jahrhunderte wurden die Tiere gejagt und nahezu ausgerottet, lediglich ein Restbestand konnte im Naturschutzgebiet der Ilhas Desertas überleben. Nach dem Ausbau der Mole von Funchal blieb der Hafen den Fischern überlassen.

Information/Verbindungen

• *Information* Obwohl es in Câmara de Lobos nur Ausflugstourismus gibt, hat die Stadt ein eigenes Informationsbüro in der Casa de la Cultura, Rua São de Deus, Mo–Fr 9–12.30 Uhr und 14–15.30 Uhr.

• *Verbindungen* Fast vor den westlichen Toren Funchals gelegen, lässt sich Câmara de Lobos einfach per Pkw, Taxi oder Bus erreichen. Es liegt an der Verlängerung der Estrada Monumental, die durch das Hotelviertel führt. Alle Linien der Busgesellschaft Rodoeste, die ab Av. do Mar, hinter dem östlichen Kiosk, durch das Hotelviertel führen, halten hier. Fahrtzeit 15 Minuten, häufige Abfahrten.

Übernachten/Essen/Einkaufen

• *Übernachten* Nur im oberhalb gelegenen Estreito de Câmara de Lobos, siehe dort.

• *Essen* Als Fischerort wartet Câmara de Lobos mit Fischrestaurants auf. Allerdings hat die komplette Neugestaltung des Hauptplatzes Largo da República zum Abriss der dortigen Lokale geführt. Sobald die Arbeiten abgeschlossen sind, wird es vermutlich zu Neueröffnungen kommen. Aber man kann auch an anderen Orten gut Fisch essen.

Vila do Peixe (1), großes, modern durchgestyltes Restaurant mit Terrasse und Aussichtsfenstern. Zubereitet wird der Fisch, den man sich an der Glastheke ausgesucht hat, an einem offenen Grillkamin. Neben Fisch gibt es auch Fleisch und vegetarische Gerichte. Vorspeisen ab 2,50 €, verschiedene Fischtöpfe ab 12 €, die sich auch 2 Personen teilen können. Mo Ruhetag. Rua Dr. Joao Abel de Freitas. Gäste können das Parkhaus von Pingo doce kostenlos nutzen.

Rest. Churchill (3), das Traditionsrestaurant liegt direkt an Churchills Aussichtsplatz. Besonders schön sitzt man auf den Terrassen mit Blick zum Hafen. Große Auswahl an Fischgerichten ab 10 €, die Spezialität, ein Fischeintopf namens Caldeira, kostet für 2 Personen 35 €. Täglich geöffnet.

Café-Bar Pance Monion (2), sehr beliebt auch bei den Einheimischen. Vor der Kirche sitzend kann man sich kleine Gerichte, Kaffee, Kuchen und Eis schmecken lassen.

• *Einkaufen* Die neue **Markthalle** liegt oberhalb des Strandes, Wein und Liköre s. u., Weinkellerei **Henriques & Henriques.**

Südwesten
Karte Umschlagklappe hinten

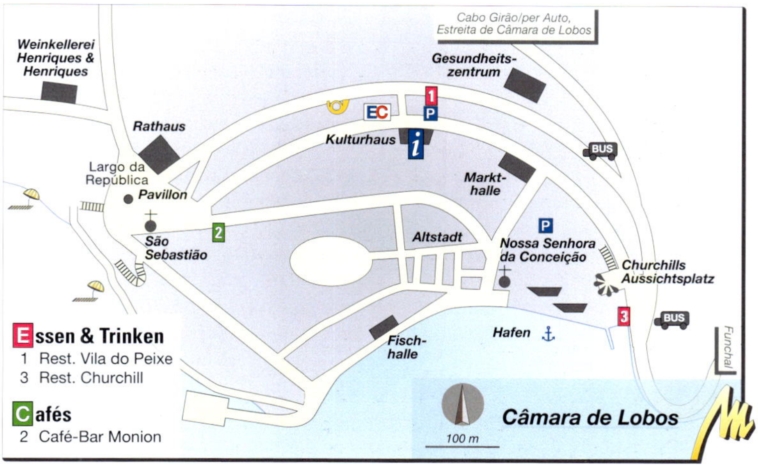

Sehenswertes

Der gesamte Ort lohnt einen Bummel, den man, bei Anfahrt mit dem Bus, am besten an Churchills Aussichtsplatz beginnt und der hinter dem Strand entlang auf die Kaianlagen führt. Für Autofahrer wurde direkt hinter dem Strand, auf dem die Fischerboote liegen, ausreichend Parkraum geschaffen. Am frühen Vormittag nach Fischfang und Ausladen kann man beobachten, wie die Leinen kontrolliert und zusammengelegt werden. Danach lassen sich die Fischer Zeit für ein Schwätzchen, Karten- oder Dominospiel in einer der kleinen Bars oder treffen sich an einem der strandnahen Plätze. Die kleine Kirche **Nossa Senhora da Conceição** am Hafen geht vermutlich noch auf die erste Besiedlung um 1420 zurück, sie wurde aber im frühen 18. Jh. von Grund auf restauriert. Naive Gemälde erzählen seither vom Leben auf dem Meer und vom Schutzpatron der Fischer, Pater Pedro Gonçalves Telmo. Der Glockenturm aus dem 15./16. Jh. blieb erhalten. Die Kapelle besitzt einen schönen Altaraufsatz mit vergoldeten Schnitzarbeiten aus dem Jahr 1723. Die Messe wird am Samstagnachmittag gehalten, dann stehen die Gläubigen bis auf die Straße.

Holzboote haben bald ausgedient

Von der Kirche aus kann man am Meer entlang die Promenade erreichen. Über diese geht es an der Küste weiter nach Westen bis unterhalb des Hauptplatzes **Largo da República.** Wie von einem Balkon blickt man von dem Platz auf die Küste, die aufragenden Felsen des Cabo Girão und den unterhalb liegenden Strand. 2006 war der Platz allerdings wegen Bauarbeiten noch gesperrt. Da bot es sich an, über viele Stufen den Hügel im Zentrum des Ortes zu erklimmen, den Rundblick von oben zu genießen, durch schmale Gassen wieder hinunterzusteigen und zur Hauptkirche São Sebastião zu spazieren. Der Bau der **Pfarrkirche São Sebastião** geht auf die ersten Jahre von Câmara de Lobos zurück, im Mosaik vor dem Eingang ist die Jahreszahl 1430 eingelassen. Im Verlauf der Jahrhunderte wurde die Kirche mehrfach um- und ausgebaut. Heute schmückt sie sich mit mehreren Altären im barocken Stil und Fliesenbildern. Durch die Gassen findet man leicht wieder zurück zum Ausgangspunkt.

Weinkellerei Henriques & Henriques: Etwas oberhalb der Ortsmitte, an der in Richtung Cabo Girão führenden Nebenstraße. Von Funchal aus eigener offener Doppeldeckerbus, mit geführter Besichtigungstour und Weinprobe ca. 12,50 €. Bei indivi-

Malerisch liegt Câmara de Lobos an der Steilküste

dueller Anreise und ohne Führung ist der Eintritt frei. Nicht nur Madeirawein in verschiedenen Qualitäten und Geschmacksrichtungen wird hier produziert, sondern auch Liköre und Schnäpse, wie Bananenlikör, Anisschnaps und Maracujalikör. Für die Proben gibt es einen eigenen Ausschank. Oben lagern in hellen luftigen Hallen die Fässer, im unteren Geschoss werden die Getränke auf Flaschen gezogen. Die Gegend oberhalb von Câmara de Lobos gilt als eines der besten Weinanbaugebiet Madeiras.
Öffnungszeiten Mo–Fr 9–13 und 14.30–17.30 Uhr, Sítio de Belém.

Sehenswertes in der Umgebung

Pico da Torre: Fast direkt oberhalb von Câmara de Lobos, 2 km auf der Hauptstraße in Richtung Estreito de Câmara de Lobos, biegt ein Weg auf den Aussichtsberg ab. Von dort hat man einen prächtigen Blick auf Ort und Küste.

Estreito de Câmara de Lobos: Streusiedlung am Hang oberhalb vom Hauptort. In tieferen Zonen dominieren Bananenanpflanzungen, in den höheren Lagen gedeihen Obstplantagen, insbesondere Kirschbäume. Hier wird auch ein sehr guter Wein angebaut. Jedes Jahr im September, nach der Lese, ist er Anlass für das größte Winzerfest Madeiras.

• *Übernachten* *Lesertipp:* **Vila Afonso,** mit freundlichem Besitzer. Die Vila ist eine schöne Mischung aus Alt und Neu. Es gibt 4 Zimmer im alten Landhaus, gefrühstückt wird auf der Terrasse mit tollem Blick, und 3 Bungalows. Zimmer je nach Ausstattung und Größe 69–89 €, Bungalows 89 €. Estrada João Gonçalves Zarco 574 B, 9325–033 Estreito de Câmara de Lobos, ✆ 291-911510, 📠 291-911515, www.vila-afonso.com.

▸ **Wandern:** Estreito de Câmara de Lobos wird von der Levada do Norte berührt. An ihr entlang lassen sich schöne Wanderungen nach Westen durch Obstplantagen unternehmen. Während der Baumblüte im Frühjahr ist dieser Weg besonders hübsch. Ausgangspunkt ist die Bushaltestelle „Levada do Norte“ (Linie 96 der Gesellschaft Rodoeste). Bei Anfahrt mit dem Pkw hinter der Abzweigung Corticeiras parken.

Cabo Girão

Lokalpatrioten behaupten, dies sei das zweit- oder dritthöchste Kliff der Welt. Mit 578 m Höhe ragt das Cabo Girão eindrucksvoll und steil aus dem Meer.

Oben hat man von einem Aussichtsplatz direkt am Klippenrand einen wunderbaren Panoramablick über Funchal und die Südküste mit ihren vielen kleinen Städten. Nicht minder eindrucksvoll sind die kleinen Terrassenfelder, die weit unterhalb der Kante an der Steilwand angelegt wurden und die immer noch bearbeitet werden. Kein Weg führt hinunter, die einzige Möglichkeit, dort zu arbeiten ist, sich an einem Seil herunterzulassen.

Der Strand am Fuß des Kaps besteht wie fast überall aus Kies. Nicht weit von hier kann man mit einer Seilbahn oder einem gläsernen Lift hinunterfahren (s. u.).

Bevor Sie sich wieder auf den Weg machen, lohnt ein Blick in den Informationspavillon. Er zeigt in einer Fotoausstellung Prominente und wie sie vor einhundert und mehr Jahren hier ihren Urlaub verbrachten.

• *Anfahrt* **Mit dem Pkw:** Am schnellsten geht es über die Autobahn, Abfahrt Cabo Girão und dann der Ausschilderung folgen. **Mit dem Bus:** Linie 154 der Busgesellschaft Rodoeste, nur wenige Abfahrten.

Die Klippen im Südosten erreichen mehr als 500 m Höhe

▶ Seilbahn zur Fajã und zum Strand: Den Fuß des Cabo Girão bildet die Fajã dos Padres, ein ruhiger, idyllischer und sonnensicherer Ort. Fajãs, die man auch an anderen Stellen Madeiras unterhalb der Steilküsten findet, sind flache Küstenstreifen, die durch das Abrutschen von Erdreich entstehen. Der vulkanische Boden ist äußerst fruchtbar, deshalb wurde er trotz der schweren Erreichbarkeit der Fajãs immer intensiv landwirtschaftlich genutzt. Die Fajã am Fuß des Cabo Girão war lange Zeit nur über das Meer oder einen schmalen Pfad zugänglich. Diesen mühseligen Weg nahmen zuerst die Jesuiten (oder deren Landarbeiter), denen das Gebiet gehörte, auf sich. Sie kultivierten hier den Anbau von Malvasier, einer Edeltraube. Im Schutz der Felsen herrscht ein nahezu tropisches Mikroklima, es lässt jetzt auch Mangos, Papayas und Maracujas reifen. Mitte der neunziger Jahre baute man einen gläsernen Fahrstuhl, der Bauern wie Touristen gleichermaßen hinunter- und wieder hinaufbrachte. Im Jahr 2003 kam eine Seilbahn (ab Sítio do Rancho) mit abenteuerlich anmutender steiler Streckenführung hinzu. Für Urlauber fährt sie dienstags, mittwochs, freitags und samstags von 8–20 Uhr. Montag und Donnerstag nur von 8–9 Uhr und 17–20 Uhr. Fahrpreis: hinunter und hinauf 5 €. Außer die Ruhe genießen und Plantagen anschauen kann man hier auch am kieseligen Strand oder von einem Bootssteg aus baden.

• *Anfahrt* Ab Funchal über die Autobahn in Richtung Ribeira Brava, Abfahrt Ribeira da Alforra nehmen, dort links in Richtung Caldeira fahren und auf dieser Straße bleiben, bis „Teleférico" ausgeschildert ist. Ab Câmara de Lobos direkt nach Rancho fahren.

Ribeira Brava

Unmittelbar an der Küste, im Talgrund zusammengedrängt zwischen einer Felswand und dem Bachbett, wirkt Ribeira Brava urbaner als viele andere Orte im Südwesten. Das fruchtbare Tal des Ribeira Brava (wilder Bach) nutzten schon die ersten Siedler im frühen 15. Jh. zum Anbau des lukrativen Zuckerrohrs. Er bescherte dem gleichnamigen Ort frühen Reichtum, von dem heute noch eine große Pfarrkirche aus dieser Zeit Zeugnis ablegt.

Bananen- und Obstplantagen sind jetzt die Haupteinnahmequellen der Landwirtschaft. Die Lage in einer geschützten Bucht machte das ansehnliche Städtchen außerdem zu einem Fischer- und Hafenort und zu einem Handelsplatz. Über Ribeira Brava verlaufen noch heute die wichtigste Verbindungsstraße ins Zentralgebirge zum Encumeada-Pass und weiter an die Nordküste sowie die Straßen nach Westen. Für Wanderer ist Ribeira Brava ein guter Urlaubsstandort. Dennoch prägt keineswegs Tourismus den Ort, die Menschen leben nach wie vor überwiegend von Landwirtschaft und Fischfang. Einen Stopp und Rundgang lohnt das gepflegte Städtchen in jedem Fall.

Information/Verbindungen

• *Information* Im dicken Turm der Fortaleza São Bento auf der Küstenstraße leicht zu finden. Öffnungszeiten: Mo–Fr 9–12.30 Uhr und 14–17 Uhr, Sa 9–12.30 Uhr. Sehr kompetente und freundliche Beratung auch zu allen Unterkünften in der Umgebung.

• *Verbindungen* **Mit dem Pkw:** Über die neue Autobahn von Funchal aus gut zu erreichen, die Nationalstraße ER 104 führt von Ribeira Brava zum Encumeada-Pass bzw. durch den Tunnel und weiter bis an die Nordküste nach São Vicente. Die ER 101 hat oberhalb des Ortes einen neuen Tunnel erhalten, der schneller nach Tabua und Ponta do Sol führt. **Parken:** An der Küstenstraße und im Ort „Blaue Zone" (Parken nur mit Parkschein für 1 €). An der Küste, auf Höhe der neuen Badeanlage, ist ein Parkhaus errichtet worden. Kostenlos kann man an der alten Landstraße in Richtung Ponta do Sol parken.

Mit dem Bus: Von Funchal aus fährt die Busgesellschaft Rodoeste. Viele Abfahrten täglich mit den Linien 4, 6, 7, 107 und 139 über die Landstraße in 90 Minuten, mit den Linien 80 und 139 über die Autobahn in 75 Minuten, aber jeweils nur eine Abfahrt.

Taxis: Haben in Ribeira Brava einen Stand an der Küstenstraße, ✆ 291-952349 und 291-951800.

Übernachten/Essen (siehe Karte S. 127)

• *Übernachten* *** **Aparthotel Vale Mar (1),** in ruhiger Ortsrandlage, allerdings sind beim Besuch 2006 Vorbereitungen für den Bau einer zusätzlichen Straße in der Nähe des Hotels getroffen worden. Kleiner Garten und Dachterrasse. Alle 20 Einheiten mit Küche/Esszimmer, Schlafzimmer, Bad und Balkon. Einige haben ein zusätzliches kleines Wohnzimmer. Hübsche Ausstattung in hellen Farben. Restaurant und Bar. Seit ein Wanderreiseveranstalter, früher der wichtigste Kunde, ein eigenes Haus belegt, sehr günstige Preise. Apartment für zwei Personen 30 €. Bei Nutzung durch eine Person 25 €. Sítio do Muro, 9350 Ribeira Brava, ✆ 291-951523, ℻ 291951166, www.hotelvalemar.com. Die Rezeption ist nicht immer besetzt, dann in der Bar nachfragen.

*** **Hotel Brava Mar (5),** größtes Haus im Ort, an der Küstenstraße an einer relativ verkehrsreichen Ecke gelegen. Moderne, gute Mittelklasseausstattung, aber ohne regionalen Charakter. Mehrere Gesellschaftsräume, Bar und Restaurant. Preise mit Frühstück je nach Lage des Zimmers (Meeresblick oder nicht) und Aufenthaltsdauer DZ 50–60 €, EZ 45–50 €. 9350 Ribeira Brava, ☏ 291-952220, 📠 291-951122.

*** **Residencial São Bento (3),** an der Küstenstraße, in einem neuen Minieinkaufszentrum, 33 Zimmer. Das Haus wurde 1997 gebaut und eingerichtet. Die Zimmer sind relativ groß, alle haben ein eigenes Bad, einige auch einen Balkon mit Blick aufs Meer. Einrichtung im Landhausstil, die aber schon etwas abgewohnt wirkte. Bar und Restaurant. EZ 30 €, DZ 40 €, besonders ausgestattetes Hochzeitszimmer 45 €. Rua 1 de Dezembro, 9350 Ribeira Brava, ☏ 291-951506, 📠 291-951505.

Außerhalb des Ortes:

**** **Hotel do Campo,** etwa 1,5 km außerhalb, auf dem Pico Banda d`Alem. Neues, sehr komfortables Hotel mitten in der Natur. Selbstverständlich hat man aus dieser Höhe einen weiten Blick aufs Meer und die Berge. Das Hotel hat nur 33 Zimmer. Neben Außen- und Innenpool verfügt es über eine Sauna und weitere Wellnesseinrichtungen. DZ 102 €, EZ 87,50 €. Auf der Website häufig Sonderangebote. Auch in den Katalogen von Olimar und TUI. Sítio do Pico da Banda d'Alem, 9350 Ribeira Brava, ☏ 291-950270, 📠 291-950279, www.hoteldocampo.com.

• *Essen* Mehrere kleine Bars und Restaurants haben ihre Tische auf die Promenade unter die Lorbeerbäume gestellt. Unter Sonnenschirmen kann man Erfrischungen, kleine Gerichte und Sandes zu sich nehmen.

Restaurant Esplanada (4), am westlichen Ende des von Bäumen bestandenen Promenadenteils. Serviert nicht nur Pizza, die aber besonders beworben wird, sondern auch richtige Mahlzeiten, 8–15 €. Wegen seiner hübschen zentralen Lage ist es bei den Einheimischen sehr beliebt.

Borda D'Aqua (2), in schönster Lage direkt an der Badeanlage und am Strand. Großes, modern gestyltes Restaurant mit Panoramafenstern und Terrasse. Sehr gepflegt gedeckte Tische. Umfangreiche Karte von Sands bis zu vollständigen Gerichten. Hauptspeisen 8,50–15 €.

Einkaufen/Adressen

• *Einkaufen* **Markthalle** an der Küstenstraße, großes Angebot an Obst, Gemüse und Fisch. Täglich 7–19 Uhr geöffnet. Im Ort mehrere **Lebensmittelgeschäfte.** In den Einkaufszentren beim Hotel Riba Mar und bei der Residencial São Bento **Supermärkte** und weitere Geschäfte für den täglichen Bedarf. **Kunstgewerbeartikel,** auch hand-gemachte Lederstiefel, im Ethnografischen Museum.

• *Adressen* **Banken,** mehrere Filialen an der Küstenstraße, z. B. im Einkaufszentrum am Hotel Brava Mar.

Gesundheitszentrum, an der neuen Straße auf der dem Ort gegenüberliegenden Seite, siehe Stadtplan.

Apotheke, Rua de São Bento 13.

Sehenswertes

Der gesamte Ort ist ausgesprochen hübsch und klein genug, um ihn in einer halben Stunde anzuschauen. Wer das ausgezeichnete Ethnografische Museum (s. u.) besuchen möchte, sollte mehr Zeit einplanen. Man beginnt einen Rundgang am besten auf der Promenade der Küstenstraße und genießt den Blick aufs Meer und das Badeleben. Mithilfe künstlicher Aufspülungen hatte sich die Gemeinde vor einiger Zeit einen weichen, dunklen Sandstrand zugelegt, allerdings trugen ihn die Winterstürme davon. Beim letzten Besuch im Sommer 2006 wurde mit schwerem Gerät an Schutzmolen gearbeitet; auf diese Weise ist der **Sandstrand** am westlichen Ortsrand bereits gesichert: hier bildet eine lange Mole eine ruhige Badebucht. Wer dennoch lieber im Pool badet, kann das in der daneben entstandenen neuen, komfortablen **Badeanlage** machen. Strand und Badeanlage erhielten wegen ihrer guten Ausstattung die Blaue Flagge. Der Eintritt ist frei, nur für Sonnenschirme und Liegestühle wird eine Leihgebühr erhoben.

Südwesten Karte Umschlagklappe hinten

Mitten auf der Promenade des Ortes hockt behäbig der dicke Turm der alten Küstenbefestigung **Fortaleza São Bento.** 300 Jahre hat er schon auf dem Buckel, heute ist er nicht mehr Geschützstand, sondern Büro der Touristeninformation. Während der Öffnungszeiten kann man die niedrige Wendeltreppe hinaufsteigen und sich von oben einen Überblick verschaffen.

Die **Markthalle,** schräg hinter dem Turm, ist mit Kachelbildern geschmückt, die anzeigen, was hier verkauft wird: Fleisch, Fisch, Obst, Gemüse und Blumen. Folgt man der Küstenstraße weiter geradeaus durch einen in den Berghang gesprengten Tunnel, hat man auf der anderen Seite einen herrlich freien Blick auf die völlig unverbaute Küste mit ihren steilen Klippen. In dieser schönen Umgebung liegt der **Hafen,** in dem die Fischerboote schaukeln. Es sind nicht mehr die klassischen bunten Holzboote, sondern mehrheitlich moderne Motorschiffe und Metallkutter.

Zwei Sträßchen führen von der Küstenstraße in den Ort hinein. Nehmen Sie die Rua Visconde de Ribeira Brava, dann gelangen Sie zur **Hauptkirche São Bento** (heiliger Benedikt): Sie fällt durch ihren mit blau-weißen Azulejokacheln dekorierten Turm auf und liegt an einem mit Mosaiken geschmückten Platz. Der Bau der Kirche begann 1430, aus dieser Zeit ist aber, bedingt durch zahlreiche Um- und Ausbauten, keine Bausubstanz erhalten. Im Inneren haben mehrere Kunstwerke überregionale Bedeutung: Die auf das 16. Jh. datierende Kanzel und das Taufbecken werden König Manuel als Stifter zugeschrieben. Sehenswert sind auch das barocke Altarbild, gerahmt von vergoldeter Schnitzerei, sowie mehrere Gemälde und Silberschmuck aus dem 16. bis 18. Jh.

Die Minifelder im Steilhang lassen sich nur angeseilt bearbeiten

Ein besonders schönes Gebäude ist das **Rathaus** hinter der Kirche: ein ehemaliges Landhaus aus dem 18. Jh. mit typisch rosa Putz und glänzend grün lackierten Fensterläden. Im Zuge der umfangreichen Investitionen auf Madeira, die auch Ribeira Brava erreicht haben, hat es einen modernen Vorbau bekommen. Das Rathaus steht inmitten eines Parks mit alten Gummibäumen und Jacaranda. Die Hauptstraße führt auf den Platz Largo dos Herédias mit gemütlichem Café, Restaurant und einem Brunnen, in dem dicke Enten baden. Weiter geradeaus erreicht man eines der besten Museen Madeiras.

Museu Etnográfico da Madeira: In den frisch restaurierten Mauern des ehemaligen Klosters Santa Clara, versehen mit einem modernen Vorbau, liegt Madeiras neues Volkskundemuseum. Engagiert, mit Liebe zum Detail und unter ästhetischen wie pädagogischen Gesichtspunkten führt eine junge Gruppe von Wissenschaftlern das Haus. Alle Lebens- und Arbeitsbereiche der ländlichen Bevölkerung Madeiras in den vergangenen Jahrhunderten wurden hier mit Originalexponaten nachgebaut. Den traditionellen Fischfang demonstrieren die typischen bunten Holzboote, eine alte Zuckerrohrpresse steht in der Abteilung, die den Zuckerrohranbau dokumentiert.

Einen breiten Raum nimmt mit nachgebautem Dreschplatz und einer Mühle der frühere Weizenanbau ein. Selbstverständlich fehlt auch die Rekonstruktion einer Levada nicht. In anderen Räumen kann man Weberinnen und Schuhmacher bei der Arbeit beobachten. Ihre Erzeugnisse werden im museumseigenen Laden verkauft.

Öffnungszeiten Di–So 10–12.30 und 14–18 Uhr. Eintritt: Erwachsene 2,50 €, Kinder frei.

Tábua

An dem bisher kaum besiedelten Küstenabschnitt zwischen Ribeira Brava und Ponta do Sol entsteht eine neue Anlage für Urlauber, die den Tourismus in diesem Gebiet ankurbeln soll. An einer Marina wurde 2006 gebaut, Hotels und Apartmentanlagen sollen folgen, ein neues Gebäude für die Touristeninformation ist bereits fertig gestellt. Sie finden es auf der Uferseite vor dem Tunnel nach Ponta do Sol.

Spielzeugausstellung im Ethnografischen Museum

Südwesten
Karte Umschlagklappe hinten

Ponta do Sol

Das verträumte, hübsche Dorf liegt am Meer, in das Ende einer schmalen Schlucht geklemmt. In der Architektur gibt es keine Brüche, alle Häuser und die Kirche sind hell getüncht und tragen die typischen Tonpfannendächer. In genau diesem Stil und mit aufgelockerter Fassade hat sich ein Hotel zwischen Dorfplatz und Strand geschoben.

Auch Ponta do Sol verdankt seine Existenz der Möglichkeit, in der wasserreichen Schlucht und in der Umgebung Zuckerrohr anzubauen. Noch heute sieht man die schilfähnliche Pflanze neben Bananenfeldern im Tal wachsen.

Wie bei Ribeira Brava und Câmara de Lobos geht die Ortsgründung auf das 15. Jh. zurück. Ponta do Sol war der Verschiffungshafen für das Zuckerrohr und Verbindungshafen für das Tal und seine Bewohner, denn damals gab es keine befahrbare Landverbindung. Nachdem 1850 aufwändige Kaianlagen gebaut worden waren, erhöhte sich der Warenumschlag erheblich, und Ponta do Sol machte Ribeira Brava als Umschlagsplatz und Versorgungshafen für den Westen Konkurrenz.

• *Verbindungen* **Mit dem Pkw:** Ab Ribeira Brava am besten über die Küstenstraße ER 101 durch mehrere Tunnel. Bisher kam man auf diesem Weg oberhalb des Ortes an einem Verkehrskreisel an, weitere Tunnel waren beim letzten Check aber in Bau, sodass man zukünftig auf Höhe der Promenade Ponta do Sol erreichen wird. **Empfehlung:** Für die Weiterfahrt nach Westen nehmen Sie am besten den Tunnel in der Verlängerung der Uferstraße in Richtung Madalena do Mar, s. u.

Mit dem Bus: Linien 4, 115, 137 und 146 der Gesellschaft Rodoeste von Funchal über Ribeira Brava.

Taxis: An der Promenade, ✆ 291-972110.

• *Information* Nebenan in Tábua, im neuen Gebäude am Ausgang des Tunnels.

Noch im Ort verschwindet die Küstenstraße im Tunnel

• *Übernachten* **** **Baía do Sol,** das neue ungewöhnliche Haus bildet die erste Reihe zum Meer. Als Hotel erkennt man es aber erst auf den zweiten Blick. Auf den ersten wirkt es wie eine normale, aufgelockerte Häuserzeile. Jeglicher Komfort in den 71 Zimmern, in den Gesellschaftsräumen und Restaurants. Das Meer und der Kieselstrand sind nur durch eine Straße vom Hotel getrennt. Baden kann man auch im Hotelpool oder gar im Hallenbad.

Lesermeinungen: Leser, die im Hotel wohnten, haben es sehr empfohlen und den gelungenen Baustil gelobt. Andere, die den Ort besuchten, waren der Meinung, das Hotel dominiere den Ort zu sehr. DZ 94–106 €, EZ 77 €, HP 23 €. Auch im Katalog von Reiseveranstaltern. Rua Dr. João Augusto Teixeira, 9360–215 Ponta do Sol, ✆ 291-970140, ℻ 291-970149, www.enotel.com.

Estalagem da Ponta do Sol: Oberhalb des Strandes, wie auf den Felsen geklebt, von unten kaum zu sehen, liegt dieses moderne, elegante Hotel. Die Architektur harmoniert wegen der Verwendung von vielen Natursteinen mit der Umgebung. Innen glänzen Zimmer wie Restaurants mit viel Glas und klassisch modernen Formen. Luxus mit beheiztem Pool, Hallenbad und Sauna. DZ 100 €. Quinta da Rochinha, 9360 Ponta do Sol, ✆ 291-970200, ℻ 291-970209, www.pontadosol.com.

• *Essen* Zum Hotel Baía do Sol gehören Restaurant, Café und Bar, die wie Straßencafés in die Anlage integriert sind.

Ein **Minirestaurant** schmiegt sich an einen Fels, in Richtung Kai über dem Meer. Ein Steinweg führt hinauf. In luftiger Höhe kann man auf dem Balkon Snacks und Sandes (1,50 €) oder ganze Menüs verzehren. Suppen ab 2,50 €, Fischgerichte ab 7–8 € und Gambas vom Grill für 2 Pers. 22 €.

Sehenswertes

Auch Ponta do Sol wird einen Sandstrand erhalten und damit auch mehr Badekomfort. Im Juni 2006 wurde dort noch gewerkelt, aber schon bald soll alles fertig sein, so hofft man jedenfalls. Eine schmale **Promenade** liegt zwischen Strand, Hotel und Ort, auf der man in Richtung Osten zu den **Kaianlagen** spazieren kann – hier legen manchmal Ausflugsboote an, von denen aus sich ein grandioser Blick auf die Steilküsten bietet.

Der kleine Dorfkern, mit Kirchplatz und Kirche, liegt im Schatten des Hotels und umfasst nur wenige Gassen. Das herausragendste Gebäude ist die **Kirche Nossa Senhora da Luz** aus der Zeit der Ortsgründung im 15. Jh. Auch hier blieb nur wenig von der ursprünglichen Bausubstanz erhalten. Als eines der wertvollsten Kunstwerke Madeiras gilt ein Bild der Namensgeberin der Kirche, der Madonna des Lichts, eine flämische Arbeit aus dem 16. Jh. Das grüne Taufbecken stammt noch aus der Zeit des Kirchenbaus. Bemerkenswert ist die bemalte Holzdeckenkonstruktion aus Madeirazeder in der Hauptkapelle.

Ponta do Sol ist stolz darauf, dass die Vorfahren des bekannten amerikanischen Schriftstellers *John dos Passos* („Manhattan Transfer") aus dem Ort stammen. Sein Großvater wanderte im 19. Jh. in die USA aus. Eine Tafel am Haus der Familie, Rua Príncipe D. Luis I, erinnert an den letzten Besuch John dos Passos' im Jahre 1960.

Sehenswertes in der Umgebung

Lombada: Großgrundbesitzer von Ponta do Sol war der aus Flandern stammende Händler *Jean d'Esmenaut,* der sich *João Esmeraldo* nennen ließ. Durch Sklaven ließ er im 15. Jh. eine Zuckerrohrplantage aufbauen und bewirtschaften. Sein Herrenhaus, **Casa Solarenga,** steht oberhalb des Ortes bei Lombada (auf der ER 222 in Richtung Westen). Es gilt als wertvollstes bürgerliches Gebäude in einer ländlichen Gegend Madeiras, u. a. war es das erste zweistöckige Landhaus. Lange stand es leer und verfiel. 1997 kaufte es die Gemeinde, ließ es restaurieren und in der typischen Landhausfarbe, rosa, streichen. Es wird heute als Schule genutzt.
Neben der Schule steht noch die Kapelle **Espíritu Santo** mit dem Grab des João Esmeraldo. Sie wurde im 17. Jh. völlig restauriert und mit barocken Altarbildern, vergoldeten Schnitzereien und Kachelbildern geschmückt. Es ist bekannt, dass der Lehnsherr mit *Christoph Kolumbus* befreundet war, und man vermutet, dass der später zu Ruhm gekommene Seefahrer häufig auf dem Landgut weilte. Kolumbus lebte, bevor er zu seinen Entdeckerfahrten aufbrach, einige Jahre als Zuckerhändler auf der Nebeninsel Porto Santo.

Schattensuche am Strand von Ponta do Sol

Madalena do Mar: Durch vier urige Felsentunnel hindurch und nach einer herrlichen Fahrt entlang der Steilküste, an der Wasserfälle durch die tropische Vegetation rauschen, erreicht man das ruhige Städtchen. Im östlichen Ortsteil liegen Einfamilienhäuser in Gärten und Plantagen eingebettet. Der Ortskern mit Kirche hat sich etwas in der Schlucht versteckt. Noch ist Madalena do Mar ein stilles Plätzchen mit langer Uferpromenade, vor der sich ein langer, steiniger Strand erstreckt. Am westlichen Ortsrand hat sich das Städtchen unterhalb der Steilküste eine neue Badeanlage, Praia-Strand genannt, zugelegt. Den Sandstrand, wenn es ihn jemals gab, hat sich das Meer geholt. Hotels sind noch nicht gebaut, jedoch ist mittlerweile eine Reihe neuer Apartmenthäuser mit Eigentumswohnungen entstanden.

Besondere Sehenswürdigkeiten gibt es hier nicht. Das Interessanteste an Madalena do Mar ist die Legende um die Ortsgründung durch einen geheimnisumwitterten Mann.

Die Weiterfahrt in Richtung Westen an der Küste entlang nach Calheta ist, wie die Strecke aus Richtung Osten, herrlich romantisch. Tropisches Grün bedeckt die Steilwände, Wasserfälle verpassen vorbeifahrenden Autos eine kostenlose Wagenwäsche. Mehrere rustikale Tunnel werden durchfahren. Allerdings sind auch auf diesem Straßenabschnitt Bauarbeiter unterwegs.

Ein Ritter mit vielen Namen

Henrique Alemão, Heinrich den Deutschen, oder auch *São Henrique,* heiliger Heinrich, nannten ihn die Menschen, denn der Mann, von dem hier die Rede ist, wurde wegen seiner guten Taten verehrt. Er selbst nannte sich sogar im Familienkreis nur „Ritter der heiligen Katharina vom Berg Sinai". Nach einer Wallfahrt ins Heilige Land hatte er sich diesen Titel zugelegt.

Belegt ist, dass er Mitte des 15. Jh. unter diesem Namen in Portugal um Asyl bat und 1454 auf Madeira ein großes Gebiet um Madalena do Mar als Lehen erhielt. Er lebte dort mit seiner portugiesischen Frau und den gemeinsamen Kindern. 1457 besuchten ihn zwei polnische Franziskanermönche. Sie glaubten in ihm ihren König Ladislaus III. zu erkennen. Ladislaus III. galt nach einer verlorenen Schlacht 1444 gegen die Türken als gefangen und ermordet. Im polnischen Volk aber hielt sich der Glaube, dass er überlebt habe und in Erfüllung eines Gelübdes zum Pilger und Wohltäter geworden sei. Die Franziskaner, ihrer Sache sicher, wollten ihn überreden, in Polen (erneut) die Krone anzunehmen. Er aber bestritt, der Gesuchte zu sein. Bevor die Angelegenheit durch weitere Zeugen geklärt werden konnte, erschlug ihn am Cabo Girão ein herabstürzender Felsen.

Polnischen Monarchisten ließ der Fall keine Ruhe. Im 19. Jh. nahm der Archäologe *Kielanowsky* die Spur des verschwundenen Königs wieder auf. Er will in Madalena do Mar einen wichtigen Hinweis entdeckt haben. Die Kapelle aber, in der der Ritter mit den vielen Namen bestattet worden war, existierte schon damals nicht mehr. Bevor Dr. Kielanowsky seine Erkenntnisse veröffentlichen konnte, verstarb auch er und nahm sein Wissen mit ins Grab. So bleibt es der Legende überlassen, in Polen wie auf Madeira, ihn zum ersten einer ganzen Reihe von gekrönten Häuptern zu machen, die auf Madeira Exil suchten und fern der Heimat starben.

Die drei Calhetas

Durch Tunnel und einen schönen Küstenabschnitt mit Madalena do Mar verbunden, schließt sich westlich Calheta an. Der Küstenort war Namensgeber für die gesamte Gemeinde, zu der noch zwei weitere Calhetas – Arco da Calheta und Estreito da Calheta – gehören. Der Küstenort Calheta hat sich zu einem kleinen Badeort mit Yachthafen gemausert.

Calheta

Der Hauptort der drei Calhetas an der Küste erhielt schon 1502 die Stadtrechte. Seither durchlief er eine wechselvolle Geschichte, parallel zum Auf und Ab des Zuckerexportes. Weizenanbau bildete in den vergangenen Jahrhunderten aber immer eine

Der neue Sandstrand von Calheta

stabile Grundlage der Wirtschaft. Heute ist Calheta ein noch ruhiges Örtchen, das sich in der Schlucht versteckt und in dem eine der alten Zuckermühlen nach wie vor in Betrieb ist. An der Küste allerdings hat Calheta eine Pionierleistung vorzuweisen, nämlich Madeiras ersten künstlich angelegten Sandstrand, der noch dazu in hellem Weißgold schimmert. Zwei halbkreisförmige Molen wurden ins Meer gebaut, damit die Wellen den vom Festland herangeschafften Sand nicht wieder entführen. So entstanden zwei hübsche Sandstrandbuchten, die, mit Liegestühlen und Sonnenschirmen bestückt, dem Bild eines idealen Badeurlaubs entsprechen. Doch damit nicht genug: ebenfalls durch Molen gesichert, entstand eine Marina, ein Yachthafen. Ein schickes Servicecenter mit Restaurants schließt sich an. Trotz aller neuen Einrichtungen sieht es bisher nicht so aus, als ob Calheta sich in einen Ort des Massentourismus verwandelt, dafür steht einfach nicht genug Fläche zur Verfügung. Es wird wohl ein ruhiger Platz bleiben, in dem Feriengäste einen komfortablen Urlaub mit Wassersportangeboten verbringen können.

• *Verbindungen* **Mit dem Pkw:** Über die ER 101.

Mit dem Bus: Linien 80 der Gesellschaft Rodoeste, von Funchal aus, jeweils über Ribeira Brava, nur wenige Abfahrten täglich.

Taxi: ✆ 291-822129.

• *Übernachten* **** **Hotel Calheta Beach,** neues, elegantes und komfortables Hotel direkt am Strand und neben der Marina. Das Hotel bietet neben Pool und Hallenbad die Nutzung eines in der Nähe gelegenen Tennisplatzes und Bootsverleih. Im Hotel können verschiedene Wellness-Sportprogramme in Anspruch genommen werden, Wanderungen und Ausflüge werden angeboten. Drei Restaurants im Haus, s. u. Preise inkl. Frühstück und Programme pro Person im DZ, je nach Saison und Lage (Meer- oder Bergblick), zwischen 350 und 450 € pro Woche, mehr Infos auch zu Last-Minute-Angeboten auf der Website (s. u.), Vila Calheta, 9370–133 Calheta, ✆ 291-820300, ℻ 291-820301, www.calheta-beach.com.

Apartmenthaus Onda Parque, ebenfalls ein neues, komfortables Haus mit ebensolchen Apartments für 2 oder 4 Personen. Es gehört derselben Gesellschaft wie das Hotel Calheta Beach, dessen Programme und Einrichtungen genutzt werden können. Einziger Nachteil: es liegt auf der anderen

Straßenseite und damit blickt man auf das Hotel und nicht direkt auf den Strand. Je nach Saison 45–55 €/Person. Anschrift s. o.

Apartments Beira Mar, neues, kleineres Apartmenthaus, in dem man vis-à-vis der Marina kostengünstig wohnen kann. Keine Rezeption, man ruft entweder die Besitzerin Sidalina an oder fragt unten im Restaurant Rocha Mar nach. Apartments mit 1 oder 2 Zimmern 35–40 €/Tag. Cais – Vila da Calheta, 9370–133 Calheta, Mobil 96402144.

• *Essen* Mehrere neue Lokale mit Terrassen befinden sich im Servicegebäude der Marina. Man sitzt dort schön mit Blick auf den Yachthafen.

Tipp: **Marisqueira Rocha Mar,** unscheinbar und klein liegt es im Apartmenthaus Beira Mar, gegenüber der Marina. Mini-Innenraum und kaum größere Terrasse. Von mehreren Lesern empfohlen und selbst mit Erfolg getestet. Sehr gut zubereitete Fisch- und Meeresfrüchtegerichte in großen Portionen. Fischsuppe 3 €, Hauptgerichte 8,50–13 €.

Restaurant Onda Azul, elegantes Restaurant mit Bar und Café mit schönem Blick von der Terrasse aufs Meer. Internationale Küche zu mittleren Preisen. Im Hotel Calheta Beach.

Praça Velha, im Ortszentrum, einfaches Lokal mit niedrigeren Preisen.

• *Einkaufen* Aguardente, Mel de Cana und Kuchen in der alten **Zuckerfabrik** (s. u.). Lebensmittelgeschäfte im Ort. **Apotheke,** Sítio das Paredes.

Sehenswertes

Der Zuckerrohranbau erlebte in Calheta im 19. Jh. einen neuen Aufschwung. Zwei **Zuckermühlen** vor Ort sind Zeugen aus dieser Zeit. Eine ist nur noch eine Ruine unten am Strand, sie wird heute als **Freilichtmuseum** genutzt. Zuckerpressen und Heizanlagen sind neben dem Schornstein ausgestellt. Die andere, im Ortszentrum neben der Kirche, ist sogar noch intakt und in Betrieb als **Fábrica de Aguardente e Mel de Cana e seus derivados.** Mangels Nachfrage nach Zucker aus Madeira produziert sie heute einen Rachenputzer (*Aguardente* = Tresterschnaps) und einen „Rohrhonig" genannten Zuckerrohrsirup *(mel de cana)* für den inseleigenen Bedarf. In einer Probierstube werden die Produkte und ein mit dem Sirup hergestellter Kuchen kredenzt und verkauft.

Noch ist die Südwestküste Bananenanbaugebiet

Der Bau der **Hauptkirche** geht wie der aller großen Kirchen im Südwesten vermutlich auf das Jahr 1430 zurück und wurde im 18. Jh. verändert. Dennoch sind viele wertvolle Details aus dem 15. Jh. erhalten geblieben. Die kunstvoll konstruierte Holzdecke soll der Decke in der Kathedrale Sé in Funchal ebenbürtig sein. Weitere Kirchenschätze sind ein aus Ebenholz gefertigtes Sakramentshäuschen mit Einlegearbeiten aus Silber, Prozessionskreuz und Reliquienschrein sowie die Bilder der Altarflügel.

Ziemlich überrascht ist der arglose Autofahrer über das neueste Kunstmuseum Madeiras, das **Centro das Artes/Casa das Mudas** oberhalb des Dorfes (ausgeschildert). Eben noch fährt er durch ein stilles Dorf und dann zeigt sich plötzlich hypermoderne Architektur am rechten Straßenrand. Das Centro das Artes ist in Form verschachtelter Kuben gestaltet, die mit dunklem Basalt verkleidet sind und sich auf die Höhen der Steilküste schmiegen. Schon die Außenanlage hat etwas labyrinthisches und eröffnet immer wieder fantastische Ausblicke auf die Küste. Der Neubau, wie auch ein traditioneller Bau gleich nebenan, wird für wechselnde Ausstellungen junger Künstler genutzt.
Öffnungszeiten Di–So 10–13 und 14–18 Uhr, Eintritt Erw. 5 €, Kinder 2,50 €.

Arco da Calheta und Estreito da Calheta

Oberhalb der Küste ist die Landschaft bis in die Höhen zersiedelt. Kleine Felder und noch kleinere bebaute Gartengrundstücke wechseln sich ab.

Ein wenig verdichtet ist die Bebauung an zwei Stellen, an beiden steht jeweils eine kunsthistorisch interessante Kirche: in Arco da Calheta, oberhalb von Madalena do Mar, und in Estreito da Calheta an der westlichen Gemeindegrenze. In Estreito da Calheta hat sich ein ruhiger, ländlicher Tourismus entwickelt.

In Arco da Calheta steht die **Kapelle Nossa Senhora da Loreto.** Von dem zu Anfang des 16. Jh. begonnenen Bau ist an der Fassade das bemerkenswerte manuelinische Südportal bis heute erhalten, innen steht noch das alte Weihwasserbecken. Als ein besonderes Schmuckstück gilt die aus Zedernholz gearbeitete und teilweise bemalte Deckenkonstruktion.

Mit der **Kapelle dos Reis Magos** (der Heiligen drei Könige) in Estreito da Calheta ist ein schönes Beispiel der sakralen Bauweise des frühen 16. Jh. fast vollkommen erhalten geblieben. Auch hier tragen die Mauern eine schöne Holzdeckenkonstruktion. Besondere Kirchenschätze aus dieser Zeit sind ein flämisches Triptychon und ein gotischer Weihwasserkessel aus Bronze.

• *Verbindungen* **Mit dem Pkw:** Über die ER 222.

Mit dem Bus: Arco da Calheta ist von Funchal aus mit den Linien 80 und 115 zu erreichen, Estreito da Calheta mit den Linien 80, 107 und 115, jeweils über Ribeira Brava, nur wenige Abfahrten täglich.

Taxi: ✆ 291-822423 (Arco da Calheta).

• *Übernachten* **** **Quinta das Vinhas,** in ruhiger, ländlicher Umgebung liegt ein schönes, kleines Landhotel in einem ehemaligen Herrenhaus mit großem Garten. Es gibt nur 6 große, komfortable und stilvoll eingerichtete Zimmer. DZ 85 €. Sítio do Lombo dos Serrões – Estreito da Calheta, 9370 Calheta ✆ 291-2291091, ℻ 291-232451, www.madeira-rural.com.

**** **Hotel Atrio,** im stilvollen Landhaus gruppieren sich die 16 Zimmer um einen Innenhof. Sie sind zwar mit allem modernen Komfort, aber doch romantisch, mit hellen Holzmöbeln und Himmelbett, eingerichtet. Das hoteleigene Restaurant serviert an sechs Tagen in der Woche internationale und madeirische Küche. Auf Grund der Nähe zum Wald und zur Levada Nova ergeben sich vom Hotel aus schöne Wandermöglichkeiten. DZ mit Frühstück 85 €, EZ 65 €. Lomo dos Moinhos Acima, 9370–217 Estreito da Calheta, ✆ 291-820400, ℻ 291-820419, www.atrio-madeira.com.

Lesertipp: **Vista Mar,** Ferienhaus für Leute, die Ruhe in schöner, ländlicher Umgebung suchen. Das Haus ist für bis zu 4 Personen eingerichtet. Neben dem Doppelbett im Schlafzimmer gibt es ein breites Schlafsofa im Wohnzimmer. Die Küche ist üppig, einschließlich Mikrowelle, ausgestattet. Von der Terrasse bietet sich ein weiter Blick auf das Meer und die Berge. Je nach Saison 250–300 €. Zu buchen über Sylvia Ashby (Engländerin) unter ✆ 291-824857.

Jugendherberge Centro de Juventude da Calheta, schlichter, neuer Bau mit Mehrbettzimmern und Gemeinschaftsbädern. 5 € zahlen unter 26-Jährige, 8 € über 26-Jährige. Sítio dos Serróes da Calheta, 9370–224 Estreito da Calheta, ✆ 291-822500, siehe auch Stichwort Jugendherberge auf S. 20.

Jardim do Mar

Zwischen Calheta und Prazeres zweigt die Straße zur Küste nach Jardim do Mar und Paúl do Mar ab. Das malerische Fischerdorf Jardim do Mar liegt auf einer Felsenterrasse direkt über dem Meer. Schon bei der Fahrt hinunter macht sich ein leichter Temperaturanstieg bemerkbar. Über steile Felswände fließt Wasser und rauscht in Abflussrinnen neben der Straße hinüber in Richtung Dorf, das von tropisch anmutender Vegetation umgeben ist. Bananen wachsen hier, früher war es eine ideale Zuckerrohranbauzone. Der Schornstein der alten, heute verfallenen **Zuckermühle** ragt am östlichen Ortsende über die Bananenwedel hinaus. In der Nähe liegt das ebenfalls verfallene Herrenhaus **Quinta Piedade.** Der Verkehr muss draußen bleiben (Parkplatz vor dem Dorf), denn für Autos sind die kieselgepflasterten Dorfstraßen viel zu eng. Auch Jardim do Mar hat in den letzten Jahren eine positive Entwicklung durchgemacht. Vor wenigen Jahren wirkte es noch sehr arm, Häuser, Straßen und Wege waren in schlechtem Zustand. Das hat sich, vermutlich auch durch die bessere Verkehrsanbindung, deutlich geändert. Neben den Wasserspielen am Ortseingang fallen die bereits sichtbaren Ergebnisse der noch allgegenwärtigen Renovierungsarbeiten auf, die den Charakter des Dorfes nicht verbiegen. Dicht zusammengedrängt stehen die Häuser nur wenige Meter oberhalb des Wassers, in das Treppen hinabführen. Zum Schutz des Ortes vor Hochwasser wurde eine Uferbefestigung mit Promenade gebaut. Östlich, unterhalb der früheren Zuckermühle, entstand eine neue Hafenanlage für Fischer- und Sportboote. Im Sommer, wenn das Meer ruhig ist, starten hier Windsurfer. Die Einheimischen gehen von hier aus gern mit der Harpune auf Unterwasserjagd. Früher spielte der Fischfang in Jardim do Mar eine wichtige wirtschaftliche Rolle, bis irgendwann fast nur noch die Alten ausfuhren – für die Jüngeren, die ihre Familien ernähren mussten, reichte der Fang nicht mehr. Sie suchten sich außerhalb eine Arbeit, fuhren dafür täglich bis nach Funchal oder verließen den Ort ganz. Man hofft, dass die neue Anlage einen Beitrag zur Stabilisierung des Lebensunterhalts von mehr Menschen im Dorf leistet.

Dicht gedrängt stehen die Häuser von Jardim do Mar

• *Verbindungen* **Mit dem Pkw:** Über die Küstenstraße und die ER 224/223, von Osten oder die ER 222 von Westen, dann die Stichstraße ER 223 nehmen.

Mit dem Bus: Linie 115 der Gesellschaft Rodoeste, von Funchal über Ribeira Brava, nur wenige Abfahrten täglich.

• *Übernachten* *** **Hotel Jardim do Mar,** neues, gut in die dörfliche Umgebung eingepasstes, komfortables Hotel. 30 große Zimmer, 3 Suiten. In diesem abgelegenen Winkel überraschend elegant. EZ 35 €, DZ

45 €, Suite 60 €. Sítio da Piedade/Jardim do Mar, 9370 Calheta. ✆ 291-823616, 📠 291-823617. Leserkommentar: Wir waren sehr froh, in so einem kleinen, abgelegenen Ort ein so komfortables Hotel zu finden, im Verhältnis zur Leistung fanden wir den Preis günstig.

• *Essen* **Bar/Restaurant Tar Mar,** nettes Restaurant mit großer Aussichts- und kleinerer Gartenterrasse, am östlichen Ortsrand kurz vorm Meer. Schöner Blick sowohl von der Terrasse als auch aus dem Gastraum. Gute Küche vor allem mit Fisch- und Reisgerichten, z. B. Meeresfrüchte und Fischeintöpfe für 2 Personen ab 17 €. **Jardim do Mar,** gepflegtes Hotelrestaurant mit Terrasse, umfangreiche Karte mit solider, guter Küche, vergleichbare Preise wie im Tar Mar.

• *Baden/Tauchen/Surfen* Der Strand vor dem Ort ist sehr steinig, deshalb wird vor der Mole am östlichen Ortsrand gebadet, getaucht und gesurft.

Paúl do Mar

Einer der mit 3 km ganz langen Tunnel von Madeira verbindet Jardim do Mar mit dem wesentlich größeren Paúl do Mar. Auch hier begrenzen steile, hohe Felswände einen, lang gestreckten, flachen Küstenstreifen, der nur wenige Meter über dem Meer liegt. Das Dorf zieht sich fast über seine gesamte Länge, ist wesentlich größer und wirkt weniger geschlossen als Jardim do Mar. Als Reihenhaussiedlungen angelegte Sozialwohnungen schaffen sicher eine bessere Wohnsituation, lassen aber insgesamt keine dörfliche Atmosphäre aufkommen. Am östlichen Ende liegt der kleine Hafen mit einem Miniplatz, zwei einfachen Lokalen, kleinen Badebuchten und einer männlichen Bronzefigur, die übers Meer blickt. Wie gegenüber in Jardim do Mar werden Bananen und Wein angebaut. Auch hier ist dank der reichlichen Wasservorkommen der Boden sehr fruchtbar. Der Ribeira Seca stürzt gar als Wasserfall unweit der Kaianlagen herab. Einige Familien leben heute noch vom Fischfang.

• *Verbindungen* **Mit dem Pkw:** Ab Jardim do Mar durch den Tunnel oder ab der ER 222 die Stichstraße ER 223 nehmen.

Mit dem Bus: Linien 107 und 115 der Gesellschaft Rodoeste, ab Funchal.

• *Übernachten* **** **Aparthotel Paúl do Mar,** großes, hübsches Apartmenthaus mit 37 Studios, 2 davon behindertengerecht, und 3 Suiten, im ruhigen Westzipfel von Paúl do Mar. Zum steinigen Strand sind es nur wenige Schritte, aber die Anlage verfügt auch über einen Innen- und Außenpool und diverse Wellnesseinrichtungen. Je nach Saison 45–55 €/Studio, mit HP 84 €. Mountainbikeverleih. Ribeira das Galinhas, 9370 Calheta, ✆ 291-870050, 📠 291-870059, www.pauldomaraparthotel.com.

• *Essen* Zwei einfache Lokale am Hafen und mehrere Fischrestaurants entlang der Straße, die an der Küste von Ost nach West verläuft, z. B. **Restaurant Lago Mar,** Fischrestaurant mit erhöhter Terrasse, damit man den Blick aufs Meer trotz hoher Uferbefestigung genießen kann. Etwa in der Mitte des Küstenstreifens. Fischgerichte ab 7 €. Auch im Hotel kann man gut essen.

Zwischen Steilküste und Meer liegt Paúl do Mar

Ist der Fang beendet, dürfen die Jungen ins Boot

Prazeres

Das ländliche, ruhige Dorf auf rund 600 m Höhe wirkt nicht mehr so mediterran oder madeirisch wie die anderen Ortschaften im Südwesten. Es erinnert verblüffenderweise eher an Norddeutschland mit Anger, Kirche, Lindenallee und Höfen auf großen Gartengrundstücken. Milchwirtschaft spielt dazu passend eine wichtige Rolle. Weiter unten in Richtung Küste wird allerdings Wein angebaut.
Ausgerechnet das stille, abgelegene Prazeres ist zum neuen Tourismuszentrum geworden. Unterhalb des Dorfes entstand in den letzten Jahren die größte Urlaubersiedlung westlich von Funchal.

• *Verbindungen* **Mit dem Pkw:** Über die gut ausgebaute kurvenreiche Nationalstraße ER 222.
Mit dem Bus: Linien 80, 107 und 142 der Gesellschaft Rodoeste, Abfahrt in Funchal ab Av. do Mar, vor der Festung São Lourenço, über Ribeira Brava, nur wenige Abfahrten täglich.

• *Übernachten* **** **Hotel Jardim Atlântico,** die größte Hotel-, Apartment- und Bungalowanlage in einer ländlichen Zone Madeiras liegt an der steilen Küste auf 500 m Höhe. Nach Massentourismus sieht sie allerdings nicht aus. Die Vielfalt der Anlage, einzeln stehende Ferienhäuser, flache Apartmentbauten, ein vierstöckiges Hotel, und ihr landestypischer Baustil lassen sie an dem sonst vollkommen unbebauten, steilen Küstenstreifen zwar auffallen, aber nicht unangenehm. Der Komplex wendet sich an Urlauber, die fern aller großstädtischen Ablenkungen total relaxen und fit und schön werden wollen. Beauty und Fitness werden hier großgeschrieben, das umfangreiche Angebot reicht von Massagen über Peeling und Make-up bis hin zu Sportprogrammen. Selbstverständlich sind alle Wohneinheiten großzügig ausgestattet. Zum Hotel gehören ein großer Innen- und Außenpool, Tennisplätze, Sauna und alle für das angebotene Fitnessprogramm erforderlichen Einrichtungen. Das Hotel hat einen Katalog von 21 Wanderungen und Mountainbiketouren in der Umgebung zusammengestellt, die auf eigene Faust unternommen werden können. Im Katalog von Olimar und anderen Reiseveranstaltern. DZ ab 43 €/Person, Studios und Apartments je nach Belegung und

Größe ab 32 €. Bungalows ab 40 €. HP pro Person und Tag 21 €, VP 28 €, auch Diätkost. Bei Direktbuchung 15 % Rabatt auf alle Mahlzeiten. Alle Behandlungen und Programme extra. Lomba da Rocha, Prazeres, 9370 Calheta, ✆ 291-820220, ✆ 291-820221, www.jardimatlantico.com.

Leserkommentar: Sehr familienfreundliche Anlage, in der wir länger als geplant in einem sehr bequemen und günstigen Bungalow blieben.

• *Essen* Leser testeten alle Restaurants, einschließlich der in den Hotels in Prazeres, und kamen zu dem Ergebnis, das beste sei, trotz seines Namens, **Chicos-Snack-Bar.** Dort werden nicht nur Snacks serviert, sondern auch gute und reichliche Hauptgerichte um 8 €, der Service war freundlich. Sítio da Igreja-Prazeres, 100 m unterhalb der Kirche.

Wandern

Als touristisch bis vor kurzem unterentwickelte Region hat der Südwesten weniger bekannte und seltener benutzte, aber keineswegs weniger schöne Wege als der Osten. In den Wanderführern des Hotels Jardim Atlântico sind sie katalogisiert und beschrieben. Ein Ordner mit Wanderwegen kann in der Hotelhalle eingesehen werden.

▸ **Wege entlang der Levada Calheta – Ponta do Pargo:** Ein idealer, einfacher Wanderweg entlang der Südwestküste, den man auch ohne weitere Hinweise nutzen kann, verläuft entlang der Levada von Calheta bis Ponta do Pargo. Es gibt keine merklichen Steigungen. Die Levada, und damit der Weg, schlängelt sich durch alle Schluchten und an allen Bergrücken entlang. Teilweise führt er durch lichte Kiefern-, Akazien- und Eukalyptuswälder, teilweise durch freies Feld, Blumen stehen am Wegrand. Überall dort, wo die Levada auf die Straße trifft, kann man parken und ein beliebig langes Stück hin und zurück laufen. Die Gesamtstrecke misst 40 km. Gute Einstiegsmöglichkeiten sind:

- das Wasserkraftwerk Central Hidroeléctrica oberhalb von Calheta (von dort bis Prazeres sind es etwa 4 Stunden),
- ein Fahrweg oberhalb des Zentrums von Prazeres,
- der Weiler Raposeira de Serrada, hier trifft die Levada in der Nähe der Kirche auf die Landstraße.

Detaillierte Beschreibungen der Wege finden Sie in den auf S. 68 genannten Wanderführern.

Wanderung 3: Die Küste hinunter nach Paúl do Mar

Eindrucksvoller Abstieg auf einem alten Verbindungspfad die Küste hinunter in den Fischerort. Keine besonderen Schwierigkeiten, aber schwindelfrei sollte man schon sein, denn die Kehren der Serpentinen führen häufig bis an den Steilküstenrand.

Anstrengender, kurzer und schattenloser Weg. Hinunter gut 1 Stunde, Aufstieg etwas länger, ca. 550 Höhenmeter, man kann aber ein Taxi nach Paúl do Mar bestellen und hinauffahren. Wanderstiefel und -stöcke tun gute Dienste. Kleidung nach Jahreszeit, im Sommer Sonnenschutz für den Kopf nicht vergessen. Bei feuchter Witterung ist der Weg ungeeignet.

Die Wanderung beginnt unterhalb von Prazeres am Hotel Jardim Atlântico, dort gibt es reichlich Parkmöglichkeiten. Schon vom Parkplatz aus lassen sich die imponierenden, an der gegenüberliegenden Schluchtwand sich hochziehenden Terrassenkonstruktionen und die wie Ziegenpfade wirkenden Verbindungswege dazwischen gut erkennen.

Der Weg ist ausgeschildert mit „Vereda do Paúl", er führt zunächst betoniert und mit Straßenlaternen gesäumt an Apartmenthäusern vorbei. An der ersten Treppe geht es rechts hinunter, wo Sie zum alten gepflasterten Verbindungsweg gelangen. Nach ca. 10 Minuten erreichen Sie eine Bank an einem besonders schönen Aussichtsplatz. Der Blick geht hinüber zu den kargen Felsen mit ihren Terrassen und hinunter zu den im dichten Grün liegenden Fischerdörfern Jardim do Mar und Paúl do Mar. Es geht in Kehren immer weiter die Küste hinunter, und der Blick in die Schlucht der Ribeiras Seca und Cova wird immer imposanter. Auf einer Brücke wird der Ribeira Seca überquert, seine Umgebung mutet tropisch an. Noch wenige Minuten geht es bergab, und dann ist Paúl do Mar erreicht. In einem der Fischlokale, siehe Ortsbeschreibung S. 137, kann man sich von den Anstrengungen erholen. Zurück geht es auf demselben Weg.

Weiter nach Westen

Die Zersiedlung der Landschaft nimmt hinter Prazeres langsam und kontinuierlich ab. Auch die angebauten Kulturen ändern sich – Kartoffel- und Gemüsefelder statt tropischer und subtropischer Früchte dominieren hier. Sie sind ein Zeichen für die Veränderung des Klimas. Oberhalb der Straße, die auf ca. 500 bis 600 m Höhe entlangführt, überwiegt Forstwirtschaft. Zwischen großen Waldflächen fallen immer wieder kahl geschlagene Stellen und Eukalyptusanpflanzungen auf. So manches Mal hat wohl auch ein Brandstifter zugeschlagen (siehe S. 216). Längs der Straße sorgen kleine Stände mit Obst und Gemüse für Proviant. Ab und zu steht ein Grill daneben, und Fleischspieße schmoren über Holzkohlefeuer.

▸ **Senhora do Amparo:** Oberhalb des Dörfchens liegt die kleine, sehr nette Ferienhausanlage von Annemarie und Martin Schibli-Walraven.

• *Übernachten* **Bungalows d'Amparo,** das engagierte Schweizer Ehepaar hat 4 sehr hübsche, großzügige Ferienhäuser im typischen Stil der Gegend auf das eigene Grundstück am Waldrand gebaut. Alle haben eine eigene Terrasse und Garten. Im Gemeinschaftsgarten wachsen Obstbäume und Blumen. Die Häuser, ideal für 2 Personen, sind mit Wohnraum, Küche, Bad und Schlafzimmer einfach, freundlich und komplett ausgestattet. Auf dem Schlafsofa können eine 3. und 4. Person nächtigen. Weil es insbesondere in den Wintermonaten hier oben auch einmal kühler werden kann, verfügt jedes Haus über eine Heizung. In unmittelbarer Umgebung haben die Besitzer Spazier- und Wanderwege entdeckt. Ihre Kenntnisse geben sie gern an die Urlauber weiter. Mindestübernachtungsdauer 7 Tage. Pro Übernachtung bei 2 Personen ab 48 €. Sítio do Amparo, 9385 Ponta do Pargo, ✆/℻ 291-882416, www.fewo-direkt.de.

▸ **Ponta do Pargo:** Den westlichsten Zipfel markiert ein einsam auf weiter Flur stehender Leuchtturm. Oberhalb des Leuchtturms, aber unterhalb der Nationalstraße liegt das gleichnamige Dorf, eine Streusiedlung. Das häufig raue Wetter macht die Landwirtschaft nicht leicht, ausgeglichen wird dieser Nachteil durch relativ große, ebene Flächen. Tiefe Schluchten gibt es hier nicht, so entfällt der mühevolle Terrassenanbau. Unterhalb der Landstraße wirkt die Landschaft, abgesehen von den Feldern, eher karg, oberhalb ist die Gegend bewaldet.

• *Übernachten* **** **Residencial O Farol,** neues, gepflegtes, kleines Hotel am Ortsrand. 10 DZ mit modernen Bädern; Gemeinschaftsräume und ein Restaurant. Innen dominiert moderner Landhausstil. Hier kann man fernab der Touristenzentren total entspannen. Im hauseigenen Restaurant werden madeirische und vegetarische Gerichte serviert. DZ 40 €. 9385 Ponta do Pago, Concelho da Calheta, ✆ 291-880010, 📠 291-880019, www.residencialofarol.pt.vu.

Oberhalb von Ponta do Pargo liegt eine kleine Pension mit Restaurant an der Straße: **Residencial A Carreta,** 6 einfache, saubere, kleine Zimmer, alle mit Bad. Recht nett, aber mit 45 €/Nacht zu teuer. Vermutlich senkt der Wirt den Preis, wenn es konkret wird. Lombada Velha – Ponta do Pargo, ✆ 291-882163.

• *Essen* In der **Casa de Chá** am Aussichtspunkt sowie in den **Residenciales O Farol** und **A Carreta** kann man dem Standard entsprechend speisen.

Sehenswertes: Miradouro, ein Aussichtplatz (an der Landstraße ausgeschildert) direkt oberhalb der Steilküste mit weitem Blick auf Meer und Küste. Gleich daneben steht das einzige Haus in diesem einsamen, windigen Landstrich, die **Casa de Chá.** Nicht nur ein Teehaus, wie der Name nahelegt, sondern ein kleines, gemütliches Restaurant mit Terrasse, in dem madeirische Küche zu mittleren Preisen serviert wird. Zum nächsten Besuchspunkt müssen Sie nicht zurück zur Landstraße, sondern können die Straße an der Steilküste entlang nehmen. Auch der westlichste Leuchtturm Madeiras, der **Farol,** liegt einsam am Rand der Steilküste. Lohnend ist sein Besuch vor allem wegen der Ausstellung, in der es Seekarten und Fotos der alten und neuen Leuchttürme Madeiras zu sehen gibt.

Öffnungszeiten Täglich 9.30–12 und 14–16.30 Uhr, Eintritt frei.

Wandern: Levada Calheta – Ponta do Pargo, ein 40 km langer Kanal mit dem typischen Wartungsweg ist ein idealer, einfacher Wanderweg, den man auch ohne weitere Hinweise nutzen kann. Es gibt keine merklichen Steigungen. Der Weg schlängelt sich mit der Levada durch alle Schluchten und an allen Bergrücken entlang. Teilweise führt er durch lichte Kiefern-, Akazien- und Eukalyptuswälder, teilweise über freies Feld; Blumen säumen den Wegrand. Überall dort, wo die Levada auf die Straße trifft, kann man parken und ein beliebig langes Stück hin- und wieder zurücklaufen. Die Gesamtstrecke beträgt 40 km, aber etwas weniger tut's auch.

Detaillierte Beschreibungen der Wege finden Sie in den auf S. 68 genannten Wanderführern.

▸ **Seilbahn von Achadas da Cruz:** Ein echtes und bei dem abgelegenen Platz völlig unvermutetes Abenteuer kann man unterhalb von Achadas da Cruz erleben. Man folgt an der Straßenkreuzung im Ort den Ausschilderungen „Teleférico" und „Miradouru", fährt durch eine unspektakuläre Landschaft gemächlich nach unten und steht dann plötzlich vor einer Seilbahn an einem Aussichtspunkt am Rand der Steilküste. Der Aussichtpunkt zeigt, wohin die Reise geht: zu einer Faja, einem flachen, fruchtbaren Küstenstreifen unterhalb der hier senkrecht abfallenden Felsen. Die Seilbahn dient in erster Linie dazu, die Menschen, die dort ihre Felder bearbeiten, hinunter- und hinaufzubefördern. Sie steht aber auch Urlaubern, die sich trauen, offen. Es geht über mehrere hundert Meter fast senkrecht an den Felsen hinab. Unterwegs kommt man an Vogelkolonien vorbei, die sich die Felsvorsprünge als Heimat ausgesucht haben. Unten kann man sich die Felder anschauen und ein wenig an der Küste entlangspazieren.

Fahrtzeiten Mo–Fr 8–9 und 13–20 Uhr, Sa/So/Feiertage 7.30–8 und 13–20 Uhr. Fahrtpreis 3 €.

Porto Moniz: beliebter Familienbadeort für Einheimische

Nordwestküste

Steilküste, so weit das Auge reicht, wild und schroff und trotzdem grün von Wäldern. Lorbeerbäume und Baumheide klammern sich an die Felsen und überziehen sie mit einem buschigen, grünen Pelz bis in die Gischtzone des anbrausenden Meeres. Wasserfälle stürzen aus großer Höhe hinab und ergießen sich in die Brandung. Quellen sickern aus dem Gestein, überziehen es mit Moosen, Farnen und Lilien. Eine Fahrt entlang der Nordküste zwischen Porto Moniz und São Vicente und weiter bis in den Nordosten nach São Jorge ist ein grandioses Naturerlebnis. Den vollkommenen Kontrast dazu bildet das breite, liebliche Tal von São Vicente.

So viel ungebärdige Natur ließ und lässt den Menschen wenig Lebensraum, und so gibt es, vom geschützt im Tal liegenden São Vicente abgesehen, nur drei Orte an der Küste. Zwei davon, **Seixal** und **Porto Moniz,** drängen sich auf ins Meer ragenden Landzungen, deren sanft ansteigende Hänge die Anlage von Terrassenfeldern ermöglichten. In der Schlucht des **Ribeira da Janela** liegt der gleichnamige Weiler. Vereinzelte Gehöfte verstecken sich in engen Seitentälern. Häufig weisen Schilder mit der Aufschrift „TR" (Turismo Rural) auf blauem Untergrund mit grünem Baum dorthin. Sie zeigen an, dass hier ein Zimmer oder gar ein altes Bauernhaus an Feriengäste vermietet wird.

Leicht hat es die Landschaft den wenigen Menschen, die sich hier niedergelassen haben, nie gemacht. Rund um Seixal und Porto Moniz sind auf jedem halbwegs flachen Bodenstück Felder angelegt. Terrassen, kaum breiter als ein Handtuch, ziehen sich die Hänge hinauf. Längs der Küstenstraße wurden gar nur wenige Fuß breite Terrassen aus dem Fels geschlagen und mit Wein bebaut. Bedrückt hat die Menschen aber nicht nur die harte Arbeit, sondern ebenso die Abgeschiedenheit, in der sie gefangen waren – Porto Moniz und Seixal waren über Jahrhunderte nur mit dem Schiff zu erreichen. Erst Ende des 19. Jh. wurde ein Weg über die Hochebene nach Porto Moniz gebaut. Es vergingen noch einmal fünf Jahrzehnte bis zum Bau der alten Küstenstraße. Sie vermittelt noch heute einen guten Eindruck davon, wie es gewesen sein muss, die Fahrbahn mit einfachsten Mitteln, mit Brechstangen und Pickel, aus dem harten Fels zu hacken. Fotos in den Hotels von Porto Moniz zeigen die Bauleute, wie Akrobaten angeseilt, bei der Arbeit. Zahlreiche Wasserfälle machten den Bau von Umgehungstunneln nötig. Erst in den letzten Jahren folgte der Bau einer modernen Landstraße, die wohl allen EU-Normen gerecht wird. Weil an der Küste kein Platz für sie zu schaffen war und weil sie dort die Naturschönheiten beeinträchtigt hätte, verläuft sie durch mehrere Tunnel im Fels. Ein weiterer Vorteil dieser Bauweise ist, dass die alte Steilküstenstraße weitgehend erhalten blieb und so kann, wer möchte, noch die alte Straße (antiga ER 101) nehmen und aus der Fahrt ein Naturerlebnis machen. Allerdings wurden die wildesten Passagen entschärft oder gesperrt, auch ist die Straße heute nur noch einspurig von São Vicente nach Porto Moniz befahrbar. Aber selbst unter diesen Bedingungen kann man sich vorstellen, wie sich wohl gerade die Urlauber gefühlt haben, wenn ihnen hier – womöglich in einem der unbeleuchteten, immer für eine Extradusche guten Tunnel – ein Bus entgegenkam.

Für auswärtige Urlauber ist die Nordwestküste als Ferienstandort fast ein weißer Fleck auf der Landkarte. In den letzten Jahren sind aber in allen Orten nette, kleine Pensionen und Apartmenthäuser gebaut worden. Porto Moniz, schon seit langem bevorzugtes Ferienziel der Madeirer, wurde gar zu einem richtigen Familienbadeort. Für Individualisten ist die Nordküste, insbesondere im Sommer, der richtige Tipp.

Das Tal von São Vicente

Vom Encumeada-Pass nach Westen weitet sich ein herrliches Tal zu einer der landschaftlich reizvollsten, lieblichsten und grünsten Zonen Madeiras. Terrassen ziehen sich die Hänge hinauf, darüber wachsen Pinien und der dunkelgrüne Laurazeenwald. Auf dem Talgrund plätschert der Ribeira de São Vicente, an seinem Lauf wächst Schilfrohr. Brücken führen hinüber und verbinden die kleinen gepflegten Ansiedlungen auf beiden Seiten. Überall wachsen Blumen am Straßenrand und auf den Wiesen. Pappeln setzen markante Zeichen zwischen sanften Hügeln. In Richtung Zentrum schimmern blau die Gipfel der Insel. Auf dem Weg vom Encumeada-Pass hinunter taucht man in Wälder ein, auch hier grünt und blüht es am Straßenrand – weiß und kräftig blau die Lilien, zartblau die Hortensienbüsche, lilablau der Natternkopf, Madeiras Stolz, rosa blüht der Oleander, andere Blumen setzen gelbe und rote Akzente. Schöner ließe sich kaum ein Park anlegen. Unterhalb des Passes liegt ein beliebter Waldrastplatz mit Grillstellen, am Wochenende ist es hier rappelvoll mit madeirischen Großfamilien, die mit viel Wein und Musik feiern. Direkt unterhalb hat man von einem kleinen Aussichtsplatz einen herrlichen Blick ins Tal. Ihn können aber nur die Urlauber genießen, die sich Zeit lassen und die alte Landstraße nehmen. Auch das Tal von São Vicente hat eine neue, schnellere Verbindung bekommen. Ein mehr als 3 km langer Tunnel führt unter dem Pass hindurch, und die anschließende Landstraße durchschneidet Terrassen, Wälder und den Talgrund. Wenn Sie es eilig haben, nutzen Sie die neuen Verbindungen, wenn nicht, empfiehlt sich ein Autobummel auf der alten Strecke hinauf oder hinunter.

Weitere Beschreibung ab Encumeada-Pass im Landschaftsteil Zentralgebirge ab S. 220.

São Vicente

Die schroffe, raue Steilküste des Nordens wird bei São Vicente von einer breiten Flussmündung unterbrochen. Eine moderne, stählerne Brücke überspannt sie. Dahinter zieht sich das breite und fruchtbare Tal bis hinauf zum Encumeada-Pass im Zentrum der Insel. Das geschlossen wirkende Dorf drängt sich im Tal hinter einem Felsmassiv und ist einen Abstecher wert.

Mitten im Flussbett des Ribeira de São Vicente steht an einen Felsen gedrückt eine dem *heiligen Vinzenz* geweihte Minikapelle. Ihm sind auch Fluss und Dorf geweiht. Der Überlieferung nach soll der Märtyrer bei Valencia von einem Schiff aus mit einem Mühlstein beschwert ins Meer geworfen worden sein. Die Wellen spülten seinen Leichnam aber wieder an den Strand, wo er dann, nach diesem Fingerzeig Gottes, ein ordentliches Begräbnis erhielt.

Direkt an der Küste befindet sich mit Hotels und Ausflugsrestaurants der touristische Teil von São Vicente. Früher lebten hier lediglich die Fischer. Das Dorf selbst liegt geschützt vor dem rauen Meeresklima auf der Rückseite des Felsmassivs. Der Verkehr muss draußen bleiben, es gibt ausreichend Parkplätze außerhalb des Ortes.

Verbindungen

Mit dem Pkw: Die neue, tunnelreiche ER 101 verbindet São Vicente mit Porto Moniz. Die abenteuerliche, wildromantische Küstenstraße (antiga ER 101) kann noch in vielen Passagen als Alternative gewählt werden. Durch das Tal führt die gut ausgebaute ER 104 per Tunnel unter dem Encumeada-Pass hindurch und weiter nach Ribeira Brava bzw. zur Autobahn. Wer das Landschaftserlebnis sucht, wählt die alten Straßen, ab São Vicente über Grutas und dann auf der ER 228 über den Encumeada-Pass.

Öffentliche Busse fahren São Vicente aus allen Richtungen an, es gibt aber nur wenige Abfahrten täglich:

Linie 6 der Gesellschaft Rodoeste ab/bis Funchal 3-mal täglich, Fahrtzeit 2 ½ Std.

Linie 139 der Gesellschaft Rodoeste macht 1-mal täglich eine Rundfahrt ab Funchal um die Westküste, sie fährt über São Vicente weiter nach Porto Moniz.

Taxis: Stand an der Kirche, ✆ 291-842238.

Übernachten

Pensão Praia Mar, an der Küstenstraße in Richtung Porto Moniz, die hier Promenadencharakter hat. Neueres, hübsch eingerichtetes Haus mit 20 großen Zimmern, alle mit Bad und TV. Restaurant und Bar im Haus. Die Zimmer mit Meerblick haben höhere Preise, inkl. Frühstück 35–45 €/DZ, als EZ 27,50–35 €. HP und VP möglich. Sítio do Calhau, 9249 São Vicente, ✆ 291-842383, 📠 291-842749.

Estalagem do Mar, moderne, große und ziemlich luxuriöse Ferienanlage an der Küste. Flache Bauweise mit viel Glas. Zwei Restaurants, Bar, mehrere Innen- und Außenpools, Sonnenterrassen, Sauna, Tennisplatz usw. 70 sehr komfortable Zimmer und 8 Suiten. Inkl. Frühstück je nach Saison 25–50 €/Person, Ermäßigungen für Kinder. Im Katalog von Neckermann, LTU-Reisen und Olimar. Rua dos Juncos, Fajã da Areia, 9240 São Vicente, ✆ 291-840010, 📠 291-840019, www.estalagemdomar.com.

• *In der Umgebung* Im Tal von São Vicente liegen mehrere schöne Landhotels und Landhäuser, die zu Ferienhäusern umgebaut wurden, z. B. **Casa da Piedade.** Umgebautes Landhaus aus dem 18. Jh. inmitten eines großen Gartens. 7 großzügige Zimmer, alle mit Bad, Klimaanlage und Satelliten-TV. Kaminzimmer, Bar und eine gemeinsame Küche. 15 Minuten Fußweg bis São Vicente. DZ etwa 60 €, EZ 45 €. Sitio de Laranjel, 9240–031 São Vicente, ✆ 291-846042, 📠 291-846044. Sie finden dieses und weitere Häuser unter: www.madeira-rural.com und im Programm der Reisebüros auf S. 19.

Dem heiligen Vinzenz geweiht: São Vicente

Essen

Die größeren Restaurants befinden sich an der Küstenstraße und wenden sich vor allem an die Urlauber auf Inselrundfahrt. Die oben genannten Unterkünfte verfügen daneben über mindestens ein Restaurant, das an Ausstattung, Angebot und Preis dem Standard der Unterkünfte entspricht.

• *An der Küste* **Caravela,** an der Küstenstraße neben der Pensão Praia Mar. Solides Restaurant mit Terrasse, serviert werden u. a. preisgünstige Tellergerichte.

Quebra Mar, auffälliger, großer Neubau, mit prächtigem Panoramafenster zum Meer. An der Küstenstraße, wendet sich in erster Linie an Gesellschaften von Inselrundfahrten. Für Individualreisende relativ teuer.

Calamar, Restaurant und Bar mit großzügiger Terrasse. Für das Calamar spricht eine Meerwasserbadeanlage (s. u.) vor dem steinigen Strand. Es liegt an der ER 101 in Richtung Ponta Delgada, neben dem Estalagem do Mar.

• *Im Ort* **Ferro Velho,** mit Terrasse, in einer ruhigen Seitenstraße. Komplette Gerichte mit Fleisch und Fisch, mittlere Preise.

Estoril, Bar/Cafeteria/Restaurant, ebenfalls mit Terrasse, gegenüber der Kirche. Kuchen und kleine Gerichte.

Einkaufen/Adressen/Fest

• *Einkaufen* Es gibt einen **Supermarkt** in der Nähe des Hauptplatzes.

• *Adressen* **Bank,** im Dorfzentrum.

Gesundheitszentrum, im Ort mit 24-Stunden-Dienst, ✆ 842555.

Apotheke, Sítio da Vila, im Dorfzentrum.

• *Feste* In der letzten Augustwoche **Fest des Schutzheiligen São Vicente,** mit geschmückten Straßen und umfangreichem Programm.

Sehenswertes

São Vicente ist einer der wenigen geschlossenen Orte an der Nordküste. Ihn zu durchstreifen dauert kaum mehr als zehn Minuten, wenn man die ruhige, harmonische Ausstrahlung nicht noch bei einem Kaffee oder einem Essen genießen möchte. Vom Kirchplatz zweigen die wenigen schmalen, steingepflasterten Gassen ab. Treppen führen in die oberen Ortsteile. Hübsch und gepflegt wirkt alles, Blumen schmücken Straßen, Plätze und Häuser. Obwohl Ausflugsbusse bei São Vicente halten, wirkt es kein bisschen touristisch – aufdringlicher Kommerz fehlt hier völlig.

Das Fest kann beginnen

Auffälligstes Gebäude ist auch hier die **Kirche.** Ihr Bau geht auf das 17. Jh. zurück. In das Mosaikpflaster vor dem Eingang sind die Erkennungszeichen des heiligen Vinzenz, ein Schiff und zwei Raben, eingelassen. Barocke Elemente schmücken den Innenraum: Gemälde, Fliesenbilder und vergoldete Schnitzereien am Altar. Beachtenswert ist auch hier die bemalte Holzdecke, von dort oben segnet der Namenspatron seine Gemeinde.

Sehr empfehlenswert ist ein Besuch der **Grutas de São Vicente.** Bei diesen auf Madeira einmaligen Höhlen handelt es sich um Vulkanröhren, deren Alter auf 400.000 bis 800.000 Jahre geschätzt wird. Sie entstanden, nachdem die Lava an der Oberfläche bereits erkaltet und erstarrt war, während im Inneren noch glühend heißes Magma abfloss. Heute sprudeln kleine Bäche durch einige Röhren, sie entwässern die Paúl da Serra, an anderen Stellen haben sich Seen gebildet. Die Führung durch die Grutas wird von klassischer Musik begleitet, die Abschnitte sind wirkungsvoll ausgeleuchtet. Kapuzenanorak und Gummistiefel tun gute Dienste, aber auch ohne diese Schutzkleidung sollte man den Besuch nicht versäumen, obwohl er eine etwas feuchte Angelegenheit ist. Es tropft von oben, manchmal durchschreitet die Gruppe auch einen kleinen Wasserfall. Führungen finden etwa alle 20 Minuten statt. Den Besuch der Grutas kann man mit dem Informationsprogramm im **Volcaniccenter** verbinden. Eine Ausstellung und zwei Filme informieren über den atlantischen Vulkanismus, insbesondere über die Entstehung Madeiras. Einer der Filme lässt die Zuschauer, als seien sie selbst winzige Magmateilchen, mit Hilfe einer 3D-Animation einen Vulkanausbruch nachvollziehen.

• *Anfahrt* Etwa 500 m hinter dem Ort liegen im Tal die Grotten (ausgeschildert), großer Parkplatz an der Straße.

• *Öffnungszeiten/Eintritt* Tägl. 9–19 Uhr, erste Führung um 10 Uhr, Dauer des gesamten Programms ca. 1 Std., Erwachsene 8 €, Kinder 6 €, unter 5 Jahren frei.

▶ **Baden:** Auf Grund des steinigen Strandes und der heftigen Brandung vor São Vicente ist ein Bad im Meer nicht empfehlenswert. Aber am Restaurant Calamar (in Richtung Ponta Delgada) gibt es eine große Badeanlage mit Schwimmbad und einem großen Meerwasserbecken, in das die Wellen rauschen. Sonnenterrassen, Umkleideräume und ein Restaurant mit Bar machen sie zu einem angenehmen Aufenthaltsort.

Eintritt Kinder 1 €, Erwachsene 2 €.

Seixal

Malerisch auf einer halbrunden, hügeligen Landzunge liegt, umspült vom Atlantik, das Dorf Seixal. Überall, wo sich in der Umgebung Terrassen anlegen ließen, wird Wein angebaut.

Die Häuser von Seixal stehen in gepflegten Blumen-, Obst- und Weingärten. Am östlichen Ende der Landzunge liegt ein kleiner Hafen mit Mole, an der die wenigen Fischerboote schaukeln. Vom Hafen aus kann man mit wenigen Schritten die neue Badeanlage mit von Lavafelsen eingerahmtem Naturschwimmbecken erreichen, eine Cafeteria rundet einen Badetag dort ab, der Eintritt ist frei. Die Verbindungsstraße São Vicente–Porto Moniz führt oberhalb an Seixal vorbei. Für einen Abstecher in den Ort folgt man dem Hinweisschild „Cais“ und fährt an den schönen Häusern und Gärten, in denen Papayas, Palmen und Blumen um die Wette wachsen, vorbei zum Hafen. Nur wenige Orte auf Madeira strahlen so viel Ruhe und Harmonie aus wie Seixal. Kein Wunder, dass sich im Dorf ein wenig Tourismus in kleinen, z. T. sehr schmucken Landhotels entwickelt hat.

Nordwestküste
Karte Umschlagklappe hinten

Verbindungen

Mit dem Pkw: Seixal liegt auf halber Strecke zwischen São Vicente und Porto Moniz. Mit dem eigenen fahrbaren Untersatz erreicht man es über die Küstenstraße ER 101.

Mit dem öffentlichen Bus: Über die Linien, die die beiden größeren Orte miteinander verbinden, siehe São Vicente oder Porto Moniz.

Taxis: In São Vicente, ✆ 291-842238.

Übernachten

Estalagem Brisa Mar, direkt am Hafen, mit Restaurant und Bar. Komplett renoviertes kleines Hotel. Alle Zimmer sind geräumig, sehr gut möbliert und mit neuen Bädern, Klimaanlage und Heizung ausgestattet. Mehrere Zimmer haben einen Balkon zum Hafen. Inkl. Frühstück 40 €/DZ. Sítio do Cais, 9270 Porto Moniz-Seixal, ✆ 291-854476, ℻ 291-834477.

Alojamento Sol Mar, schönes, neueres Haus im oberen Ortsteil. 6 große, sehr hübsch mit Holz- und Korbmöbeln eingerichtete Zimmer. Mit eigenem Bad und Balkon oder Terrasse. Ein Zimmer mit Küche. Inkl. Frühstück 50 €/DZ, DZ mit Küche 60 €. Porto da Ponte, 9270 Porto Moniz-Seixal, ✆ 291-854854, ℻ 291-854855. Leserkommentar: Sehr empfehlenswert, große Zimmer, preisgünstig (wir hatten einen Sonderpreis), überaus freundlich, gutes Restaurant.

Casa das Videiras, eines der stilvollsten, älteren Häuser von Seixal, mit 4 Zimmern, sehr ruhig in einem Garten mit großen Bäumen gelegen. Das Haus wurde luxussaniert und exklusiv mit Antiquitäten eingerichtet. Den Gästen stehen neben ihren Zimmern, selbstverständlich alle mit Bad, das Esszimmer, der Salon und eine gemeinsame Küche zur Verfügung. DZ 60 €, als EZ 50 €. Einen ersten Eindruck kann man sich, wie auch von weiteren schönen Landhotels, über www.madeira-rural.com oder über Reisebüros, siehe S. 15, im Internet verschaffen und auch reservieren.

Essen/Feste

- *Essen* **Brisa Mar,** großes Restaurant, von den Fenstern schöner Blick auf die Küste. Abwechslungsreiche Karte mit Fisch- und Fleischgerichten. Suppen ab 2,50 €, Hauptgerichte ab 6 €.

Sol Mar, im oberen Ortsteil, Restaurant mit umfangreicher Speisekarte. Sehr unterschiedliche Resonanz: Einige Leser waren voll des Lobes, andere weniger.

- *Feste* Im Januar Fest für den Schutzheiligen des Ortes, **Santo Antão,** in der zweiten Augusthälfte für die **Inselschutzpatronin,** mit Festessen, Tanz und Musik.

▸ **Baden:** Neue Badeanlage am Hafen, s. o. Am westlichen Ortsrand liegt der mit „Praia" ausgeschilderte Strand. Längs der Strandbucht verläuft eine mit Palmen bestandene Promenade. Den Strand aber bilden, wie fast überall auf Madeira, grobe Kiesel mit ein wenig Sand dazwischen.

Sehenswertes in der Umgebung

Chão da Ribeira

Ein tiefer Einschnitt in der Steilküste macht den Weg frei in das schmale, langgezogene, üppig grüne Tal Chão da Ribeira. Es liegt malerisch zwischen gewaltigen, bewaldeten Felswänden. Mehrere Quellen entspringen hier, unterwegs lassen sich deshalb gut die Wasserflaschen auffüllen. Selbstverständlich wird das Tal landwirtschaftlich genutzt: Während im unteren Bereich Weinreben gedeihen, werden im oberen Tal die unterschiedlichsten Gemüsesorten angebaut und Obstbaumplantagen gepflegt. Wenn die Einheimischen nach dem schönsten Ausflugziel gefragt

Vom Atlantik umspült: Seixal

Die ältesten Lorbeerbäume stehen auf dem Fanal

werden, schwärmen sie immer wieder von diesem Ort, den sie auch „madeirische Schweiz" nennen. Entsprechend überlaufen kann es hier an manchen Sonntagen sein. Die Zufahrten in das Tal liegen am östlichen und westlichen Ortsrand von Seixal. Ein viel gelobtes Restaurant und mehrere Picknickplätze machen einen Abstecher vollkommen.

Essen **Restaurant Casa do Pasto Justinião,** uriges Haus, in dem hervorragende Fischgerichte serviert werden. Hauptspeisen ab 7 €. Unbedingt probieren sollten Sie auch den hausgemachten Poncho.

Ribeira da Janela/Fanal

Der Zugang zum Fanal (siehe Beschreibung S. 226) liegt im Einschnitt des Ribeira da Janela mit seinem schön geformten Felsen vor der Küste. Der Felsdurchbruch, Janela (Fenster) genannt, gab dem Fluss und dem Ort seinen Namen. In der Mündungsbucht steht ein Minikraftwerk. Der Fanal ist ein beliebtes Ziel für den Sonntagsausflug mit der Großfamilie. Mit Grillfleisch und Picknickkörben bepackt geht es hinauf. Wenn Sie dazu auch Lust haben, hier die Wegbeschreibung:

Den Ort Janela da Ribeira, eine Streusiedlung, sieht man – abgesehen von einigen Kneipen im Talgrund – erst, wenn man die Straße ER 209 hinauffährt. Er liegt zwischen Gemüse und Weinterrassen am östlichen Steilhang der Schlucht. Die Straße gewinnt schnell an Höhe. Hinter den Häusern grünt und blüht es am Wegesrand: Farne, Wacholder, Ginster, Lilien und Hortensien, später gesellen sich Pinien und Zypressen, Baumheide und Lorbeerbäume dazu. Nach gut 10 km liegt auf der rechten Straßenseite ein Rastplatz, von dem man einen Tiefblick in die Schlucht des Ribeira da Janela riskieren kann. Nach 12 km ist ein großer Parkplatz erreicht. Gegenüber gibt es Grillöfen, Spiel- und Sportplätze. Nach rechts biegt ein Weg zum Posto Forestal ab, zum Forsthaus. Geht man diesen Weg ein Stückchen geradeaus und am Forsthaus vorbei, erreicht man einen sehr schönen Platz mit Grillofenhäuschen. Die knorrigen Gestalten oberhalb sind die ältesten Lorbeerbäume Madeiras. Rundherum zeigen kahle Flächen, wie weite Teile des Fanals aussahen, bevor diese Zone zum Naturschutzgebiet erklärt wurde. Mit und ohne Picknick bietet sich hier die Wanderung 18 an, deren Länge Sie selbst bestimmen können und die Sie zu fantastischen Aussichtspunkten führt (Beschreibung S. 227).

• *Campingplatz* Nur wenige Schritte von der Küste entfernt, an der alten ER 101 ausgeschildert. Beim Besuch im Juni 2006 war er noch nicht eröffnet. Er scheint für Caravans und nicht für Zelte gedacht zu sein, denn er besteht aus einem gepflasterten Parkplatz mit Toiletten- und Waschhaus.

Porto Moniz

Vor wenig mehr als zehn Jahren noch ein kleiner Fischer- und Bauernort, hatte sich Porto Moniz dank dem größten natürlichen Felsenschwimmbecken der Insel bald zu einem beliebten Badeort für madeirische Familien entwickelt. Heute verfügt der Ort über die höchste Bettenzahl des Nordens in der unteren und mittleren Preiskategorie. Promenaden, ein Aquarium und ein Themenmuseum ergänzen das Angebot für Urlauber.

Vulkanische Schlackenbänder formten sich vor hunderttausenden von Jahren zu einem großen Halbrund vor der flachen Küste, sodass fast völlig ohne bauliche Ergänzungen ein Badeparadies entstand. Einfache, preiswerte Unterkünfte machen neben Quartieren mittleren Standards ein paar Tage Urlaub auch für Familien mit geringem Einkommen erschwinglich.

Das Dorf Porto Moniz hat eine wechselvolle Geschichte hinter sich. 1533 wurde Francisco Moniz, einem adeligen Landherrn von der Algarve, die Gegend als Lehen zugesprochen. Er gründete den Ort unten auf der Landzunge. Häufige Piratenüberfälle machten das Leben dort zu unsicher, deshalb zogen die Bewohner im 17. Jh. den Hang hinauf. Heute verlagert sich das Leben mit der zunehmenden Urlauberzahl wieder nach unten. Aber noch besteht Porto Moniz aus zwei Teilen, dem offiziellen Zentrum auf knapp 100 m Höhe – hier liegen die Kirche, der Laden, das Gesundheitszentrum und die Bank – und dem flachen Küstenhalbrund mit kleinem Hafen, Badeanlagen, den Urlauberunterkünften, Restaurants und einigen Wohnhäusern. Nach Massentourismus riecht es aber kein bisschen, eher nach einem ruhigen Badeort. Einige Familien im Ort leben inzwischen ganz vom Tourismus, aber die meisten sind noch immer Bauern. Weinfelder ziehen sich, von Baumheidehecken geschützt, zwischen den Häusern den Hang hinauf. Viele Felder, die von Porto Moniz aus bewirtschaftet werden, liegen auch oberhalb in Richtung Hochebene, in der Nähe des Weilers Santa Maria und im Tal des Ribeira da Janela. Auch Viehwirtschaft auf der Hochebene von Fanal und Paúl da Serra spielt eine wirtschaftliche Rolle.

Porto Moniz ist für Individualisten eine gute Alternative, zumindest für ein paar Tage im Sommer. Man kann hier wunderbar baden, und mit den Hochebenen, dem faszinierenden wasser- und waldreichen Rabaçal und den tiefen Schluchten in der Umgebung liegen hervorragende Wandergebiete in gut erreichbarer Nähe. Einen Leihwagen sollte man für Urlaubstage in dieser Gegend schon haben, denn die öffentlichen Verkehrsverbindungen sind mehr als mager. Am schönsten ist Porto Moniz im Sommer. Im Winter drücken häufig regenreiche Wolken gegen den Berghang und machen das Dorf feucht und ungemütlich.

Badeanlage von Porto Moniz

Auch in Porto Moniz wurde viel investiert, um den Ort attraktiver zu gestalten und den Tourismus als wirtschaftliches Standbein zu festigen (siehe Sehenswertes).

Information/Verbindungen

- *Information* Das helle, neue Gebäude der Touristeninformation mit reichhaltigem Angebot an Informationsmaterial, Büchern über Porto Moniz und einer Liste der Quartiere im Ort usw. liegt in Hafennähe. Die Angestellte war sehr freundlich und hilfsbereit. Geöffnet Mo–Fr 10–15.30 Uhr.
- *Verbindungen* **Mit dem Pkw** ist Porto Moniz über die abenteuerliche alte oder die gut ausgebaute neue Küstenstraße ER 101 ab São Vicente, ab Encumeada über die Paúl da Serra oder mit einer Umrundung des Westens zu erreichen.

Mit dem Bus: Nur sehr wenige Verbindungen der Gesellschaft Rodoeste mit den Linien 80 und 139. Linie 80 macht 1-mal täglich eine Rundfahrt die gesamte Westküste entlang.

Taxi: Auf dem Parkplatz beim Schwimmbad, ✆ 291-852243.

Übernachten (siehe Karte S. 153)

Porto Moniz verfügt über ein relativ großes Bettenangebot von neuen, sehr gepflegten und dennoch preiswerten Häusern der mittleren und unteren Kategorie. Zu den Apartmenthäusern und Residencias hat sich ein Drei-Sterne-Hotel gesellt, daneben gibt es auch Privatzimmer. Eine Liste der Privatzimmer ist in der Touristeninformation zu bekommen. Die Angestellte dort ist bei der Reservierung behilflich und übernimmt die Übersetzung am Telefon. Das reichhaltige Bettenangebot ist vor allem auf die hohe Zahl der einheimischen Gäste während der portugiesischen Ferien ausgerichtet. Außerhalb dieser Zeiten (Mitte Juni bis Mitte September) werden auf Nachfrage Sonderpreise angeboten.

*** **Hotel Moniz Sol (9),** neues Haus in der Nähe des Hafens, mit 46 Zimmern. Für 3 Sterne sehr komfortabel, mit modern und elegant gestalteten Räumen. 43 Zimmer mit Balkon zum Meer. Freizeit und Fitnesseinrichtungen wie Sauna, Schwimmbad, Türkisches Bad. Sehr gutes Restaurant. DZ 52–55 €, EZ 40–50 €, Kinder als 3. Person 12–15 €, HP 12,50 €. Vila, 9270 Porto Moniz, ✆ 291-850150, ✆ 291-850155, www.hotelmonizsol.com.

Euro Moniz Inn (5), ebenfalls neues Haus, in der Nähe der Promenade. Sehr modern gestaltet, 33 helle Zimmer mit Bad und Balkon. Aussichts- und Liegeterrassen, Restaurant und Hallenbad. DZ mit Balkon und Meerblick 55 €, ohne Balkon und Meerblick 50 €, extra großes Zimmer 65 €, Suite 85 €, EZ 40 €, Kinder bis 5 Jahre frei, bis 12 Jahre 15 €. Preisnachlass wurde bereits bei der Anfrage (Ende Sept.) offeriert (DZ 35 €). Vila, 9270–095 Porto Moniz, ✆ 291-850050, ✆ 291-853933, www.euromoniz.com.

In der Inseltracht läuft der Verkauf von Selbstgebasteltem besser

Apartments Costa Azul (2), das neue Haus liegt auf einer kleinen Anhöhe, deshalb bieten die Balkons, über die jedes Apartment verfügt, einen freien Blick aufs Meer. Von außen wirkt das Haus sehr modern, die gut ausgestatteten Apartments wirken eher bürgerlich. Preise je nach Saison 45–55 €/Apartment. Sítio das Pocas, 9270–095 Vila de Porto Moniz, ✆ 291-850140, ✆ 291-850149.

Apartamentos Gaivota (3), neueres Haus im Stil der Gegend, aufgepeppt mit postmodernen architektonischen Elementen, in der Nähe des Schwimmbads. Sehr unterschiedliche Wohneinheiten, alle sind sehr gepflegt und sehr gut ausgestattet, u. a. mit Satelliten-TV. Im Haus ist ein Restaurant mit Café und Bäckerei, wo die besten Kuchen angeboten werden, die wir auf Madeira aßen (Tipp!). 3 DZ, alle mit Bad und großem Balkon, 35 €, als EZ 25 €, 4 Studios (Schlafraum mit Küchenabteil) à 40 €, als EZ 30 €, ein großes Apartment für 4 Personen 60 €. Vila, 9270–095 Porto Moniz, ✆ 291-850030, ✆ 291-850041, aptsgaivota@net.sapo.pt.

Residencial Salgueiro (4), neues Haus an der hinter der Promenade verlaufenden Straße. Die Zimmer nach vorn haben einen ungetrübten Blick aufs Meer, sind aber nicht immer ruhig. Alle Einheiten sind hübsch eingerichtet und großzügig, mit Balkon und modernen Bädern ausgestattet. DZ 35 €, EZ 27,50 €. Lugar de Tenente, Vila, 9270 Porto Moniz, ✆ 291-850080, ✆ 291-850089, hotelsalgueiro@hotmail.com.

Residencial Calhau (7), mit extravagantem, modernem Design, direkt auf dem Felsen am Meer, neben dem Schwimmbad. 15 vergleichsweise einfache, aber hübsch eingerichtete Zimmer, alle mit Duschbad und Balkon. Frühstückszimmer und Gesellschaftsraum mit Panoramafenster. Inkl. Frühstück 35 €/DZ, 25 €/EZ, Dreibettzimmer 45 €. Im Katalog von Olimar. Sítio das Pocas, 9270–040 Porto Moniz, ✆ 291-853104/853704, ✆ 291-853443. Zu diesem Haus bekamen wir viele positive Leserkommentare.

Residencial Perola Do Norte (8), neues, schlichtes Haus an der Promenade, mit Bar/Restaurant. Die Zimmer sind einfach ausgestattet, haben aber alle Bad und Balkon. Inkl. Frühstück 30 €/DZ, 9270 Vila do Porto Moniz, ✆/✆ 291-185300.

Privatzimmer sind meist einfach ausgestattet und haben kein separates Bad. Ihre Preise liegen um 20 €/Tag. Die Privatzimmervermieter sprechen meist nur Portugiesisch, aber die Touristeninformation ist gern behilflich. Beispiele: **Alojamento Rodrigues,** in Meeresnähe, 9270 Vila de Porto Moniz, ✆ 291-853233, oder **Jomar-Alojamento,** im oberen Ortsteil in der Nähe der Kirche, Sítio da Igreja, 9270 Vila de Porto Moniz, ✆ 291-852278.

Jugendherberge (1), Centro de Juventude, neues, im Baustil der Gegend errichtetes Haus im oberen Ortsteil. Es stehen Mehrbettzimmer mit separaten WCs und solche mit Gemeinschaftstoiletten und -bädern zur

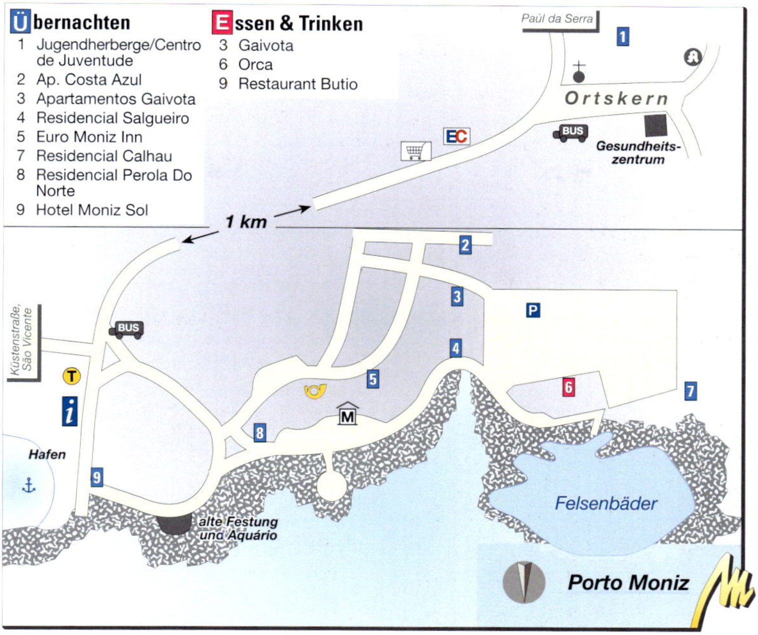

Verfügung. Pro Nacht 6–8 €, über 26-Jährige zahlen 3 € mehr. ✆ 291-853915, siehe auch Jugendherbergen, S. 20.

• *Camping* Der Zeltplatz wurde wegen der Umbauarbeiten an der Promenade nach Ribeira da Janela verlegt, siehe dort.

• *In der Umgebung* Ferienhäuser und Landhotels, siehe Madeira-Rural und Reisebüros, S. 19.

Essen/Einkaufen/Adressen/Fest

• *Essen* Das Hotel und die Mehrzahl der Residenciais verfügen über Restaurants, die meist dem Standard des Hauses entsprechen.

Restaurant Butio (9), im Hotel Moniz Sol, moderne, elegant gestaltete Räume, internationale und madeirische Küche, Hauptspeisen ab 7 €, geöffnet tägl. 8–22 Uhr.

Orca (6), direkt an den Badeanlagen. Traditionsreiches, großes Restaurant mit umfangreicher Speisekarte. Von den Fensterplätzen hat man einen schönen Blick auf die Badeanlagen. Suppen ab 2,50 €, Hauptgerichte ab 6 €. Geöffnet tägl. 12–22 Uhr.

Gaivota (3), im gleichnamigen Apartmenthaus. Kleineres, einfaches Restaurant und Café mit Terrasse. Pizza und viele Tellergerichte, eher niedrige Preise. Fisch mit Beilagen ab 6 €. Geöffnet tägl. 8–22 Uhr.

Tipp: Die allerbesten und frischesten Kuchenteilchen aßen wir auf Madeira in der **Pastelaria Marydoce,** im Haus der Apartamentos Gaivota. Besonders locker und lecker waren die Blätterteigstücke. Dort gibt es auch täglich frische Brötchen.

• *Einkaufen* Als Ziel von Tagesausflügen und als Ferienort auch für Madeirer hat Porto Moniz eine große Anzahl von gut sortierten **Souvenirgeschäften.** Die Preise sind hier niedriger als an anderen Orten.

Lebensmittel gibt es nur in einem Dorfkramladen (**Supermercado** genannt) an der Landstraße kurz vor der Kirche.

• *Adressen* **Bank,** im oberen Ortsteil nahe der Kirche.

Gesundheitszentrum, im oberen Ortsteil schräg gegenüber der Kirche, 24-Stunden-Dienst.

Apotheke, im oberen Ortsteil, an der Kirche vorbei, links in der Nebenstraße.

• *Feste* Im Juli/Aug. findet in Porto Moniz ein **Viehmarkt** statt, er ist mit allerlei Kirmesattraktionen und Tanzveranstaltungen verbunden

▶ **Baden:** In der oben beschriebenen Badeanlage, die auch über Umkleidekabinen und Liegeflächen verfügt. Kinderbecken sind abgeteilt.

Öffnungszeiten/Eintritt Tägl. 9–20 Uhr, Eintritt: Erwachsene 1,25 €, Kinder unter 10 Jahren gratis.

Sehenswertes

Eine **Promenade** mit mehreren Plätzen verbindet alle sehenswerten Punkte miteinander. Sie reicht vom Aquarío bis zur Badeanlage.

Unterwegs in Rabaçal

Das **Aquário** im alten Fort in Hafennähe illustriert in mehreren kleinen Aquarien die unterschiedlichen küstennahen Meerszonen und den Meeresgrund mit deren Pflanzen und Bewohnern. Die Attraktion aber ist ein großes, über zwei Stockwerke reichendes Becken, in dem sich ganze Fischschwärme und sogar Mantas tummeln. Die Anlage ist nicht sehr groß, da erscheint der Eintrittspreis recht hoch. Geöffnet täglich 10–19 Uhr, Eintritt 7 €.

Das Zentrum der lebenden Wissenschaft, **Centro Ciéncia Viva**, ist im neuen Ausstellungsgebäude an der Promenade beheimatet. Hier wird mittels interaktiver Ausstellungen Wissenschaft für die Besucher erfahrbar gemacht. Die Ausstellung 2005/2006 Sentir.com setzt sich mit der Bedeutung der fünf Sinne für die Kommunikation auseinander. Auch wird z. B. die Herkunft der Töne von Mensch und Tier dargestellt sowie die Beziehung zwischen den zwei universalen Sprachen Musik und Mathematik. Texte auf Portugiesisch und Englisch. Im Gebäude befindet sich ein Cybercafé. Geöffnet Di–So 10–19 Uhr. Eintritt: Erw. 5 €, Kinder 2,50 €, unter 5 Jahren frei.

Wandern

In der Umgebung liegen mit der Hochebene Fanal und der tiefen Schlucht des Ribeira da Janela gute Wandergebiete in erreichbarer Nähe. Das faszinierende wasser- und waldreiche Rabaçal lässt sich relativ schnell mit dem Pkw erreichen.

Buchtipp: Porto Moniz, Tourist Guidebook, in Portugiesisch und Englisch, herausgegeben von der Gemeindeverwaltung. Kleiner Führer zur gesamten Gemeinde mit mehreren Wegbeschreibungen, leider ohne Karten, Skizzen, Zeit- und Längenangaben und deshalb nur erfahrenen, experimentierfreudigen Wanderern zu empfehlen. Preis: 5 €.

Wanderung 4: In die Schlucht des Ribeira da Janela

Einfacher Weg längs der Levada Grande, immer auf halber Höhe in Richtung Rabaçal. Im ersten Teil von Blumen und Obstbäumen gesäumt, im weiteren Verlauf an lichten Wäldern vorbei.

10 km, 3 Stunden, kaum merkliche Steigungen, aber kein Spaziergang, denn der Weg ist im zweiten Teil nicht abgesichert, an einigen Stellen in schlechtem Zustand und manchmal rutschig. Da es auf demselben Weg zurückgeht, kann er jederzeit abgekürzt werden. Verlängerung ist auch möglich, insgesamt kann man 5 Stunden in eine Richtung gehen, aber wegen 9 zum Teil extrem langen, nassen Tunneln nicht jedermanns Sache. Kleidung je nach Jahreszeit und Wanderstiefel. Wer weiter durch die Tunnel wandern möchte, benötigt wasserfeste Kleidung und eine Taschenlampe.

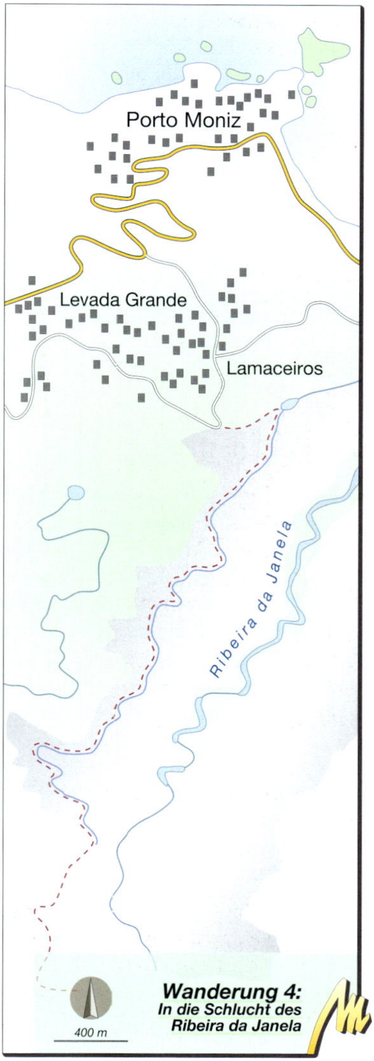

Anfahrt mit dem Bus von Porto Moniz aus möglich (Linie 150/142), aber mit knappem Zeitrahmen. Bitte vorher die genauen Zeiten in der Touristeninformation erfragen. Am Busstopp Lamaçeiros aussteigen und geradeaus in den Weiler gehen. Mit dem Pkw oberhalb von Porto Moniz nach Lamaçeiros (ausgeschildert) abbiegen und in der Nähe der Kirche parken.

Von der Kirche aus folgen Sie der Straße, im Scheitelpunkt der nächsten Kurve geht es nach links weiter, nach knapp 200 m sind Sie an einem Wasserreservoir angelangt, hier beginnt die Levada. 30 Minuten führt der Levadaweg nun breit und bequem an Blumen und Obstbäumen vorbei ins Tal hinein. Die Ausblicke sind herrlich, weiter unterhalb ist das Tal terrassiert, ganz unten auf dem Grund liegen Felsbrocken. An einem Gitter verbreitert sich die Levada, bald darauf führt sie frei am Berghang entlang, und der Weg erfordert mehr Aufmerksamkeit. Ein Seitental wird umlaufen, eine nasse Felswand umgangen. Nach gut einer Stunde reicht der Blick bis ans Ende des Tals, wo es sich in die dicht bewaldeten Schluchten von Rabaçal verzweigt. Nach knapp 90 Minuten Wanderzeit verschwindet die Levada in einem Tunnel. Zurück geht es auf demselben Weg.

Nordwestküste
Karte Umschlagklappe hinten

Grün und gepflegt: Ponta Delgada

Nordosten

Hinter São Vicente setzt sich die Steilküste mit ihrer spannenden und durch wunderschöne Landschaften führenden Küstenstraße noch bis Cabanas fort. Dann schwenkt die Straße von der Küste fort und die Landschaft verändert sich merklich. Sie ist weniger schroff, sanfte Täler statt steiler Schluchten bestimmen jetzt das Bild. Grün, grün, am grünsten ziehen sich bewaldete Hügel und Berge in Richtung Gipfel.

Hohe Niederschläge, die häufig ins Land ziehenden Wolken und die gefälligeren Landschaftsformen machen dichte Bewaldung und wogende Felder möglich. *Santana* mit seinen charakteristischen strohgedeckten Häusern ist das landwirtschaftliche Zentrum des Nordostens. Von hier aus gelangt man auf Wegen sowohl auf Madeiras Spitze, den *Pico Ruivo* mit 1861 m, als auch in die geschützten Laurazeenwälder rund um *Queimadas*. Levadas (an ihnen entlang herrliche Wanderwege) führen das Nass der Quellen und Wasserfälle in die landwirtschaftlichen Zonen. Ähnlich wie im Nordwesten lebten die Menschen im Nordosten relativ isoliert vom allgemeinen Inselgeschehen in Funchal und Umgebung. Most und Zuckerrohrprodukte mussten auf Fußpfaden über die Berge in die Keller der wohlhabenden Produzenten und Handelsherren getragen werden. Für die Menschen im Norden blieb kein Reichtum. Entsprechend schlicht sind auch ihre Sakralbauten. Die mit Kunstschätzen reich bestückten, beeindruckenden Kirchen aus dem 15. Jh., die man selbst in relativ kleinen Orten des Südens findet, fehlen hier mit Ausnahme von São Jorge. Die Schätze des Nordens sind die traumhaften immergrünen Landschaften.

Ponta Delgada

Eine weitläufige Streusiedlung auf einer hügeligen Landzunge unterhalb der Steilküste. Die Häuser liegen inmitten von Wein- und Gemüsefeldern, die ganze Gegend ist herrlich grün und wirkt sehr gepflegt. Zum Schutz vor den manchmal sehr heftigen Winden sind die Weinberge und Gemüsegärten von dichten Hecken umgeben.

Der untere Ortsteil liegt direkt am Meer, eindrucksvoll ragen mehrere hundert Meter hohe Steilwände vor ihm auf. Hier befindet sich auch die **Hauptkirche Bom Jesus.** Am ersten Wochenende im September feiert man das Fest für Jesus Christus, Anlass für eine Wallfahrt auch aus anderen Küstenorten. Kirchenname und Fest gehen auf eine Legende zurück. Unmittelbar nachdem im 15. Jh. die erste Kapelle für Ponta Delgada fertig gestellt worden war, soll ein Kruzifix hier vom Meer ans Ufer gespült worden sein. Kreuz und Kapelle verbrannten 1908 fast vollständig. Die neue Kirche ist nicht besonders kunstvoll. Innen schmückt sie ein Barockaltar, in dem ein Rest des Legendenkreuzes verwahrt wird. Viel beeindruckender ist die malerische Lage der weißen Kirche am Meer vor der dunklen Felswand der Steilküste. Neben der Kirche liegt nicht weniger malerisch der Friedhof.

Nicht weit von der Kirche liegt zumindest für die Kinder der Hauptanziehungspunkt: die von einem Minihafen geschützte neue Badeanlage mit Meerwasserschwimmbecken, Liegeterrassen und einer Bar, in der man auch kleine Gerichte preiswert serviert bekommt.

Verbindungen

Mit dem Pkw: Die Küstenstraße ER 101 führt durch den oberen Ortsteil.

Mit dem Bus: Nur wenige Verbindungen täglich: Linie 6 der Gesellschaft Rodoeste, von Funchal über Ribeira Brava und São Vicente 2-mal tägl., Fahrtzeit 3 Std. Der Bus fährt weiter bis Boaventura.

Taxis: ✆ 291-862110.

Übernachten

Tipp: **Casa da Capelinha,** im unteren Ortsteil, 200 m von der Badeanlage entfernt. Restauriertes altes Landhaus mit originell geschnittenen Apartments, in die teilweise alte Elemente wie Natursteinmauern einbezogen sind. Sehr persönlich und schön ausgestattet. Das Haus öffnet sich zu einer Sonnenterrasse mit Gartengrill und einem Lagar, einer alten Weinpresse. Der Erfolg ihrer Vermietungen hat die Besitzerfamilie zum Bau einer kleinen Apartmentanlage mit Garten, Pool, Liegeterrasse und Restaurant er-

Malerisch liegt die Kirche Bom Jesus vor der Steilküste

mutigt. Alle acht Apartments haben eine eigene Terrasse mit weitem Blick auf Meer und Steilküste und sind sehr komfortabel, schick und modern ausgestattet. Gleichzeitig rekonstruiert die Familie die Kapelle *(Capelinha)* samt ihrer Fresken und Gemälde (vorher eine Ruine), die auf einem Minihügel hinter dem Landhaus steht. Ausgesprochen freundliche Betreuung durch die Besitzerfamilie, sie wohnt in einem gegenüberliegenden Haus. 2 Personen 55 €, 3 Personen 60 €, 4 Personen 65 €. Terreiro, 9240–121 Ponta Delgada/São Vicente, ✆/℻ 291-860040, Mobil: 965014014, www.casadacapelinha.com.

Im Weingarten der Casa de Capelinha

Leserkommentar: Ihr Tipp ist unser Stammquartier geworden, in dem wir schon 3-mal Urlaub gemacht haben.

**** **Estalagem Corto do Norte,** im oberen Ortsteil. Gepflegtes und elegantes Landhotel. Auch von hier aus ist es nicht weit zum Schwimmbad. Das ganze Haus ist sehr stilvoll in Pastelltönen gehalten und mit wertvollen Holzmöbeln ausgestattet. Jedes Zimmer hat Bad und Balkon. Bar/Restaurant im Haus. Im Katalog von Olimar. DZ mit Frühstück im Sommer 50 €, im Winter 45 €, EZ 40 €, bei längerem Aufenthalt Sonderpreise. Sítio do Lugar, 9240 Ponta Delagada/São Vicente, ✆ 291-862070/71, ℻ 291-862072, Mobil 963994043, info@cortedonorte.com.

**** **De Luxe Monte Mar Palace Hotel,** etwas weniger wäre hier mehr gewesen! So fällt das neue Hotel, trotz seiner dem Baustil der Gegend angepassten Bauweise, etwas aus dem Rahmen. Das luxuriöse Haus hat 106 Zimmer und 5 Suiten, einen beheizten Innen- und Außenpool. Es bietet Anti-Stress-Therapien mit Hydromassagen, Sauna etc. an. Fitnessräume, Squash, Minigolfplatz und Freizeit- und Unterhaltungsprogramm. EZ 70 €, DZ 80 €, Zustellbett für Kinder bis 12 Jahre 27 €, über 12 Jahre 35 €. HP 18 €, VP 32 €. Sítio do Montado, 9240–104 Ponta Delgada, ✆ 291-860030, ℻ 291-860031 www.montemar-palace.com.

• *In der Umgebung* **Casa do Pico,** allein stehendes Ferienhaus inmitten von Weinfeldern oberhalb des Dorfes. Reservierung nur über Reisebüros, siehe S. 15.

Essen/Adressen

• *Essen* Einfach kann man tagsüber in der **Bar am Schwimmbad** essen. Preisgünstig ist auch das **baixas café** in der Apartmentanlage Casa Capelinha. Es hat eine umfangreiche Karte mit kleinen Gerichten um 5 €, Spezialitäten ca. 7–8 €. Regelmäßig machen die Besitzer Sonderaktionen wie Barbecue oder ein besonders festliches Essen. Außerdem gibt es Kaffee und Kuchen und vielleicht lassen Sie sich hier zu einem Cocktail verführen, den es schon ab 2 € gibt. Geöffnet tägl. 16–13 Uhr.

In elegantem Ambiente und mit bekanntermaßen guter Küche isst man im Restaurant **Estalagem Corte do Norte** (s. o.). Die Preise sind gemessen an Umgebung und Service sehr moderat, kaum höher als in einem einfachen Lokal. Leser waren begeistert, auch weil sich hinter der Reisbeilage zu den Fischgerichten eine leckere Platte mit Meeresfrüchten verbirgt.

• *Adressen* **Gesundheitszentrum,** im oberen Ortsteil, geöffnet Mo–Sa 9–17 Uhr.

Apotheke, ebenfalls im oberen Ortsteil.

- **Baden:** Am Hafen befindet sich die Badeanlage, die 2003 ausgebaut und modernisiert wurde.
- **Weiterfahrt:** Hinter Ponta Delgada klettert die alte Küstenstraße zunächst wieder schmal, streckenweise bei Gegenverkehr (Herzklopfen verursachend) und einige Tunnel passierend nach oben. Ein Aussichtsplatz am Rand der Schlucht des Ribeira do Porco ermöglicht fantastische Blicke hinunter nach Ponta Delgada und auf den gegenüberliegenden Felsen des Arco de São Jorge. Ein serpentinenreicher Wanderweg ist gut zu erkennen. Die Straße wendet sich landeinwärts in das üppig grüne Tal von Boaventura.

Boaventura

Zwischen bewaldete Hügel eingebettet und von Blüten umgeben ist diese Streusiedlung, deren Ortszentrum pittoresk auf mehrere Felsplateaus verteilt ist. Die Straße führt weit ins Tal hinein, wo Bäche sich schlängeln und Quellen aus den Felsen sickern. Alle Häuser sind von schönen Gärten umgeben. Ein stiller Ort, ideal, um völlig abzuschalten und die herrliche Landschaft auf Spazier- und Wanderwegen zu erkunden. Genau das machen die Gäste der einzigen Übernachtungsmöglichkeit am Ort.

- *Verbindungen* Siehe Ponta Delgada sowie Buslinie 103, über Ribeiro Frio und Santana nach Boaventura, 4 Abfahrten täglich, an Sonn- und Feiertagen 2 Abfahrten.
- *Übernachten* *** **Solar de Boaventura,** stilvolles, anspruchsvoll restauriertes Landgasthaus. Die 13 Zimmer liegen in einem im Baustil dem Haupthaus angepassten, aber neuen Anbau. Bar/Restaurant. Salons und Zimmer sind mit Antiquitäten und ausgesuchten Möbeln eingerichtet. Das ganze Haus strahlt eine Atmosphäre von gutbetuchtem Landadel aus, dazu tragen auch die Angestellten bei, die eher an englische Butler als an Kellner und Hotelpersonal erinnern. Mehrere Terrassen und Liegestühle im Garten. Die Bade- und Sportanlagen des Estalagem do Mar in São Vicente können von den Gästen genutzt werden. Inkl. Frühstück 50 €/DZ, EZ 40 €, Triple 65 €, HP 16 €/Person (HP bedeutet hier am Abend ein mehrgängiges Menü). Im Katalog von Olimar und Terramar. Serrão Boaventura, 9240–046 São Vicente, ✆ 291-860888, ℻ 291-863877, www.solar-boaventura.com.
- *Essen* Das Restaurant **Solar de Boaventura** wendet sich nicht nur an die Hausgäste – Sie können das Menü für 16 € nehmen, aber auch à la carte speisen.

Lesertipp: **Rest. São Cristovao** direkt am ausgeschilderten Miradouru. Von der Terrasse hat man einen herrlichen Blick auf die Küste. Gute und reichliche Fischgerichte zu günstigen Preisen.

- *Gesundheitszentrum* Im Ortszentrum, geöffnet Mo–Sa 9–17 Uhr.
- *Feste* Am 2. Sept.-Wochenende wird **Fajã do Penedo** mit Lorbeerspießen, Wein und Tanz rund um den Kirchplatz gefeiert.

Stilvoller Service in der Quinta Solar de Boaventura

Karte Umschlagklappe hinten

Nordosten

Supertolles Badevergnügen bei Ponta Delgada

Arco São Jorge

Ein abenteuerlicher Tunnel verbindet das Tal von Boaventura mit dem Hang, an dem diese Streusiedlung liegt. Oberhalb des Ortes erheben sich steile Felshänge in Richtung Zentralgebirge, unterhalb erstreckt sich die Steilküste. Üppig grün ist es auch hier – Lorbeerwald, Baumfarne und Blüten begleiten die Straße. Wein wird hier angebaut und besonders sorgsam gehegt, denn der Ort bietet dafür hervorragende Voraussetzungen.

- *Verbindungen* Die ER 101 führt durch Arco São Jorge, Buslinie 103 von Funchal 4-mal tägl., Linie 132 stellt die Verbindung nach Santana her.
- *Übernachten* **Quinta do Arco,** auf dem alten Landgut wurden die Häuser der Landarbeiter und die Nebengebäude in elegante Ferienhäuser, jeweils mit Küche, eigener Terrasse und Garten ausgestattet, umgebaut. Das Gelände gleicht einem tropischen Park mit Pool und Liegeterrassen. Bar, Restaurant und Miniladen auf dem Grundstück. Häuschen für 2 Pers. 90 €, jede weitere Pers 20 €, als Singles 80 €. Arco de S. Jorge, 9230 Santana, ✆ 291-570270, 📠 291-570276, www.quintadoarco.com, auch über www.madeira-rural.com.
- *Essen* **Casa de Chá,** gegenüber der Quinta Do Arco, feines Restaurant mit ebenso feiner, kleiner Karte. Das Fleisch kommt aus dem eigenen Zuchtbetrieb. Hauptgerichte 10,50–13 €. Geöffnet tägl. 11–18 Uhr.

Sehenswertes: Das erst 2005 eröffnete **Museu Vinho a da Vinha,** ein Wein- und Weinbergmuseum, liegt inmitten von Versuchsfeldern. *Raises* (= Wurzeln), ein Projekt der Gemeinden Santana und Arco São Jorge, ist zusammen mit der Vereinigung der Jungwinzer Träger des Museums. Ziel ist es, sowohl die Qualität des Madeiraweins zu verbessern als auch einen guten Tischwein zu erzeugen, wobei nicht auf Massenproduktion gesetzt wird. Mittlerweile kultiviert man verschiedene Trauben aus Portugal, Frankreich und Deutschland, und es soll getestet werden, wie diese Rebsorten sich unter den geologischen und klimatischen Bedingungen

Madeiras bewähren. Besonderen Wert legt man auf die ökologische Herstellung des Weins. In den Räumen des Museums ist das Handwerkszeug der Winzer ausgestellt: Weinpressen, Fässer und Flaschen quer durch die Jahrhunderte. Weinprobe und Verkauf sind möglich.

• *Öffnungszeiten/Eintritt* Di–Sa 14–17.30 Uhr, Sa zusätzlich 11–13 Uhr. 2 €/Person, im Preis sind Führung, Weinprobe und kleine Speisen enthalten. Campo Experimental de Viticultura, Sitio da Lagoa, an der ER 101, oberhalb der Quinta Do Arco, erkennbar an Fahnen, die den Eingang flankieren.

Der Rosengarten – **Roseiral** – der Quinta Do Arco ist nicht nur für seine schöne Anlage mit Teich und Springbrunnen bekannt, sondern berühmt für die Züchtung besonders alter Rosensorten aus aller Welt. Kenner finden am Eingang eine Übersicht und Listen aller Rosen der Anlage mit jeweiligem Zuchtdatum und Herkunftsland. Unter anderem gedeihen hier Sorten, die vor mehr 120 Jahren z. B. in China erstmals ihre Blüten öffneten. Rosen- und Gartenfreunde werden begeistert sein. Für weniger Interessierte scheint der Eintritt etwas hoch.

Öffnungszeiten/Eintritt Tägl. 11–18 Uhr, 5 €/Person, an der Landstraße ER 101, unterhalb der Quinta Do Arco.

Baden: An der Küste gibt es ein Naturschwimmbecken.

▶ **Cabanas:** Die Straße führt durch Weinfelder wieder auf die Steilküste hinauf. Auf der Höhe liegt der Aussichtspunkt Cabanas, an dem Sie halten und den Blick genießen sollten. Bauern und Handwerker bieten hier ihre Produkte an: Obst und selbst gefertigte Püppchen, gestrickte und bestickte Mützen, daneben auch Trinkgefäße aus Kürbissen. Als touristische Attraktion hat man zwei der strohgedeckten Santanahäuschen neben dem Aussichtsplatz errichtet. Eine Cafeteria/Restaurant und ein Laden schließen sich an. Die Cafeteria serviert außer recht gutem Kuchen auch Fastfood (relativ hohe Preise). Man kann hier oben auch zwischen den Schluchten Urlaub machen und die Wege entlang der Küste entdecken.

Karte Umschlagklappe hinten

Mehr als 100 Jahre alte Rosensorten werden im Roseiral kultiviert

• *Verbindungen* **Mit dem Pkw:** Küstenstraße nach Santana bzw. São Vicente.

Mit dem Bus: Siehe Verbindung Linie 103: Santana–Arco São Jorge.

• *Übernachten* **Cabanas de São Jorge Village,** auf einem Plateau verteilen sich 25 Betonrundbauten mit Spitzdach. Sie beherbergen je ein Schlafzimmer mit TV und Bad. Die Baulichkeiten sind, gemessen am Preis und an den Unterkünften in Boaventura oder Ponta Delgada, sehr schlicht und einfach. Dies ist deshalb nur eine Information und keine Empfehlung! Übernachtung mit Frühstück für zwei Personen 70–80 €, bei Belegung mit einer Person 50 €, VP 15 €. m Katalog von Jahn Reisen, Tjaereborg und LTU-Reisen. Sítio da Beira da Quinta, 9230–015 Santana, ✆ 291-576291/576100, ✆ 291-576032, www.cabanasvillage.com.

▶ **São Jorge:** Die Streusiedlung mit Ortskern gehört zu den ältesten Orten an der Nordküste. Im 15. Jh. siedelten die Menschen direkt am Meer, nach Überschwemmungen im 17. Jh. verlegten sie das Ortszentrum auf die sicheren, höher gelegenen Gebiete. Bemerkenswert ist die **Kirche São Jorge**, sie wurde prächtig mit einem geschnitzten und vergoldeten Altar sowie Fliesenbildern ausgestattet und gilt als eine der schönsten Barockkirchen Madeiras.

Verbindungen Der Ort liegt an der Landstraße ER 101, Busse: Siehe Santana, Linie 103 Funchal–Arco São Jorge und Linie 138 Funchal–Cabanas.

Die Weiterfahrt nach Santana auf der alten Straße gehört zu den landschaftlichen Höhepunkten. Sie durchfahren ein Tal mit steilen, schroffen Felswänden, an denen blütenreiche, farbenprächtige Pflanzen emporklettern, und überall rauschen Wasserfälle. Vom Talgrund aus können Sie einen Abstecher in Richtung Küste und Calhau unternehmen, wo die Ruinen des alten São Jorge stehen – folgen Sie einfach der Ausschilderung „Praia“. Eingeklemmt zwischen hohen Felswänden liegt der Kiesstrand, vor dem ein Schwimmbad gebaut wurde. Nach Westen finden Sie die Ruinen und einige neue Häuser, auch ein Minicafé hat manchmal geöffnet. Wer ein wenig laufen möchte, schaut sich die Wanderbeschreibung auf S. 171 an.

Santana

Locker zwischen grünen Hügeln, auf 300 bis 500 m Höhe verstreut und in leichtem Abstand zur Steilküste liegen die Siedlungen der mit mehr als 10.000 Einwohnern größten Gemeinde an der Nordküste. Überraschend sanft wirkt die Landschaft, kaum etwas erinnert an die abenteuerlichen Felsabstürze und unzugänglichen Höhen nur wenige Kilometer weiter westlich.

Der Lorbeerwald musste Ackerbau und Viehzucht weichen, weiter oben, ab 800 m Höhe, umrahmt er noch dunkelgrün die Felder. Darüber lugen die Spitzen von Madeiras höchsten Gipfeln zart graublau in den Himmel. Die hohen Niederschläge bei gleichzeitig milden Temperaturen und die sanfteren Geländeformen bescheren Santana fruchtbare Wein-, Gemüse- und Blumengärten. Damit die manchmal heftig aufbrausenden Winterstürme keinen Schaden anrichten können, hat man die Anpflanzungen mit Hecken aus Buchsbaum, Baumheide und Hortensien geschützt. An den Hängen gedeihen die wertvollen Malvasiertrauben, auf den Feldern wächst Gemüse und an den Wegrändern, auf den Wiesen und rund um die Häuser verbreiten die schönsten Blumen ihre Farbenpracht. An vielen Stellen sieht man noch die aus Reiseführern und Prospekten bekannten spitzgiebeligen und mit Stroh gedeckten Santanahäuser.

Städtisch wirkt auch das Zentrum von Santana nicht. Durch Gärten aufgelockert sind nicht nur die Wohnstraßen, auch das Rathaus, die Kirche, das Gesundheits-

Schmuckes Santanahäuschen mit schmuckem Garten

Karte Umschlagklappe hinten

zentrum, das Hotel und das Restaurant liegen mitten im Grünen. Seinen Namen verdankt Santana der **Kapelle Santa Ana,** die im 16. Jh. an der Stelle der jetzigen Dorfkirche errichtet wurde.

Obwohl es in unmittelbarer Nähe keine Bademöglichkeiten gibt, war Santana schon in den vergangenen Jahrzehnten Ziel von Urlaubern, die von der damals einzigen Unterkunft, der **Pension O Colmo,** zu Exkursionen in die Umgebung aufbrachen, denn Santana ist Ausgangspunkt für einige der schönsten Inselwanderungen. Inzwischen gibt es mehrere Unterkünfte ganz unterschiedlicher Kategorien für aktive Individualurlauber.

Information/Verbindungen

- *Information* Hinter dem Rathaus wird eins der typischen Santanahäuschen als Büro der **Touristeninformation** genutzt. Geöffnet Mo–Fr 9–12.30 Uhr und Sa 10–12.30 Uhr.
- *Verbindungen* **Mit dem Pkw:** Über die Nordküstenstraße ER 101. Ab/nach São Jorge und Faial/Porto da Cruz kann die Strecke weitgehend durch neue Tunnel zurückgelegt werden. Die meisten der Naturschönheiten unterwegs verpassen Sie allerdings auf der neuen Straße. **Mit dem öffentlichen Bus:** Linien 56 und 103 der Gesellschaft CC de São Gonçalo, ab Funchal über Ribeiro Frio, und Linie 132 ab/bis Arco São Jorge. **Taxis:** Im Ortszentrum vor dem Restaurant O Colmo, ✆ 291-572540.

Übernachten

**** **Quinta do Furão,** anspruchsvolles, mit allem Komfort ausgestattetes Landhotel (39 DZ, 4 Suiten) auf einem ausgedehnten Weingut, 2 km vom Ortszentrum entfernt. Das Hotel wirkt wie ein Luxuslandhotel aus den Anfängen des 20. Jh., ist aber tatsächlich ein Neubau. Pool, weitläufige Terrassen, Bar und Läden liegen beim Haupthaus. In einem eigenen Gebäudekomplex befinden sich das Restaurant (s. u.) und die Weinkeller, von Probierstuben und uriger Bar ergänzt. Preise je nach Zimmergröße

inkl. Frühstück 90–110 €/DZ, 3. Person 35 €, Kinder bis 2 Jahre gratis, bis 11 Jahre 50 % Ermäßigung, HP 22 €/Person. Im Katalog diverser Reiseveranstalter. Achada do Gramacho, 9230–082 Santana, ✆ 291-570100/1/2, 📠 291-572131, www.quintadofurao.com.

**** **Hotel O Colmo,** das traditionelle Gasthaus in Santana beherbergt jetzt nur noch das Restaurant. Dank des zunehmenden Interesses an Wanderurlauben auf Madeira konnten die Besitzer ihr Angebot um ein brandneues 4-Sterne-Hotel mit 40 Zimmern, 3 Suiten und Hallenbad sowie diverse andere Einrichtungen wie Bar und Billardraum erweitern. Inkl. Frühstück 50–60 €/DZ, EZ 45 €, HP 15 €. Im Katalog von Olimar. 9230–116 Santana, ✆ 291-570290, 📠 291-574312, www.hotelocolmo.com.

Casa da Tia Clementina, sehr gepflegtes kleines Landhotel mit 8 Zimmern, alle mit Bad und Salon. Das Haus befindet sich etwa 5 Min. vom Zentrum entfernt in einem hübschen Blumen- und Gemüsegarten mit schönem Blick aufs Meer. DZ 50–50 €, als EZ 40–45 €. Achada Simão Alves, 9230–039 Santana, Reservierung über Madeira Rural, siehe S. 19. www.madeira-rural.com.

• *Außerhalb von Santana* *** **O Rancho,** oberhalb von Santana an der Straße in Richtung Pico Ruivo auf ca. 850 m Höhe, ausgeschildert. Auf einer Lichtung mitten im Wald stehen im Santanastil gebaute Holzhäuser. Sie sind rustikal und komplett mit Küchenzeile und Badezimmer eingerichtet. Ein Bullerofen sorgt auch an kühlen Tagen für Wärme, dennoch können die Häuser in der feuchten Jahreszeit muffeln. Die Häuschen eignen sich für 2–5 Personen. Zu jedem Haus gehört eine kleine Terrasse, im Garten steht ein Gemeinschafts-Grillkamin. Bar/Restaurant und Reitplatz auf dem Gelände. Ideal für Wanderer, Touren, z. B. nach Queimada und Caldeira Verde, beginnen hier. Zum Pico Ruivo ist es mit dem Pkw nicht mehr weit. 50–60 €/Häuschen und Tag, bei längerem Aufenthalt Sonderpreise. Zum Haus gehören eine Pferdekoppel und ein Reitstall, Ausritte sind möglich. Pico das Pedras, 9230 Santana, ✆ 291-570230, 📠 291-572222.

Casas das Queimadas, im Naturpark oberhalb von Santana auf 900 m Höhe gelegene, mit Stroh gedeckte Herberge. Die unter Denkmalschutz stehenden originalen Santanahäuser gehören dem Landwirtschaftsministerium. Hier beginnen alle wichtigen Wanderwege dieser Zone. Übernachtungen sind nur mit Berechtigungsschein des Landwirtschaftsministeriums möglich (vgl. S. 20).

Schutzhütte Pico Ruivo, direkt unter dem Gipfel des Pico Ruivo gelegen, nur für Wanderer zu erreichen. Übernachtung mit Genehmigung des Landwirtschaftsministeriums (vgl. S. 20).

*** **Residencial O Curtado,** einige Kilometer außerhalb in Richtung Faial an der Landstraße. Hat ebenso wie das Hotel O Colmo mächtig von den Aktivurlaubern profitiert und daher ausgebaut. Oberhalb der vormals kleinen Pension gibt es jetzt einen schönen neuen Bau mit viel mehr Komfort, z. B. einen Pool und Sonnenterrassen mit prächtigem Blick auf West- und Ostküste. Alle Zimmer mit eigenem Bad und Satelliten-TV. Im Stammhaus an der Straße gibt es nette, aber einfache Zimmer Bar/Restaurant. Zusätzlich wurden 2 Santanahäuschen als Ferienhäuser ausgebaut. DZ im Neubau 50 €, im älteren Haus an der Straße 35 €. Santanahäuschen 50 €. Im Katalog von Olimar. 9230 Santana, ✆ 291-572240, 📠 291-574338.

Essen

Alle Restaurants in Santana befinden sich in den Hotels/Residenciais und entsprechen im Standard und Preis der Unterkunft.

O Colmo, großer, dennoch gemütlicher Speiseraum, edel eingedeckt, und große Terrasse zwischen den Blumenrabatten, im Zentrum von Santana. Bekannt für gute Küche mit regionalen Speisen, Suppen ab 3 €, Hauptspeisen 8–12 €, auch Kaffee und Kuchen. Geöffnet tägl. durchgehend.

Quinta do Furão, 2 km außerhalb in Richtung São Jorge. Sehr hoher Standard in Einrichtung (offener Kamin im Speiseraum, Kristallgläser, Silberbesteck) und Angebot. Gepflegter Speiseraum und große Terrasse mit Blick auf die Felsenküste und den Ostzipfel Madeiras. Rundherum kleiner Weinbau-Erlebnispark mit Weinpressen, Weinkeller usw. Preise entsprechend der Qualität, Service und Preise höher als anderswo. Geöffnet tägl. 12–15.30 und 19–21.30 Uhr.

Bar/Grill O Rancho Madeirense, oberhalb an der Straße zum Pico Ruivo, ausgeschildert. Rustikales Restaurant mit großem, bepflanztem Innenhof und gläsernem Pavillon. Zur Anlage gehören ein Ententeich und ein Reitstall. Ausgangspunkt für Wanderungen und Spaziergänge. Hier gibt es in erster Linie deftige Speisen vom Grill mit großen Salatportionen. Grillfleisch mit Beilagen ab 9 €.

O Curtado, im gleichnamigen Residencial an der Straße nach Faial. Nettes, rustikales Restaurant mit offenem Kamin im Speiseraum. Regionale Küche. Preiswerte, gute Eintöpfe, Fleisch-/Fischgerichte ab 7 €.

Karte Umschlagklappe hinten

Feste

Die **Weinlese** im September ist immer gut für ein ausgelassenes Fest. Im Zentrum befindet sich das Weingut Quinta do Furão (s. o.). Gäste sind willkommen.

Eine Woche vor Karneval feiert Santana das ungewöhnliche Fest **Dos Compadres** (Zwei Gevatter). Dargestellt wird ein Ehekrach, der damit enden kann, dass die Frau – in Form einer Strohpuppe – am Strick baumelt. Ein Gericht tagt und verurteilt den Schuldigen. Nach dem Schuldspruch, der öffentlich und mit viel Wein gefunden wird, gehen Strohmann und Strohfrau in Flammen auf – die Zuschauer feiern dieses Spektakel mit viel Wein und Tanz.

Sehenswertes

Santanahäuser (Casas do Colmo): In der Umgebung und selbst im Ortszentrum stehen noch viele der ungewöhnlichen strohgedeckten Häuser mit ihren bis auf den Boden reichenden Dächern. Einige sind noch bewohnt, z. T. sehr gepflegt, schön gestrichen und von Gärten umgeben, andere dienen heute als Schuppen oder Viehstall, und das frühere Strohdach ist Wellblech gewichen. Im kleinen Park neben dem Rathaus hat die Gemeinde zwei Häuser aufgebaut, die besichtigt werden können; in einem befindet sich die Touristeninformation.

Kurios und einzigartig: Santanahaus

Sehenswertes in der Umgebung

Seilbahn an die Küste: Ein Teil der Weinfelder liegt unterhalb des Ortes direkt an der Küste auf einer Fajã. Bis 1997 mussten die Winzer den beschwerlichen Weg hinunter zu Fuß bewältigen, seither gibt es eine Seilbahn, die auch Gästen zur Verfügung steht. Die Seilbahn lässt sich per Pkw erreichen, aber wenn Sie in Santana wohnen, sollten Sie zu Fuß gehen. Ein schöner Spaziergang von ca. 1,5 km Länge führt Sie durch ländliche Gegend mit auffallend vielen Strohdachhäusern. Um zur Seilbahn zu gelangen, gehen Sie im Zentrum von Santana links an der futuristisch anmutenden Kirche vorbei, passieren den kleinen Supermarkt und gehen immer geradeaus nach Westen, bis Sie zu einer Abzweigung rechts kommen, die mit der Ausschilderung „Rocha do Navio-Teleférico“ versehen ist. Dieser folgen Sie bis zur Seilbahnstation. Der Weg endet hier mit grandiosem Blick auf die Steilküste, von der Wasserfälle rauschen, die Felder und vorgelagerten Felsbrockeninseln breiten sich tief unter Ihnen aus.

Fahrtzeit für Gäste Sa u. So 9–12 u. 14–19 Uhr, Mi 9–10, 12–12.30 und 18–19 Uhr. Fahrpreis 3,50 €.

Ein Haus mit Strohdach

Aus der Not und Abgeschiedenheit der Menschen an der Nordküste sind die für Santana typischen Häuser entstanden. Gebaut wurde mit dem, was man hatte. Holz gab es in Hülle und Fülle und nach dem Dreschen auch reichlich Stroh. Das war nicht nur in Santana so, auch wenn Lokalpatrioten diesen Haustyp gern als ureigene Erfindung deklarieren. Tatsächlich gab und gibt es niedrige, strohgedeckte Häuser überall in Europa, im Norden benutzt man noch heute Schilfhalme, selbst in Afrika und Asien. Im Mittelalter war dies auch in Nordportugal üblich. Von dort ist die Idee dieses Haustyps wahrscheinlich mit Einwanderern hierher gekommen. Im Unterschied zu allen anderen gelangen die Santanahäuser aber besonders pittoresk. Die Holzwände sind bunt gestrichen, und der Haustyp erhielt sich dank der langen Abgeschiedenheit dieses Landstrichs bis heute. Rund hundert Casas de Colmo (Strohhalm- oder Bienenkorbhäuser) stehen noch in der Umgebung von Santana. So hübsch sie von außen anzusehen sind, so bescheiden zeigen sie sich von innen. Unten ist kaum für mehr Platz als für ein Bett, eine Truhe für die Wäsche und eine Kommode für die wenigen Habseligkeiten der Bewohner. Ein zweites Stockwerk unter den Schrägen ist über eine Außenstiege zu erreichen, hier schliefen die Kinder. Gekocht wurde draußen, offenes Feuer im Haus war viel zu gefährlich. Den Luxus einer Innentoilette kannte man früher ohnehin nicht. Diese extreme Schlichtheit und Enge sind auch der Hauptgrund dafür, dass die Zahl der hübschen Häuser ständig abnimmt oder sie im Idealfall mit Anbauten für Küche und Bad versehen werden. Außerdem macht so ein Häuschen viel Mühe. Alle paar Jahre muss das Dach erneuert werden, und seit die Bauern von der Selbstversorgung mit Getreide auf Obst- und Gemüseanbau umgestiegen sind, wird das frühere Armeleutehaus zum Kostenfaktor. Dafür, dass sie nicht völlig verschwinden, sorgt inzwischen der Tourismus: Die farbenfrohen Naturdachhäuser sind eine der wichtigsten Attraktionen von Santana. Die Gemeinde fördert ihren Erhalt und sicherte schon manch gefährdetes Objekt durch seine Versetzung in einen der Parks, damit niemand von Madeira ohne ein Haus mit Strohdach auf dem Film wieder nach Hause fahren muss.

Im Park von Queimadas

Queimadas: Oberhalb der hügeligen, grünen Kulturlandschaft rund um den Ort beginnt ein unvergleichlicher Lorbeerwald. Einen Zugang bildet der Park von Queimadas auf 800 bis 900 m Höhe. Eine steile, grob mit Steinen gepflasterte Straße führt hoch, auf der man hinaufwandern oder auch -fahren kann. Wer sich oder seinem Wagen den Weg nicht zumuten mag, kann als Alternative einen wunderbaren Spaziergang hierher durch den märchenhaften Wald ab *O Rancho* machen (vgl. S. 168/169). Im Park stehen Baumriesen, kaum weniger riesenhaft sind die Hortensien- und Rhododendronbüsche, und ebenso eindrucksvoll ist die Vielfalt der Blumen ringsumher. Der Park ist von Bächen und Seen durchzogen, auf denen sich Enten und andere Wasservögel tummeln. Zwei der bekannten Santanahäuser sind auch hier oben aufgebaut, zwei weitere, eins davon sehr viel größer und eher ein strohgedecktes Gutsherrenhaus, dienen als Übernachtungsstätte. Man kann den Park durchstreifen, die herrlichen Spazierwege in der Umgebung nutzen und unterwegs an einem der Rastplätze ein Picknick machen. Man kann von hier aber auch zu einigen der spannendsten und längsten Wanderungen Madeiras starten (s. u.).

Casa Forestal Pico das Pedras: Forsthaus mit Park, Vogelvolieren und Grillplatz. Auf halbem Weg zum Pico Ruivo, ausgeschildert. Der Park am Forsthaus der Nationalparkverwaltung dient auch als Zuchtstation für einheimische Pflanzen, mit denen die natürliche Vegetation innerhalb des Nationalparks wiederhergestellt werden soll. Auf karreeförmigen Rabatten gedeihen heimische und eingeführte Pflanzen, in Volieren bemüht man sich um das Überleben einiger seltener Vogelarten. Greifvögel und die rar gewordene Lorbeertaube lassen sich so aus nächster Nähe beobachten. Ein beliebter Grillplatz hier ist am Wochenende Anziehungspunkt für madeirische Familien.

Achada Teixeira/Pico Ruivo: Madeiras höchster Gipfel (1861 m) lässt sich über Santana erreichen. Eine eigene ausgeschilderte Zufahrtsstraße führt bis in seine

Nähe auf die Ebene Achada Teixeira auf 1592 m Höhe. Die Fahrt hier herauf lohnt sich auch, wenn man die auf S. 217 beschriebene Wanderung nicht machen möchte. Der Panoramablick von der nur spärlich bewachsenen Anhöhe geht über weite Teile Madeiras nach Norden über die Lorbeerwälder und Santana bis zur Küste nach Osten zur Ponta de São Lourenço, nach Westen und Süden zum Hochgebirge und zur Hochebene Paúl da Serra. Rund um eine verschlossene Schutzhütte stehen Holztische und -bänke. Ein herrlicher Platz, um den Tag zu genießen und mit größeren und kleineren Rundgängen die Gegend zu erkunden, zumal die Wolken diese Höhen häufig nicht erreichen.

Parque Temático Madeira: Am westlichen Ortsrand von Santana – der Weg ist ausgeschildert – befindet sich der mit 7 ha größte der neuen Themenparks auf Madeira. Auf dem parkähnlich angelegten Gelände mit See, Flüsschen, Kinderspielplatz, Labyrinth, Bimmelbahn und mehreren Restaurants stehen fünf große und viele kleine Gebäude, in denen auf kurzweilige Art und Weise über die Insel informiert wird. Neben herkömmlichen Ausstellungsräumen gibt es Hallen, in denen man in einem Kahn schippernd das Leben der Seefahrer und die Inbesitznahme Madeiras „miterleben" kann. In anderen Gebäuden vollzieht man die vulkanische Entstehung des Inselarchipels per 3D-Animation nach, auch wird man mit den Zukunftsaussichten der Erde vertraut gemacht. Interessant sind die Werkstätten, in denen Handwerker ihrer traditionellen Tätigkeit nachgehen. Für Kinder insgesamt ein großer Spaß – man sollte sich auf alle Fälle viel Zeit für den Park nehmen.

Öffnungszeiten/Eintritt Anfang Juni–Mitte Sept. und Mitte Dez.–Mitte Jan. tägl. 10–19 Uhr, zu allen anderen Zeiten Mo geschlossen. Erw. 10 €, Kinder 5–15 Jahre 8 €, unter 5 Jahren frei.

• *Reiten* Ab Reitstall O Rancho oberhalb von Santana, in der Nähe der Straße, auf den Pico Ruivo. Anfänger können auf dem Gelände des Rancho bleiben. Für Fortgeschrittene bieten sich Reitwege entlang der Levadas und im Wald an. 30 Min. 10 €, 1 Std. 12 €.

Wanderungen/Spaziergänge

Die Umgebung um Santana gehört zu den schönsten Wandergebieten Madeiras. Von hier aus können einfache und anspruchsvolle Wege von ganz unterschiedlicher Dauer gemacht werden. Die interessantesten Zonen sind:

- das Zentralgebirge um den mit 1861 m höchsten Gipfel, den Pico Ruivo, in dem sich mehrere Wanderungen anbieten,
- die dunkelgrünen Laurazeenwälder und abenteuerlichen Schluchten entlang der Levada Caldeirão Verde und Caldeirão do Inferno,
- an der Küste entlang Richtung São Jorge.

Im Winter ist Santana leider nicht der ideale Ausgangspunkt für Wanderungen. Hier an der gebirgigen Nordflanke regnet es häufiger als anderswo, bis 2000 mm Niederschlag werden pro Jahr gemessen. Viele Wege, insbesondere die längs der Levada Caldeira Verde, sind dann in Wolken gehüllt, extrem rutschig und gefährlich. Im Sommer dagegen ist es zauberhaft.

Kurzwanderung 5: Von O Rancho Madeirense zum Park von Queimadas und zurück

Herrlicher Waldspaziergang von 2 Stunden Länge, einschließlich Rundgang im Parkgelände. Mit dem O Rancho wartet ein gemütliches Restaurant am Ende des Spaziergangs.

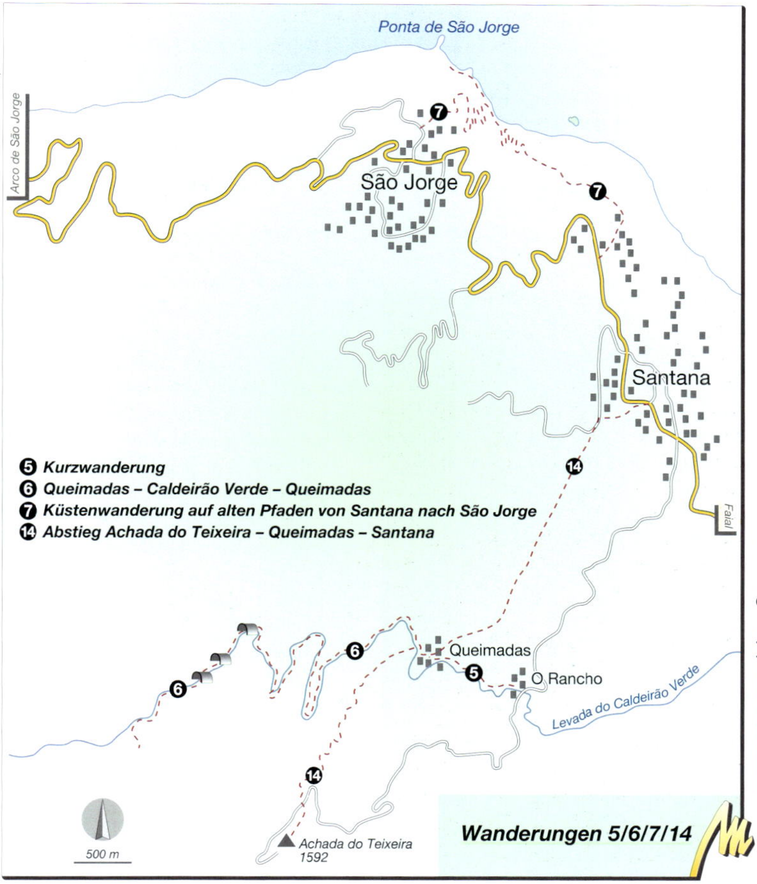

Karte Umschlagklappe hinten

Anfahrt mit dem Pkw oder dem Taxi ab Santana in Richtung Pico Ruivo, dann ausgeschildert. Auf dem Gelände von O Rancho beginnt vor dem Santanahäuschen am Eingang der breite, bequeme Weg, er ist ausgeschildert und führt in einen herrlichen, duftenden Wald. Die angepflanzten Eukalyptusbäume bleiben bald zurück, mächtige Eichen und Lorbeerbäume bilden ein dichtes Grün. Hortensien, Rhododendren und Blumen längs des Weges machen diesen Spaziergang fast unwirklich schön und wie zu einem Gang durch einen Märchenwald. Bevor man den Park von Queimadas erreicht, überquert man einen Bachlauf mit einem gemütlichen Rastplatz. Nach einem Rundgang auf dem Gelände geht es auf demselben Weg zurück.

Wanderung 6: Queimadas – Caldeirão Verde – Queimadas

Eine der schönsten und zugleich spannendsten Wanderungen durch den wasserreichen, grünen Urwald Madeiras. Mehrere Varianten unterschiedlicher Dauer und Anforderung sind möglich.

11 km, 3 ½ Stunden, kaum merkliche Steigungen, mittelschwere Wanderung, 4 Tunnel. Im Winter und an regnerischen Tagen nicht empfehlenswert, im Sommer einfach großartig. Anschlusswanderung möglich. Weil die Levada meist direkt am Hang entlangführt, sind Schwindelfreiheit und Trittsicherheit erforderlich. An schwierigen Stellen wurde der Weg kürzlich durch Holzgeländer und Drahtseile abgesichert. Ausrüstung: Wanderstiefel mit gutem Profil, Regenbekleidung, Taschenlampe für jeden Wanderer, Trinkwasser und Proviant.

Ausgangspunkt ist Queimadas. Man erreicht den Park entweder per Pkw und Taxi oder zu Fuß ab Santana oder ab O Rancho (vgl. Varianten). Der Weg beginnt im oberen Teil des Parks, rechts oberhalb des großen Strohdachhauses. Die Brücke bei den Ententeichen wird überschritten und dem Weg nach rechts in den Wald gefolgt. Bald zweigt nach links ein Weg ab, Sie halten sich aber rechts auf dem Hauptweg. Nach knapp 15 Minuten geht es durch ein Gatter, dahinter wird der Weg schmaler, nach wenigen Minuten wird ein Levadabogen nach unten auf einem steinigen Pfad umgangen. Danach bleibt man auf dem Levadaweg, der durch dichtes Grün führt. Nach insgesamt ca. 30 Minuten überquert man das Schluchtende des Ribeira dos Cedros auf einer Brücke. Ein Wasserfall stürzt die Felswand hinunter und bildet auf dem Grund einen See. Es folgt die Schlucht des Ribeira da Fonte do Louro. Man geht wie durch einen Laubengang, umgeben von Wald, immer mit weiten Blicken in die Landschaft. Nach insgesamt einer Stunde ist der erste kurze Tunnel erreicht, sein Ende zeichnet sich als helles Oval ab, zum Eingewöhnen ist er genau richtig. Bis zum nächsten, sehr viel längeren Tunnel ist es nicht weit, der dritte Tunnel folgt unmittelbar darauf. Er ist nicht nur der niedrigste, er macht auch einen Knick und ist deshalb besonders dunkel. Das Wasser rauscht in der Levadarinne, aber auch durch die Decke, da freut man sich selbst im Sommer über regenfeste Schutzkleidung. Ein Durchbruch gibt einen herrlichen Blick in die Schlucht des Ribeira Grande frei. Nach diesem spannenden Wegstück muss die Levada an einem überhängenden Felsen umgangen werden. Bald darauf folgt der letzte und kurze Tunnel.

Wasserfälle rauschen überall

Danach hat man einen freien Blick in die größte Schlucht am Weg. Nach weiteren 15 Minuten mündet von oben eine Wasserrinne in die Levada. Dem Pfad neben dieser Rinne folgen Sie in die Caldeira Verde (Grüner Kessel), einen fast vollständig geschlossenen Kreis von mit Farnen und Moosen bedeckten Felswänden, in den ein Wasserfall stürzt. Für eine Rast ist es hier häufig zu kühl und zu feucht, dafür sollten Sie auf den Levadaweg zurückkehren und sich an einem sonnigen Platz einige hundert Meter weiter niederlassen. Zurück geht es auf demselben Weg.

Varianten: Santana – Queimadas – Santana.

Um den Ausgangspunkt der Wanderung zu erreichen bzw. den Rückweg nach Santana zu Fuß zu bewältigen, gibt es zwei Möglichkeiten.

1. Fahrt im Pkw oder Taxi bis O Rancho und von dort auf dem bequemen Waldspazierweg von S. 168/169 nach Queimadas, insgesamt ca. 1 ½ Stunden zusätzlich.

2. Marsch von/nach Santana über die steile, alte Verbindungsstraße, siehe Wanderung 14. Dieser Weg ist anstrengend, er überwindet etwa 400 Höhenmeter und dauert pro Strecke ca. 1 ½ Stunden. Möglich ist es auch, mit dem Taxi hinaufzufahren und den Rückweg zu Fuß zu machen.

3. Erfahrene Wanderer können die Wanderung in den Sommermonaten bis in den Caldeirão Inferno – den Höllenkessel – fortsetzen. Die Strecke dauert hin und zurück zusätzlich gut 1 ½ Stunden. Sie ist allerdings teilweise Schwindel erregend und nicht abgesichert. Beschreibung in den auf S. 68 genannten Wanderführern.

Wanderung 7: Küstenwanderung auf alten Pfaden von Santana nach São Jorge

(Die dazugehörige Wanderkarte finden Sie auf S. 169)

Die seltene Möglichkeit, direkt an der Steilküste zu wandern, sollte man sich nicht entgehen lassen. An trockenen, sonnigen Tagen ein wunderbarer Weg, nach Regenfällen weniger empfehlenswert, weil dann der Pfad glitschig ist.

9 km, 2 ½ Stunden, ca. 400 Höhenmeter, mittelschwerer Aufstieg. Ausrüstung: Wanderstiefel, im Sommer Sonnenschutz für Haut und Kopf, Verpflegung und gefüllte Wasserflasche.

Der Ausgangspunkt liegt etwas außerhalb von Santana, an der Landstraße Richtung São Jorge und dort an der ausgeschilderten Zufahrt zum Hotel Quinta do Furão. Sie erreichen den Ausgangspunkt mit dem Pkw oder den Bussen der Linien 103, 132 und 138. Sie schwenken auf die asphaltierte Straße ein und gehen geradeaus, biegen jedoch nicht zum Hotel ab, sondern setzen Ihren Weg geradeaus fort – er führt Sie durch ein hübsches, flaches Tal mit Weinfeldern und Bauernhäusern. Nach 1,2 km, ab Landstraße, zweigt links der alte Verbindungsweg ab, der mit „São Jorge–Calhau" ausgeschildert ist. Diesem folgen Sie auf z. T. noch alter Pflasterung und gehen an einem Hof und Weinpflanzungen vorbei nach unten. Bald haben Sie die Steilküste erreicht. Von hier aus kann man sehr gut den Wegverlauf erkennen, der im Zickzackmuster hinunter in die Schlucht des Ribeira São Jorge und auf der anderen Seite wieder hinaufführt. Nach knapp 45 Minuten Gesamtwanderung ist der Schluchtgrund erreicht, er wird, nachdem man die neue Badeanlage passiert hat, auf einer Brücke überquert. Sie folgen dem Pfad nach rechts an der Küste entlang zum verlassenen Vorläufer von São Jorge, von dem lediglich noch Ruinen übrig sind, und zum Fischerortsteil Calhau. Einige Häuser sind noch bewohnt, es gibt sogar ein Café, das allerdings nicht immer geöffnet hat. Weiter geht es an der Küste entlang in Richtung Kaianlagen (Cais). Der Weg ist bald recht abenteuerlich in die Felsenküste geschlagen. Sturm und hohe Wellen im Winter zerstören ihn

Im Weinmuseum in Funchal zu sehen: Fotos des mühevollen Transports

Beschwerlicher Marsch mit Betrunkenen

In der Gegend um Faial/Porto da Cruz wird noch nach alter Tradition aus dem kompletten Ziegenbalg der *Borracho,* ein Transportsack, hergestellt. Der Name (port. für betrunken) weist schon darauf hin, was in ihm transportiert wurde, nämlich Most und Wein. Damit der Sack dicht ist, muss bei der Tierschlachtung die Haut unbeschädigt in einem Stück zurückbleiben, nur Läufe und Hals dürfen abgetrennt werden. Danach wird der Balg vernäht und aufgeblasen getrocknet. Man sieht sie bei der Durchfahrt vor einigen Häusern hängen. In diese klassischen Transportsäcke der ländlichen Bevölkerung füllten noch bis vor wenigen Jahrzehnten die Winzer und Pächter allen Most, Trägerkolonnen brachten ihn geschultert über die Berge bis in die Weinkellereien nach Funchal. Fotos im Weinmuseum in Funchal zeigen Kolonnen bei ihrem beschwerlichen Marsch auf den alten Verbindungswegen, die sie mehrfach während der Erntezeit bewältigen mussten. Von Santana wurde die Route über den Pico Ruivo gewählt, von Faial und Porto da Cruz aus ging es nicht ganz so steil „nur" über Portela.

häufig, er wird aber ebenso häufig wieder instand gesetzt. Auf jeden Fall müssen Sie für diese Wegstrecke schwindelfrei sein. Gehen Sie so weit, wie Sie es für richtig halten – das letzte Stück zum Bootsanleger bildete bei unserem letzten Gang eine nicht sehr zuverlässig wirkende Holzkonstruktion, auf die wir verzichtet haben. Es geht zurück nach Calhau. An der letzten Ruine, bei der Wasserstelle, beginnt der Aufstieg auf einem steilen Fußweg. Die Kette soll nur verhindern, dass hier niemand mit einem Geländewagen herauffährt. Nach einem 30 bis 40 Minuten langen, steilen Aufstieg erreichen Sie eine Straße, die Sie überqueren, links führt ein Treppenweg weiter nach oben zum Friedhof. Vor seinem Tor geht es nach rechts ins Ortszentrum. Nach gut 5 Minuten erreichen Sie eine Kapelle, geradeaus geht es auf der Dorfstraße zur sehenswerten Kirche (vgl. S. 162). Einige Schritte an der Kirche vorbei liegt die Busstation.

Lesertipp: Man muss vom Bootsanleger nicht bis zur Wasserstelle zurückgehen, sondern kann einen steilen gepflasterten Weg vor der Holzkonstruktion nehmen.

Er führt an den nördlichen Ortsrand von São Jorge. Von dort führt eine geteerte Straße in ca. 30 Minuten zum Aussichtspunkt Vigia. Direkt an der Abzweigung zur Aussichtsterrasse befindet sich ebenfalls eine Busstation.

Wanderungen auf den Pico Ruivo und im Zentralgebirge werden ab S. 212 beschrieben.

Faial

Von Santana in Richtung Osten entfernt sich die Straße zunächst von der Küste und führt durch hügelige, grüne und kultivierte Landschaft. Oberhalb liegen Streusiedlungen, darüber der Wald, die Kulissen bilden die Zackenfelsen des Zentralgebirges – ein lieblicher Anblick. Wein und Gemüse bauen die Landwirte hier an und verkaufen ihre Produkte direkt am Wegesrand: Zwiebeln, Kartoffeln, Bohnen und Mais. Im Spätsommer liegen leuchtendgelbe Maiskolben zum Trocknen auf den Dächern. Pappeln, Rohrpflanzungen und niedrige Weidenplantagen – auch hier schneidet man die Ruten für die Korbflechtereien in Camacha – setzen Akzente. Faial, ein kleiner Ort, bringt die Straße zurück an die Küste. Malerisch liegt er eingeklemmt zwischen dem Wahrzeichen dieses Küstenabschnittes, dem *Penha de Águia* (Adlerfelsen), und einer Steilwand im Bett des Ribeira Seca. Fast 600 m ragen die Adlerfelswände, deren Kuppe von einem Wäldchen bedeckt ist, beinahe senkrecht in die Höhe. Ihren Namen verdanken sie den früher hier nistenden Fischadlern. Ein anstrengender Weg führt hinauf, dessen Ausgangspunkt ein Pfad ist, der rechts neben der Bar Galé in Penha de Águia de Baixo als Treppe beginnt. Der Weg ist steil und setzt streckenweise aus, ist also nur erfahrenen Wanderern zu empfehlen. Hinauf und hinunter ist man etwas mehr als 2 Stunden unterwegs und überwindet dabei knapp 450 Höhenmeter.

Faial hat einen steinigen Strand mit einem halbrunden, geschützten Badeplatz und dazu einen neuen *Sportkomplex* mit Tennisplätzen und einer neuen Badeanlage mit extra Kinderpool, Umkleidekabinen und einer Cafeteria.

Oberhalb von Faial stehen Reste eines Forts. Zwischen Faial und Roque de Faial, auf Höhe der Einmündung der Landstraße ER 217, liegt das Höhlenrestaurant *Gruta*. Typische, deftige Küche der Gegend kann man wahlweise in der Grotte, im neuen Gastraum oder auf der Terrasse zu sich nehmen.

Porto da Cruz

Auf der anderen Seite des Penha de Águia liegt der östlichste Ort der Nordküste. Hinter ihm erstreckt sich nur noch raue, fast nordisch anmutende karge Felsenlandschaft, die in die Landzunge Ponta de São Lourenço einmündet.

Porto da Cruz war schon zur Zeit der ersten Besiedlung ein Schutzhafen für Seeleute, die an der unzugänglichen Nordostküste unterwegs waren. Viel ist aus dieser Zeit nicht erhalten geblieben.

Mehrere Bäche münden hier ins Meer. An ihren Ufern baute man schon vor Jahrhunderten Zuckerrohr an und macht es, in allerdings geringem Umfang, noch heute. In einer der letzten *Zuckerrohrmühlen,* der *Companhia dos Engenhos do Norte,* gut am langen Schornstein erkennbar, wird es verarbeitet. Allerdings lastet die geringe Ernte die Fabrik nur noch in den Erntemonaten von April bis Juni aus.

Karte Umschlagklappe hinten

Wenn Sie zur Zeit der Produktion in Porto da Cruz sind, schauen Sie ruhig hinein. Zwischen Walzen wird das Rohr gequetscht und gepresst, damit der Zuckersaft herausläuft. Aus dem Saft gewinnt man entweder Sirup für den beliebten Kuchen *Bolo de Mel* oder durch Destillierung Zuckerrohrschnaps *(Aguardente).* Ein Teil geht frisch in den Ausschank, ein anderer Teil wird in Fässern gelagert und bekommt später das Prädikat „Aguardente Velha".

Porto da Cruz besitzt, gemessen an seiner Größe, ausgesprochen weitläufige Promenaden. Mit seinem steinigen Strand und einem großen, geschützten natürlichen Meerwasserschwimmbecken und einem neuen Schwimmbad bietet es gute Bademöglichkeiten. Auch für Wanderer ist das Örtchen interessant, die menschenleere Nordostküste, der Penha de Águia und Wege in Richtung São Roque do Faial und Portela bieten zahlreiche, z. T. angelegte und ausgeschilderte, wenig begangene Möglichkeiten.

• *Verbindungen* **Mit dem Pkw:** Über die ER 101 an der Nordküste entlang zu erreichen. Von Süden und Osten gibt es mehrere Landstraßen: ab Funchal über Ribeiro Frio via Faial oder Camacha. Die schnellste Verbindung ist die neu ausgebaute ER 101 mit langen Tunneln.

Mit öffentlichen Bussen: Linien 53 und 78 der Gesellschaft SAM über Flughafen und Machico. Linien 56 und 138 der CC São Gonçalo über Monte und Faial und weiter nach Cabanas bzw. Santana.

Taxis: Stand gegenüber der Kirche, ✆ 291-562411.

• *Übernachten* **Albergaria do Penedo,** in sehr attraktiver Lage an der Küste, oberhalb der Promenade und in der Nähe der Schwimmbecken. Das Haus wurde kürzlich umgebaut, und neben den bisherigen eher schlichten Zimmern wurden einige zusätzliche große, schöne geschaffen. Alle Zimmer mit Bad und Balkon mit Blick auf die Zackenküste nach Nordosten. Inkl. Frühstück 38–60 €/EZ, 48–72 €/DZ. Rua Dr. Joao Abel de Freitas 23/25, 9225–050 Porto da Cruz, ✆ 291-563011, ✆ 291-563012.

Hospedagem Turística Costa Linda, erst 2005 eingeweihtes Haus an der kleinen Küstenplaza. Es verfügt über 12 Zimmer und ein Apartment, schlicht, aber komplett eingerichtet. Alle mit eigenem Bad und die Mehrzahl mit Balkon mit weitem Blick auf Meer und Küste. Preise je nach Saison und Meerblick, inkl. Frühstück 35–40 €/EZ, 45–

Auf der Promenade von Porto da Cruz

Porto da Cruz: Schutzhafen nach schwieriger Ostumrundung, hier Zielpunkt der jährlichen Kanuwettfahrt

55 €/DZ, Apartment 60–65 €. Sítio das Casas Próximas, 9225–070 Porto da Cruz, ✆ 291-560080, 📠 291-560089, www.costa-linda.net.

Quinta da Capela, außerhalb im Ortsteil Folhadal. Restaurierter, unter Denkmalschutz stehender Gutshof aus dem 17. Jh. in ländlicher Umgebung. 5 unterschiedliche, kostbar eingerichtete DZ, alle mit Bad. Salons und Frühstücksraum. Die rustikale Küche kann von den Gästen genutzt werden. Das ganze Haus ist mit Antiquitäten ausgestattet. Preise je nach Saison 40–48 €/EZ, 55–68 €/DZ. Reservierung über Madeira Rural, siehe S. 20. www.madeira-rural.com.

• *Essen* **Praça do Engenho,** am kleinen Küstenplatz. Das Restaurant gehört zu Costa Linda, s. o. Großes Lokal, im vorderen Teil wirkt es wie ein Terrassencafé, im hinteren Teil ist es wie ein nobles Restaurant gestaltet. Ausgesprochen gute und preiswerte Fischgerichte, sehr gute Fischsuppe für 2,50 €, gegrillte Lapas für 5 €.

Wandern

Direkt vom Ort aus lassen sich die alten Wege an der Nordostküste erreichen. Wenn der Ribeira Maiata wenig Wasser führt, kann man ihn in Strandnähe überqueren und dann den alten Pfad steil hinauf nehmen. Garantiert trockenen Fußes erreicht man den Steilküstenweg über die Straße nach Larano. Der Weg, für den Trittsicherheit und Schwindelfreiheit erforderlich sind, führt über weite Strecken an der Küste entlang und dann im Bogen nach Süden bis Machico.

Der **Adlerfelsen** lässt sich vom Weiler Penha de Águia de Baixo aus erklimmen. Am Restaurant Galé beginnt der Weg mit einigen Stufen, siehe dort.

Die Wege im Hinterland von Porto da Cruz sind am schönsten, wenn man auf den Höhen, z. B. bei Portela, startet und in Richtung Küste wandert.

In den unter dem Stichwort „Literatur" aufgeführten Wanderführern sind zahlreiche Wege in dieser Gegend beschrieben.

Karte Umschlagklappe hinten

Prainha, der einzige natürliche Sandstrand Madeiras

Südosten

An der Küste entlang

Östlich von Funchal erstreckt sich ein vom Klima verwöhnter Küstenstrich – durch die Berge von den aus Norden kommenden kühlen Winden und Wolken verschont und mit vielen Sonnenstunden gesegnet. Das für die Landwirtschaft notwendige Wasser brachten früher die Bäche in die Täler, heute bringen es die Levadas. Die touristische Entwicklung der Ostküste begann erst in den siebziger Jahren des 20. Jh. als Alternative zum städtischen Luxusurlaub von Funchal.

Die Buchten bei Caniço de Baixo mit ihren Badeanlagen und Zugängen zum Meer bieten einen von den Konventionen des Fünf-Sterne-Tourismus freien und lässigeren Urlaubsstil, der von jüngeren Gästen bevorzugt wird. Sportler können sich auf die besten Tauchreviere und eine Vielzahl von Tauchbasen freuen.

Der Osten ist historisch nicht weniger interessant als Funchal. Am Strand des heutigen **Machico** betrat 1419 *João Gonçalves Zarco* das erste Mal den Boden der Insel. Auch das legendäre Liebespaar Anne Dorset und Robert Machim soll hier gestrandet sein. Das weite Tal bot hervorragende Möglichkeiten für Zuckerrohranbau, die breite Bucht gewährte gute Ankerplätze, hier fiel die Entscheidung für die Besiedlung der Insel, und hier entstand ihre erste Stadt. Mit dem Ausbau von Funchal als Metropole verlor Machico zwar an Bedeutung, nimmt bis heute aber den zweiten Platz in der Bevölkerungsstatistik und Wirtschaftskraft ein. Mit ihren unvergleichlichen Platanenalleen und alten Forts lohnt sie einen Besuch.

Individualisten werden das kleine **Santa Cruz** mit seinem besonderen, ursprünglichen Charme schätzen. Unmittelbar vor dem Ostzipfel, der Ponta de São Lourenço, liegt die ehemalige Walfängerstadt **Caniçal.** Noch bis 1981 setzten ihre Bewohner bis zu 20 m langen Pottwalen in Ruderbooten und mit von Hand geworfenen Harpunen nach.

Einen reizvollen landschaftlichen Gegensatz zu Madeiras üppig grünen und lieblichen Wegen finden Wanderer auf der rauen **Ponta de São Lourenço.** Vulkanisch und wüstenhaft trocken präsentiert sie sich, mit wild zerklüfteten Felsen in intensiven Farben, von Schwarz über Ocker bis zu grellem Rosa, die mit dem tiefsten Meeresblau kontrastieren.

Caniço

Nur wenige Kilometer von Funchal entfernt hat sich in den letzten zwanzig Jahren Madeiras zweites Urlauberzentrum entwickelt. Die reinen Urlaubersiedlungen Caniço de Baixo und Garajau mit Hotels, Apartmenthäusern, Restaurants, Badeanlagen und Sportangeboten liegen direkt an der Küste, Caniço, die Kreisstadt, mit einer Pension und einer luxuriöse Quinta weiter oberhalb. Die Umgebung von Caniço wird fast ausschließlich von deutschen Urlaubern gebucht, die ersten Hoteliers hier waren Deutsche, und fast überall wird Deutsch gesprochen.

Die nette, ruhige Provinzstadt liegt auf ca. 200 m Höhe. Früher lebten die Menschen hier schlecht und recht vom Gemüseanbau, heute ist als zusätzliche Einkommensquelle der Tourismus hinzugekommen. Vor den Urlaubern entdeckten wohlhabende Familien aus Funchal die klimatisch ideale stadtnahe Zone und bauten ihre Villen auf ausgedehnten Grundstücken nahe am Wasser, die damals für die Landwirtschaft uninteressant und entsprechend preiswert waren. Caniço hat von dieser Entwicklung profitiert, so mancher schmucke, moderne Bau im Ort zeigt es. An historischen Sehenswürdigkeiten ist der Ort nicht reich. Der Hauptplatz **Sítio da Vargem** lädt mit Bänken, Blumenschmuck und einem Kiosk zum Verweilen ein. Gegenüber steht die **Pfarrkirche,** ein Bau aus dem 18. Jh.; sie ist dem Heiligen Geist und dem heiligen Antonius geweiht. Der Doppelname war ein Kompromiss, nachdem die beiden Vorläuferkirchen reif für den Abbruch waren und der Bau von zwei neuen Kirchen sich nicht lohnte.

Caniço ist für die meisten Urlauber von Caniço de Baixo und Garajau ein Serviceort, in dem sie ihre Einkäufe erledigen und in dem sie ein bisschen herumschlendern, wenn sie der künstlichen Atmosphäre in den Touristenzentren für eine Weile entfliehen wollen.

Karte Umschlagklappe hinten

• *Information* Die Touristeninformation für die Region liegt in Caniço de Baixo, s. dort.

• *Verbindungen* **Mit dem Pkw:** Zwischen Funchal und dem Flughafen gelegen, ist Caniço über die via rápida von beiden Punkten aus in weniger als 20 Minuten zu erreichen.

Bus: Eine eigene Busgesellschaft EACL verbindet Caniço mit Funchal, die Linien 2 und 155 fahren halbstündlich bzw. stündlich. Mehrere Stationen in Caniço, Caniço de Baixo und Garajau. Den aktuellen Busfahrplan, auch mit Verbindungen nach Norden und weiter nach Osten, gibt es in der Touristeninformation, an vielen Hotelrezeptionen und am Kiosk in Funchal. Ab Funchal, Av. do Mar, hinter dem östlichen Kiosk, Fahrtzeit ca. 30 Minuten.

Taxis: Siehe Ortsplan oder per Telefon über die Rezeptionen.

• *Adressen* **Einkaufen,** zwei Supermärkte teilen sich das Geschäft, **Pingo Doce** im Ortszentrum und **SÀ,** größer und sehr gut sortiert, auch mit deutscher Presse, am Ortsrand an der Landstraße in Richtung Caniço de Baixo.

Souvenirs, größere Auswahl an Stickereien und Kunsthandwerk in **Alberto's Shoppingcenter.**

Internationale **Presse** im Supermarkt SÀ und am Kiosk auf dem Hauptplatz.

Banken, mehrere Filialen in Caniço (vgl. Ortsplan).

Post, schräg gegenüber vom Supermarkt SÀ.

Apotheke, in Alberto's Shoppingcenter.

Gesundheitszentren, in Caniço gibt es ein **Centro de Saúde** der Sozialversicherung und ein privates **Gesundheitszentrum,** beide sind im Ort ausgeschildert.

• *Sport* **Golf,** unweit von Caniço liegt der 18-Loch-Platz **Palheiro Golf.** Die großen Hotels und Quintas an der Ostküste organisieren die Platznutzung. Verleih von Ausrüstung gegen Gebühr. Greenfee ca. 25 €.

Tauchen, drei Tauchbasen haben ihren Sitz in Caniço de Baixo und Garajau, siehe dort.

Übernachten/Essen (siehe Karte S. 181)

• *Übernachten* **** **Quinta Hotel Splendida (3),** luxuriöse, große Aparthotelanlage im Landhausstil, mit ausgedehntem botanischen Garten und Pools, am Stadtrand. Neben der Namensgeberin, einer restaurierten Quinta, stehen moderne Gästehäuser. Die Zimmer, Apartments und Studios sind sehr edel eingerichtet, die Aufenthaltsräume schmücken Antiquitäten. Preise hoch, jeweils mit Frühstück: 130–160 €/DZ, bei Nutzung als EZ 85 €–115 €. Studios und Apartments ohne Frühstück je nach Saison und Größe 124–400 €/Tag. Im Pauschalangebot über TUI, Neckermann, Kreutzer und Olimar günstiger. Estrada da Ponta da Oliveira 11, 9125 Caniço, ✆ 291-930400, ℻ 291-930401, www.quintasplendida.com.

Lesertipp: **Residencial-Restaurant Klenk's Café (5),** an der Verbindungsstraße nach Caniço de Baixo liegen die Pension und das dazugehörige Restaurant. Pension wie Restaurant werden in sehr persönlichem Stil vom deutschen Besitzer geführt. Es gibt 12 Zimmer mit neuen Bädern. Alles ohne Schnickschnack, aber sauber und ordentlich. DZ 47 €, EZ 39 € Zum Haus gehört auch eine Auto- und Motorradvermietung. Estrada da Ponta da Oliveira, 9125–035 Caniço, ✆ 291-934316, ℻ 291-934383, www.madeira-caferustico.com.

*** **Residencial A Lareira (2),** im Zentrum am Hauptplatz. Pension mit 17 Zimmern, alle mit eigenem Bad und Balkon. Die Zimmer zur Straße sind nicht sehr ruhig. Restaurant und Bar im Haus. Inkl. Frühstück 40–45 €/DZ, 35 €/EZ. Sítio da Vargem, 9125 Caniço, ✆/℻ 291-934284. Sie müssen sich vorher anmelden, wenn Sie nicht vor verschlossener Tür stehen wollen.

• *Essen* **A Lareira (2),** neben dem Hauptplatz. Im gemütlichen Gastraum und auf der kleinen Terrasse zur Straße serviert man die ganze Palette madeirischer Speisen zu niedrigen bis mittleren Preisen. So geschlossen.

Restaurant Central (1), ist bekannt für seine Fleischtöpfe nach regionalen Rezepten und für seine guten Kuchen. Die Preise sind moderat.

Klenk's Café (5), sehr gute madeirische und deutsche Küche, auch die Bedienung spricht Deutsch. Große Portionen. Der Gastraum mutet reichlich bieder an, aber essen kann man auch auf der großen Terrasse. Sehr empfehlenswert Espada mit diversen Soßen für 8 €. An der Verbindungsstraße von Caniço nach Caniço de Baixo. Lesermeinung: Hier gab es das beste Essen, das wir während des Urlaubs genossen haben.

Lesertipp: **Cervejaria/Restaurant Oceanos,** im Einkaufszentrum Edifício Jardins do Caniço. Große Auswahl an Fischgerichten zu fairen Preisen.

Caniço de Baixo

Freundlich und nicht wie ein Fremdkörper in der Landschaft wirkt dieses Urlauberzentrum, dazu tragen auch die vielen Villen und schmucken Gärten in der Umgebung bei. Hotels und Apartmentanlagen liegen ebenfalls locker verstreut in ausgedehnten Grünzonen. Hochhausklötze wie in anderen Urlauberzentren und im Hotelviertel von Funchal gibt es allenfalls im Hintergrund. Die Häuser sind relativ niedrig und im landestypischen Stil gebaut, weiß verputzt und mit roten Tonpfannen gedeckt.

Dennoch bleibt Caniço de Baixo ein Kunstort ohne gewachsenen Ortskern. Drei lange Straßen ziehen sich mit einigen Querverbindungen parallel zur Küste. Zwei Servicezentren mit Minisupermärkten, Restaurants und Autovermietern haben sich um den Zugang zur größten Badeanlage (Lido) und im östlichen Abschnitt etabliert. Auf dem Freizeitprogramm steht für die meisten Gäste Sonnen, Baden und Tauchen. Mit den Hotelgärten und Pools sowie zwei Badeanlagen, jeweils mit Tauchbasis, sowie einem Kiesstrand gibt es dafür ausreichend Möglichkeiten. Unterhalb des Servicezentrums im östlichen Abschnitt beginnt eine Küstenpromenade, die am Hotel Oasis Atlantic vorbei bis in die Nähe des einzigen urigen Winkels in der Gegend führt, der Fischersiedlung von **Reis Magos.** Genau hier ist in den letzten Jahren eine moderne Badezone mit Molen, Treppen ins Meer, Duschen und Umkleidekabinen entstanden.

Am Lido

Information/Verbindungen

• *Information* Büro der Touristeninformation, in der Nähe des Lido, Rua Baden Powell. Sehr kompetente Beratung, auch Hilfe bei der Zimmersuche (Privatzimmer mit Bad ab 35 €, Apartment ab 50 €). Außerdem gibt es Orts- und Inselpläne sowie den Busfahrplan für die Region. Öffnungszeiten Mo–Fr 9.30–13 und 14.30–17.30 Uhr, Sa 9.30–12 Uhr.

• *Verbindungen* **Mit dem Pkw:** Caniço de Baixo liegt 3 km von Caniço und der Landstraße Flughafen–Funchal entfernt. Die via rápida führt in ca. 2 km Entfernung an Caniço de Baixo vorbei. Abfahrt ausgeschildert.

Mit dem Bus: Die unter Caniço genannten Buslinien haben mehrere Haltestellen in Caniço de Baixo. Einige Abfahrten führen allerdings nicht hinunter zur Küste, Sie sollten sich deshalb den aktuellen Fahrplan besorgen. Es gibt ihn bei der Touristeninformation, an vielen Hotelrezeptionen vor Ort und am Informationskiosk in Funchal.

Übernachten

Caniço de Baixo hat neben Hotels und Apartmentanlagen des „üblichen" Zuschnitts sehr originelle, persönlich geführte Häuser, allerdings im oberen Preissegment. Dazu gehören die Villen von Inn & Art und die Villa Opuntia. Sie sind wegen ihrer Besonderheiten hier dem allgemeinen Angebot vorangestellt.

Villa Opuntia (6), sehr ruhig am Rand von Caniço de Baixo gelegene, kleine Apartmentanlage mit 12 Einheiten. Das ganze Haus, im Stil einer mediterranen Villa, ist in sehr persönlichem Geschmack modern, bequem, mit vielen Korbmöbeln und in fröhlich-farbenfreudigem Design eingerichtet. Die Apartments, alle mit Balkon oder Terrasse, sind in jeder Hinsicht sehr großzügig: Studios à 35 m^2 (2 Pers.), 55 m^2 (4 Pers.), 75 m^2. Jedes Apartment mit Modemanschluss. Schön gestaltete Außenanlage mit Pool, Grillplatz und Weinlaube. Innen finden Sie eine Bar und eine Bibliothek mit deutschen Büchern. Inkl. Frühstück Studio ab 96 €, Apartment 55 m^2 je nach Personenzahl ab 120 €, Apartment 75 m^2 je nach Personenzahl ab 161 €. Rua Miradouro da Falésia, 9125–034 Caniço de Baixo, ✆ 291-934733, 📠 291-934518, www.villaopuntia.com.

INN & ART, das Konzept der Besitzer des originellsten und wohl auch kleinsten Hotels in Caniço de Baixo ist aufgegangen. Inzwischen kann man in weiteren Häusern von Inn & Art wohnen. Nach wie vor im **Hotel Gallery (10),** in ruhiger Lage direkt auf den Klippen gelegen. Die Besitzer sind Sammler und Aussteller zeitgenössischer Kunst, und das ganze Haus wirkt wie eine gemütliche Galerie. Herrlicher Garten, wunderschön angelegte Terrassen, zum Stil des Hauses passendes Restaurant. 10 Zimmer mit Duschbad, Satelliten-TV, eigenem Eingang und Terrasse, alle in sehr persönlichem Stil eingerichtet und mit offenem Kamin. Inkl. Frühstücksbüffet je nach Buchungszeitpunkt DZ 850–900 €/Woche, EZ 750–800 €, kürzere Aufenthaltsdauer ist möglich, aber im Verhältnis teurer. Als Last-Minute-Angebot 549 €. Reservierung und Homepage s. u.

Inn & Art Falesia, kleine Apartmentanlage, wie eine Villa mit tropischem Garten. Preise wie im Hotel Gallery. Weitere Angebote von Inn & Art: Ein Penthouse mit 3 Schlafzimmern und eine Villa als Ferienhaus für bis zu 8 Personen. Alle Angebote kann man sich im Internet anschauen, s. u. Reservierungswünsche an: INN & ART Madeira Hotel & Villas, Rua Robert Powell 61/62, 9125–036 Caniço de Baixo, ✆ 291-938200, 📠 291-938219, www.innart.com, info@innart.com.

• *Hotels* **** **Hotel Alpino Atlântico (8),** mit nur 22 Zimmern ist auch dieses neue Hotel eher klein. Ebenfalls ruhig auf den Klippen gelegen. Komfortable, gemütliche Zimmer, die meisten mit Balkon und Meerblick. Die Gäste können die Wellnesseinrichtungen des Hotels Ondamar (hier nicht aufgeführt) nutzen. DZ je nach Saison 94–120 €. Galo-Resort-Hotels-Madeira, Ponta da Oliveira, Ap 12, 9125–909 Caniço de Baixo, ✆ 291-930930, 📠 291-930555. Mehr Infos unter www.galoresort.com.

*** **Hotel Galomar (11),** eines der Hotels aus der ersten Generation des Urlaubsortes, aber in gutem Zustand. Es liegt direkt oberhalb der Badeanlage Lido, in der ersten Reihe zur Küste. Komfort und Zimmer dem Mittelklassestandard entsprechend. Restaurant, Bar und Freizeiteinrichtungen im Haus, regelmäßig Tanz- und Unterhaltungsprogramme. Zimmerpreise je nach Saison, Lage zum Meer und ob mit oder ohne Balkon: DZ 70–91 €, EZ 45–75 €. Mehr Infos und Reservierungsanschrift siehe Hotel Alpino Atlântico.

• *Apartments* **** **Aparthotel Tropical (12),** neues Aparthotel mit Studios und Apartments (Suiten genannt), in zwei nebeneinander liegenden Häusern. Eins davon, das frühere Aparthotel Vila Sol, ist besonders elegant und modern eingerichtet. Seine Wohneinheiten sind auch größer. In beiden Häusern haben die meisten Apartments einen Balkon und schönen Blick zum Meer. Alle Zimmer sind sehr komfortabel ausgestattet. Hotelservice mit Restaurant, Außenanlage mit Pool. Preise je nach Aufenthaltsdauer und Saison: EZ 40–57,50 €, Studio/DZ 50–65 €. Direktreservierung an: Caminho Cais da Oliveira, Caniço de Baixo, 9125–028 Caniço, ✆ 291-934991, 📠 291-934993, www.aparthoteltropical.com.

*** **Aparthotel Vila Ventura (9),** etwas schlichteres Haus in der zweiten Reihe zur Küste, mit Garten. 22 ausreichend eingerichtete Studios mit Balkon. Deutsche Geschäftsleitung. Studio für 2 Personen 49 €, in der Nebensaison auch Sonderpreise. Im

Karte Umschlagklappe hinten

Katalog von Alltours. Direktreservierung: Vila Ventura, 9125 Caniço de Baixo, ✆ 291-934611, 📠 291-934680, www.villa-ventura.com.

Residencial Klenk´s Café (5), an der Verbindungsstraße nach Caniço, s. Caniço.

Agentur A. Sommer, Studios, Apartments und verschiedene Bungalowtypen im Angebot. Preise: je nach Größe, Ausstattung und Personenzahl, z. B. 2 Personen im Studio 45 €, Bungalow für 5 Personen 100 €/Tag. Mindestmietdauer 1 Woche. 9125–099 Caniço de Baixo, ✆ 291-9351291.

Essen

Als reiner Urlaubsort verfügt Caniço de Baixo über mehrere Lokale, die sich ausschließlich an Urlauber wenden und nicht typisch für Madeira sind, z. B. ein für Eltern sicher praktisches Pancake-House mit Spielzimmer, in dem die Kinder toben können (Preise der Pfannkuchen zwischen 4,50 und 6,50 €) und Pizzerien in der Nähe des Lidos. Selbstverständlich verfügen alle größeren Hotels über Restaurants.

Meist wird dort internationale und Landesküche angeboten, die Preise entsprechen dem jeweiligen Standard.

Madeirische Küche servieren die beiden Restaurants **A Rede** und **Habeas Coppus (7)** im Servicezentrum. Beide haben eine Terrasse zur Straße, ihre Preise liegen über dem allgemeinen Niveau: Suppen ab 4 €, Hauptspeisen ab 9 €.

Sehr unterschiedliche, interessante Restaurants sind eine besondere Empfehlung wert: **Fischerkneipe von José Diego Gonçalves (4),** am Praia Reis Magos, aus dem urigen Kiosk ist seit dem Ausbau des Strandes ein heller, maritimer Pavillon geworden. Viele Tische stehen auf der Terrasse, wenige Schritte vom Meer entfernt. Die gesamte Umgebung, das alte, kleine Wohnviertel in Spaziergangentfernung zu den Hotels, der Strand und die Fischerboote machen das Essen hier zu einem Erlebnis mit authentischem Flair. Reichhaltige Speisekarte mit vielen Fischgerichten. Suppen ab 3 €, Fischgerichte mit Beilagen 7,50–10 €. Mo geschlossen.

INN & ART (10), stilvolles Restaurant im gleichnamigen Hotel mit angeschlossener Galerie. Wunderschöne Terrasse auf einem Felsen direkt über dem Meer. Hervorragende internationale Küche mit madeirischem Einschlag, auf der Karte stehen auch vegetarische Gerichte (6,50 €), sehr guter Service. Hauptgerichte 10–18 €; regelmäßig Sonderaktionen wie Gourmetabend, Reservierung empfehlenswert. Geöffnet 12–15 und 18–22 Uhr. ✆ 291-938200.

Restaurant Atlântico (13), in der Badeanlage Lido. Besonders exklusiv ist die Küche nicht, aber dafür auch preiswert. Kleine Gerichte ab 2,50 €, Fischgerichte ab 6 €. Lohnenswert ist der Besuch vor allem abends, wenn man nach Beendigung des Badebetriebes hier ruhig, direkt am Wasser sitzend und fern des allgemeinen Urlauberprogramms den Tag ausklingen lassen kann. Restaurant geöffnet 10–22 Uhr, Bar bis 23 Uhr.

Lesertipp: **Klenk´s Café (5),** an der Verbindungsstraße nach Caniço, wurde von mehreren Lesern besonders gelobt, s. o.

Adressen

• *Autovermietung/Motorräder* Größter Anbieter am Ort ist **Magos car** im Einkaufszentrum. Drei Wagenklassen und zwei Motorradtypen (BMW 650 ccm und Harley-Davidson) zur Auswahl. Preise im üblichen Rahmen, in der Nebensaison häufig Sonderangebote. Es gibt weitere kleinere Anbieter jeweils in der Nähe der großen Hotels.

Auch im Klenk´s Café an der Verbindungsstraße nach Caniço werden Autos und Motorräder verliehen, s. o.

• *Einkaufen* Nur wenige und sehr eingeschränkte Möglichkeiten in Caniço de Baixo. Minisupermärkte mit hohen Preisen, im Servicecenter und in der Nähe des Lidocenters (vgl. deshalb Caniço).

• *Ärztliche Versorgung* Allgemeine ärztliche Versorgung in Caniço, s. o. In Caniço de Baixo praktiziert ein Deutsch sprechender Arzt: Dr. med. Pierre Curado, Rua Bartolomeu Perestrelo, Casa A 1 A, ✆ 291-932218, Mobil: 0936/5075100, Termine nach Vereinbarung, auch Hausbesuche.

Baden

Es gibt drei Möglichkeiten in Caniço de Baixo, in Meer und Pools zu baden:

Lido: Aufwändige öffentliche Badeanlage unterhalb der Steilküste, mit einem Fahrstuhl geht es hinunter. Mehrere Pools, auch Kinderbecken und Zugang zum Meer. Süßwasserduschen, Umkleideräume, Liegeflächen, Liegestühle – alles, was man für einen Badetag braucht, ist hier vorhanden. Ein Restaurant mit Terrasse bietet eine breite Palette an preisgünstigen Schnellgerichten. Die Tauchschule *Manta Diving Center* hat hier ihre Basis (s. u.).

Öffnungszeiten Im Sommer 9–18 Uhr, im Winter 10–17 Uhr, das Restaurant hat täglich bis 23 Uhr geöffnet. Eintritt: Erwachsene 2,30 €, am Wochenende 3,40 €, Kinder 1,70 €, am Wochenende 2,70 €. Es gibt Zehnerkarten.

Badeanlage Roca Mar: Bei der gleichnamigen Hotelanlage. Sie ist dem Lido vergleichbar, nur dass alles etwas kleiner ist. Hier befindet sich die Basis der Tauchschule *Scuba Diving Atalaia.*

Strand Praia Reis Magos: Die Bucht wurde zu einem Badeplatz ausgebaut, der mit Molen gesichert ist. Ein Becken, in das man über Treppen einsteigt, macht Baden auch bei höherer Brandung möglich, für die Kleinen gibt es ein separates Kinderbecken. Wie fast alle Strände auf Madeira ist auch dieser steinig. Der Praia Reis Magos wird noch immer von den in der Bucht lebenden Fischern genutzt, im Unterschied zu den Badeanlagen hat er deshalb Lokalkolorit. Auf dem Strand liegen bunte Fischerboote und Fischers Kinder tummeln sich zwischen den Urlaubern im Wasser. Auch durch die im Hintergrund stehenden Häuser der Einheimischen wirkt der Strand, trotz modern gestalteter Einrichtungen wie Duschen, Toiletten und Umkleidekabinen, ursprünglich und bietet eine Abwechslung zu den glatten Urlaubereinrichtungen nur wenige hundert Meter weiter. Die Fischerfamilien fangen nicht nur die Fische, sondern bereiten sie auch zu. Dank steigender Nachfrage hat sich ihr vormals einfacher Kiosk in ein richtig großes Restaurant mit Terrassen gewandelt (s. o.).

Tauchertreffpunkt Caniço de Baixo

Sport

Tauchen: Die Südostküste ist ein ideales Tauchrevier. Es gibt nur wenig Brandung, zudem beginnt auf Höhe von Caniço de Baixo der Meeresnationalpark, der sich sich bis nach Funchal zieht. Dank des Fangverbotes (auch Harpunieren ist nicht gestattet!) sind die Gewässer sehr fischreich. Spannende Begegnungen mit Mantas, deren Spannweite 4 m erreicht, sind relativ häufig. Der Planktonfresser sei vollkommen harmlos, versichern die Tauchexperten. Treffen mit Walen sind eher selten. Riesenzackenbarsche, Papageien- und Kugelfische sowie Schwärme von kleinen Fischen trifft man dagegen unter Wasser immer an. Die besten Reviere liegen in unmittelbarer Nähe, sie lassen sich z. T. direkt von der Tauchbasis aus erreichen. Zu den entfernteren Spots, wie dem *Riff vor Garajau* und den *Korallenbänken vor Machico,* organisieren die Tauchbasen Exkursionen. Die beste Zeit zum Tauchen ist von April bis Oktober, in den Wintermonaten kann es auch hier etwas stürmisch sein. Geschlossen werden wie an anderen Standorten muss der Tauchbetrieb während der Wintermonate jedoch nicht.

Manta Diving Center, Mitglied im Barakuda Club, mit deutschen Besitzern und Tauchlehrern, ist zu Recht stolz darauf, von den Lesern der Zeitschrift „Tauchen" bereits 4-mal zur besten Tauchbasis im Atlantik gewählt worden zu sein. Die älteste Tauchbasis (seit 1985) hat ihren Sitz in der Badeanlage Lido. Der Schulbetrieb entspricht den internationalen Anforderungen, die Teilnehmer erhalten nach Kursabschluss die anerkannten Zertifikate von CMAS und PADI. Für Taucher mit Schein werden Spezialprogramme oder gesonderte Tauchgänge organisiert. Verleih von Tauchausrüstung vor Ort. Schnuppertauchen im Pool ist kostenlos. Im Angebot sind Grundkurs, Kurse für Fortgeschrittene (365 €) und Tauchgänge (im Zehnerpack für 207 €). Reservierung von Hotelzimmern und Apartments können von der Tauchbasis übernommen werden. Geöffnet Mo–Sa 9–17 Uhr, Mitte Jan.–Ende Feb. bleibt die Tauchbasis geschlossen. Barakuda Club Manta Diving Center, Stefan Maier, Hotel Galomar, 9125–999 Caniço de Baixo, Hotel Galomar, ✆/℻ 291-935588; in Deutschland über Fa. Travel Service Lohr, ✆ 07821-990992. www.mantadiving.com.

Atalaia Diving Club, die Tauchbasis hat ihren Sitz in der Badeanlage unterhalb des Hotels Roca Mar, hier wird ebenfalls nach international anerkannten Normen unterrichtet. Vergleichbares Angebot wie im oben beschriebenen Manta Diving Center. Weitere Informationen und Buchung über das Hotel Roca Mar, Caixa Postal 23, 9125 Caniço, ✆/℻ 291-934330, www.atalaia-madeira.com.

Golf: Siehe Caniço.

Garajau

Ein touristischer Ableger von Caniço de Baixo, 2,5 km weiter in Richtung Funchal und oberhalb einer Bucht mit Kiesstrand gelegen. Der markanteste Punkt der Gegend ist die **Ponta do Garajau** mit Leuchtturm und einer Christusstatue, Cristo Rei, die segnend die Arme zum Meer hin ausbreitet – fast wie in Rio de Janeiro, nur ein wenig kleiner. Von einem Picknick- und Aussichtsplatz unterhalb der Statue eröffnet sich ein weiter Blick bis nach Funchal.

Ein Ortszentrum von Garajau ist nicht auszumachen. Der ruhige Villenort erstreckt sich von der Durchgangsstraße in Richtung Küste. Parallel zur Durchgangsstraße steht in Gärten eingebettet das Aparthotel Dom Pedro Garajau, ein lang gestreckter Bau von mehreren hundert Metern. Auf der gegenüberliegenden Straßenseite haben sich Servicebetriebe wie Restaurants, Läden, Autovermieter und Reisebüros niedergelassen. Da Garajau sehr gute Tauchmöglichkeiten bietet, arbeitet das Hotel mit der Tauchbasis des Schwesterhotels in Machico zusammen.

• *Verbindungen* **Mit dem Pkw:** Von Funchal in weniger als 20 Minuten über die Autobahn zu erreichen. Die Abfahrt ist mit Garajau ausgeschildert.

Mit dem Bus: Linien 2 und 155 der Gesellschaft EACL (grau/rot) ab Funchal, Av. do Mar, hinter dem östlichen Kiosk, halbstündliche bzw. stündliche Abfahrten. Einige wenige Busse fahren statt nach Garajau über die Autobahn direkt nach Caniço, vorsichtshalber beim Einsteigen in Funchal fragen. Bushaltestellen in Garajau auf der Landstraße hinter dem Hotel Dom Pedro.

• *Übernachten* *** **Apart-Hotel Dom Pedro,** das alles beherrschende Gebäude mit 564 Betten in DZ und Studios (mit Küchenzeile) verläuft 3- und 4-stöckig parallel zur Küste/Landstraße und bietet damit den Gästen von Balkons und Terrassen einen schönen Blick aufs Meer. Für ein Mittelklassehotel sehr gute Ausstattung der Zimmern und Freizeitanlagen. Mehrere schöne Pools, auch großer Innenpool. Restaurants, Bars, Läden und ein Supermarkt im Haus. Umfangreiches Sportangebot, Tauchbasis im Haus. Studio für 2 Personen 81,50 €, Zimmer mit Frühstück für 1 oder 2 Personen 81,50 €. Im Programm mehrerer Reiseveranstalter. Hotel Dom Pedro Garajau, Estrada do Garajau 131, 9125/067 Caniço, ✆ 291-930800, ℻ 291-930801, www.dompedro.com.

Sport

Tauchen: Die idealen Tauchbedingungen der Südostküste (vgl. Beschreibung bei Caniço de Baixo) bieten auch den sportlichen Gästen von Garajau die Möglichkeit, diesen großartigen Sport im Urlaub zu lernen und auszuüben. Die Tauchbasis des Hotels Dom Pedro in Machico betreut auch die Gäste dieses Hotels. Kurse für Anfänger und Fortgeschrittene bis zu Tauchgängen und Verleih der Ausrüstung.

Information/Buchung An der Rezeption.

Golf: Siehe Caniço.

Einen Besuch wert: Santa Cruz

Santa Cruz

Einen Besuch lohnt das ruhige, fast völlig von Neubauten unversehrt gebliebene Santa Cruz. Kein Städtchen im Osten wirkt so urban und lebendig und gleichzeitig so gelassen und grün, obwohl zwei größere Hotels am Ortsrand stehen. Der Stadtkern liegt unterhalb der Landstraße in Strandnähe. Zahlreiche schattige Plätze und herrliche Grünanlagen durchziehen das Zentrum, sie sind durch schmale Gassen mit weiß getünchten Häusern verbunden. Allerdings wird Santa Cruz von mehreren Seiten bedrängt, Landstraße und Autobahn schnüren es ein, und fast direkt hinter den Häusern am östlichen Ortsrand wurde ein künstlicher Hügel aufgeschüttet. Er dient als Anfangs-/Endpunkt der neuen Start- und Landebahn des nahe gelegenen Flughafens.

Eine akustische Belästigung durch all die Verkehrswege um Santa Cruz haben wir dort dennoch nicht empfunden. Es ist eher schon ein merkwürdiger Anblick, wenn auf dem Hügel über den klassischen Landhäusern plötzlich ein riesiger silbernen Vogel auftaucht, um in die weite Welt zu starten.

Die Stadt rühmt sich, der zweitälteste Ort Madeiras zu sein. Nach seinem ersten Landgang in der Bucht von Machico soll der Eroberer Zarco nur wenige Kilometer weitergesegelt und sich vor einem Sturm in die Bucht von Santa Cruz gerettet haben. Offensichtlich gefiel ihm, was er sah, denn die Besiedlung des Fleckens fällt in die ersten Jahre der Inbesitznahme der Insel. Oberhalb von Santa Cruz ließ sich dank des warmen Klimas und der ganzjährig Wasser führenden Bäche prächtig Zuckerrohr anbauen, die ruhige Strandbucht war ideal für den Fischfang und Bootsverkehr geeignet. Santa Cruz war im 15. und 16. Jh. wirtschaftlich Machico ebenbürtig. Die größte Kirche nach der Kathedrale Sé in Funchal, die Hauptkirche **São Salvador,** wurde hier von João Freitas im manuelinischen Stil ab 1533 gebaut. Später verlor Santa Cruz, zwischen den größeren Orten Funchal und Machico gelegen, seine Bedeutung.

• *Verbindungen* Mit dem **Pkw:** Hinter Santa Cruz verläuft die via rápida. Aus Funchal kommend erste Abfahrt Santa Cruz nehmen, dann unter der Autobahnbrücke hindurch. In dieser Zone finden Sie viele Parkplätze und können zu Fuß ins Stadtzentrum gehen.

Mit dem Bus: Mit den Linien 20, 23, 53, 113 und 156. Alle Busse gehören zur Gesellschaft SAM. Sie starten ab Funchal, Av. do Mar, zahlreiche Abfahrten, Fahrtzeit ca. 30 Minuten.

Taxis: Am Platz bei der Hauptkirche.

• *Übernachten* **** **Hotel Vila Galé,** mit 268 Zimmern unverhältnismäßig großes, neues Kongresshotel am westlichen Ortsrand. Jeglicher dem Standard entsprechender Komfort. Große, sehr gut ausgestattete Zimmer und Bäder. Pools, SPA- und Fitnesseinrichtungen, Restaurants und Bars. Für so viel Luxus sehr günstige Preise, die sich möglicherweise auf das Einführungsjahr beziehen: DZ je nach Lage (Meerblick oder nicht) und Saison 50–84 €. Rua S. Fernando, 9100–157 Santa Cruz, ✆ 291-529000, ✆ 291-529050, www.vilagale.pt, santacruz@vilagale.pt.

In der Markthalle

**** **Hotel Santa Catarina,** modernes Hotel mit 40 Zimmern, etwas außerhalb des Ortszentrums am Hang. Viel Komfort mit Satelliten-TV auf den Zimmern. Restaurant, Pool, Bar und Grillrestaurant gehören zum Hotel. Inkl. Frühstück 60 €/DZ, 50 €/EZ. Im Katalog von Olimar. Rua do Bom Jesus 7, 9100 Santa Cruz, ✆ 291-5200000, ✆ 291-5200001, www.santacatarina-hotel.com.

*** **Residencial Santo António,** mitten in der Altstadt, in einem typischen alten, gut renovierten Haus. Pension mit 14 Zimmern, mit Bädern und Balkon. Ruhesuchende wählen ein Zimmer zum Hof, haben dann aber nur die Aussicht auf die gegenüberliegende Mauer. Kleines Restaurant/Bar im Haus. 30 €/EZ, 35 €/DZ, Frühstück 3,25 €. Rua Cónego César de Oliveira, 9100 Santa Cruz, ✆ 291-524198, ✆ 291-524264, www.residencialsantoantonio.com.

• *Essen* Es gibt viele nette kleine Bars und Cafés in Santa Cruz, besonders auffällig ist die Dichte von guten, ausgesprochen preiswerten Restaurants.

Café Esplanada Alameda, in der Grünanlage vor dem Strand, mit Terrasse. Kleinigkeiten wie Sandes, Kaffee und Kuchen. Man sitzt hier sehr gut und ruhig im Grünen.

Marisqueira Sá Mar, äußerlich einfaches Restaurant mit überdachter Terrasse, bekannt für gute Küche mit Meeresfrüchten und niedrige Preise. Krabbencremesuppe ab 2 €, Lapas in Knoblauch geschmort 5,50 €, Fischgerichte ab 7 €. Hier gibt es auch Bacalhau, originelle Gerichte aus Stockfisch. Umfangreiche Weinkarte. Günstiges Tagesmenü.

Praia das Palmeiras, in der Schwimmanlage, nicht nur für Besucher der Badeanstalt. Nettes Lokal mit Wintergarten, hübsch gedeckte Tische im Speiseraum und auf der Terrasse, große und kleine Gerichte. Jeden Samstagabend ab 20.30 Uhr wird den Gästen eine Folkloreveranstaltung geboten. Gute Kuchen und Sandes ab 2 €, Krabbensalat 3 €, viele Suppen zwischen 2 und 2,50 €, Fisch- und Fleischgerichte ab 5,50 €, Meeresfrüchte ab 12 €.

Lesertipp: **Rest. A Raposa,** gemütliches Lokal mit freundlichem Service und preiswerten guten Gerichten. Im Haus der Residencial Santo Antonio.

• *Einkaufen* Lebensmittelgeschäfte im Ort. Besonders beachtenswert und gut sortiert ist die Markthalle an der Promenade (s. u.).

• *Banken* Mehrere Banken, z. B. am Platz der Hauptkirche.

• *Gesundheitszentrum* **Centro de Saúde** vor dem Hotel Catarina.

Sehenswertes

Fast unterhalb der Autobahn beginnt Santa Cruz mit einem seiner schönen Plätze. Laubbäume umrahmen die ältesten Gebäude der Stadt, so auch die **Kirche São Salvador,** deren Turm in den letzten 500 Jahren eine leichte Schräglage angenommen hat. Im Inneren sind Teile aus der Vorläuferkapelle von 1470 erhalten. Aus der Zeit von 1533 stammen noch die gotischen Gewölbe und Teile des Chors. In der Sakristei sind einige der ältesten Kachelbilder *(Azulejos)* aus Sevilla ausgestellt. Als wichtigster Kirchenschatz gelten die Malereien an den Wänden des Hauptaltars. Im oberen Bereich des Kirchplatzes liegt ein kleiner Park.

Von diesem alten Platz mit seinen Kieselmosaiken gelangt man durch schmale Gassen auf einen kleinen und lebhaften, ringsumher von Wohnhäusern umgebenen Platz. Von hier aus wandert man entweder weiter durch enge Sträßchen oder geradeaus zum Strand. Zwischen dem Ort und dem Meer erstreckt sich eine weitläufige Grünanlage, die in einer sehr hübschen, palmenbestandenen **Promenade,** der Rua da Praia, endet. Liebevoll ist der Boden mit maritimen Mosaikmotiven belegt. Der grobkiesige Strand ist gleichzeitig Liegeplatz für bunte Fischerboote und Badeplatz. Eine Brücke führt hinaus und macht den Einstieg direkt ins tiefe Wasser möglich. Badeflöße aus Plastik schaukeln sanft auf dem Wasser, und hölzerne Liegeflächen machen ein Sonnenbad am steinigen Strand ohne blaue Flecken möglich. Nach Westen gelangt man, am Sportplatz vorbei, zum Kiesstrand Praia São Francisco, wo man auch einen Kiosk findet. Ein Felstunnel führt in den Fischereihafen.

Das Rathaus von Santa Cruz

Nach Osten führt die Promenade zunächst zum **Mercado Municipal** (Markthalle), einem neueren Flachbau, den moderne Fliesenbilder schmücken. Reichhaltig ist das Angebot an preiswerten Fischen, Meeresfrüchten, Fleisch, Gemüse und Obst.

Öffnungszeiten Mo–Sa 7–16 Uhr, So 7–12 Uhr.

Weiter nach Osten gelangt man zur **Praia das Palmeiras,** einer schönen Badeanlage mit einem sehr attraktiven Restaurant (s. o.). Von der Praia das Palmeiras ist es in Richtung Ort nicht weit bis zum hübschen **Rathausplatz.** Ihn zieren Jacaranda,

Karte Umschlagklappe hinten

Palmen, junge Drachenbäume und Blumenrabatten. Doch damit nicht genug: Am östlichen Ortsrand liegt direkt oberhalb vom Strand ein ehemaliges Herrenhaus, eine Quinta, heute das **Kulturzentrum Casa da Cultura,** umgeben von einem schönen Park mit alten Drachenbäumen und Palmen und einer mit leuchtenden Bougainvilleen überwucherten Pergola. Ein herrlicher Blick auf die Küste eröffnet sich von hier. Im Kulturzentrum werden wechselnde Ausstellungen gezeigt.

Baden

Das Meer in der Bucht ist ruhig, kleine Wellen sind auch für ungeübte Schwimmer kein Problem. Leider ist der Strand wie fast überall sehr steinig, der Gang ins Wasser ist also nicht unbedingt bequem, es sei denn, man steigt über die Holzbrücke hinein. Die meisten Einheimischen und Gäste nutzen die schöne Badeanlage.

Die schöne Badeanlage von Santa Cruz

Praia das Palmeiras: Es gibt mehrere Schwimm- und Planschbecken für Groß und Klein, die Wasserrutsche für die kleinen Leute versteckt sich in einem steinernen Delfin. Stege ins Meer, Liegeflächen, Umkleidekabinen, Duschen und eine Rettungswacht sind vorhanden – Praia das Palmeiras ist eine sehr gelungene und gepflegte Anlage.

Öffnungszeiten Täglich 9–19 Uhr.

Aquaparque: In der nächsten nach Westen gelegenen Schlucht, der des Ribeira da Boaventura, befindet sich die Badespaßanlage Aquaparque mit diversen Schwimmbecken und Wasserrutschen. Eintritt: üblicherweise Erw. 6 €, Kinder 4 €, bei unserem Besuch dort (Juni 2006) kostete er 4,50 bzw. 2,50 €. Geöffnet täglich 10–18 Uhr.

Água de Pena

Bis vor wenigen Jahren war dieser grüne und locker bebaute Ort gemeinsam mit der Ferienanlage **Matur** und den Hotels in Machico die Urlauberalternative zu Funchal. Der Ausbau der Landebahn des nahen Flughafens aber bescherte ihm das Ende seiner touristischen Karriere. Damit auch Jumbos auf Madeira starten und landen können, musste die Landebahn erheblich verlängert und vor die Küste von Água de Pena gezogen werden. Statt auf das Meer und die gegenüberliegende Inselgruppe Ilhas Desertas blickt man jetzt auf einen Wald von Betonpfeilern und die Lande- und Startbahn. Die meisten Hotels sind geschlossen.

Auf dem Weg über die Landstraße nach Machico passiert man den **Miradouro Francisco Alvarez de Nóbrega,** von dem sich ein hübscher Blick auf das Tal und die Bucht von Machico bietet. Madeira ehrt hier seinen bedeutendsten Dichter, er wurde 1773 in Machico geboren. Zum Priester ausgebildet, erkannte er die Doppelmoral des Klerus und nahm sie in satirischen Versen aufs Korn. Während der Inquisition wurde er in den Kerker geworfen, wo er an Lepra erkrankte und im Alter von 34 Jahren verstarb.

Machico

In einem weiten Tal, bis auf die Höhen terrassiert und mit Einfamilienhäusern bebaut, liegt die älteste Stadt Madeiras. Ihre Bucht ist von zwei (früher drei) Festungen eingefasst. Hinter der zentralen Festung, der Fortaleza do Amparo, liegt der Altstadtkern mit herrlichem, von Platanenalleen beschattetem Spazierweg, kleinen Plätzen und an die ersten Jahre der Besiedlung erinnernden Baudenkmälern. Die geschützte Lage, das sonnige, milde Klima und sein mediterranes Flair haben Machico ab den sechziger Jahren zur Urlauberalternative zu Funchal werden lassen.

Damit Machico auch zukünftig für Urlauber interessant bleibt, hat sich die Stadt durch umfangreiche Baumaßnahmen an der Küste ein neues Gesicht gegeben. Der gesamte Bereich hinter dem Kiesstrand wurde in einen großzügigen öffentlichen Promenadenplatz verwandelt, der von einer Palmenallee geziert wird, und die Cafés, die ihn flankieren, laden zu einer Pause ein. Das Zentrum des Platzes bildet das *Forum Machico,* ein moderner Kulturpalast. Sein architektonisches Gegenstück, die alte Festungsanlage *Fortaleza do Amparo,* blieb erhalten und ragt keilförmig in den Platz hinein. An den Promenadenbereich schließt sich als Übergang in die Stadt die alte Platanenallee an.

Der Legende nach soll das aus England stammende Paar *Anne Dorset und Robert Machim* auf seiner Flucht Mitte des 14. Jh. in der Bucht gelandet sein (vgl. Kap. Geschichte). Der Name des Edelmanns, Machim, bietet zumindest eine Erklärung für den Namen Machico. Andere Meinungen sehen eine Wortverwandtschaft mit „Macchia", der italienischen Bezeichnung für die mediterrane immergrüne, gebüschartige Hartlaubvegetationszone, oder mit einem portugiesischen Seefahrer gleichen Namens aus dem 14. Jh. Wenn auch die Herkunft des Namens und die Anwesenheit des Liebespaares mit dem tragischen Schicksal nicht gesichert sind, so bezweifelt niemand, dass der portugiesische Seefahrer und Eroberer *Zarco* hier erstmals 1419 den Boden Madeiras betrat und die unbewohnte Insel in Besitz nahm. Gemeinsam mit *Tristão Vaz Teixeira,* seinem Kompagnon, gründete er im folgenden Jahr die Stadt, die durch Zucker-

Platanenallee in Machico

Karte Umschlagklappe hinten

rohranbau bald zu ihrem persönlichen Reichtum beitrug. 1440 wurde die Insel zwischen Gonçalvez Zarco und Tristão Vaz Teixeira geteilt. Machico und der Nordosten fielen als von der Krone unabhängiges Legat an Tristão Vaz Teixeira. Seine Statue steht vor der Hauptkirche auf dem Largo do Município. 1497 wurde das Legat der Krone unterstellt.

In den folgenden Jahrhunderten wurde das reiche Machico immer wieder zum Ziel von Piratenüberfällen. Die Bucht mit ihren ruhigen Gewässern und dem steinigen Strand lud geradezu zur Landung ein. Rund um Machico und auf dem von den Bergen aus in Sichtweite liegenden Porto Santo errichteten die Bewohner deshalb ab dem 15. Jh. als Frühwarnsystem sogenannte *Fachos,* Holzstöße auf Türmen und Hügelkuppen, die bei Sichtung der Schiffe mit der roten Piratenflagge entzündet wurden. Der *Pico do Facho,* heute ein Aussichtspunkt östlich von Machico, und zahlreiche Eigennamen erinnern an diese aufregende Zeit. Wirkungsvoll eindämmen aber konnte die Stadt die Überfälle erst durch den Bau der drei Festungen. Den Anfang machte im 15. Jh. die *Fortaleza São Roque* im westlichen Teil der Bucht, heute steht dort das Hotel Dom Pedro Baía. Ihr folgten 1706 und 1708 die *Fortaleza do Amparo* auf der Mitte des Strandes und die *Fortaleza São João Batista* im östlichen Buchtabschnitt.

Information/Verbindungen

• *Information* Das Büro der **Touristeninformation** liegt im alten Fort Fortaleza do Amparo hinter dem Strand. Neben den üblichen Broschüren und Landkarten gibt es eine aktuelle Liste der Busabfahrtszeiten und ein Buch über Machico, seine Geschichte und seine Umgebung, einschließlich Wanderungen, 12 €. Auf Anfrage werden Privatzimmer vermittelt, Übernachtungspreis dort um 25 €. Geöffnet Mo–Fr 9.30–12.30 und 14–17.30 Uhr, Sa 9.30–12 Uhr.

• *Verbindungen* Machico ist als wirtschaftliches und kulturelles Zentrum des Ostens hervorragend an das Verkehrsnetz angebunden.

Mit dem Pkw: Die Verbindung von Machico zum Flughafen und nach Funchal wird über die via rápida hergestellt. Über die ER 109 erreicht man nach Osten Caniçal und die Ponta de São Lourenço. Auf direktem Weg an die Nordküste führen die ER 101 mit einem der neuen langen Tunnel und die ER 108 über Santo da Serra. Parkplatz in der Tiefgarage des Forum Machico (ausgeschildert) und am östlichen Buchtabschnitt in Richtung Marina (kostenlos), Tankstelle an der westlichen Ortseinfahrt.

Mit dem Bus: Neben Funchal wird kein Ort Madeiras so häufig angefahren. Die Linien 20, 53, 78, 113 und 156 verbinden Machico teilweise alle 15 Minuten mit Funchal, Fahrtzeit 50 Minuten. Die Linie 113 stellt eine stündliche Verbindung nach Caniçal her (Fahrtzeit 15 Minuten), einige Verbindungen führen bis Prainha und zur Abrabucht. Mehrere Abfahrten täglich mit den Linien 20 und 78 in Richtung Norden über Santo da Serra

Karte Umschlagklappe hinten

(Fahrtzeit ca. 20 Minuten) nach Porto da Cruz und Faial (Fahrtzeit je nach Linie 50–70 Minuten).
Alle Busse gehören zur Gesellschaft SAM (cremefarben/grün). Sie starten ab Funchal, Av. do Mar. Eine aktuelle Liste der Busabfahrtszeiten erhalten Sie in der Touristeninformation in Machico.

Taxis: Am Hauptplatz vor der Kirche, ✆ 291-962189/962480.

Übernachten/Essen

• *Übernachten* **Residencial Amparo (1),** unser Favorit in Machico. Zentral hinter der Fortaleza, in einer ruhigen Seitenstraße gelegenes, altes Stadthaus im geschmackvollen Quintastil. 12 hübsch und komfortabel eingerichtete DZ mit Bad und Satelliten-TV. Kleines Restaurant im Haus. Inkl. Frühstück 30 €/EZ, 40 €/DZ. Rua da Amargura, 9200 Machico, ✆ 291-968120, ✆ 966050, www.residencialamparo.web.pt.

Residencial O Facho (3), nettes Haus im typischen Stil der Gegend, relativ zentral am kleinen Platz Praceta 25 Abril. Die 13 einfachen Zimmer sind unterschiedlich groß, alle mit Bad und Zugang zur Terrasse. Im Haus befindet sich ein Restaurant. Inkl. Frühstück 27,50 €/EZ, 35 €/DZ. Praceta 25 Abril, 9200 Machico, ✆ 291-962786/964536, ✆ 291-966552.

****** Hotel Dom Pedro Baía (5),** am westlichen Rand der Bucht. Mit Abstand größtes Hotel in Machico. Seine Betonhochhausgestalt ist das einzige Gebäude in Machico, das wirklich unschön aus dem Stadtbild ragt. 218 großzügige DZ, Restaurants, Bars und aufwändige Außenanlagen mit Garten, Pools und Terrassen werden dem 4-Sterne-Standard gerecht. Innen wirkt es aber ein wenig düster. Vor dem Hotel beginnt der steinige Strand. Umfangreiches Sportangebot. Im Hotel hat die Tauchschule Baleia ihre Basis, auch Mountainbike-Verleih. Inkl. Frühstück 65 €/EZ, 90 €/DZ, mit Balkon 115 €. Auch in den Katalogen der großen Reiseveranstalter und von Olimar. Hotel Dom Pedro Baía, 9200 Machico, ✆ 291-969500, ✆ 291-969501, www.dompedro.com.

• *Essen* Auf der neuen Promenade haben mehrere Cafeterien mit Terrassen eröffnet. Preisgünstig ist die Cafeteria im Forum Machico. Sehr gut sitzt man im **Rest. Mercado Velho (2)** hinter der Fortaleza do Amparo, einem schönen Jugendstilpavillon mit großer Gartenterrasse unter den Platanen der Fußgängerzone. Sehr angenehm für eine Pause mit Zwischenmahlzeit. Reichhaltige Speisekarte mit vielen kleinen Gerichten. Preise dem Standard angemessen: Suppen ab 2,50 €, Salatplatten 3–6 €, Hauptspeisen 6–12 €. Leckere Nachspeisen, z. B. frische Erdbeeren mit Sahne 3–4 €.

Restaurant im Forum Machico (4), im großen modernen Speiseraum oder auf der weitläufigen Terrasse kann man günstig essen. Fischgerichte gibt es schon ab 6 €.

Adressen

• *Apotheken* **Farmácia Zarco,** Rua da Árvore 13.

• *Banken* Mehrere Filialen in der Innenstadt, z. B. **BANIF** in der Rua do Ribeirinho, in der sich noch zwei weitere Banken befinden.

• *Einkaufen* Zahlreiche Geschäfte für den täglichen Bedarf. Sportbedarf im Laden des Tauchzentrums Baleia (aber nicht nur für Taucher) im Hotel Dom Pedro Baía, erster Stock.

• *Gesundheitszentrum* **Centro de saùde Machico** (Água de Pena), ✆ 962121. **Poliklinik** für Selbstzahler, Rua do Ribeirinho, ✆ 291-962006.

• *Leihwagen* **Machicorent,** in der Nähe der Tankstelle, Rua General António Teixeira Agular 46, ✆ 291-965965, ✆ 291-966631, www machicorent.pt.

• *Mountainbike* Im Hotel Dom Pedro Baiá.

• *Post* Rua Ribeirinho, geöffnet 8.30–17.30 Uhr.

Sport

Machicos Sportveranstalter, das Tauch- und Sportzentrum Baleia, hat seinen Sitz im Hotel Dom Pedro Baía; es wendet sich aber auch an Nichtgäste, die allerdings mit einem Aufpreis rechnen müssen.

• *Tauchen* Die Küste vor Machico hat auch erfahrenen Tauchern viele attraktive Plätze zu bieten. An der Ostseite der Bucht beim Pedra da Fora wächst bei einer Höhle in 18 m Tiefe rote Baumkoralle, nach Westen liegt in 30 m Tiefe ein schwarzes Korallenriff. Seegrasfelder befinden sich an mehreren Stellen vor der Küste. Die wohl eindrucksvollsten Begegnungen sind die mit Mantas, zwar spektakulär aussehenden, aber vollkommen harmlosen Unterwasserwesen.

Tauchzentrum Baleia, Sitz im Hotel Dom Pedro Baía. Das Tauchzentrum bietet einen Rundumservice: Probestunden im Pool, Tauchgänge, Tauchkurse für Anfänger ebenso wie alle Kurse für Fortgeschrittene einschließlich Nachttauchen und Tauchlehrerausbildung. Selbstverständlich gehört Baleia den internationalen Tauchorganisationen an und stellt nach Abschluss der Kurse die entsprechenden anerkannten Bescheinigungen aus. Jeden Fr, So, Mo und Mi um 12 Uhr kostenlose Einführung im Hotelpool, um 14 Uhr im Meer. Tauchgänge für erfahrene Taucher 2-mal tägl. mit eigener Ausrüstung oder mit Leihgeräten. Information und Reservierung über die Rezeption des Hotels Dom Pedro Baía, siehe dort.

• *Reiten* Keine Kurse, aber Ausritte für erfahrene Reiter, Vermittlung über das Tauch- und Sportzentrum im Hotel Dom Pedro Baía.

• *Hochseeangeln, Golf, Mountainbike* Organisation, Charter und Verleih über o. g. Tauch- und Sportzentrum.

Sehenswertes

Das Flussbett des Ribeira do Machico teilt den Ort. Am östlichen Hang, im Viertel **Banda d'Álem** wohnten früher die Fischer. Auf dem Talgrund und im westlichen Teil liegen das Stadtzentrum, die Hotels und die meisten Restaurants. Ein steiniger Strand trennt Machico vom Meer.

Am westlichen Ufer liegt, optisch fast erdrückt vom darüber aufragenden Hotel Dom Pedro Baía, die zierliche **Kapelle São Roque**. Ende des 15. Jh. erbauten die Bewohner sie aus Dankbarkeit für das Ende einer Pestepidemie. Ihre barocke Gestalt

Gotisch-manuelinisches Portal der Kirche Nossa Senhora da Conceição

erhielt sie bei einem Umbau im Jahr 1739. Meist ist sie zwar verschlossen, sollte sie dennoch bei Ihrem Besuch geöffnet sein, so lohnt sich ein Blick ins Innere. Wertvolle Fliesenbilder zeigen Szenen aus dem Leben des wundertätigen São Roque, dem auch der Sieg gegen die Pest zugeschrieben wird. Unterhalb der Kapelle entspringt eine Quelle, ihr Wasser soll Heilkräfte besitzen.

Der zentrale Küstenabschnitt wird von einem Kiesstrand eingenommen. Duschen und hölzerne Liegeflächen machen ihn komfortabler, als er auf den ersten Blick wirkt. Inmitten der anschließenden weitläufigen Promenade (s. o.) fällt der etwas überdimensioniert wirkende moderne Bau des **Forum Machico** auf. Das neue Kulturhaus verfügt über zwei Kinosäle, einen Ausstellungssaal, Bibliothek und mehrere kleinere Veranstaltungsräume. Eine Cafeteria und ein Restaurant machen die Anlage komplett, das Untergeschoss wird als Tiefgarage genutzt. Den architektonischen Kontrapunkt bilden die keilförmig auf den Promenadenplatz ragenden dicken Mauern der Festung **Fortaleza do Amparo.** Man kann über den Zugang an der Rückseite hinaufsteigen und vom Schießplatz über die massiven Mauern gebeugt auf die Promenade und die Altstadt blicken. Hier oben ist auch die Touristeninformation untergebracht. Die Fischer, die bisher den östlichen Strandteil vereinnahmt hatten, sind umgezogen – für sie wurde weiter im Osten, noch hinter der Marina, ein neuer Hafen gebaut. Dieser ermöglicht es ihnen, statt mit den alten, aber hübschen Holzbooten, mit Motorkuttern auszufahren, um bessere Fangergebnisse zu erzielen. Die alten Fischmarktpavillons sind geblieben und beherbergen jetzt Kioske und Schnellimbisse. Den Abschluss der Promenade bildet eine neue und hypermodern wirkende Brücke über den Ribeira Machico.

Trotz aller Moderne gibt es in Machico auch Historisches zu entdecken. Es ist lohnend, in der von hübschen Platanen gesäumten Fußgängerzone **Mercado Velho** (alter Markt), hinter dem Strand und der Festung zu spazieren oder im gleichnamigen Restaurant Kaffee und Kuchen zu genießen.

Karte Umschlagklappe hinten

Über eine der kleinen Seitenstraßen oder die Rua do Mercado gelangt man zum Hauptplatz mit der Gemeindekirche **Nossa Senhora da Conceição** und der Statue des ersten Legatscapitão, Tristão Vaz Teixeira. Machicos Hauptkirche wurde noch im 15. Jh. erbaut, aus dieser Zeit sind nach mehreren Aus- und Umbauten nur noch wenige Elemente erhalten geblieben. Die Giebelseite gehört dazu, ein für den manuelinischen Stil charakteristisches Doppelseitenportal an der dem Platz zugewandten Seite, und zwei Seitenkapellen mit Rippengewölben. In der linken Seitenkapelle sind die Familienmitglieder derer von Vaz Teixeira bestattet, am Zugang erkennt man über einem manuelinischen Bogen ihr Familienwappen. Aus dem 17. Jh. stammt die Ausstattung des Hauptschiffs. Als wertvollster Kirchenschatz gilt der barocke Altaraufsatz mit vergoldeten Schnitzereien.

In das Fischerviertel **Banda d'Álem** gelangt man über die Rua da Árvore. Sie verläuft vor der Kirche und führt über eine Brücke direkt auf den zentralen Platz **Largo Senhor dos Milagres** mit der gleichnamigen Kapelle. Der Bau des ältesten Sakralgebäudes der Stadt geht auf das Jahr 1425 zurück. Wie bei der Hauptkirche ist aus dieser Zeit wenig erhalten geblieben. Dazu zählen das Portal und das Kreuz des Christusordens im Giebel. Um die Kapelle rankt sich die Legende der angeblich ersten Bewohner Machicos; sie soll auf dem Grab der Anne Dorset errichtet worden sein. Es wird berichtet, dass Zarco und seine Mannen hier bei ihrer Landung das Grabkreuz mit einer Inschrift fanden, die um den Bau dieser Kapelle bat. Den Namen „Kapelle des wundertätigen Herrn" trägt sie aber aus einem anderen Grund: Bei einer Hochwasserkatastrophe 1803 spülte das Wasser eine hölzerne Christusfigur fort. Ein Matrose fand sie einige Tage später im Wasser treibend zufällig wieder. Dieses Wunders wird seither in jedem Jahr mit einem Fest und einer Wallfahrt am 8./9. Oktober gedacht. Der Platz des wundertätigen Herrn ist ein beliebter Treffpunkt der Rentner – im Schatten der Lorbeerbäume lassen sie sich von Zuschauern nicht beim Dominospiel stören.

Baden

Das Hotel Dom Pedro Baía verfügt selbstverständlich über eigene Badeanlagen. Alle anderen Gäste in Machico können den neu gestalteten Strand nutzen. Madeiras einziger natürlicher **Sandstrand Prainha** lässt sich leicht per Bus oder fahrbarem Untersatz erreichen. Er liegt etwas weiter östlich auf der Halbinsel Ponta de São Lourenço (vgl. dort).

Sehenswertes in der Umgebung

Östlich von Machico liegt an der Küste der Pico de Facho, vgl. oben. Er ist über die nach Caniço führende ER 109 zu erreichen. Vor dem Tunnel folgt man der ausgeschilderten Straße. Von der Höhe des Fackelgipfels hat man einen schönen Blick auf Machico.

▶ **Weiterfahrt**: Weiter in Richtung Osten fährt man in einen Tunnel, nach 750 m verlässt man ihn in einer veränderten, kargen und trockenen Landschaft. Nur wenige Pinien stehen auf den Kuppen der flacher werdenden Bergzüge, einzelne Palmen säumen die Straßen. Anspruchslose Opuntien (Feigenkakteen), Gräser und bescheiden aussehende Weinfelder scheinen der einzige Bewuchs zu sein. Bis in die fünfziger Jahre war der Ostzipfel Madeiras kaum erschlossen. Landwirtschaft lohnte in der zwar relativ flachen, aber regenarmen Zone kaum.

Caniçal

Wale haben Caniçal, den einzigen Ort in dieser kaum besiedelten Gegend, aus Jahrhunderte währender Isolierung gerissen. Die Walfangstation Madeiras ist allerdings seit Portugals Unterzeichnung des Washingtoner Artenschutzabkommens 1981 geschlossen. Dennoch sind die Wale immer noch der wichtigste Grund für einen Besuch von Caniçal.

Aus den Walfängern sind Walschützer geworden. Seit 1986 ist die Küste von Caniçal Teil des Nationalparks für Meeressäugetiere. Ihre Vergangenheit verstecken die früheren Jäger aber nicht – im Gegenteil, im Walmuseum am alten Hafen wird sie stolz präsentiert.

Bis zum Bau der Straße 1956 war das Fischerdorf nur über das Meer und einen Fußweg von Machico aus zu erreichen. Die lange Abgeschiedenheit war ein Zeichen für das Desinteresse der früheren Feudalherren an diesem Landstrich. Ohne Bewässerungsmöglichkeiten und vom Sturm umtost, bot der Ostzipfel Madeiras keine reiche Ausbeute. Die Menschen von Caniçal hatten kaum Kontakte zu den Orten jenseits der sie umschließenden Bergzüge und sollen über die Jahrhunderte sogar einen eigenen Akzent entwickelt haben. Eine Verbesserung ihrer ärmlichen Lage brachte 1946 der Bau einer Levada aus dem Tal von Machico nach Caniçal, aber wegen des ungünstigen rauen Klimas ließen sich hier nie Gewinn versprechende Kulturpflanzen für den Export anbauen. Caniçal blieb ein Fischerort, und so kam der Aufschwung nicht wie an anderen Orten durch den Wasseranschluss, sondern als der Azore *Luis Eleuterio dos Reis* hier die Walfangstation Madeiras aufbaute (s. u.). Die Wale wurden in Caniçal nicht nur angelandet, sondern auch verarbeitet. Der Gestank des siedenden Waltrans waberte durch Caniçal und weiter die Küste hinunter. Heute gibt es die Walfangstation nicht mehr, und das ist in vielerlei Hinsicht gut so. Auf dem Gelände der Walfangstation hat die Inselregierung als wirtschaftlichen Ausgleich eine Freihandelszone *(Zona Franca)* eingerichtet. Sie soll ausländisches Kapital nach Madeira fließen lassen. Die hoch gesteckten Erwartungen scheinen sich nicht zu erfüllen, nur wenige Betriebe haben sich bisher auf dem an den Ort angrenzenden eingezäunten Gelände angesiedelt. Ohne seine Walfängervergangenheit wäre Caniçal nicht unbedingt einen Abstecher wert. Der kleine Ort (3300 Menschen leben in der Gemeinde) ist nicht gerade ein Juwel, selbst die Plätze und die Uferpromenade laden nicht zum Verweilen ein – von Fischerdorfromantik keine Spur. Auch die kürzlich restaurierte Kirche ist kein Hingucker, interessanter sind da schon die Fischlokale am Ufer.

Im Hafen von Caniçal

Südosten
Karte Umschlagklappe hinten

Von Walfängern zu Walschützern

Der Walfang auf Madeira begann 1941 mit der Einwanderung von Luis Eleuterio dos Reis von den Azoren. Dort hatte exzessive Ausbeute die Bestände dezimiert. Nach einem Anfang in Porto do Moniz entschied er sich für Caniçal als Standort für seine Station.
Hauptgrund für die Jagd auf die Meeressäuger war ihre 20 cm dicke Speckschicht. Der aus ihr gewonnene Tran ließ sich zu Industrieöl verarbeiten. Das Fleisch war nur Abfallprodukt, das sich allenfalls zu Mehl gemahlen als Dünger oder mit Zusätzen versetzt als Viehfutter verkaufen ließ. Aus den Knochen ließen sich Schnitzereien anfertigen, oder sie wurden ganz prosaisch als Zaunpfähle genutzt. Ganz selten fand sich in den Därmen eine der berühmten, in der Parfümherstellung begehrten Amberkugeln. Viel verdienen konnte man mit dem Walfang nicht, aber im abgelegenen Caniçal gab es außer der Fischerei keine anderen Arbeitsplätze, und beim Walfang verdienten nicht nur die Mannschaften, sondern durch die Verarbeitung auch die anderen Mitglieder der Dorfgemeinschaft. Mit der Verbesserung der Verkehrsverbindungen und der Chance auf Arbeit außerhalb des abgeschotteten Ostzipfels schwand seine Bedeutung. Die Walfänger stellten 1981 mit Portugals Unterzeichnung des Artenschutzabkommens ihre Arbeit ein, obwohl ihnen, wie ihren Kollegen auf den Azoren, eine Übergangszeit gewährt worden war. Sie waren die Jagd auf die friedlichen Tiere leid. Schon Jahre vorher hatten sie aus eigener Erkenntnis auf das Fangen von Jungtieren und Weibchen verzichtet. Von diesem Schritt bis zur Wandlung der Walfänger in Walschützer war es nur noch ein kurzer Weg. Der frühere Kommandant der Walfangstation und Sohn ihres Gründers, *Eleuterio Reis,* wurde Mitglied der Gesellschaft zum Schutz der Meeressäugetiere. Anders seine früheren Kollegen in Norwegen und Japan: Ihre Länder sind dem Washingtoner Artenschutzabkommen nicht beigetreten, sie führen die Jagd auf Moby Dick fort. Allerdings nicht im Ruderboot und mit der Handharpune, sondern von Fabrikfangschiffen mit elektronisch gesteuerten Schusswaffen oder Netzen.

Der Hafen wurde aus dem Ortskern weiter nach Osten verlegt, damit die Fischer von Caniçal, ähnlich wie die Fischer in anderen Orten Madeiras, mit motorisierten Fischkuttern statt mit Holzruderbooten auf Fang gehen können. Östlich des steinigen Strandes präsentiert sich als neuer Erwerbszweig für die Bewohner Caniçals eine große Werft, in der sowohl die Traditionsboote als auch supermoderne Yachten gewartet werden. Neben dem Walmuseum (s. u.) halten zwei Kioske die Erinnerung an die Zeit als Walfangort aufrecht. Aus Walknochen gefertigte Schiffe und andere Souvenirs lassen sich hier erstehen. Eine Promenade führt am Strand entlang, auf dem noch einige der alten, bunt bemalten Holzboote liegen. Am westlichen Ende der Promenade schimmert ein neues Highlight Caniçals, eine neue, elegante Badeanlage mit mehreren Schwimmbecken und Liegeflächen. Eintritt: 1 €.

• *Verbindungen* **Mit dem Pkw:** Von Machico auf der ER 109 in Richtung Caniçal/Ponta de São Lourenço.

Mit dem Bus: Linie 113 der Gesellschaft SAM ab Funchal über Machico, viele Abfahrten täglich, Fahrtzeit 75 Minuten. Ab Machico ebenfalls mit der Linie 113, von hier aus aber weitere Abfahrten, Fahrtzeit 15 Minuten.

Taxis: Stand am Platz in Hafennähe, ✆ 291-961989.

Walfängersouvenirs gibt es im Kiosk am Hafen

• *Essen* Dass hier immer noch gefischt wird, beweisen u. a. die Fischrestaurants. Neben der Werft, dort wo früher der alte Hafen lag, haben sich zwei Fischrestaurants gehalten, ja sie wurden sogar ausgebaut. In der einfachen **Bar de Futbal Caniçal** und im großen, neuen **Amarelo** serviert man Fisch und Meeresfrüchte zum Tageskilopreis. Fischgericht mit Beilagen ca. 7 €, Meeresfrüchte mit Beilagen ca. 12–18 €. **Rest. La Resante,** etwas weiter nach Westen liegt das neueste und größte Lokal. Auch hier werden gute Fisch- und Meeresfrüchtegerichte angeboten.

Auf der anderen Seite der Zona Franca, schon auf der Ponta de São Lourenço, liegt am einzigen Sandstrand Madeiras das kleine Restaurant **Prainha** mit Tischen und Stühlen direkt im weichen Sand, Preise eher niedrig.

• *Einkaufen* In Caniçal gibt es kleinere **Lebensmittelgeschäfte.** Walfangsouvenirs bieten die **Kioske** an der Promenade unterhalb des Walmuseums an: Geschnitztes aus Walfischknochen, Muscheln und Schiffsmodelle.

Karte Umschlagklappe hinten

Sehenswertes

Museu da Baleia (Walmuseum): Sehr empfehlenswert ist dieses kleine, gut gestaltete Museum. Alles, was mit dem Walfang in Caniçal zusammenhing, ist hier ausgestellt. Ein Beobachtungsstand wurde nachgebaut, ein Modell der Verarbeitungsanlage dokumentiert die Größe der Pottwale. Riesen mit 20 und mehr Metern Länge waren die Beute von Madeiras Walfängern. Ein „nur" 13 m langes Fiberglasmodell neben einem Ruderboot, wie es die Walfänger benutzten, lässt eindrucksvoll erahnen, wie winzig sich die Männer neben dem Koloss gefühlt haben müssen. 5885 Pottwale erlegten sie in 40 Jahren mit den hier ausgestellten Harpunen, die von Hand in das unmittelbar neben dem Boot schwimmende Tier gestoßen wurden. Ein Video, auf Wunsch auch in deutscher Sprache, zeigt einen solchen Walfang.

Der inzwischen verstorbene Reis baute mit Hilfe des IFAW (International Fund of Animal Welfare) das Walmuseum auf und leitete es bis 1994.

Öffnungszeiten Di–So 10–12 Uhr und 13–18 Uhr. Eintritt 1,25 €.

Baden

▸ Die neue Badeanlage liegt am westlichen Buchtende. Sehr empfehlenswert ist es, zum Baden ein paar Kilometer weiterzufahren. In einer schönen Felsenbucht findet man den Prainha, den einzigen Sandstrand Madeiras (s. u.).

„Ein fürchterlich blutiges Gemetzel"

(João Moreda, 70, früher Walfänger, jetzt Rentner und Kioskbetreiber)

Heute ist das Leben für ihn ruhig und beschaulich. Damit es nicht zu ruhig wird, hat er seinen Kiosk unten am Hafen aufgemacht, in dem er Geschnitztes aus Walfischknochen und andere Erinnerungen an Caniçals Vergangenheit als Walfangstation verkauft. Dort poliert er stolz den Pokal, den er für seine Leistungen als Walfänger bekommen hat. 33 Jahre war João Moreda dabei, und wer nach den alten Zeiten fragt, dem erzählt er gerne davon:

„So um die achtzig Wale im Jahr habe ich selbst harpuniert. Zuerst, 1948, als ich anfing, war ich selbstverständlich nur Ruderer, an die Harpune durfte man erst, wenn man Erfahrung hatte. Es kam ja nicht nur darauf an, dass der erste Wurf richtig saß, oberhalb der Schwanzflosse muss die Harpune platziert werden, der schwierige Teil des Geschäftes begann danach. Der Bursche haute ab, tauchte unter, bis zu 14 Seemeilen pro Stunde kann ein Wal erreichen. In rasender Geschwindigkeit wickelte sich das Tau ab, das den Wal mit dem Boot verband. Wenn man da nicht aufgepasst hat, konnte man selbst oder gar das ganze Boot in eine Tauschlinge geraten und unter Wasser gezogen werden; dann wäre ich hinüber gewesen oder das ganze Boot und mit ihm alle Mann. Ist aber nie passiert, jedenfalls nicht bei uns.

So um die vierzig Walfänger waren wir in Caniçal. Sieben Boote hatten wir, in jedem vier Ruderer, der Steuermann und der Harpunier. Ein Motorboot als Begleitschutz und um die Tiere von See hereinzuschleppen bekamen wir erst 1975.

Es war eine ziemlich aufwändige Sache, die Wale zu fangen. Rund um Madeira waren Späher im Einsatz. In Porto Moniz, Ponta do Pargo, Ponta do Sol, auf dem Cabo Girão (bei Câmara de Lobos) und selbstverständlich auch hier standen sie auf den Klippen, hielten mit Ferngläsern nach Walen Ausschau und beobachteten ihren Weg. Die Information gaben sie über Funk weiter, und wenn sich eine Gruppe näherte, gab es Alarm. Ein Feuerwerkskörper stieg auf, wir haben alles stehen und liegen gelassen und sind zur Station gerannt. Tage-, oft wochenlang war nichts los und dann um so mehr. Mit einem Wal sind wir selten zurückgekommen, meist waren es fünf, sechs oder sieben, einmal an einem Tag sogar 45. Schwierig war immer nur der erste Wal. Wenn wir den am Haken hatten, blieben die anderen bei ihm. Das war dann zwar einfach, die zu erledigen, aber tragisch fand ich es immer, die Tiere, die ihren Artgenossen schützen wollten, abzuschlachten. Es war ein fürchterlich blutiges Gemetzel.

Eine aufregende Zeit war das damals, aber ich bin trotzdem froh, dass es vorbei ist. Viel verdient haben wir auch nicht, aber was hatten wir sonst für Möglichkeiten, das ganze Dorf hat davon gelebt."

Ponta de São Lourenço: rote, vulkanische Felsabstürze an der Nordküste

Ponta de São Lourenço

Karte Umschlagklappe hinten

Eine einzigartige Landschaft beginnt bald hinter Caniçal. Nichts erinnert hier an die subtropischen Wälder der Nordküste, die tropischen Anpflanzungen des Südwestens, die vom Wasserrauschen erfüllten Schluchten von Rabaçal oder an liebliche Täler. Madeiras Ostzipfel wirkt eher nordisch – rau, felsig und karg.

Die geringen Höhen von ca. 150 m können die Wolken, die der stetige Wind über die Halbinsel treibt, nicht halten. Die Vegetation zeigt sich von ihrer wüstenhaften Seite: niedriges Eiskraut, Disteln und allenfalls hier und da Krüppelkiefern. Früher wurde in Senken ein wenig Trockenfeldbau betrieben, Viehherden weideten die spärlich wachsenden Gräser ab. Seit auch die Ponta de São Lourenço Naturschutzgebiet ist, bleibt das Vieh im Stall, und seine Besitzer schneiden das Futter im Frühjahr mit der Sichel. Dank freiliegender Felsabbrüche kann man nirgends so gut wie hier den vulkanischen Ursprung der Inseln nachvollziehen. Rote und schwarze Gesteinsschichten ziehen sich die Straße entlang, deutlich zu erkennen sind auch dunkle basaltische Gesteinsgänge, die spätere Ausbrüche vertikal in Risse gepresst haben. Besonders eindrucksvoll kontrastieren die Gesteinsfarben in den Buchten mit den Blautönen des Meeres. Dunkelblau leuchtet das Wasser an den tiefen Stellen, helltürkis um die wie hineingekollert wirkenden Felsen. So ungebärdig und wild sich das Kap auf seiner Nordseite auch zeigt, so sanft wirkt es auf der dem Wind abgewandten Südseite. Ein besonders empfehlenswerter Platz ist der einzige natürliche feine Sandstrand Madeiras, **Prainha** genannt. Wanderer erleben auf dem Weg in die letzten Felsenausläufer ein Kontrastprogramm zu allen anderen Inselwegen.

Die Landzunge ist nicht besiedelt, doch wird man hier bald wieder seinen Urlaub verbringen können. Auf Höhe des Restaurants do Lorde liegt eine erst 2003 fertig gestellte Marina für Großsegler in einer von Felsen umrahmten Bucht. Mit den

Vorbereitungen für den Bau der entsprechenden zusätzlichen Einrichtungen, einschließlich Luxushotel, wurde bereits begonnen.

• *Verbindungen* **Mit dem Pkw:** Von Caniçal aus folgt man den Schildern Prainha (Strand) durch die abgezäunte Freihandelszone. Die Straße führt bis zur Abrabucht, dort gibt es ausreichend Parkplätze.

Mit dem Bus: Einige Busse der Linie 113, vgl. Caniçal und Machico, fahren bis zur Abrabucht durch.

Taxis: In Caniçal.

• *Essen* **Quinta do Lorde,** sehr gepflegtes, elegantes Restaurant im Landhausstil in herrlicher Alleinlage. Gespeist wird auf der Gartenterrasse oder am Panoramafenster mit tollem Blick über die einsame Ponta de São Lourenço aufs Meer. Hoher Standard und entsprechend hohe Preise, Menü ab 24 €.

Sehenswertes

Miradouro: Es lohnt sich, der Ausschilderung zum Aussichtsplatz zu folgen, insbesondere dann, wenn keine der Wanderungen von der Abrabucht aus geplant ist. Schon bald nach der Abzweigung blickt man auf die wilde Nordküste. Vom Aussichtsplatz geht der Blick hinunter in eine Bucht, die von einer korallen- bis dunkelroten vulkanischen Felswand umrahmt ist, durch die sich tiefschwarze Basaltgänge ziehen. Der Bucht vorgelagert sind Felsen aus ebenso leuchtendem Gestein.

Baía de Abra: An einem landschaftlichen Höhepunkt, der Abrabucht, endet die Landstraße mit einem Parkplatz. Über der Bucht ist ein Picknickplatz mit Tischen und Bänken angelegt. Von dort aus hat man einen fantastischen Blick hinunter in das vollkommene, von Felsen umgebene Halbrund mit seinem tiefblauen Wasser und weiter über die Felsenlandzunge. Der Picknickplatz ist auch Ausgangspunkt für einen Abstecher an die Nordküste und eine längere Wanderung bis in die Ostspitze. Unten in der Bucht zeigen schwimmende kreisförmige Netze an, dass hier Fischzucht betrieben wird.

Baden

Prainha (Strand): Sehr schön in einer von Felsen umrahmten, geschützten Bucht liegt der etwa 50 m lange, weiche Sandstreifen von Prainha. Man kann ihn nicht verfehlen, denn die Landstraße führt oberhalb daran vorbei. Ein Schild weist auf ihn hin, und zusätzlich parken hier jede Menge Autos, denn die Prainha ist auch bei den Einheimischen ein beliebtes Ziel. Auf der gegenüberliegenden Straßenseite steht eine Reihe von Windrädern. Ein Treppenweg führt hinunter. Im Wasser ist eine gefahrenfreie Badezone abgeteilt, Sonnenschirme, Liegestühle und insbesondere der samtweiche Sand lassen ein für Madeira ungewöhnliches Gefühl von Strandurlaub aufkommen. Ein Restaurant sorgt während der Sommermonate für das leibliche Wohl.

Wanderung 8: Kurzwanderung zur wilden Nordküste

Einfacher Weg quer über die schmale Landzunge. An der Nordküste brausen die Wogen schäumend mit unverminderter Kraft gegen die Küste und haben eine zerklüftete Felsenlandschaft geschaffen. Die freigelegten vulkanischen Bänder leuchten grellorange und rot zwischen blauschwarzem Basalt.

45 Minuten hin und zurück, keine besonderen Anforderungen. Feste Schuhe mit gutem Profil erleichtern die Wanderung, denn der Weg ist schmal und streckenweise rutschig.

Ausgangspunkt ist der Picknickplatz an der Abrabucht (Verkehrsverbindungen siehe Ponta de São Lourenço). Unterhalb der Picknicktische verläuft auf der zur

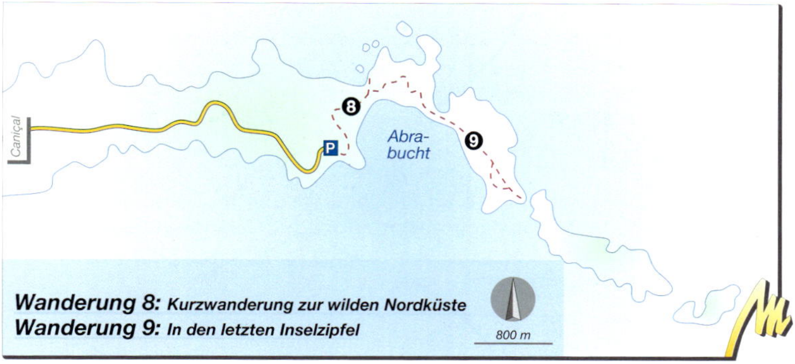

Bucht weisenden Seite ein Sandweg nach Norden, der in ein kleines Tal führt. Der Weg verzweigt sich häufig, das Ziel ist aber leicht zu erkennen: ein rechts von einem kegelförmigen Berg mit auffälliger Säule liegender Einschnitt. Man geht darauf zu, am Fuß des Kegelberges entlang und dann nur noch geradeaus nach Norden. Nach gut 20 Minuten steht man am Wegende und hat einen spektakulären Blick auf die Nordküste. Genau gegenüber leuchtet in den lebhaftesten Rottönen ein Felsen im Meer. Zurück auf demselben Weg oder unterhalb des Picknickplatzes direkt zum Parkplatz.

Wanderung 9: In den letzten Inselzipfel

Großartige Wanderung über die einzigartige, karge und einsame Landschaft der schmalen Felszunge. Häufig hat man Ausblicke auf beide Küsten. Auf der Nordseite braust die Brandung gegen die Felsen, die Südseite bleibt vergleichsweise ruhig. Der Weg führt durch eine besonders geschützte Zone, Sie müssen sich deshalb auf dem vorgegebenen Weg halten – er ist mit weißen Pfosten und Steinmännchen markiert.

Mittelschwere Wanderung, 3 Stunden, 7 km, der Weg setzt streckenweise aus und hat ein schmales, möglicherweise Schwindel erregendes Teilstück.

Ausrüstung: Wanderstiefel, bei kühlem Wetter lange Hose, Anorak und Pullover, Sonnenschutz für den Kopf (es gibt keinen Schatten), Verpflegung und eine gefüllte Wasserflasche.

Ausgangspunkt ist der Picknickplatz an der Abrabucht (Anfahrt s. o.). Es geht zunächst mit der Kurzwanderung zum Aussichtspunkt an der Nordküste, dann wieder ein Stück zurück. Sie biegen auf den gut erkennbaren Pfad nach links ab und steigen den Berghang hinauf. Oben endet der erkennbare Weg, und Sie orientieren sich an Markierungspfosten und Steinmännchen und gehen in ein flaches Tal und auf der anderen Seite hinauf. Nach ca. 45 Minuten Gesamtwanderung ist auf der Höhe ein weiterer Punkt mit herrlicher Sicht erreicht. Weiter geht es auf einem Pfad parallel zur Abrabucht am Südhang entlang. Dann folgt das Wegstück, das eventuell Ängste auslösen könnte, ein schmaleres Felsband, zu dessen beiden Seiten der Fels lotrecht abfällt. Drahtseile sichern den Weg und sind eine gute Hilfe, auch für die Psyche. Ist diese Passage überwunden, können auch kleinere Kletterpartien das Wandervergnügen und die Freude an der einsamen Küstenlandschaft nicht mehr beeinträchtigen. Der Pfad führt an einem Haus des Naturschutzamtes mit einem kleinen Palmenhain vorbei auf eine Anhöhe, die nach anderthalb Stunden

Karte Umschlagklappe hinten

erreicht ist. Der Weg endet hier, und man kann den Blick auf die unzugänglichen Felsen des Ostens und den Leuchtturm auf der Ilhéu do Farol genießen. Bevor man den Rückweg antritt, lohnt sich eine Rast am Haus, im Schatten der Palmen. Zurück geht es auf demselben Weg.

Im Hinterland

Nicht so steil und schroff wie im Zentrum steigen im Osten die Berge im Hinterland an. Breite Täler und leicht hügeliges Gelände bieten Raum für Landwirtschaft und Wälder. Die von Norden kommenden Wolken bringen die notwendige Feuchtigkeit.

Mit seinen im Sommer eher mitteleuropäischen Temperaturen ist der Osten Madeiras Obstgarten und Anbaugebiet für viele der Blumen, die in den Export gehen oder an den Marktständen von Funchal angeboten werden. Milchwirtschaft und Viehzucht ergänzen die Einnahmen der Landbevölkerung.
Entdeckt wurde der Osten für die Landwirtschaft und als Lebensraum einmal mehr von den Engländern. Während sich portugiesische Landedelleute auf die subtropischen Küstenzonen und den schnellen Gewinn aus Zuckerrohr-, Bananen- und Weinanbau konzentrierten, zog es britische Händler schon frühzeitig in die klimatisch ihnen eher gelegenen Höhen – teils um in den heißen Sommermonaten Funchal zu entfliehen, teils um hier Alternativen zu den krisenanfälligen, für den Export bestimmten Monokulturen aufzubauen. Auf sie geht hier nicht nur die Initiative für wichtige Zweige der madeirischen Wirtschaft zurück, wie Milchwirtschaft und Korbflechterei (das Zentrum liegt in Camacha), sie schufen mit ihrer Lust am Landleben auch einen wichtigen Zweig des heutigen Tourismus: den Urlaub in Quintas, in edlen herrschaftlichen Landhäusern. Sein Zentrum ist Santo da Serra.

Camacha

Es gibt für Urlauber vor allem einen Grund, den am Berghang auf 700 m Höhe gelegenen Ort zu besuchen: er ist das Zentrum der Korbflechter. Die im Ort ansässige Firma Café Relógio, Madeiras größter Korbwarenexporteur, hat auch das größte Verkaufslager auf Madeira mit dem vielfältigsten Angebot. Man kann dort den Flechtern bei der Arbeit zuschauen.

Nicht nur Einkaufs- oder Papierkörbe werden in Camacha und seiner Umgebung hergestellt, sondern nahezu alles, was man aus Weidenruten machen kann, von einfach bis aufwändig, Sitzgarnituren ebenso wie kunstvolle, lebensgroße Tiergestalten. Die Höhenlage beschert Camacha ein relativ kühles und feuchtes Klima, ideal für die Blumenzucht und für mitteleuropäische Obstbaumkulturen. Apfelbäume sieht man überall in der Gegend. Im Herbst nach der Ernte gibt es dann ein Apfelfest mit Äpfeln natur, als Saft, in Kuchen und Gelee und vergoren als Cidre.

• *Verbindungen* **Mit dem Pkw:** Leicht von Funchal oder Caniço über die ER 102 zu erreichen.

Mit dem Bus: Linie 29 der Gesellschaft CC São Gonçalo. Ab Funchal, Av. do Mar, hinter dem östlichen Kiosk, Fahrtzeit 40 Minuten, Abfahrten mindestens stündlich.

Taxis: In Camacha am Hauptplatz.

• *Übernachten* **** **Estalagem Relógio,** Teil des Gebäudekomplexes Café Relógio. Modernes, komfortables Haus mit 24 Zimmern. Alle mit Bad, Balkon, Heizung, Satelliten-TV. Die Einrichtung ist nicht ganz so hübsch wie anderswo, aber außerordentlich gediegen. Die Preise sind für die Kategorie günstig, inkl. Frühstück 44 €/DZ, als EZ 30 €, Zustellbett 15 €. Estalagem Relógio,

Grün und lieblich ist das Hinterland

Largo Conselheiro Aires de Ornelas 12, 9135–053 Camacha, ☏ 291-922114/922777, ℻ 291-922415, www.direct-hotels-online.com.

• *Essen* Die Restaurants und Cafés verteilen sich wie der Ort auf die beiden Zentren. **Café Relógio,** hier gibt es einfach alles, neben Korbwaren und Hotelzimmern auch mehrere Auswahlmöglichkeiten, den Hunger zu stillen: Groß und modern eingerichtet sind Café, Schnellimbiss, Bar und Restaurant. Kuchen, Sandes, internationale und regionale Gerichte je nach Raumwahl zu günstigen bis mittleren Preisen. Im Restaurant gibt es auch die traditionellen Bacalhau-/Stockfischgerichte ab 8 €, Espada ab 6,50 €. **Bar/Restaurant O Cesto,** freundlich mit hellen Holzmöbeln eingerichtetes Restaurant. Es hat sich auf regionale Küche spezialisiert, guter Service. Mittleres Preisniveau. Im oberen Ortsteil.

Sehenswertes

Camacha hat, so klein es auch ist, zwei Ortszentren. Das eine liegt im oberen Ortsteil mit der Hauptkirche, dem Kirchplatz und den meisten öffentlichen Einrichtungen, Geschäften, einem Park, in dem noch ein komplett aus Stroh gebautes Haus steht, und Restaurants. Der zweite Treffpunkt ist der Platz **Largo da Achada,** auf dem die Jugendlichen gern Fußball spielen. An das erste Fußballspiel auf diesem Platz erinnert eine Gedenktafel. Es fand im Jahr 1875 statt, der Engländer Harry Hinton hatte den *Fußball* aus seiner Heimat mitgebracht und inszenierte das erste Match in Portugal. Möglicherweise ziert bald eine weitere Gedenktafel den Platz, denn Cristiano Ronaldo, portugiesischer Weltklassefußballspieler und Supertalent, stammt aus Camacha. Es waren ebenfalls Engländer, auch aus der Familie Hinton, die im 19. Jh. die Produktion und den Export der Korbmöbel ankurbelten und damit die Wirtschaft des Ortes auf stabilere Beine stellten. Der wirtschaftliche Aufschwung hatte auch in der Folgezeit seine Auswirkungen. In Camacha, einem mit 6500 Einwohnern relativ kleinen Ort, entwickelte sich ein reges Kulturleben. Ihr achtundfünfzigjähriges Bestehen feierte 2006 die Folkloregruppe „Casa do Povo da Camacha". Im neuen großen Kulturhaus probt nicht nur die Musik- und Tanzgruppe, Camacha hat auch eine eigene experimentelle Theatergruppe, und jedes Jahr findet im Sommer ein Kulturfestival im Städtchen statt.

Südosten
Karte Umschlagklappe hinten

„Vielleicht werde ich später Krankenschwester"

(Susanna, 15, Korbflechterin)

Den Schirm der Baseballkappe bis auf die Augen gezogen, hockt Susanna mit Freundin, Schwester, Mutter, Schwägerin und Nachbarinnen auf niedrigen Schemeln und Holzkisten in einem dunklen Schuppen und flicht die harten Weidenruten. Ziemlich kalt ist es hier drinnen. Licht fällt nur durch die offene Tür herein, und die Hände werden ihnen klamm, denn das Material ist feucht – so lässt es sich besser verarbeiten. Regelmäßig springt eine der Frauen auf, holt als Nachschub Weidenbündel aus dem Wassertrog vor der Tür und weicht neue Bündel der zuvor geschälten Ruten ein.

Die Schule hat Susanna im Sommer beendet, seither sitzt sie hier und flicht. Ausgeholfen hat sie schon vorher manchmal, die Arbeit ist nichts Neues für sie. Ob sie nicht etwas anderes werden wollte, frage ich. Was soll man sonst hier im Tal machen, kommt die Antwort, und um die Familie zu verlassen, bin ich noch zu jung, vielleicht kann ich später einmal Krankenschwester werden.

Susanna und ihre gleichaltrige Freundin stellen nur den Boden der Körbe her, anschließend geht das Arbeitsstück weiter an eine der älteren Frauen, die dann die Korbform über einer Schablone flicht; die Abschlussarbeiten übernehmen die erfahrensten Arbeiterinnen. Neben ihnen türmen sich die fertig gestellten Teile, bald ist eine Fuhre nach Funchal an den Exporteur fällig, damit wieder Platz im Schuppen ist.

Die Flechtarbeit aus Weidenruten sichert den Lebensunterhalt vieler Familien und gehört neben Bananen, Wein und Stickereien zu Madeiras wichtigstem Exportgut. In 450 Betrieben, meist Familienbetrieben, wird noch geflochten, 1700 Menschen verdienen damit mehr schlecht als recht ihren Lebensunterhalt. Die Weiden wachsen vor allem im feuchten Norden als niedrige Bäume. Älter als zwölf Jahre werden sie selten, dann sind sie durch die intensive Beschneidung ihrer Äste nicht mehr kräftig genug. Jeder Arbeitsgang wird wie vor hundert Jahren mit der Hand durchgeführt, selbst das Schälen der Weiden. Zuvor kommen die Bündel entweder in kochendes Wasser, das ergibt einen bräunlichen Farbton, oder sie werden nur in kaltem Wasser eingeweicht. Sie lassen sich dann zwar schwerer schälen, die Weidenruten bleiben aber weiß. Damit dieses traditionelle Handwerk gegen die asiatische Konkurrenz bestehen kann, werden neuerdings mit Hilfe von Subventionen Schneide- und Schälmaschinen eingesetzt.

Die Korbflechter von Camacha sind wahre Künstler

Hauptanziehungspunkt für Urlauber aber ist und bleibt das **Café Relógio** direkt am Largo da Achada. Um den hundert Jahre alten Uhrturm (port. *relógio* = Uhr) gruppiert sich ein ganzer Gebäudekomplex. Aus dem alten Café sind eine Korbflechterwerkstatt, der größte Ausstellungs- und Verkaufsraum für Korbarbeiten Madeiras, verschiedene Restaurants und ein Hotel (s. o.) entstanden. 17 Flechtern kann man im Untergeschoss werktags bei der Arbeit zusehen und anschließend ihre Produkte ein Stockwerk höher kaufen. Für das Café Relógio arbeiten aber noch mehr Flechter in der Gegend. Die Angebotspalette hat sich inzwischen erweitert, neben Geflochtenem kann man hier auch alle anderen Handwerksartikel Madeiras erstehen: Webdecken, Stickereien, Strickwaren und Holzarbeiten. Aus dem ursprünglich kleinen Schauraum ist ein riesiger Supermarkt für Handwerksartikel geworden.

Lesermeinung: Leser waren schockiert über die schlechten Arbeitsbedingungen der Flechter im Café Relógio.

Santo da Serra (Sto. António da Serra)

Die herrlich grüne, leicht hügelige Landschaft mit ihren Wiesen, Feldern und Wäldern machen dieses Fleckchen zu einem beliebten Urlaubsort. An mehreren Punkten dieser auf rund 700 m Höhe gelegenen Gegend kann man bis zur Küste und in die Ostspitze schauen.

Wie fast überall waren es auch hier reiche Briten, die Santo da Serra als Aufenthaltsort entdeckten. Im 19. Jh. bauten sie hier ihre Landhäuser, in die sie zumindest in den Sommermonaten mit Sack und Pack von Funchal heraufzogen. Einige der Herrenhäuser bröckeln inzwischen vor sich hin, andere dagegen wurden luxussaniert und stehen zahlenden Gästen zur Verfügung. Santo da Serra ist das madeirische Zentrum des komfortablen Landurlaubs. Wander- und Spazierwege beginnen vor der Haustür, ein Golfplatz liegt ganz in der Nähe. Das Einkommen eines Lords muss man für Urlaubstage hier oben nicht vorweisen, es gibt durchaus Angebote im Mittelklassebereich. In den Wintermonaten kann man Santo da Serra für Sonnenanbeter nur eingeschränkt empfehlen. Wolken ziehen häufig von der Nordküste herüber, dann lohnt es sich, die Heizung anzustellen, über die jedes Haus wohlweislich verfügt.

Der Ort Santo da Serra ist eher bedeutungslos, klein und ohne besondere Sehenswürdigkeiten. Die Menschen leben überwiegend von der Landwirtschaft. Schweinezucht und Futtermittelanbau gehören neben dem Tourismus zu den Haupteinnahmequellen der Gegend. Sehenswert sind die Landschaft und die aufgeputzten Quintas. Jeden Sonntag füllt sich der Platz **Parque de Feiras** mit Marktständen und Imbissbuden. Eine gute Gelegenheit, die beliebten Lorbeerspieße (Espetadas) oder das herrlich leichte Hefefladenbrot (Bolo de caco) zu probieren.

Verbindungen/Einkaufen

• *Verbindungen* **Mit dem Pkw:** Vom Flughafen sind es über die ER 207 nur 11 km, von Funchal über die ER 102 ca. 22 km.

Mit dem Bus: Linie 77 der Gesellschaft CC São Gonçalo, Funchal–Camacha–Santo da Serra, 6 Abfahrten täglich, Fahrtzeit 75 Minuten. Linie 20 der Gesellschaft SAM, Funchal–Flughafen–Machico–Santo da Serra–Portela–Porto da Cruz–Faial, Abfahrt in Funchal, Av. do Mar, gegenüber dem Regierungsgebäude, 2–4 Abfahrten täglich.

• *Einkaufen* Im Ortszentrum gibt es mehrere kleine **Supermärkte**, So ist **Markttag.**

Velhos Detalhes, bietet Geschmackvolles rund um Haus und Garten, gemalte Kacheln, Terrakotta und Antiquitäten. Im Ortszentrum.

Übernachten/Essen

A Quinta

• *Übernachten* In Santo da Serra gibt es mehrere Möglichkeiten zu übernachten, aber immer in Landhäusern, die teils als Hotel geführt, teils als Ferienhäuser oder Apartments ausgebaut sind.

Quintado do Pantano, die preiswerteste Variante ist ein, im Verhältnis zu den anderen Häusern, eher schlichtes Bauernhaus auf einem 14.000 m² großen, z. T. parkartigen, z. T. noch landwirtschaftlich genutzten Gelände. Einige der Wohneinheiten (Studios) befinden sich in einiger Entfernung zum Haupthaus in kleinen Natursteinhäusern auf dem Grundstück. Auch innen strahlen sie einen schlichten, rustikalen Charme aus, mit Holzfußboden, Deckenbalken und hellen Farben. Studio mit zwei Betten, Sitzecke, Kaminofen, Küchenzeile und Bad 40–50 € je nach Saison. Casais Próximos, Santo da Serra, Machico ✆ 291-552577, Mobil: 964006907, quintadopantano@hotmail.com.

***** **A Quinta** (der Hotelpreistipp der Gegend!), neues, im rustikalen Stil erbautes Landhotel in parkartigem Garten mit Ententeich und Pool. Sehr gute, rustikale Ausstattung, offene Kamine und massive

Holzbalkendecken. Im Haus Restaurant, Bar, Salons, Billardsaal, alle Räume mit Heizung, gut ausgestattete Zimmer mit Bad. Den Gästen stehen Fahrräder kostenlos zur Verfügung. Inkl. Frühstück EZ ab 40 €, DZ je nach Saison 55–60 €. Information und Reservierung an Casais Próximos, Santo da Serra, 9100 Santa Cruz, ✆ 291-550030, ℻ 291-550049, www.estalagemaquinta.com.

***** **Estalagem do Santo,** exklusiv restauriertes, altes Landhotel mit neuem Anbau im alten Stil. Weitläufige Parkanlagen mit Liegeterrassen und Pool. Im Haus Hallenbad, türkisches Bad, Salons, Restaurant, Bar. Alle 36 DZ mit Bad, Heizung und Satelliten-TV, sehr großzügig und elegant eingerichtet. Preise mit Frühstücksbüffet je nach Saison: 60–120 €/DZ, 40–60 €/EZ. Im Katalog von Olimar und Reisebüros, Sítio dos Casais Próximos, 9200 Santo da Serra MCH, ✆ 291-552595, ℻ 291-552596, www.enotel.com.

Quinta Santo António da Serra, in einem riesigen Park/Wald mit Wiesen und Aussichtsterrassen stehen weitläufig verstreut restaurierte Landhäuser und ein größeres neues Haus im Landhausstil mit 4 Apartments. Alle Mietobjekte sind im komfortablen, rustikalen Landhausstil eingerichtet. Häuser mit bis zu 3 oder 4 Schlafzimmern, 2 Bädern, Wohnraum mit Kamin, Esszimmer, Küche und Wintergarten, alle Räume mit Heizung, pro Woche je nach Größe und Personenzahl (5–8) 1500–1750 €. Apartments, vergleichbar ausgestattet, aber nur mit 1 oder 2 Schlafzimmern und 1 Bad: pro Woche bei 2 Personen ab 560 €. Im Katalog von Olimar und Reisebüros. Santo da Serra, 9100–226 Santa Cruz, ✆ 291-763879, Mobil: 965/012959, ℻ 291-228897, www.madeiraisland.pt.

Quinta Santo António da Serra

• *Essen* Die Hotelrestaurants stehen auch Nichtgästen offen. Auch hier ist A Quinta ein Preistipp. In rustikalem Ambiente kommen Madeiras Spezialitäten auf den Tisch: Bacalhau in Sahnesoße etwa oder Fleisch direkt vom Grill. Tagesbesucher und die Mieter von Ferienhäusern und Apartments haben darüber hinaus sehr unterschiedliche Möglichkeiten in der unmittelbaren Umgebung: Restaurants im Ort Santo da Serra mit regionaler Küche und gemäßigten Preisen, z. B. Restaurant **A Nossa Aldeia** im Ortszentrum, mit deftiger Landküche und offenem Grillkamin im Gastraum. Hauptspeisen ab 5 €. Etwas kostspieliger, aber sehr hübsch mit Antiquitäten eingerichtet, das Restaurant **Lagoa,** ebenfalls im Ortszentrum.

Sport

• *Golf* Als einer der schönsten Plätze Europas wird der Golfcourse von Santo da Serra gerühmt. Er verfügt über 27 Löcher. Golflehrer für Anfänger und Fortgeschrittene stehen zur Verfügung. Die Ausrüstung kann man vor Ort leihen. Tagesgäste sind insbesondere an den Wochentagen gern gesehen, am Wochenende kommen viele Clubmitglieder aus Funchal. Tageskarte ca. 30 €. Die Hotels in der Umgebung erledigen für ihre Gäste die Aufnahmeformalitäten. ✆ 291-550100, 📠 291-552367, www.santodaserragolf.com.

• *Radeln* Lässt es sich in der Umgebung sehr gut. Die Straßen sind nicht sehr befahren und die Steigungen nur mäßig. Fahrradverleih z. B. bei A Quinta.

Sehenswertes

Quinta do Santo da Serra: Einmal mehr war eine englische Familie die Gründerin des Anwesens. John Blandy legte sich hier im Jahr 1850 eine Farm zu und begann eher nebenbei mit Viehzucht und Milchwirtschaft. Ihr richtiges Geld verdiente die Familie als Handelsdynastie. Auf den Weiden baute sie später eine herrschaftliche Quinta und legte einen botanischen Garten an. Das Gelände wurde samt Herrenhaus 1916 von der Gemeinde erworben und in einen öffentlichen Park mit Fußballfeld, Spiel- und Picknickplätzen umgewandelt. Die Gebäude sind erhalten und erstrahlen in den typischen Quintafarben: rosa die Wände und dunkelgrün Türen und Fensterläden.
Der ehemalige Ausguck, von dem Madeira ansteuernde Handelsschiffe frühzeitig gesichtet werden konnten, damit die Familie Blandy trotz Urlaub auf dem Bauernhof keinen geschäftlichen Verlust erlitt, ist heute der **Miradouro dos Ingleses.** Man kann von dort über die Südostküste und die Ponta de São Lourenço blicken.

Wandern

Einer der beliebtesten Inselwanderwege führt westlich von Santo da Serra längs der **Levadas dos Tornos** und **de Serra do Faial** von Monte oberhalb von Funchal über 30 km bis nach Portela. Er lässt sich in mehreren Abschnitten bewältigen. Von Santo da Serra aus bieten sich unten stehende Strecken an. Sie weisen keine besonderen Schwierigkeiten auf, an einigen Passagen sollte man jedoch schwindelfrei sein. In jedem Fall feste Schuhe mit Profilsohle tragen und Verpflegung, insbesondere Wasser, und außerhalb der Sommermonate einen Anorak mitnehmen.

Ausgangspunkt ist in jedem Fall die Kirche von Santo da Serra. Sie gehen die Straße 500 m in Richtung Westen bis zur Landstraße ER 102 und folgen ihr in nördlicher Richtung bergauf. Nach ca. 300 m biegen Sie links auf einen Weg, der nach ca. 1 km zum Wasserhaus von Santo da Serra und auf die Levada führt. Für diese Teilstrecke brauchen Sie etwa 25 Minuten. Weiter geht es dann entlang der Levada:

Nach Norden bis Portela, Gesamtstrecke ca. 8 km, 2 ½ Stunden, Rückfahrt mit dem Bus Linie 78 (nur wenige Abfahrten täglich) oder dem Taxi möglich. Portela ist der Pass, der den Nordosten mit dem Südosten verbindet. Von der Passhöhe hat man fantastische Blicke an die Nordküste und auf eines ihrer Wahrzeichen, die Penha de Águia. Wie es sich für einen traditionsreichen Straßenknotenpunkt gehört, steht dort ein Gasthaus. Im Restaurant **Casa da Portela** wird kräftige Kost für müde Wanderer serviert.

Nach Süden bis Camacha, Gesamtstrecke ca. 14 km, 3 ½ Stunden, Rückfahrt mit der Buslinie 77 möglich. Beschreibung von Camacha und dortigen Einkehrmöglichkeiten ab S. 202.

Das im Westen gelegene **Naturschutzgebiet Ribeiro Frio** lässt sich in einer allerdings schwierigeren Wanderung ebenfalls über den oben genannten Zugang erreichen. Es empfiehlt sich aber, den Weg in umgekehrter Richtung zu machen und mit dem Taxi zum Ausgangspunkt zu fahren.

Ausführliche Wegbeschreibungen für diese Gegend in: „Landschaften auf Madeira" von Pat und John Underwood, Sunflower Verlag, vgl. S. 68.

Im Zentralgebirge kommen Wanderer auf ihre Kosten

Zentrum der Insel

Steilabstürze, Zacken, Felsnadeln, Kegel – die Erosion hatte viele Millionen Jahre Zeit, um Madeiras östliches Zentrum zu einem wilden Gebirge zu formen. Schwarz glänzende Basaltsäulen und rote und gelbe Tuffstreifen im grauen Fels schaffen Farbnuancen, die bei Sonnenauf- oder Sonnenuntergang leuchten. Ein faszinierendes Wandergebiet.

Gänzlich anders sieht es nur wenige Kilometer weiter westlich aus: ruhige, von Adlerfarn bewachsene Flächen, aus denen hier und dort Felskegel ragen. Die Landschaft der Hochebene **Paúl da Serra,** obwohl nur wenig niedriger, steht in völligem Kontrast zu den in Sichtweite aufragenden Gipfeln. Ein tiefer, wasserreicher Canyon, in den sich Wasserfälle ergießen, schafft hier eines der spannendsten und grünsten Wanderreviere Madeiras: **Rabaçal.**

Der Besuch des Inselzentrums gehört zu den Höhepunkten einer Madeirareise. Mehrere Aussichtspunkte auf den Gipfeln des Zentralgebirges, wunderbare Wanderwege und angelegte Parks wie **Ribeiro Frio** und **Queimadas** bei Santana schaffen für alle Besucher, unabhängig davon, wie sportlich sie sind, unvergessliche Landschaftserlebnisse.

Sowohl das Zentralgebirge als auch die Hochebene Paúl da Serra sind unbewohnt und traditionelles Weidegebiet. Zwischen den Felsen des Gebirges klettern Ziegen auf Futtersuche, Kühe schreiten gemächlich über die Paúl da Serra und rupfen am Farn. Obwohl mit der Erklärung des gesamten Zentrums zum Naturschutzgebiet die Weideflächen erheblich eingeschränkt wurden, bereiten Ziegen wie Kühe den Naturschützern erhebliche Sorgen. Dort wo die Tiere die Reste der natürlichen Vegetation nicht mehr schlicht und einfach auffressen können, zündeln die über die Einengung des Weidelands erbosten Landwirte immer wieder.

Karte Umschlagklappe hinten

Geschützte Natur

Vor wenigen Jahren erklärte die Regierung der Autonomen Provinz Madeira mehr als 60 % der Oberfläche der Inselgruppe zum Naturschutzgebiet. Neben den Inseln der Selvagens und Desertas sind auf der Hauptinsel nahezu alle Flächen oberhalb von 700 m in den Naturpark einbezogen. Ziel dieses gigantischen Schritts war und ist es, die natürliche Pflanzen- und Tierwelt zu erhalten und sie dort wieder anzusiedeln, wo sie bereits zerstört oder gänzlich verschwunden ist. Die Erhaltung der Artenvielfalt dient auch dazu, den natürlichen Wasserhaushalt wiederherzustellen, der durch Abholzen und Überweidung gefährdet ist. Seit 1994 wird das Programm von der Europäischen Union gefördert.

Nicht alle Zonen des Naturschutzgebietes unterliegen denselben Regeln. Es gibt drei unterschiedliche Schutzformen, die auch den wirtschaftlichen Interessen Madeiras und seiner Bewohner gerecht werden sollen (vgl. dazu auch Interview auf S. 216).

Zonen mit Flora *virgem/pura,* d. h. Zonen, in denen sich die Pflanzenwelt noch im Urzustand befindet, sind besonders geschützt und dürfen, außer von besonders autorisierten Personen, nicht betreten werden. Dazu gehören Teile des Fanal im nördlichen Bereich der Paúl da Serra, Gebiete oberhalb von Seixal und eine Zone oberhalb von Ilha/Santana. Für das Hochgebirge und das Wandergebiet Rabaçal gilt, dass Wanderer auf den Wegen bleiben müssen. Andere Gebiete dürfen nach wie vor landwirtschaftlich, z. B. als Weidefläche, genutzt werden. Holzeinschlag bedarf aber einer gesonderten Genehmigung. Eine Nutzungsänderung, etwa das Anlegen neuer Felder und Plantagen oder Hausbau, ist nicht gestattet.

Zentralgebirge

Die höchsten Gipfel ziehen sich in Nord-Süd-Richtung. Sie beginnen im Norden mit dem **Pico Ruivo** (Rothaarige Spitze, 1861 m), ihm schließt sich der **Pico das Torres** (Spitze der Türme, 1851 m) an, nach Süden beendet der **Pico do Arieiro** (Eselstreiberspitze, 1818 m) die Gebirgszone. Aussichtspunkte und Zugänge für Wanderer liegen am Pico do Arieiro und Pico Ruivo. In ostwestlicher Richtung liegt eine zweite Bergkette mit mehreren, etwas niedrigeren Bergspitzen. Man erreicht sie auf Wanderungen von den oben genannten Zugängen aus oder ab dem Encumeada-Pass. Auf dem Weg zum Pico do Arieiro liegt der **Parque Ecológico do Funchal.** Am Hang des Pico do Arieiro nach Osten lohnt der Besuch des Naturparks **Ribeiro Frio** und im Norden am Hang des Pico Ruivo des Naturparks **Queimadas,** in denen insbesondere die Vegetation des Lorbeerwaldes geschützt ist.

Parque Ecológico do Funchal

Die früher intensiv land- und forstwirtschaftlich genutzte Fläche zwischen Funchal und dem Pico do Arieiro ist eine der Naturschutzzonen, in der es gelungen ist, durch intensive Renaturierung die ursprünglich hier wachsende Vegetation wieder anzusiedeln. Kahle Weideflächen wurden bepflanzt. Schwieriger ist es, die mit schnell wachsenden, hier nicht heimischen Kiefern und Eukalyptusbäumen aufgeforsteten Waldgebiete umzuwandeln. Stück für Stück wurden und werden sie entfernt und durch Bäume des Laurazeen-Lorbeerwaldes ersetzt. Die Nähe zur Stadt machte die Einbeziehung der Bevölkerung in dieses Projekt möglich. Sie soll dazu dienen, den Umweltschutzgedanken im Bewusstsein der Menschen zu festigen und damit auch dauerhaft den Bestand des neuen Naturparks zu sichern. Schulklassen beteiligten sich am Einpflanzen der Setzlinge und übernahmen die Patenschaft für ihr Waldstück. Der Naturpark dient nicht nur dem Naturschutz, sondern ebenso als Naherholungsgebiet für die Hauptstädter. Rund um das Forsthaus Ribeira das Cales kann ein botanischer Garten besucht werden, markierte Wanderwege führen durch den Park und auf den Aussichtsplatz auf dem Gipfel des Pico Alto. Von hier aus hat man einen großartigen Blick auf Funchal. Mit Hilfe eines Fliesenbildes der Stadtansicht kann jeder den Stadtteil suchen, in dem er wohnt. Wichtig für die Akzeptanz des Naturparks war auch die Anlage eines Picknickplatzes, denn zu den liebsten Freizeitbeschäftigungen der Madeirer gehört ein Picknick im Grünen im Kreis der Großfamilie. Paraglider finden hier oben einen Startplatz.

Gebirgsflora

• *Anfahrt* **Pkw:** Den Naturpark begrenzt nach Osten die Landstraße ER 103. Er ist mit dem Leihfahrzeug und dem Bus leicht erreichbar. Per Pkw in Funchal von der via rápida die Abfahrt Monte nehmen.

Bus: Mit den Bussen der Linien 56, 103 und 138 der Gesellschaft CC São Gonçalo ab Funchal, nur sehr wenige Abfahrten.

• *Essen* Für Pkw-Fahrer siehe Pico do Arieiro. Im Parque gibt es Grill- und Picknickplätze.

Zentrum der Insel
Karte Umschlagklappe hinten

Pico do Arieiro

Der Funchal und den Urlaubszentren am nächsten gelegene Gipfel wird häufiger als der höhere Pico Ruivo besucht. Eine Straße führt fast bis ganz nach oben. Vom Parkplatz aus lässt sich die Bergspitze in wenigen Minuten auf bequemen Wegen erstürmen. Von einer kleinen Aussichtsterrasse hat man einen weiten Blick in alle Himmelsrichtungen, nach Süden und Osten bis zur Küste, nach Norden hinüber zu den benachbarten Felsmassiven und nach Westen bis auf die Hochebene Paúl da Serra. Wer es schafft, in den frühen Morgenstunden hier oben zu sein, erlebt die Bergwelt in zarten Pastellfarben, umspielt von aufsteigenden, sich auflösenden Wolkenfetzen. Am späten Vormittag ziehen häufig Wolken von Norden herüber und hüllen die Aussichtsplätze ein.

• *Anfahrt* Öffentliche Verkehrsmittel steuern das Zentralgebirge nicht an. Erreichen lässt es sich nur mit dem Leihfahrzeug oder im Rahmen eines organisierten Ausfluges. Ab Funchal geht es über die ER 103 bis zum Poiso-Pass und von dort auf der gut ausgebauten Straße (ausgeschildert) ER 202 bis zum Parkplatz kurz unter der Spitze.

Auf der Gipfelwanderung

• *Übernachten* Seit die traditionsreiche **Pousada** auf dem Pico do Arieiro nur noch einen eingeschränkten Restaurationsbetrieb anbietet, gibt es keine Übernachtungsmöglichkeit mehr.

• *Essen* Auf dem Pico de Arieiro gibt es nur noch eine **Cafeteria** in den Räumen des früheren Restaurants der Pousada.

Casa do Abrigo do Poiso, nicht direkt vor Ort, sondern am Poiso-Pass. Sehr gemütliches Gasthaus. An kalten Tagen wird ein Feuer im Kamin angezündet. Regionale Küche, es steht u. a. die beliebte Knoblauchbrotsuppe Açorda auf dem Speiseplan. Probieren können Sie hier auch das hiesige Ponchorezept, eine Mischung aus Rum, Honig und Saft. Moderate Preise. Die Casa do Abrigo do Poiso ist auch bei Familien aus Funchal für einen Sonntagsausflug sehr beliebt. Es kann gut sein, dass Sie am Wochenende oder an Feiertagen dort keinen Platz mehr bekommen. Leser haben eine sehr gute Alternative entdeckt:

Restaurant Abrigo do Pastor, wenige Kilometer weiter in Richtung Carreiras/Camacha an der ER 203. Rustikales Landhaus mit rauchgeschwärzter Holzbalkendecke. Im großen, offenen Kamin drehen sich die Fleischspieße. Gepflegt gedeckte Tische, sehr guter Service. Spezialitäten sind Fleischgerichte, auch Lamm, z. B. Caldeira de Cordeiro, Lammeintopf. Für das Gebotene sind die Preise ausgesprochen günstig, alle Hauptspeisen zwischen 8 und 12 €. Estrada das Carreiras.

Kurzwanderung 10: Drei Aussichtsplätze

(Die dazugehörige Wanderkarte finden Sie auf S. 214.)

Die Dauer dieser herrlichen Panoramawanderung kann man selbst bestimmen: Wer nicht so gut zu Fuß ist, begnügt sich mit einem kurzen Gang auf den Gipfel. Wer die Bergwelt länger genießen möchte, geht wahlweise 40 Minuten oder eine Stunde. Am Beginn des Weges beseitigt eine Informationstafel mit Wegskizze auch für die große Wanderung letzte Unklarheiten, s. u.

Für eine Kurzwanderung relativ anstrengend, es geht über viele Treppen hinauf und hinunter. Für die längeren Strecken sollte man schwindelfrei sein. Wanderstiefel sind ratsam, für die längeren Strecken im Sommer auch ein Sonnenschutz für den Kopf. Im Winter ist warme Kleidung notwendig.

Neben der Pousada beginnt gut sichtbar der bequeme Weg, nach wenigen Schritten erreicht man eine Treppe, die nach oben auf den Gipfel führt, und schon haben Sie den ersten Aussichtsplatz erreicht. Danach geht es auf deutlichem Weg treppab, treppauf, treppab, auf einen Grat und weiter zum nächsten Aussichtspunkt *Miradouro Ninho da Manta,* den Sie schon von weitem am Nordhang erkennen können. In 20 Minuten ist er erreicht – von hier aus können Sie bis zur Nordküste schauen. Es geht ein Stück zurück und wieder treppauf. Weiter auf dem Weg gelangt man nach insgesamt 30 Minuten zu einem dritten Aussichtspunkt, der einen weiten Blick nach Süden eröffnet. Damit ist das Ziel der Kurzwanderung erreicht, zurück geht es auf demselben Weg.

Wanderung 11: Von Gipfel zu Gipfel

(Die dazugehörige Wanderkarte finden Sie auf S. 214.)

Ein echtes Highlight für versierte Bergwanderer. Diese Wanderung verbindet die drei höchsten Berge miteinander. Ständig hervorragende Weitsicht, auch hinunter in den Curral das Freiras.

Anspruchsvolle Hochgebirgswanderung, Schwindelfreiheit und Trittsicherheit sind erforderlich. Es geht über viele Treppen hinauf und hinunter, und über z. T. steile Wege werden in eine Richtung mehr als 500 Höhenmeter überwunden und mehrere Tunnel passiert. Reine Gehzeit für den Hin- und Rückweg üblicherweise je nach Variante zwischen 4 ½ und 6 ½ Stunden. Komplette Wanderausrüstung ist erforderlich: Wanderstiefel, Anorak, Sonnenschutz für den Kopf, Taschenlampe, ausreichend Verpflegung und Trinkwasser. Bei Regen, Schnee und Eis ist dieser Weg nicht begehbar.

Wichtiger Hinweis:

1. Starten Sie die Wanderung auf jeden Fall morgens.
2. Nach heftigen Regenfällen oder Schnee kann es zu Bergrutschen und Verschüttungen kommen, der Weg ist dann gesperrt und wird neu angelegt, wie es unmittelbar vor unserem letzten Gang dort im Frühsommer 2006 geschehen ist. Die Variante durch die Tunnel des Picas das Torres wird zusätzlich häufig zum Schutz seltener Vögel, die dort brüten, gesperrt. 2006 sind auch dort, zumindest vorübergehend, Umgehungswege angelegt worden. Damit hatte sich die Zahl der Tunnel von vorher 5 auf 2 verringert und auch der Wegverlauf hat sich geändert. Meist dauert dieser Weg **(Variante 1)** in eine Richtung insgesamt 2 Stunden und 15 Minuten, der Umgehungsweg **(Variante 2)** des Picas das Torres 1 Stunde länger. Sollten Verschüttungen und Felsrutsche auf dem Weg noch nicht beseitigt sein, kehren Sie bitte um! Wer hin und zurück geht, kann, wenn der gesamte Streckenverlauf frei ist, selbstverständlich beide Varianten kombinieren: z. B. hin mit Variante 1 und zurück mit Variante 2.

Ausgangspunkt ist der Parkplatz vor dem ehemaligen Berghotel. Sie gehen zunächst mit der oben beschriebenen Kurzwanderung bis zu deren Ziel. Dahinter folgt ein steiler Abstieg. Als Belohnung für diesen schwierigen Teil passiert man an dessen Ende ein fotogenes Felstor, auf das der erste Tunnel, der durch den Pico do Gato geschlagen wurde, folgt. Er ist ca. 100 m lang und kann sehr nass sein. Ist der Tunnel durchschritten, gabelt sich der Weg (Gesamtwanderzeit 50 Min.). Häufig ist einer der beiden Wege gesperrt, s. o. wenn beide Wege frei sind, haben Sie die Wahl:

Variante 1: Sie nehmen den linken Pfad. Zunächst folgt eine Felswand, an der der Pfad mit einem Geländer gesichert ist. Die gesperrten Tunnel 2–4 machten 2006 kürzere Umgehungen erforderlich, der Pfad ist aber immer gut zu erkennen. Nach

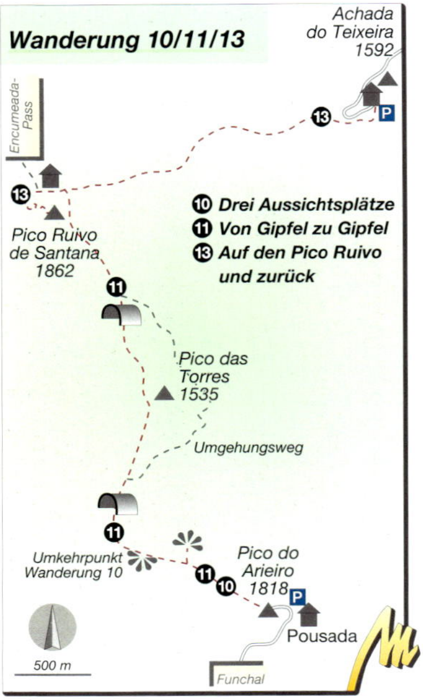

einer Anhöhe mit faszinierenden Ausblicken auf die Paúl das Serra muss dann der fünfte und letzte Tunnel durchschritten werden (Wanderzeit 1 Stunde, 20 Minuten). An seinem Ende mündet von rechts ein Weg ein, es handelt sich um den Pfad der Variante 2 (Umgehung des Pico das Torres). Schauen Sie sich diesen Punkt genau an, damit sie beim Rückweg nicht aus Versehen die falsche Variante wählen. Sie gehen also nach links weiter, ab jetzt begleitet statt der bisherigen Ginsterbüsche niedrige Baumheide den Pfad. Nun beginnt der letzte Teil des Weges zum Pico Ruivo, er steigt ständig an. Nach etwa 1 Stunde und 50 Minuten mündet von rechts ein Weg ein, er gehört zur Wanderung 13 auf den Pico Ruivo. Jetzt ist die Schutzhütte des Pico Ruivo fast erreicht, dort kann man üblicherweise Getränke und Kuchen kaufen. Sie verlassen das Gelände der Schutzhütte, der Pico Ruivo liegt direkt über Ihnen und kann nicht mehr verfehlt werden. Ein Weg nach rechts führt nach Encumeada. Der letzte Aufstieg ist steil, für ihn müssen Sie 15 Min. rechnen.

Variante 2: Auch dieser Weg ist nicht zu verfehlen, Sie nehmen den rechten Pfad. Er führt Sie zunächst durch ein Gatter, dann geht es an der Ostflanke des Pico das Torres abwärts und über einen längeren Abschnitt wieder steil hinauf zu einem Pass mit Gatter, das durchschritten wird. Auf steinigem Pfad geht es zunächst in Kehren bergab und dann auf ebenem Weg weiter. Nach knapp 2 ½ Stunden mündet der Weg in den der Variante 1, Sie gehen nach rechts weiter. Weiterer Wegverlauf siehe Variante 1.

Ribeiro Frio

Am Osthang des Zentralgebirges liegt auf halber Höhe das Naturschutzgebiet Ribeiro Frio, das mit Wegen, Picknick- und Aussichtsplätzen zu einem Besucherpark ausgebaut worden ist. Auch Restaurants und Souvenirläden haben sich an seinem Zugang niedergelassen. In dieser feuchtwarmen Zone hat sich der *Laurisilva* (Lorbeerwald) in besonderer Vielfalt erhalten. Auffällig sind vor allem große Baumfarne. Auf angelegten Pfaden lässt sich das Naturreservat mit seiner Pflanzenvielfalt erkunden. Die Parkverwaltung hat die wichtigsten einheimischen Pflanzen beschriftet (lateinisch und portugiesisch). Am kalten Fluss, so lautet die Übersetzung von Ribeiro Frio, liegt, terrassenförmig an den Hang gebaut, eine **Forellenzuchtstation** neben dem Forsthaus (Posto Forestal). Über eine Levada fließt ständig frisches, sauerstoffreiches Wasser in die Bassins. Die Süßwasserfische sind auf Madeira nicht heimisch, wegen der idealen Bedingungen für ihre Aufzucht aber hat man sie hier ausgesetzt. Frische gebratene Forellen sind die Spezialität der umliegenden Restaurants. Einige der Tiere wandern nicht gleich in die Bratpfanne, ihnen bleibt die Freiheit im Fluss unterhalb der Zuchtstation, bis sie ein Angler als fette Beute erwischt. Von der der Zuchtstation gegenüberliegenden Straßenseite schaut man auf den Ribeiro Frio hinunter, der hier noch so ruhig fließt, dass dicke Enten und Gänse darauf schwimmen können – eine Idylle. Aber nicht viel weiter, hinter dem Restaurant Victors Bar, stürzt er in Wasserfällen über Steilstufen. Neben dem Restaurantzugang weist ein Schild auf den Levadawanderweg nach Portela. Auch wenn Sie diese Wanderung, die ca. 3 ½ Stunden dauert, nicht machen möchten, sollten Sie dem Weg ein Stückchen folgen. Nur wenige Schritte weiter überqueren Sie den Ribeiro Frio auf einer Brücke, von hier aus können Sie die Wasserfälle begutachten. An der Uferböschung wachsen meterhohe Fuchsien, und hinter der Brücke beginnt der Weg am Rand des Lorbeerwaldes entlang. Eine kürzere Wanderung, und deshalb auch an einem Ausflugstag mit mehreren Besichtigungspunkten leicht zu bewältigen, ist unten beschrieben.

Wanderung im Lorbeerwald

- *Anfahrt* Der Naturpark liegt direkt an der Landstraße ER 103 zwischen Poiso und Faial und ist mit Leihfahrzeug und Bus leicht erreichbar. Die Buslinien 56, 103 und 138 der Gesellschaft CC São Gonçalo bieten nur sehr wenige Abfahrten täglich ab Funchal, Av. do Mar, Fahrtzeit 75 Minuten.
- *Essen* **Victors Bar,** eine der besonderen Empfehlungen auf Madeira. Rustikales Holzhaus mit Gartenterrasse. Anspruchsvolle Küche mit frischen und geräucherten Forellen und feinen Lammgerichten. Besonders lecker ist zum Nachtisch Pudim, frischer, hausgemachter Pudding aus Eiern, Butter und Sahne. Nicht ganz billig, Hauptgerichte ab 10,50 €. Täglich bis 19 Uhr geöffnet, warme Küche aber nur bei ausreichend Kundschaft (bis ca. 16.00 Uhr). Direkt an der Landstraße, nördlich vom Posto Forestal.

Kurzwanderung 12: Waldweg auf den Balkon

(Die dazugehörige Wanderkarte finden Sie auf S. 216.)

Einfacher Weg, eher ein Spaziergang, der Sie in knapp 1 Stunde durch den Lorbeerwald und am Rand des Tals Ribeiro Frio entlang zum Aussichtsplatz Balcões und zurück bringt. Keine besonderen Vorbereitungen erforderlich, Schuhe mit Profilsohle sollten Sie aber tragen.

Ausgangspunkt ist der Zugang zum Restaurant Victors Bar. Sie überqueren die Fahrbahn, halten sich etwas rechts und gehen auf dem Levadaweg nach Norden. Kurz darauf passieren Sie die Schilder „Balcões", „Levada velha", den Hinweis, dass Sie auf eigene Gefahr wandern, und eine Tafel mit den hier vorkommenden Pflanzen und Tieren. Der Weg führt breit und bequem in den Lorbeerwald. Es geht vorbei an moosbedeckten Baumstämmen, Farnen und Blumen. Nach wenigen Minuten über-

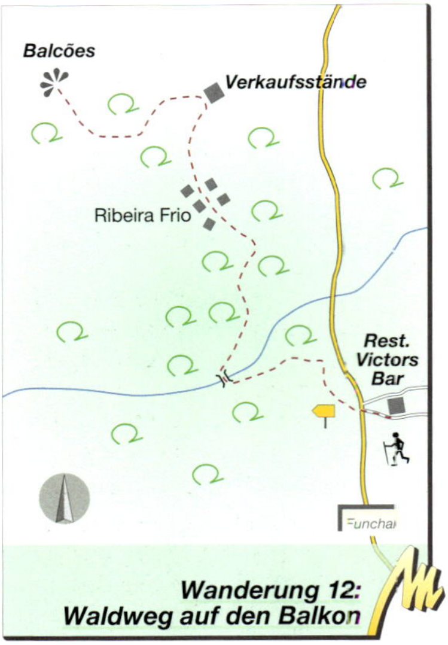

schreiten Sie in einer Rechtskurve einen Bach auf einer Brücke. Eine enge Schlucht wird passiert. Rechts unter Ihnen taucht das Dorf Ribeiro Frio mit seinen Obstbaumplantagen auf. In Häuschen direkt neben der Levada bieten Dorfbewohner Kaffee, Kuchen, Obst, Pflanzen und Selbstgestricktes an. Der Weg macht eine Linkskurve und führt durch eng stehende Felsen wie durch eine Schlucht. Sie gehen jetzt parallel zur Nordküste, und aufsteigende Wolken können dem Beinamen des Lorbeerwaldes, „Nebelwald", alle Ehre machen. An einer Weggabelung geht es nach rechts und nach wenigen Schritten ist der Aussichtsplatz erreicht. Wie von einem Balkon können Sie in die umliegenden dicht bewaldeten Schluchten blicken, bei klarer Sicht auch auf die Gipfel des Zentralgebirges.

„Lorbeerspieße schmecken mir nicht mehr"

(Gespräch mit Manuel, 25 Jahre, Guarda (Wächter) im Nationalpark)

Manuel, wie lange arbeitest Du schon im Nationalpark?

Gut zwei Jahre, vorher machte ich wie alle Guardas eine einjährige Ausbildung. Die Ausbildung war übrigens die interessanteste Zeit. Wir haben sehr viel über die ursprüngliche Vegetation und Tierwelt der Inselgruppe gelernt und Pläne gemacht, wie wir versuchen wollen, die weitere Zerstörung der Natur zu verhindern und die Inselgruppe zumindest in den Naturschutzgebieten zu renaturieren.

Welches sind dafür die wichtigsten Vorhaben?

Um die noch bestehende Vegetation im Nationalpark zu retten, müssen zunächst einmal die Ziegen aus den geschützten Zonen verschwinden oder zumindest in eingezäunten Weidegebieten bleiben. Ziegen knabbern alle Bäume an, manche Bäume haben vom Verbiss schon konische Formen, junge und niedrige Pflanzen rupfen sie mitsamt der Wurzeln aus.
Zur Renaturierung gehören Neuanpflanzungen, in den tieferen Zonen von Lorbeerbäumen, in den höheren Zonen beginnen wir mit Pinien als Pilotpflanzen. Wenn der Boden entsprechend vorbereitet ist, können wir dann die natürliche Vegetation wieder herstellen. Am interessantesten finde ich unser Vorhaben, auf der Paúl da Serra die Zedern wieder heimisch zu machen. Dort wurden bei Ausgrabungen Zedernwurzeln gefunden, Zedern aber wachsen dort schon lange nicht mehr.

Innerhalb des Nationalparks kommt es häufig zu Bränden. Es heißt, sie würden von Hirten und Bauern gelegt. Warum?

Es ist zum Verzweifeln! Die Wiederherstellung der Natur, die Anpflanzungen dienen auch der Landwirtschaft. Durch Aufforstung könnte es uns gelingen, den natürlichen Wasserhaushalt zu stabilisieren, und auch der Boden- und Strauchbewuchs würde sich wieder dichter ansiedeln. Das käme allen Landwirten, Ackerbauern wie Viehzüchtern, entgegen. Tatsächlich fühlen sie sich aber durch unsere Arbeit nur eingeengt und reagieren darauf mit Brandstiftung. Im letzten Monat sind bei einem Feuer oberhalb von Funchal zigtausend junge Lorbeerbäume vernichtet worden, und in diesem Monat hatten wir schon zwei Brände auf der Paúl da Serra.
Die Brände sind aber nicht unser einziges Problem. Genauso gravierend sind die Wilddieberei und, so verwunderlich es klingen mag, unsere traditionellen Feste. Für jedes Dorffest werden ohne Genehmigung Bäume geschlagen, um die rustikalen Stände entlang der Dorfstraßen aufzubauen und die Grillplätze zu befeuern. Seit ich weiß, dass ganze Wälder nur dafür und für die Lorbeerspieße abgeholzt werden, habe ich den Geschmack daran verloren.

Welche Möglichkeit sehen Sie, die Haltung der Landbevölkerung zu ändern?

Die Hauptschwierigkeit ist, dass ein Großteil der geschützten Zonen in Privatbesitz ist. Früher konnten die Leute auf ihrem Grund machen, was sie wollten, das ist jetzt anders. Sie sehen einfach nicht ein, dass sie eine Genehmigung brauchen, wenn sie ihre eigenen Bäume fällen wollen. Ich denke, man kann nur langsam eine Wende im Bewusstsein herbeiführen, indem z. B. die Kinder mit Naturschutz aufwachsen, an den Anpflanzungen beteiligt werden oder Schulen Patenschaften für Abschnitte übernehmen.

Bereiten auch die Touristen, die Wanderer etwa, Probleme im Nationalpark?

Kaum, es gibt einige Urlauber, die seltene Pflanzen sammeln, aber die Mehrzahl bleibt auf den Wegen und richtet keine Schäden an. Damit das so bleibt, ist es wichtig, dass wir ausreichend Wanderwege instand halten. Sonst würden wohl die Wanderer häufiger querfeldein laufen und dabei geschützte Pflanzen zertrampeln.

Wie gefällt Dir die Arbeit im Nationalpark, möchtest Du auf Dauer dabeibleiben?

Im Moment gefällt mir meine Arbeit nicht besonders. Ich war so idealistisch, habe so viel gelernt, aber ich kann davon nur wenig umsetzen. Ich mache jetzt hauptsächlich fiskalische Arbeit, fühle mich wie ein Umweltpolizist. Dabeibleiben will ich aber trotzdem, allerdings auf einem anderen Platz. Außerdem bin ich verheiratet, und wir haben zwei Kinder. Der Arbeitsplatz ist sicher und relativ gut bezahlt. Ich möchte mich aber auf die Desertas versetzen lassen. Die Arbeit dort besteht überwiegend aus Natur- und Tierbeobachtungen, das würde mir mehr zusagen. Die Einsamkeit ließe sich ertragen, denn alle 15 Tage wechselt die Arbeitsgruppe.

Zentrum der Insel
Karte Umschlagklappe hinten

Pico Ruivo

Um den höchsten Gipfel Madeiras auf kurzem Weg zu erklimmen, in seiner Nachbarschaft zu wandern oder um einfach die Bergluft bei einem Picknick zu genießen, muss man immer den Weg über die Nordküste und den hübschen Ort Santana wählen.

Anfahrten, Übernachtsmöglichkeiten und Restaurants finden Sie in der Ortsbeschreibung Santana, ab S. 162.

Auf dem Pico Ruivo: Höher geht's nun wirklich nicht mehr!

Wanderung 13: Auf den Pico Ruivo und zurück

(Die dazugehörige Wanderkarte finden Sie auf S. 214.)

Zweistündige großartige Gebirgswanderung ohne besondere Anforderungen, meist einfach, der ca. 15-minütige Aufstieg zum Gipfel ist etwas anstrengend, ca. 280 Höhenmeter sind zu überwinden. Variante mit Auf- und Abstieg nach Santana möglich, siehe Wanderung 14.

Feste Schuhe mit Profilsohle, sonst keine besondere Ausrüstung erforderlich, nur der Jahreszeit entsprechende Kleidung. Die Luft dort oben ist sehr trocken und der Weg meist schattenlos, deshalb Wasserflasche und Kopfbedeckung nicht vergessen.

Anfahrt mit dem Pkw oder Taxi ab Santana bis zum Parkplatz Achada do Teixeira. Der Weg beginnt gut erkennbar und gepflastert am Parkplatz. Er führt mit leichten Steigungen auf den Gipfel zu. Sie bleiben immer auf dem Hauptweg, er ist ausgeschildert. Die Gipfelzone ist nur niedrig bewachsen, an einige Stellen klammern sich verkrüppelte Nadelgewächse in den felsigen Untergrund. Die Übeltäter für diese Vegetationsarmut werden Ihnen sicher über den Weg laufen – Ziegen. Obwohl diese Zone zum Nationalpark gehört, weiden sie hier noch frei.
Nach ca. 40 Minuten gabelt sich unterhalb der Schutzhütte der Weg, links geht es in Richtung Pico do Arieiro (siehe Wanderung 11). Sie halten sich rechts und gehen zur Schutzhütte hinauf, hier können Sie Getränke und Kuchen kaufen. Hinter der Schutzhütte gabelt sich der Weg erneut, rechts ist der Wanderweg zum Encumeada-Pass ausgeschildert, Sie gehen nach links auf dem letzten serpentinenreichen Abschnitt. Hier verengt sich der Weg zu einem z. T. staubigen, steinigen Pfad. Nach gut 1 Stunde ist der Gipfel erreicht, und Sie können den Blick auf die Hochgebirgslandschaft und hinunter auf Curral das Freiras genießen. Zurück auf demselben Weg.

Wanderung 14: Abstieg Achada do Teixeira – Queimadas – Santana

(Die dazugehörige Wanderkarte finden Sie auf S. 169.)

Als Anschluss an Wanderung 13, allerdings nur im Sommer zu begehen, wenn die Pfade trocken sind. Der Weg führt zunächst durch ein Baumheidegebiet, später durch Laurazeenwald. Weniger anstrengende Variante nach O Rancho möglich.

Anstrengender Weg, steil und häufig rutschig, 6 km, 3 Stunden, 1000 Höhenmeter. Ausrüstung: auf jeden Fall Wanderstiefel mit guter Profilsohle, Wanderstock, Kleidung entsprechend der Jahreszeit, Wasser und Verpflegung.

Ausgangspunkt ist der Rastplatz Achada do Teixeira (siehe Wanderung 13). Sie gehen vor dem Rasthaus vorbei und folgen einem Pfad nach links unten. Bald darauf sehen Sie die eindrucksvolle Basaltformation „Homem em Pé“ (stehender Mann), die an den Fuß eines Riesen denken lässt. Ein Trampelpfad führt hinunter und rechts an den Felsen vorbei. Der weitere Wegverlauf ist am unterhalb liegenden Berg zu erkennen. Der Trampelpfad führt bergab auf die unten verlaufende Straße. Sie folgen der Straße hinunter bis zu einem Aussichtspunkt, dort finden Sie den Weg wieder, er führt jetzt immer geradeaus hinunter. Nach ca. 1 ½ Stunden erreichen Sie den Park von Queimadas – eine gute Gelegenheit für eine Pause und um die Beinmuskeln zu lockern. Ab Queimadas wird der Weg zu einer alten, gepflasterten Straße (kaum Verkehr), für die Sie bis ins Ortszentrum noch einmal 1 ½ Stunden benötigen.

Variante 1: Sie gehen ab Queimadas mit dem in Kurzwanderung 5 beschriebenen Waldspaziergang bequem nach O Rancho und lassen sich dort ein Taxi zurück nach Santana bestellen.

Variante 2: Sie können diese Wege selbstverständlich auch zum Pico Ruivo hinauf- und hinuntersteigen, dies ist allerdings nur sehr sportlichen Typen zu empfehlen. Hin und zurück müssen Sie ab Santana mit 8 Stunden rechnen, ab O Rancho mit 6 ½ Stunden.

Weitere Wanderungen im Zentralgebirge finden Sie in den auf S. 68 genannten Wanderführern.

Der Blick geht hinunter bis Santana an der Nordküste

Encumeada-Pass

Von diesem Pass aus breitet sich auf einen Blick das gesamte Panorama des Zentralgebirges aus. Direkt vor dem Betrachter verläuft die Ostwest-Bergkette mit **Pico do Jorges** (1692 m), **Casado** (1725 m) und **Eirinhas** (1650 m), dahinter reihen sich von Nord nach Süd die höchsten Gipfel.

Fast im Mittelpunkt Madeiras gelegen, stellt der Encumeada-Pass die Verbindung von Süden nach Norden her und ist gleichzeitig die Nahtstelle zwischen dem Zentralgebirge und der Hochebene Paúl da Serra. Er ist damit ein traditioneller Verkehrsknotenpunkt mit Restaurants und Herbergen, an dem sich eine Rast während einer Inselrundfahrt lohnt. Für Wanderer ist er beliebt als Ausgangspunkt für Wege ins Gebirge oder auf die Hochebene Paúl da Serra, einschließlich Rabaçal. Auch Abstiege auf alten Verbindungswegen hinunter nach Ribeira Brava im Süden und São Vicente im Norden sind möglich.

• *Verbindungen* **Mit dem Pkw:** Die Südnord-Verbindungsstraße ER 104 verlief traditionell über den Pass. Dieser wurde allerdings inzwischen der schnelleren Verbindung wegen untertunnelt, d. h. Sie müssen die Hauptverbindung vor dem Tunnel in Richtung Encumeada mit der ER 228 verlassen.

Mit dem Bus: Linien 6 und 139 der Gesellschaft Rodoeste ab Funchal, über Ribeira Brava nach São Vicente oder über die Paúl da Serra, 6-mal täglich, Fahrtzeit 45 Minuten.

Steile, grüne Hänge im Zentralgebirge

• *Übernachten* **Estalagem Encumeada,** auf der Südseite, kurz unterhalb des Encumeada-Passes, liegt das Haus geschützt in der großartigen Gebirgslandschaft. Aus der vormalig schlichten Herberge ist ein elegantes Hotel im Landhausstil geworden. Insgesamt 50 Zimmer: Einzel-, Doppel-, Dreibettzimmer und Suiten, alle mit Heizung, modernem Bad und Balkon. Im Haus befinden sich Salons mit offenem Kamin und Satelliten-TV, Restaurant mit großem Panoramafenster, Bar und Terrassencafé. Inkl. Frühstück DZ ab 45 €. Feiteiras-Serra de Água, 9350 Ribeira Brava, ✆ 291-951281/2, 📠 291-951281, www.residencialencumeada.com.

Pousada dos Vinháticos, 3 Straßenkilometer unterhalb des Encumeada-Passes in Richtung Ribeira Brava. Ehemals rustikales Nobelhaus der staatlichen Hotelkette, das zwischenzeitlich an eine private Hotelkette verkauft wurde. 12 große, edel eingerichtete Zimmer und Suiten mit Bad. Salons, Restaurant, Bar und Terrassencafé im Haus. Daneben gibt es ein neues rustikales Holzhaus. Inkl. Frühstück DZ ab 70 €, EZ ab 53 €, Kinder bis 6 Jahre frei, Kinder 6–12 Jahre 50 %, HP/Person 20 €, VP 37,50 €. Serra de Água, 9350 Ribeira Brava, ✆ 291-952344, 📠 952540, www.dorisol.com.

• *Essen* **Restaurant im Estalagem Encumeada,** großes, elegantes Restaurant mit weitläufiger Terrasse, auf der man das gesamte Gebirgspanorama genießen kann. Regionale Küche, Kaffee, Kuchen und Eis zu moderaten Preisen.

Restaurant in der Pousada dos Vinháticos, eleganter Speiseraum und kleiner Aus-

Die Hochebene Paúl da Serra

sichtsbalkon nach Süden, von dem man wie im Vogelnest auf die Bergketten im Osten und Westen schauen kann. Anspruchsvolle Küche mit entsprechenden Preisen.

Fast an der höchsten Stelle des Passes liegt noch ein einfaches **Aussichtslokal,** das die Möglichkeit bietet, bei gutem Wetter draußen zu sitzen.

Wer ein Picknick machen möchte, findet unterhalb in Richtung São Vicente einen schönen Waldrastplatz mit Tischen, Bänken und Grillstellen.

Hochebene Paúl da Serra, Rabaçal und Fanal

Im Westen erstreckt sich die Hochebene Paúl da Serra. Der Name bedeutet übersetzt Gebirgssumpf und beides findet man hier. Die Hochebene beginnt auf 1300 Metern Höhe im Inselzentrum am Encumeada-Pass zunächst nicht eben, sondern mit einer wilden Felsenlandschaft, höchste Erhebung ist der Ruivo do Paúl (1640 m). Nach Westen wird die Landschaft dann zur brettflachen Ebene. Über weite Gebiete bilden wasserundurchlässige Schichten den Untergrund und machen diese Zone während starker Regenfälle im Winter sumpfig. Eher an ein schottisches Hochmoor erinnert die Paúl da Serra hier als an irgendeine andere Landschaft auf Madeira. Auf dem feuchten Untergrund gedeihen nur niedrige Adlerfarne und ebenso niedriges Heidekraut. Die gesamte Hochebene steht seit 1984 unter Naturschutz, und welche enormen Auswirkungen das hat, sieht man z. B. bei einem Besuch des Fanals (s. u.). Besiedelt ist die Hochebene nicht, die Landwirte nutzen sie, wo es noch gestattet ist, als Weidegebiet. Nur hier oben gehören Begegnungen mit Rinderherden zum Alltag. Farnsammler sind in Familienverbänden unterwegs und schneiden Futter für die Tiere, die zu Hause bleiben mussten. Die Viehhirten haben deshalb nur sehr begrenzte Freude am Naturschutz. Weite Teile ihrer alten Weidegebiete wurden eingezäunt, damit dort die Anpflanzungen mit der ursprünglichen, vielfältigeren Vegetation geschützt sind.

Nicht selten fällt der gehegte Bewuchs Flammen zum Opfer, wie man auf einer Fahrt über das Hochplateau leider feststellen muss. Brandstiftung wird vermutet und den Täterkreis meint man auch zu kennen: erboste Hirten.

Entwässert wird die Hochebene über die im weiten Bogen vom Zentrum nach Nordwesten führende, längste und tiefste Schlucht Madeiras, die des Ribeira da Janela. Das Quellgebiet des Flüsschens ist das wichtigste Wasserreservoir Madeiras. Bei Rabaçal führen auf drei Ebenen Levadas an den Schluchtwänden durch dichten Lorbeer- und Baumheide-Urwald.

Wasser für den Süden

Die Wolken schieben sich von Norden auf die Paúl da Serra, der Regen peitscht von Norden auf die Hochebene und sammelt sich in den Quelltälern von Rabaçal, die Schluchten führen die Bäche nach Norden, wo sie in regenreichen Wintern ins Meer rauschen oder über den Rand der Steilküste als Wasserfälle in die Brandung stürzen. So eindeutig hat die Inselnatur die Wasserverhältnisse geregelt – beständige und ruhig dahinfließende, für die Landwirtschaft nutzbare Gewässer hat sie weder für den Norden noch für den Süden geschaffen.

Um die ungenutzt abfließenden Wassermengen von Rabaçal für den wenig von Feuchtigkeit verwöhnten Süden verwerten zu können, wurde 1855 erstmals ein Tunnel von Calheta nach Rabaçal geschlagen und Wasser abgeleitet. Seither hat es kaum einen Baustopp gegeben, um dieses Wasserreservoir nutzbar zu machen. Ein zweiter, 800 m langer Tunnel verbindet Rabaçal inzwischen mit Calheta, von dort wird das Wasser weitergeführt bis in den Westzipfel nach Ponta do Pargo und ist damit zur Lebensader der gesamten Landwirtschaft in Madeiras Südwesten und Westen geworden. Später profitierten auch die Dörfer des Nordens vom Levadabau. Bis oberhalb von Porto Moniz führt ein Kanal entlang der Schlucht Ribeira da Janela und ergießt sich in Staubecken. Durch einen Tunnel wurde Seixal mit Rabaçal verbunden. Das Wasser von Rabaçal sichert inzwischen nicht nur die Landwirtschaft, sondern gleichzeitig auch die Stromversorgung. Die immensen Höhenunterschiede machten den Bau von Wasserkraftwerken oberhalb von Calheta und Ribeira da Janela möglich.

• *Verbindung* **Mit dem Pkw:** Entweder über die ER 110 Encumeada-Pass–Portas da Villa oder über eine der Stichstraßen, die von der Südwestküste heraufführen.

Mit dem Bus: Linie 139 der Gesellschaft Rodoeste ab Funchal - Porto Moniz, nur sehr wenige Abfahrten.

• *Übernachten* **** **Estalagem Pico da Urze,** ganz in der Nähe des herrlichen Wandergebietes von Rabaçal steht direkt an der ER 110 das schöne Landhotel. Im Eingangsbereich wirkt es noch sehr elegant, aber die Zimmer und Aufenthaltsräume sind, der Gegend angepasst, im rustikalen Stil gehalten. Am Abend kann man als Alternative zum eigenen Balkon auch ein Kaminzimmer nutzen. Die Mahlzeiten werden im eleganten Hotelrestaurant eingenommen. Das Hotel organisiert Anfahrten zu den Wandergebieten und zu den Badeanlagen von Porto Moniz und bietet einen Mountainbikeverleih an. Inkl. Frühstück DZ 49–60 €, EZ 40–50 €. Für Gäste gibt es in der Bar Sonderpreise bei den Getränken und 30 Freiminuten Internetbenutzung. Sítio dos Palheiros, 9370 Calheta, ✆ 291-820150, 📠 291-820159, www.hotelpicodaurze.com.

Übernachten kann man auch im **Forsthaus Bica da Cana** und in der **Schutzhütte von Rabaçal** mit Genehmigung des Landwirtschaftsministeriums, siehe S. 20.

• *Essen* Für Besucher, die nicht im Hotel wohnen, hält das Estalagem Pico da Urze ein hier etwas befremdlich wirkendes **Jungle Rain Café** bereit. Es ist seinem Namen ent-

Der Nationalpark schränkt ihre Weideflächen ein

sprechend dekoriert, bietet aber durchaus normale Speisen zu ebensolchen Preisen. Die nächsten Restaurants liegen am Encumeada-Pass. An der Schutzhütte unten in Rabaçal kann man grillen.

• *Feste* Im Juni werden die Schafe in ihrem Weidegebiet, dem Fanal, zusammengetrieben und geschoren. Den Abschluss bildet das Schafschurfest, die **Festa das Tosquias.**

Wandergebiet Rabaçal

Sobald man von der kargen Hochebene den Weg zum tief in der Schlucht liegenden Rabaçal nimmt, verändert sich die Vegetation (die Zufahrt ist nur für einen Pendelbus und Fußgänger geöffnet). Zunächst gesellen sich zum Adlerfarn niedrige, gebeugte Baumheidebüsche. Je tiefer man kommt, umso höher wird die Baumheide, und schon an der unteren Station des Pendelbusses bei der Schutzhütte, auf weniger als 1000 Metern Höhe, wird die Vegetation zu einem dichten Lorbeer- und Baumheide-Urwald. Überall rauscht Wasser: Längs der Wege in Levadas, aus den mit Moos überzogenen Felsen entspringen Quellen, an den Enden der verzweigten Schluchten vereinigen sie sich zu Wasserfällen. Die Schluchtwände wurden nie abgeholzt, sie waren für die Landwirtschaft zu abgelegen und unzugänglich, deshalb hat sich hier der Urwald behaupten können. Vergleichbar unberührte Natur findet man nur noch auf Wanderungen in der Umgebung der Caldeira Verde oberhalb von Santana. Das unglaublich reizvolle Wandergebiet wird durch die Levadas und ihre Verbindungswege erschlossen. Rabaçal sollte sich kein Madeira-Urlauber entgehen lassen. Selbst wer nicht so gut zu Fuß ist oder nur wenig Zeit hat, sollte wenigstens einen einfachen 30-minütigen Weg einplanen – immerhin ist Rabaçal von der UNESCO als Weltnaturerbe erfasst.

Rabaçal ist nicht bewohnt. Jedoch gibt es vielfältige Wandermöglichkeiten, deren Dauer sich zwischen 30 Minuten und mehreren Stunden bewegt – leicht kann man sie sich mit Hilfe der Karte auch selbst zusammenstellen. Drei Vorschläge finden Sie unten.

• *Anfahrt* Rabaçal ist auf der Paúl da Serra ausgeschildert. Oberhalb befindet sich ein großer Parkplatz, denn die Zufahrt ist für Pkws gesperrt. Ab hier geht es nur noch zu Fuß oder per Pendelbus weiter, s. u.

Zentrum der Insel
Karte Umschlagklappe hinten

▶ **Wandern:** An der Schranke, die am Parkplatz die Zufahrt versperrt, startet ein Minibus, der täglich von 9 bis 20 Uhr nach Rabaçal hinunter- und hinaufpendelt, Fahrpreis einfach 2 €, hin und zurück 3 €. Sie finden dort auch eine Informationstafel mit einer Übersichtskarte, auf der die gekennzeichneten Weg markiert und beschrieben sind.

Wer auch nur halbwegs gut zu Fuß ist, kann den Zufahrtsweg zumindest hinunterwandern. Die 2 km lange Strecke mit 200 m Höhenunterschied führt durch ein schönes Waldgebiet und lässt sich in gut 20 Minuten bewältigen, hinauf dauert es etwas länger.

Abgesehen von Kurzwanderung 15 führen alle Wanderungen auf schmalen Pfaden direkt an einer Levada entlang. Obwohl die Levadas selten abgesichert sind, kommen üblicherweise keine Schwindelgefühle auf, denn die dichte Bewaldung schließt atemberaubende Tiefblicke aus. Trittsicher sollten Sie dennoch sein, auch wenn sich die Levada-Randmauern an schmalen Stellen als Geländer anbieten. Innerhalb der Schluchten von Rabaçal gibt es keine übermäßig anstrengenden Steigungen.

Ausrüstung für alle Wanderungen: Wanderstiefel; außer im Sommer sollte man einen Anorak und lange Hosen dabei haben, denn bedingt durch die Feuchtigkeit und die schattigen Wege kann es kühl werden. Wer plant, einen der Tunnel zu durchschreiten, braucht eine Taschenlampe. Für längere Wanderungen Verpflegung nicht vergessen.

Kurzwanderung 15: Zum Risco-Wasserfall und zurück

Leichter, wunderschöner Waldweg zum höchsten Wasserfall von Rabaçal. Ab Parkplatz 1 ½ Stunden, ab unterer Pendelbusstation gut 30 Minuten, keine besonderen Anforderungen.

Vom Parkplatz aus nehmen Sie entweder den Pendelbus nach Rabaçal oder Sie gehen die 2 km lange Strecke zu Fuß, s. o. An der unteren Station des Pendelbusses führt ein mit „Risco 1,2 km“ ausgeschilderter Weg auf einen breiten Wanderweg. Er zieht sich durch dichten Lorbeer-Urwald, an der Levada do Risco entlang. Randvoll mit Wasser rauscht die Levada, Quellen sprudeln aus den Felswänden, Weg und Felsen sind mit Moosen und Farnen bedeckt. Von den Bäumen wie Bärte hängende Flechten sind ein Zeichen dafür, dass die Luft hier sehr sauber ist. Es geht knapp 15 Minuten geradeaus (unterwegs ist die Abzweigung für Wanderung 16 mit „25 Fontes“ ausgeschildert), dann stehen Sie vor dem Talschluss, in den der mächtigste Wasserfall stürzt. Links befindet sich ein kleines Aussichtsplateau. Der weitere Weg ist versperrt und darf nicht mehr begangen werden. Auf demselben Weg zurück.

Wanderung 16: Zu den 25 Wasserfällen

Schöne Levadawanderung mit ruhigem Rastplatz und Bademöglichkeit, Gehzeiten wie Wanderung 15 und zusätzlich 1 Stunde, insgesamt ab Parkplatz also 2 ½ Stunden und ab unterer Pendelbusstation 1 ½ Stunden.

Zunächst geht es mit der oben beschriebenen Kurzwanderung zum Risco-Wasserfall, dann etwa den halben Weg bis zur Ausschilderung „25 Fontes“ zurück. Sie nehmen den abzweigenden Weg, der zunächst noch gepflastert ist. Er führt nach unten auf die tiefer gelegene Stufe, auf der die *Levada das 25 Fontes* verläuft. Es geht nach

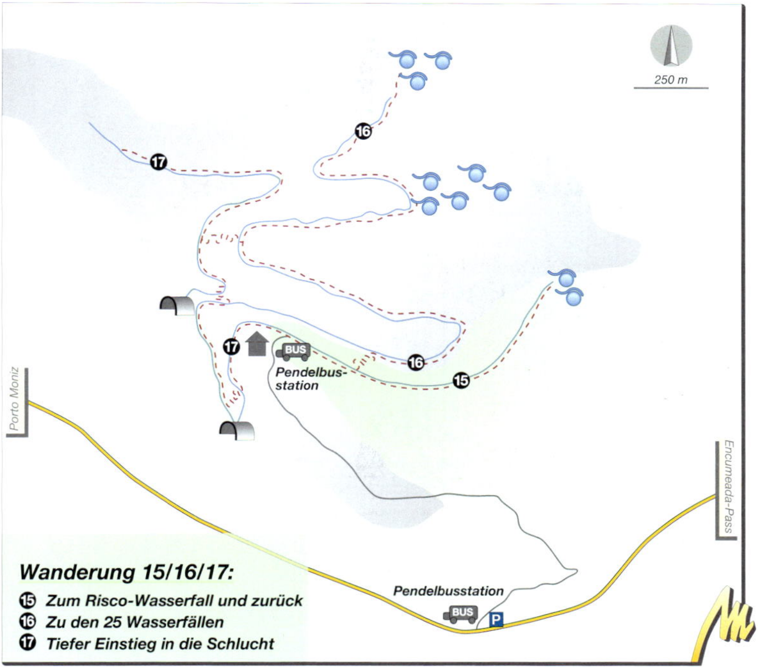

rechts in die Schlucht des Ribeira Grande, der auf einer Brücke überschritten wird. Hinter den Wasserhäuschen wird der Weg schmaler und führt um einen Bergrücken herum in die Schlucht Ribeira da Água Negra. An ihrem Ende springt das Wasser in vielen Miniwasserfällen den Berg hinunter: Dies sind die 25 Wasserfälle. Sie können hier rasten oder der Levada noch knapp 10 Minuten in die Schlucht Ribeira dos Cedros folgen. Hier gibt es zwar lediglich einen einzigen Wasserfall, aber dafür trifft man auch nur selten Wanderer, und in den kleinen Wasserbecken unter dem Wasserfall kann man sogar ein Bad nehmen. Der weitere Weg verliert sich hier, es geht also nur zurück. Wer noch nicht wieder aufsteigen möchte und Lust auf einen längeren Weg hat, wählt die Anschlusswanderung (siehe Wanderung 17).

Wanderung 17: Tiefer Einstieg in die Schlucht

Etwas anstrengender als Wanderung 16, weil es noch eine weitere Stufe hinunter geht und man über viele Treppen wieder hinaufsteigen muss. Herrlicher Weg inmitten der Schlucht, nur wenig begangen. Einschließlich Wanderung 16 und Abstecher in die Cedros-Schlucht ab Parkplatz knapp 5 Stunden, ab unterer Pendelbusstation 4 Stunden.

Anschluss an Wanderung 16. Von den 25 Wasserfällen gehen Sie 10 Minuten in Richtung Ausgangspunkt und dann auf einem steinigen, kurvenreichen Erdpfad nach unten zur tiefsten Levada. Hier blühte einer der dicksten Hortensienbüsche, den wir sahen. Unterhalb steht ein Wärterhäuschen. Ein Abstecher nach rechts bringt Sie in die Schlucht des Ribeira dos Cedros. Auch hier gibt es wieder Wasser-

Zentrum der Insel
Karte Umschlagklappe hinten

fälle, und der Blick geht jetzt hoch hinauf an den bewaldeten Schluchtwänden entlang. Auf der Levada wird die Schlucht überquert. Von rechts kommt ein Tunnel, er ist mehrere Kilometer lang, in ihn fließt das Wasser für Seixal an der Nordküste. Die Levada führt bis in den Westzipfel Madeiras, der Weg ist aber im weiteren Verlauf nicht immer passierbar. Nach ca. 30 Minuten Abstecher sollten sie deshalb umkehren. Sie kommen am Pfad vorbei, den Sie hinuntergekommen sind, und gehen weiter geradeaus in die Schlucht des Ribeira Grande. Sie wird auf einer Brücke überquert. Direkt neben der Brücke führt ein Treppenweg hinauf bis auf die mittlere Levadastufe, dort geht es nach rechts weiter und an der Fortsetzung der Levada das 25 Fontes entlang. 10 Minuten später beginnt links eine leicht zu übersehende Treppe vor einem Tunnel, hinauf auf die Levada do Risco und weiter zum Schutzhäuschen und zur Pendelbusstation.

Fanal

Eines der ehrgeizigsten Projekte der Naturschutzbehörde ist die Wiederaufforstung des Fanals, des nördlichen Teils der Hochebene zwischen der Schlucht des Ribeira da Janela und der Nordküste. Bedingt durch die an der Steilküste hochsteigenden und sich über die Ebene ergießenden Wolken, war der Fanal vor seiner landwirtschaftlichen Nutzung mit Lorbeerbäumen, Baumheide, Faya (eine Gagelstrauchart) und einer nur hier vorkommenden Zedernart dicht bewaldet. Seine über Jahrhunderte währende intensive Nutzung als Weidegebiet hatte davon nur noch die ältesten Lorbeerbäume Madeiras zurückgelassen. Um sie herum befand sich an vielen Stellen eine fast kahle Landschaft, mit spärlichen Farnen und Gräsern bewachsen. Von den Zedern fand man bei Grabungen lediglich die Wurzeln. Nach der massiven Einschränkung der Weideflächen und dem Beginn der Wiederaufforstung ab 1985 hat sich dieses Bild gründlich verändert. Über weite Strecken ist die hügelige Landschaft schon wieder mit übermannshoher Baumheide, Faya und jungen Lorbeerbäumen bedeckt. Nur noch an den wenigen Stellen, die als Weiden freigegeben sind, zeigt sich das vorherige Bild. Am besten lässt sich die Veränderung rund um das Forsthaus, Posto Forestal, in der Nähe des Bergkegels Pedreira beobachten. Dort stehen auch die ältesten Lorbeerbäume. Um auch hier die Sympathien der Bevölkerung für die Naturschutzmaßnahmen zu gewinnen, liegen rund um das Forsthaus Picknick- und Grillplätze, freie Flächen können als Spiel- und Sportplätze genutzt werden.

Auch schmale Wege sind dank der Levadamauern gefahrlos

An den Wochenenden ist das Forsthaus so zu einem der beliebtesten Plätze für den Familienausflug geworden.

Anfahrt **Mit dem Pkw:** Über die Nordküste ab Ribeira da Janela (siehe S. 149) oder ab Paúl da Serra auf der gut ausgebauten ER 209 bis Posto Forestal.

Wanderung 18: Rundwanderung mit Aussicht

Einfacher Weg (mit leichtem Auf und Ab) zu großartigen Aussichtspunkten mit Tiefblicken auf die Küste und in das Tal Chão da Ribeira.

Länge 4,5 km, gut 1 Stunde, der Weg kann verlängert werden. Keine besondere Ausrüstung erforderlich, Schuhe mit gutem Profil sollten Sie tragen, im Sommer einen Sonnenschutz, denn der niedrige Wald bietet nur wenig Schatten. Eine gefüllte Wasserflasche ist ratsam, der Weg ist staubig.

Ausgangspunkt: Parkplatz am Posto Forestal. Sie biegen, dem Schild Posto Forestal folgend, von der Straße nach Norden ab. Schon nach ein paar Schritten zweigt nach rechts ein mit einer Kette versperrter, nur ein kurzes Stück lang asphaltierter Weg ab, den Sie nehmen. Kurz darauf kommt von links ein Weg hinzu, Sie gehen weiter geradeaus und befinden sich auf dem alten, sehr gut begehbaren Hirtenweg Fanal–Paúl da Serra. Nach 15 Minuten erreichen Sie einen kahlen Platz. Dies ist einer der noch genehmigten Weideflecken im Naturschutzgebiet, am Fuß des kegelförmigen Berges Pedreira. Nach rechts führt der Weg gut erkennbar am Hang eines Hügels weiter, zunächst aber geht es zu einem Aussichtspunkt. Dafür überqueren Sie den kahlen Platz weglos in seiner vollen Länge und treffen auf die Andeutung einer Fahrspur, der Sie nach Nordosten folgen. An einigen Hütten vorbei erreichen Sie das Gerüst einer Materialseilbahn hinunter nach Chão da Ribeira. Seien Sie bitte vorsichtig, die Stelle ist nicht abgesichert. Von hier aus haben Sie einen grandiosen Blick auf das Tal und die Nordküste. Dann geht es wieder zurück zum kahlen Platz. Wenn Sie länger wandern wollen, nehmen Sie jetzt den gut erkennbaren Weg nach Südosten den Hügel hinauf. Sie folgen ihm so lange, wie Sie möchten, er stößt später auf die Straße zur Paúl da Serra. Den nächsten Aussichtsplatz suchen Sie dann auf ihrem Rückweg auf. Wenn Ihnen eine gute Stunde Wanderzeit reicht, halten Sie sich jetzt am Nordrand des Platzes, denn die Trittspur, die Sie auf die Rückseite des Pedreira bringen soll, beginnt zwar erst am westlichen Teil des Platzes, ist aber im dichten Grün nur schwer zu erkennen. Sie folgen der Trittspur am Bergkegel entlang. Bald verlässt eine Trittspur den Bergkegel nach links auf eine weitere Weidefläche, Sie aber gehen zunächst weiter am Kegel entlang, bis Sie über der Nordküste stehen und jetzt auch den Blick auf Seixal genießen können. Nun geht es zurück auf die vorher gesehene Weidefläche und hinüber zu einer auffälligen, an der Steilküste stehenden Felsengruppe, um auch von dort noch einmal die Aussicht, allerdings nicht bis zur Küste, zu betrachten. Auf Trittspuren gehen Sie an zahlreichen knorrigen, alten Lorbeerbäumen vorbei zum Forsthaus und weiter zurück zum Ausgangspunkt.

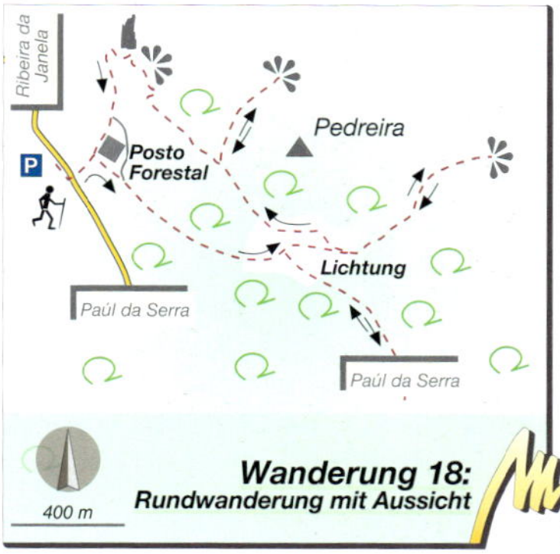

Nebeninseln

Porto Santo

Na endlich, da ist er, der Traumstrand. Es gibt wohl kaum jemanden auf der Fähre, der nicht nach ihm Ausschau gehalten hat. Erholungssuchende Madeirer ebenso wie Tagesbesucher sehnen sich nach weichem, weißen Sand und türkisblauen, sanften Wellen, nachdem sie Wälder erwandert haben und an grauen Kieselstränden badeten. Porto Santo, die kleine Schwester Madeiras, hat ihn, 9 km lang und nur von wenigen Sonnenschirmen bunt betupft.

In einem leicht geschwungenen Bogen macht der Strand Porto Santos Südküste aus, flankiert von den Felseninseln **Ilhéu de Cima** (obere Insel) und **Ihléu de Baixo** (untere Insel). Fast in der Mitte der Bucht schauen die roten Tonpfannendächer der „Hauptstadt" – eines Dorfes – über die Dünen, und darüber erheben sich die Picos, die Bergspitzen. **Vila Baleira** hieß die Hauptstadt offiziell bis vor kurzem, dann hat das Regionalparlament sie verwirrenderweise in Porto Santo umgetauft. Nur, diesen neuen Namen benutzt kaum jemand, auch nicht die Touristeninformation, deshalb bleibt es auch in diesem Buch bei Vila Baleira. Allgemein wird die Insel Porto Santo als flach bezeichnet. Im Verhältnis zu Madeira mag das stimmen, aber in Relation zur eigenen Größe und weil sich die meisten Berge wie Zuckerhüte aus den Ebenen erheben, wirkt die Insel eher bergig. Der **Pico do Facho** im Westen bringt es auf 517 m, die **Picos Castelo** und **Branco** auf 438 und 423 m. Das reicht aber meist nicht, um die Wolken aufzuhalten, die der Passatwind bisweilen über den Atlantik treibt. Die Urlauber freut es, die Landwirte hoffen weiter auf Regen.

Heute nennt sich Porto Santo die „Goldene Insel" und bezieht sich dabei auf seinen Strand. Früher, als Baden und ein Spaziergang am Meer noch nicht zu den Sehnsüchten von Erholungssuchenden gehörten, nannte man die Insel weniger verheißungsvoll die „Braune". Jenseits des Strandes ist die Farbe Braun tatsächlich beherrschend, jedenfalls während der meisten Monate. Wenn im Winter der wenige Regen des Jahres fällt, verwandelt sich das trockene Braun binnen kurzem jedoch in saftiges Grün, um bald darauf zu den vertrauten Erdfarben zurückzukehren. Porto Santos Landschaft unterscheidet sich nicht nur wegen des herrlichen Strandes von Madeira, es hat auch sonst wenig Gemeinsamkeiten mit der Blumeninsel. Wegen Porto Santos (hausgemachter) Trockenheit sind die Ebenen und Berge überwiegend karg, erst in den letzten Jahren konnten sich beständig grüne Flecken ausbreiten – die Wiederaufforstung zeigt Erfolge.

Porto Santo im Überblick

Lage: 50 km nordöstlich von Madeira.

Oberfläche: 41 km^2.

Länge: 11 km.

Breite: 6 km.

Höchste Erhebung: Pico do Facho, 517 m.

Einwohnerzahl: Knapp 5000, davon im Hauptort Porto Santo ca. 2700.

Wichtigste Wirtschaftszweige: Badetourismus mit ca. 1500 Gästebetten und es werden immer mehr, Landwirtschaft, vor allem Trauben- und Melonenanbau.

Klima: Sehr ausgeglichen, trocken und warm. Nur geringe Niederschläge in den Wintermonaten. Lufttemperatur 18–28 °C, Wassertemperatur 18–22 °C.

Geschichte

Porto Santo war nicht immer nur die kleine Schwester Madeiras. Früher als Madeira wurde es für die portugiesische Krone entdeckt und diente damals bereits seit geraumer Zeit Seefahrern als Schutzhafen bei stürmischer See. Auch in der Folgezeit fungierte es noch viele Jahre als Sprungbrett hinüber nach Madeira – seine sanften Buchten boten einfach die besseren Landungsmöglichkeiten. Sogar die als Entdecker des Archipels bekannten Edelleute Zarco, Teixeira und Perestrelo erkundeten 1418 zunächst Porto Santo, bevor sie nach Madeira übersetzten. *Bartolomeu Perestrelo* bekam später die kleinere Insel als Legat zugeteilt, so richtig glücklich war er damit aber nicht. Er fühlte sich gegenüber seinen Gefährten, denen je zur Hälfte Madeira zugewiesen worden war, benachteiligt. Dabei glich Porto Santo damals keineswegs dem wüstenhaften Stück Erde von heute, überwiegend grün präsentierte sie sich vor ihrer Besiedlung den Ankömmlingen. Die Ihléu de Cima nannte man damals *Ihléu dos Dragoeiros* (Drachenbauminsel), weil dort, neben Baumheide und Wacholder, ein regelrechter Drachenbaumwald gedieh. Kein einzelner Baum hat jedoch die folgenden Jahrhunderte überlebt. Der Legende nach soll Bartolomeu Perestrelo der alleinig Schuldige an der Naturzerstörung gewesen sein. Um sich mit der Jagd die Zeit vertreiben zu können, setzte er ein trächtiges Kaninchenweibchen aus, dessen Nachkommen angeblich alles Grün gefressen haben. Wahrscheinlicher aber ist, dass Brandrodung für die Felder der Siedler, Holzeinschlag für Häuser, Schiffsbau und Holzkohle die meisten Wälder vernichtet haben. Die Drachenbäume starben im Dienste der Medizin und Schönheit (s. u.). An die waldreiche Zeit erinnern noch viele Namen, z. B. die der 16 Bäche, die auf Porto Santo damals flossen. Heute fristen die Bachbetten ihr Dasein als Trockentäler, durch die allenfalls nach heftigen Regenfällen ein Rinnsal fließt.

Kirche Nossa Senhora da Piedade in Vila Baleira

In den ersten Jahren der Besiedlung baute man vor allem Weizen an, doch der Raubbau an der Natur ließ die Insel immer weiter veröden. Der nackte Boden trocknete aus, und wenn der ersehnte Regen kam, floss er, von keiner Baumwurzel gehalten, nutzlos davon, riss sogar die knappe Ackerkrume mit sich fort. Zu diesen Problemen kamen ab dem 16. Jh. regelmäßige Piratenüberfälle, bei denen die Bewohner selten mehr als das eigene Leben retten konnten, ja befürchten mussten, verschleppt und auf dem Sklavenmarkt verkauft zu werden. Bei einem Überfall 1617 sollen lediglich 17 Menschen der Gefangennahme entgangen sein. Zu ihrem Schutz bauten sie den höchsten Gipfel zum Pico do Facho – zum Fackelberg – aus, auf dem ein Wächter, sobald eine Freibeuterflotte nahte, ein Warnfeuer entzündete. Die Menschen konnten dann in die Befestigungsanlagen auf den Pico do Castelo flüchten, ihre Ruinen kann man noch heute besichtigen.

Artensterben für Gesundheit und Schönheit

Der legendäre Drachenbaumwald der Ilhéu de Cima wurde vermutlich nicht abgeholzt, obwohl man aus seinen Stämmen famose Kanus bauen konnte. Man ließ ihn im wahrsten Sinne des Wortes „ausbluten". Der *Drago dracena,* so lautet sein lateinischer Name, war und ist äußerst selten. In der Natur wuchs er nur noch, außer auf Madeira und Porto Santo, auf den benachbarten atlantischen Archipelen. Die Ureinwohner der Kanaren, die Guanchen, wussten bereits um die konservierende Kraft seines Saftes (Drachenblut genannt). Sie präparierten damit ihre Toten, die als Mumien erhalten blieben. Zudem eignete er sich als Farbstoff, denn Drachenbaumsaft hat einen warmen rotgoldenen Ton. Drachenbaumblut durfte fortan in keiner Alchimistenküche in Europa fehlen. Es wurde eingesetzt zur Festigung loser Zähne, bei Knochenbrüchen und triefenden Nasen. Nicht weniger begehrt war es als Farbstoff. Rot ließ sich kaum aus Pflanzen des Kontinents destillieren und war bis zur Entwicklung der Anilinfarben im 19. Jh. entsprechend teuer und begehrt. Nach der Entdeckung des Drachenbaumsaftes im 15. Jh. wurde Rotgolden die modische Haarfarbe der adligen florentinischen und venezianischen Damen, wie heute noch Gemälde aus dieser Zeit belegen. Ganze Zapferkolonnen schwärmten aus, um schnelles Geld zu machen. Nicht ein Drachenbaum überlebte auf Porto Santo. Für die Aufforstung musste man sich Samen von den Kanarischen Inseln holen, dort hatten einige Exemplare überlebt. Die ersten Jungpflanzen auf Porto Santo erhielten einen Ehrenplatz vor dem Rathaus von Vila Baleira.

Übrigens: Der Drachenbaum ist gar kein Baum, obwohl er bis zu 17 m hoch und mehrere hundert Jahre alt werden kann. Botaniker ordnen ihn der Gruppe der Agaven und Liliengewächse zu.

Bei diesen schlechten Überlebenschancen hielt es den Adel nicht auf der Insel. Er siedelte sich auf Madeira oder im Mutterland an und begnügte sich mit dem Kassieren der Pacht. Die Zurückgebliebenen beschwerten sich bei der Krone und bekamen als Folge in einer der ersten Landreformen Portugals Pachtbefreiung und sogar das Recht auf eigenes Land. Reichtum hat es ihnen nicht gebracht, der ausgelaugte Boden gab dafür nicht genug her. Ohne den Klammergriff des Adels und seiner Schergen aber entwickelte sich auf Porto Santo ein Freidenkertum, in dem *Profetas* (Redner) aus bäuerlichem Stand gegen König, Adel und Kirche predigten, bis eine von Madeira entsandte Ordnungstruppe sie des Landes verwies. Porto Santo aber ist noch immer stolz auf seine Profetas, auch wenn die Madeirer den Begriff als Spitznamen für alle Inselbewohner benutzen.

Die Not zwang in den letzten Jahrhunderten die Menschen immer wieder in die Emigration, einige blieben auf der Nachbarinsel, andere zogen weiter bis nach Südamerika oder Südafrika. Eine Verbesserung der Lebensbedingungen begann erst im

Karte Umschlagklappe hinten

letzten Jahrhundert. Den ersten Schritt machte *António Schiappa de Azeveda,* er mobilisierte massiv für eine Aufforstung der Insel. Die seit 1911 gepflanzten Bäume sollen Mikroklima und Boden verbessern, die Erfolge sind sichtbar. Die Insel dankte es dem Initiator mit einer Bronzebüste auf dem Pico do Castelo. Die als Pilotpflanzen gesetzten Aleppokiefern und Eukalyptusbäume sollen durch ursprüngliche Bäume ersetzt werden. Seit 1955 hat man ohnehin die Artenvielfalt der Setzlinge erhöht: Tamarisken, Espen und Palmen sind seither wieder heimisch. Wirtschaftlichen Aufschwung brachte der Bau des Flughafens mit einem NATO-Stützpunkt – ein wichtiger Arbeitgeber auf der Insel. Der bald darauf einsetzende Tourismus schuf weitere Arbeitsplätze. Wie erfolgreich diese Entwicklung war, zeigte sich bei den Volkszählungen: Seit 1995 wächst die Bevölkerungszahl im Gegensatz zu früheren Jahrzehnten wieder.

Porto Santo heute

Die touristische Entwicklung der letzten Jahre verlief im Verhältnis stürmischer als auf Madeira. Längs des Strandes entstanden neue Hotels, an einem Resort mit Hunderten von Betten wurde im Sommer 2006 gebaut. Nach seiner Fertigstellung dürfte Porto Santo seine Bettenzahl in den letzten fünf Jahren mehr als verdoppelt haben. Aber der lange Strand kann viele Gäste aufnehmen – selbst im Sommer, wenn alle Sonnenschirme aufgespannt und alle Gästebetten belegt sind, bleibt genügend Platz für alle. Abseits des Hotelstreifens von Vila Baleira in Richtung Westen wirkt Porto Santo verschlafen. Nur wenn am frühen Vormittag die Fähre anlegt, belebt sich der Hafen; sind alle Gäste in Taxen, Rundfahrtjeeps und im Bus verstaut, kehrt wieder Ruhe ein. Fischfang spielt keine wichtige Rolle, und Yachten verirren sich nur selten hierher. Wer anlegt, hat viel Platz an den Molen und ebenso an den Schutzwänden, um sein persönliches Graffiti zu hinterlassen. Eine wie auch immer gestaltete Zeichnung vor Ablegen des Schiffes soll eine gute Fahrt bescheren. Auch in der Stadt tobt nicht gerade das Leben, wenn die Tagesbesucher ihren Rundgang beendet haben. Die Gäste touren über die Insel oder sonnen sich am Strand, da bleibt viel Ruhe für eine Bica im Straßencafé. Am Nachmittag, wenn die Rundfahrer zurückkehren und der allgemeine Aufbruch in Richtung Fähre beginnt, sieht man zumindest im Sommer und Herbst, womit die Insulaner Geld verdienen. Längs der Straßen sind Ministände aufgebaut, an denen Bauersleute Trauben, Melonen und Kürbisse zum Verkauf anbieten.

Die Landwirtschaft ist neben dem Dienstleistungssektor noch immer der entscheidende Wirtschaftsfaktor. Wichtigstes Produkt sind Trauben. Zu Wein werden die wenigsten verarbeitet, aber als Speisetrauben gelten sie in puncto Süße und Haltbarkeit im Archipel als unschlagbar. Der Wein von Porto Santo ist kräftig und eigenwillig im Geschmack. Die geringen Mengen trinken die Winzer jedoch am liebsten selber, exportiert wird er nicht, und zum Verkauf wird er auch kaum angeboten. Aber wenn Sie in den Bars danach fragen, zaubert der Wirt vielleicht eine Flasche unterm Tresen hervor. Den Reben machen Trockenheit und Wärme nicht viel aus, das angebaute Obst und Gemüse gedeiht aber am besten in Lagen ab 250 Metern Höhe und braucht Wasser. Früher versorgten sich die Menschen aus Zisternen und Quellen. Das Wasser der *Fonte da Areia* (Sandquelle) soll ein wahrer Jungbrunnen sein. Es wird in Vila Baleira abgefüllt und verkauft, sogar auf dem wasserreichen Madeira findet man es in den Geschäftsregalen. Den Löwenanteil an der Wasserversorgung übernehmen heute Tiefbrunnen.

Die Fähre benötigt zwei Stunden für eine Fahrt

Auf den Besucher macht Porto Santo den Eindruck eines ruhigen, geordneten Gemeinwesens. Es gibt soziale Einrichtungen, schöne neu gestaltete öffentliche Gebäude und Plätze, Schulen und ein öffentliches Krankenhaus. Die Armut, die die Menschen immer wieder zur Auswanderung zwang, scheint, auch dank der Subventionen der EU, gebannt. An Plänen und berechtigten Hoffnungen für die Zukunft besteht kein Mangel. Durch weitere Aufforstung sollen die Bedingungen für die Landwirtschaft verbessert werden, und der Tourismus expandiert. Porto Santo nimmt jetzt mehr als bisher am Urlauberstrom nach Madeira teil. Die sonnensichere Badeinsel mit Wander- und Radelmöglichkeiten verfügt inzwischen sogar über einen Golfplatz. Erfolg verspricht man sich auch von der stärkeren Vermarktung der Heilkräfte des Strandes, seit in einer medizinischen Studie nachgewiesen wurde, dass sein Sand auf Grund der besonderen mineralischen Zusammensetzung bei Arthritis, Rheuma und Hautkrankheiten wirksam ist. Der kleine Badeort Cabeço de Baixo setzt auf die lukrative Wellnesswelle im Tourismus. Mit dem modernen Porto Santo-SPA entstand ein Zentrum für Thalassotherapie.

Anreise/Rundfahrten

• *Mit dem Flugzeug* So erreicht man die Badeinsel am schnellsten, der Flug dauert kaum länger als Start und Landung, nämlich ganze 15 Minuten. Mo–Fr täglich bis zu 10-mal, an den Wochenenden 5- bis 6-mal. Flugpreis: hin und zurück 110 €, Kinder bis 2 Jahre die Hälfte. Den Flugverkehr übernimmt die Tochtergesellschaft der TAP, die Aerocondor. Tickets in allen Reisebüros auf Madeira oder direkt bei der portugiesischen Fluggesellschaft TAP, ✆ 291-524362 (Flughafenbüro), auf Porto Santo ✆ 291-982146, www.flytap.com. Am Flughafen auf Porto Santo gibt es mehrere Autovermietungen (s. u.). Es ist sinnvoll, mit dem Flugticket einen Wagen reservieren zu lassen. Wer mit leichtem Gepäck reist, kann den Weg nach Vila Baleira oder zum Strand auch zu Fuß in 30 Minuten zurücklegen.

• *Mit der Fähre* Auf diese Weise nähert man sich Porto Santo gemächlich, erlebt unterwegs aber eine Seereise an der Süd-

Karte Umschlagklappe hinten

ost- und Ostküste Madeiras entlang. Die Autofähre **Lobo Marinho** der Porto-Santo-Linie stellt die Verbindung an den meisten Tagen 1-mal und freitags/sonntags 2-mal her. Fahrtzeit 2 Std. An Bord gibt es Bars, in denen auch kleine Speisen verkauft werden. Fahrpreis: hin und zurück innerhalb eines Tages April–Sept. ab 54 €, Okt.–März 49 €, Kleinkinder frei, Kinder 5–11 Jahre die Hälfte. Wer nicht am selben Tag zurückkehrt, zahlt 48 € bzw. 39 €. Daneben gibt es Sonderpakete für mehrere Personen mit Auto. Bei 4 Personen kann dies günstiger sein als 4 Einzeltickets. Tickets in allen Reisebüros und im Büro der Porto Santo Line am Cais Sur, gegenüber dem Liegeplatz, oder im Büro in der Innenstadt, Rua da Praia, www.portosantoline.pt. Die Fähre legt im Hafen von Funchal um 8 Uhr ab und kehrt am späten Abend gegen 22 Uhr zurück. Freitags gibt es eine weitere Abfahrt um 19 Uhr und eine Rückkehr um 0.30 Uhr und sonntags um 17.30 bzw. 23 Uhr. Im Zielhafen Porto de Abrigo warten bestellte Leihwagen und Rundfahrtjeeps, Taxen, putzige Kutschen und der Bus nach Vila Baleira (Fahrpreis 1 €). Rückfahrt der Linienbusse, Linie 5, von Vila Baleira 45 Minuten vor Ablegen der Fähre. Wer kein schweres Gepäck dabei hat, kann sich auch zu Fuß nach Vila Baleira aufmachen. Die Straße führt immer am Strand entlang, etwa 30 Minuten Gehzeit.

• *Inselrundfahrten* Üblich sind kleine Gruppen, die im Jeep zu den interessanten Punkten gefahren werden. Im Anschluss bleibt für Tagesgäste noch Zeit für einen Stadtbummel und Strandbesuch. Dieses Programm schon in Funchal komplett im Reisebüro zu buchen ist kaum teurer, als es auf Porto Santo selbst zu organisieren, und der Platz ist sicher. Vor Ort kann es vorkommen, dass alle Plätze (zumindest bei der Rundfahrt am Vormittag) bereits belegt sind. Kostenpunkt auf Porto Santo je nach Wagentyp und Programm 15–30 €, Kinder die Hälfte. Die Veranstalter in der Stadt sind preiswerter als die im Hafen. Eine Rundfahrt im Taxi kostet 40 €/Person bei 2 Std. Dauer. Auch per öffentlichem Bus kann man eine Rundfahrt unternehmen, Kostenpunkt 7,50 €.

Information/Verbindungen

> **Tipp:** Die Verwaltung von Porto Santo hat ein Buch mit vielen Farbfotos herausgegeben. Es beschreibt Gebräuche und Landschaft ebenso wie Hotels (in Portugiesisch und Englisch). **Zita Cardoso, Porto Santo – Roteiro Turístico e Cultural,** Preis 10,50 €, in der Touristeninformation erhältlich.

• *Information* Das **Informationsbüro** für Touristen ist gut mit Material bestückt. Man bekommt neben mehrsprachiger Beratung eine kostenlose Landkarte mit Stadtplan von Vila Baleira, verschiedene Inselprospekte, Listen aller Unterkünfte, Autoverleiher, Restaurants und Rundfahrtveranstalter. Geöffnet Mo–Fr 9–17.30 Uhr, Sa 9–12.30 Uhr. Das Büro liegt im schicken neuen Glaspalast am zentralen Strandzugang, Av. Dr. Gregório Pestana Júnior, ✆ 291-985189.

• *Verbindungen* **Mit dem Bus:** Porto Santo verfügt über mehrere Buslinien, die Vila Baleira mit den kleinen Ortschaften verbinden und auch am kilometerlangen Strand entlangfahren. Nur wenige Verbindungen täglich. Den Fahrplan bekommt man im Büro der Touristeninformation. Die Fahrpreise sind mit 0,60–1,55 € (Kinder bis 12 Jahre die Hälfte) ausgesprochen niedrig.

Mit dem Taxi: Stand an der Tankstelle Av. Dr. Gregório Pestana Júnior.

Mit dem Leihfahrzeug: Moinhi, mit Kiosken am Hafen, an der zentralen Busstation in Vila Baleira und im Büro im Flughafen, ✆ 291-982780, ✆ 291-983264, Mobil 969118900. Alle weiteren Verleiher haben ihre Büros am Flughafen, z. B. **Auto Jardim,** ✆ 291-984937. Die Tarife sind mit 40 €/Tag und mehr etwas höher als auf Madeira.

Mopeds sind auf der kleinen, flachen Insel völlig ausreichend. Auf ihnen kann man sich den Wind um die Nase wehen lassen und sich der Natur näher fühlen. Verleih: Mopeds gibt es bei **Yamaha** gegenüber dem Campingplatz, Tagespreis 20 €, Wochenpreis 115 €.

Fahrräder sind auf Porto Santo ein sehr praktisches Gefährt, weil die Steigungen nicht so stark sind wie auf Madeira und die kleine Insel damit sehr gut erkundet werden kann. Verleih bei **Yamaha** gegenüber dem Campingplatz, Preise je nach Ausstattung 2–2,50 €/Std., 8–12 €/Tag, 48 €/Woche.

Wem 1 PS reicht, der nimmt die Kutsche

Übernachten

Als liebster Urlaubsort der Madeirer verfügt Porto Santo über ein relativ großes Bettenangebot in Hotels, Pensionen, Apartments, über einen großen Campingplatz und rund 100 Betten in Privatunterkünften. Letztere befinden sich überwiegend in **Ferienhäusern** mit Preisen je nach Größe um 60–120 € pro Tag. Es gibt aber auch einige wenige private Zimmervermieter, die Preise liegen pro **Zimmer** bei 30 €. Eine Liste der Privatvermieter erhalten Sie bei der Touristeninformation, die auch bei der Anmietung behilflich ist. In den Sommermonaten ist eine vorherige Reservierung angebracht. Alle großen Hotels und Apartmentanlagen finden Sie auch in den Katalogen der Reiseveranstalter. Im Allgemeinen sind die Zimmerpreise höher als auf Madeira, während der portugiesischen Sommerferien werden sie zudem erhöht und im klassischen Urlaubsmonat Portugals, dem August, steigen in vielen Hotels die Preise noch einmal.

• *In Vila Baleira (Karte S. 239)* **** **Torre Praia Suite Hotel (7),** ruhig am Ortsrand von Vila Baleira und direkt am Strand gelegen. Sehr komfortables Hotel mit 62 Zimmern und mehreren Suiten. Originell: Die Hotelhalle ist um einen alten Wachturm gebaut. Viele Einrichtungen wie Restaurant, Café, Bar, Sauna und Fitnessraum. Große Außenanlage mit Pools. Je nach Zimmer und Saison 120–210 €. Rua Goulart Hadeiros, 9400 Porto Santo, ☏ 291-985292, 📠 291-982487, www.portosantoline.pt.

*** **Hotel Praia Dourada (1),** in ruhiger, strandferner Ortsrandlage von Vila Baleira. Bequemes Hotel mit 100 Zimmern, Garten mit Pools und Bar. Einige Zimmer aber mit Aussicht auf Mauern, keine Balkons. Je nach Saison EZ 78–98 €, DZ 80–110 €. Rua D. Estevão de Alencastre, 9400 Porto Santo, ☏ 291-982315, 📠 291-982489, www.portosantoline.pt.

*** **Residencial Central (2),** ruhig am Ortsrand von Vila Baleira gelegen – nicht in Strandnähe. Neuere, mit 42 Zimmern relativ große Pension. Alle Zimmer mit Badezimmer, TV und Telefon, viele mit Balkon und Meerblick. Je nach Saison EZ 25–45 €, DZ 30–55 €. Rua A. Magno Vasconcelos 1, 9400 Porto Santo, ☏ 291-982226, 📠 291-983460.

Jugendherberge (3), neues Haus, ruhig am Ortsrand gelegen. Verfügt über 65 Betten in Mehrbettzimmern. Preise im Sommer 8 €,

Karte Umschlagklappe hinten

ansonsten 6 €, über 26-Jährige zahlen 3 € zusätzlich. Centro de Juventude Porto Santo, Sítio de Matas, 9400–035 Porto Santo, ✆ 291-983053, siehe auch Jugendherbergen, S. 20.

Campingplatz, am westlichen Rand von Vila Baleira, hinter dem Strand. Hübsche Anlage mit Bäumen und Grünflächen. In den Sommerferien und an den Wochenenden von madeirischen Familien immer gut besucht. Alle erforderlichen Einrichtungen sind vorhanden: Waschräume, Duschen, Spiel- und Sportplatz, eine Cafeteria befindet sich ebenfalls auf dem Gelände. Erwachsene über 25 Jahre 2,80 €, Kinder und Jugendliche 3–25 Jahre 1,70 €. Zelt je nach Größe 3–6,70 €, Caravans je nach Größe 3,50–5,10 €, Wohnmobile je nach Größe 4–6 €. ✆ 291-982160, 📠 291-984922.

• *Außerhalb von Vila Baleira*

**** **Hotel Porto Santo,** direkt am Strand ohne Nachbarn. Vila Baleira lässt sich in einem Spaziergang von 30 Minuten am Strand entlang erreichen. Vor wenigen Jahren komplett umgebautes, komfortables Hotel mit knapp 100 Zimmern, Restaurant, Bar, parkartiger Außenanlage mit Pool und diversen Sporteinrichtungen wie Tenniscourt und Minigolf, auch Fahrradverleih. Je nach Saison 65–136 €. Campo de Baixo, 9400 Porto Santo, ✆ 291-980140, 📠 291-989149, www.hotelportosanto.com.

Pensão-Residencial Areia Dourado, neues Haus in ruhiger, günstiger Lage zum Strand. Alle Zimmer sind ausreichend eingerichtet und verfügen über Bad und Balkon. Im Haus gibt es eine Cafeteria und ein Restaurant. Je nach Saison 30–55 €/EZ, 45–65 €/DZ. Campo de Baixo, an der hinter dem Strand verlaufenden Straße, Sitio do Esprito Santo, 9400 Porto Santo, ✆ 291-1980110, Mobil: 963811720, www.areiadourada.pt.

Pensão-Residencial Theresia, kleine Pension mit 6 Zimmern in hübscher, ruhiger Lage in der Nähe des Strandes. EZ, DZ und Familienzimmer. DZ 50–65 €. Campo de Baixo, 9400 Porto Santo, ✆ 291-983683, 📠 291-983683.

Apartamentos Turisticos Paraíso Dourada, neue Apartmenthausanlage, etwa 300 m bis zum Strand, zu dem die Landstraße überquert werden muss, aber in ruhiger Umgebung mit eigener Grünanlage und Kinderspielplatz. Unterschiedliche, immer großzügig geschnittene und gut ausgestattete Apartments für bis zu 6 Personen. Ein neues Einkaufszentrum liegt um die Ecke. Gemessen an den auf Porto Santo üblichen Preisen sehr günstig. Je nach Größe und Saison 50–110 €. ✆ 291-983788, Mobil 962516131, www.areiadourada.pt.

Apartmenthotel Luamar, am westlichen Ende des Strandes in Alleinlage, 113 moderne, gut ausgestattete Apartments in einer Anlage mit Pools, Tennisplatz, Sauna,

Die Alten spielen am liebsten Domino

Traditionelle Windmühle

Geschäften und Minisupermarkt. Regelmäßiger, kostenloser Fahrdienst nach Vila Baleira. Zum Fischerörtchen von Ponta da Calheta ist es nicht weit. Preis pro Apartment und Tag, jeweils mit Frühstück, für 2 Personen, je nach Saison und Lage zum Strand: 98–192 €. Cabeço da Ponta, 9400–030 Porto Santo, ✆ 291-984121, 📠 291-983100, www.portosantoline.pt.

• *Abseits des Strandes* Wer ausnahmsweise nicht am Strand wohnen möchte, wird sich in der Oase **Quinta do Serrada** an der Nordküste wohlfühlen. 150 Jahre altes, restauriertes Herrenhaus, mit edel eingerichteten, großzügigen Suiten und Zimmern. Bar, Restaurant, schöner Garten mit Pool (siehe auch S. 245). Preise je nach Zimmergröße und Saison 40–150 €. Sítio do Pedregal, 9400 Porto Santo, ✆ 291-980270, 📠 291-980279.

Casa Rosário Coelho, ein Projekt von Madeira Rural. Ein 170 Jahre alter Bauernhofkomplex in Serra de Fora wurde restauriert und bietet vielfältige Übernachtungsmöglichkeiten in Zimmern, Apartments und Ferienhäusern, in denen bis zu 6 Personen wohnen können. Im Verhältnis sehr günstig: DZ 30–50 €, Ap. und Häuser 80–100 €. Reservierung über Madeira Rural, siehe S. 19. www.madeira-rural.com.

• *Apartment- und Ferienhausvermietung auf der ganzen Insel* Reisebüro **Lazemar;** Rua Joao Gonçalves Zarco 66, ✆ 291-983379, 📠 291-983616, lazermar@sapo.pt.

Essen/Nachtleben

• *In Vila Baleira (Karte S. 239)* **Solar do Infante (5),** sehr gutes Restaurant in sehr guter Lage im Gebäude der Touristeninformation. Terrasse mit Blick auf Strand und Meer. Sehr gepflegt mit schön gedeckten Tischen. Suppen schon ab 2,50 €, Zwischengerichte um 5 €, Fisch- und Fleischgerichte 8–10 €.

Rest. Arsénios (4), nettes Restaurant mit Fischgerichten und italienischer Küche. Die Pizzen gelten als die besten von Porto Santo. Mittlere Preise, Hauptgerichte um 8 €. Av. Dr. Manuel Gregório Pestana Junior.

Rest. O Forno (6), gutes, solides Restaurant mit regionaler Küche von Espetada bis Bacalhautöpfen, den typischen Stockfischgerichten der Portugiesen. Mittlere Preise, Hauptgerichte 8–10 €. Geöffnet tägl. 12–15.30 und 18–22.30 Uhr, Rampa da Fontinha.

• *In der näheren Umgebung* Campo de Baixo, **Restaurant Gazela,** bekannt für seine guten Fleischspieße, aber auch für gut zubereitete Fischgerichte. Mittlere Preise. An der Straße zur Quinta das Palmeiras.

Karte Umschlagklappe hinten

Lapeira/Campo de Baixo, **Rest. A Lua,** originelles Lokal, in dem viele Speisen im Topf auf den Tisch gestellt werden. Spezialitäten sind hier Fischgerichte, Hähnchen und hervorragende Gemüseplatten. Sítio da Lapeira.

• *Im Westen* **Rest. O Calhetas,** am Strandende, gegenüber der Ilheu de Baixo gelegen. Schönes, neues Lokal mit großer Terrasse. Es gibt gute Fischgerichte, ein Besuch lohnt sich aber auch, um in aller Ruhe und in schöner Umgebung Kaffee zu trinken oder ein Eis zu löffeln. Eher hohe Preise, Lapas 10 €, Fischgerichte 10–15 €. Sitio da Caletha.

Rest. Adega das Levadas, für seine guten Fleischspieße ist auch dieses Restaurant bekannt. Sie finden es auf dem Weg hinauf zum Miradouro das Flores.

Rest. Pé na Água, seine Spezialität sind Gerichte mit Oktopus und gemischte Fischplatten. Am Campingplatz, Sítio das Pedras Pretas.

• *Nachtleben* Das kleine Vila Baleira hat zumindest in den Sommermonaten ein reges Nachtleben. Alle großen Hotels bieten ihren Gästen entsprechende Unterhaltung. Am elegantesten ist die Disco Porão beim Hotel Torre Praia.

Einkaufen/Adressen

Surfen nur mit eigenem Brett

• *Einkaufen* **Lebensmittel:** Die Markthalle in Vila Baleira, in der Obst, Gemüse, Fleisch und Fisch angeboten werden, hat täglich geöffnet (vgl. Stadtplan).

Der größte, gut sortierte **Supermarkt** liegt auf der Strandseite der Durchgangsstraße Av. Dr. Manuel Gregório Pestana Junior.

Bäckereien/Konditoreien, am neuen Platz im Zentrum und an der Av. Dr. Gregório Pestana Júnior, Ecke Rua Bartolomeu Perestrelo.

Kunsthandwerk: Im Angebot sind vor allem Arbeiten aus Palmstroh. Kleine Figuren und sehr fein gearbeitete Hüte. Das Kunsthandwerkerzentrum, in dem Sie auch einkaufen können, liegt im selben Gebäude wie die Touristeninformation.

• *Adressen/Telefonnummern* **Banken:** Drei Bankfilialen in Vila Baleira (vgl. Stadtplan).

Apotheke: Vila Baleira, Av. H. Vieira de Castro.

Gesundheitszentrum: Centro de Saúde, Vila Baleira, Rua Dr. José D. Lima, ☏ 291-982211/982299.

Reisebüros: Porto Santos Line, neben dem Hotel Dourada. Die **Agências Blandy** und **J.F.M.** liegen in der Durchgangsstraße gegenüber der Tankstelle bzw. neben dem Supermarkt. Reisebüro **Lazemar;** Rua Joao Gonçalves Zarco 66, ☏ 291-983379, ☏ 291-983616, lazermar@sapo.pt.

Sport/Ausflüge

• *Sport* **Tauchen:** Das Tauchrevier beginnt in Küstennähe. Steil abfallende Basaltformationen führen bis in 5000 m Tiefe. So weit muss man allerdings nicht hinunter, um eine Vielzahl von Großfischen in ihrem Element zu beobachten. Beeindruckende Rochen, Drückerfische, kapitale Zackenbarsche, bis zu 2 m lange Makrelen, farbenprächtige Papageienfische und Barrakudaschwärme gehören dazu. Riesige Anemonen und Garnelen beleben den Meeresgrund. Rund 30 gute Tauchplätze liegen rund um Porto Santo. Tauchkurse und Tauchgänge bietet an: **Porto Santosub,** im Club Naval neben dem Hafen, 9400 Porto Santo, ☏ 291-984259, Mobil 916033997. www.portosantosub.com.

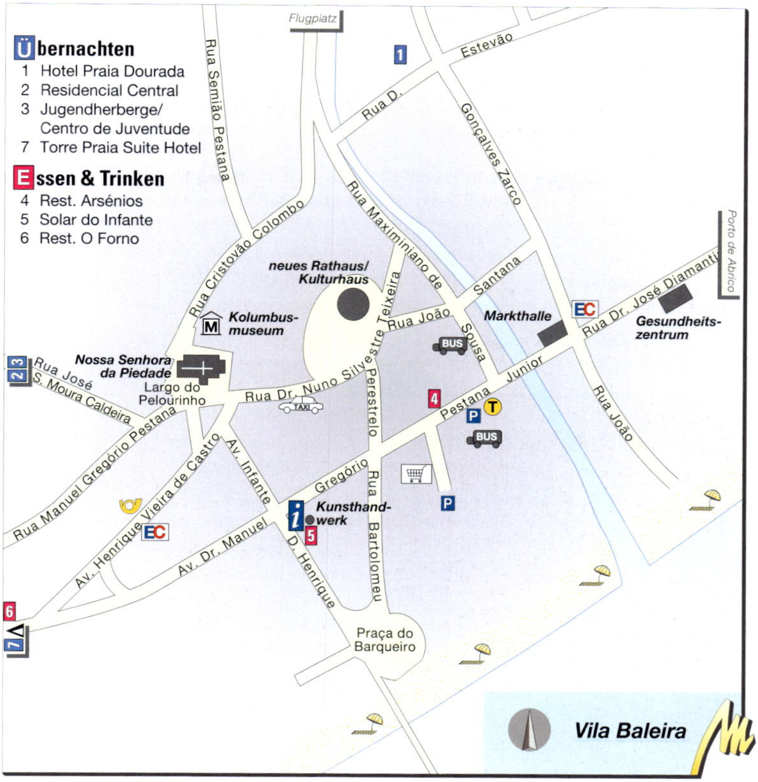

Die erforderliche Ausrüstung kann an Ort und Stelle geliehen werden.

Reiten, Centro Hípico de Porto Santo, Sítio da Ponta, Quinta dos Profetas, ✆ 291-983258.

Golf, der neue Golfplatz wurde vom Meister Severiano Ballesteros persönlich entworfen. 18 Löcher, Par 72, Daneben liegt eine Par-3-Kurzbahn. Durch die Anlage eines 2. Platzes auf dem Gelände, ebenfalls mit 18 Löchern, wird die Anlage die Plätze auf Madeira bald übertreffen. **Campo de Golfe do Porto Santo,** Sitio da Lapeira (im Südwesten). ✆ 291-983778.

Tennis, eine der größten Tennisanlagen Portugals liegt in Campo de Baixo, unweit des Golfplatzes. Neben Freiplätzen (auch für Federball) gibt es eine Tennishalle für Turniere. Geöffnet tägl. 9–19.30 Uhr, **Porto Santo Ténis,** ✆ 291-982584.

• *Ausflüge mit dem Boot, Angeltouren, Parasailing und Wasserski* Bei **Mar Dourada** im Programm. Jeden Vor- und Nachmittag startet ihr Schiff zu einer Fahrt entlang der Südküste und zu den vorgelagerten Inseln. Mit etwas Glück lassen sich unterwegs Delfine beobachten. Preis für die Bootstour: Erw. 30 €, Kinder die Hälfte, Reservierung und Kartenverkauf direkt an Bord, im Hafen oder Mobil 965354781 und 963970789.

Wandern

Wegen des geringen Verkehrs und weil viele Wege noch nicht asphaltiert sind, lässt sich Porto Santo auch gut zu Fuß erforschen. Die Gipfel sind immer lohnende Ziele, zumal die Zufahrtsstraßen immer an den Aussichtspunkten unterhalb enden.

Bisher (2006) sind nur sehr wenige Wanderwege und -pfade ausgeschildert. Die Ausgangspunkte von zweien lassen sich mit der unten beschriebenen Rundfahrt erreichen.

Vila Baleira

Porto Santos einziger nennenswerter Ort, auch schlicht und einfach Cidade – Stadt – genannt, ist selbstverständlich auch kulturelles und verwaltungstechnisches Zentrum. Entsprechend der Einwohnerzahl von etwa 2500 gibt es rund um den hübsch gestalteten Hauptplatz, Largo do Pelourinho, zwischen Kirche, Rathaus und Kulturhaus nur wenige städtische Straßen. Viele Häuser liegen locker verstreut und von kleinen Gärten umgeben im Ort.

Viel gibt es hier nicht anzuschauen, Ort und Insel waren immer arm, da hat es weder zu prächtigen Quintas noch zu eindrucksvollen Sakralbauten gereicht. Dreh- und Angelpunkt ist der in einiger Entfernung zum Strand liegende Platz **Largo do Pelourinho** mit schönem Mosaikboden aus verschiedenfarbigen Strandkieseln und hohen Palmen. Hier stehen sich das alte Rathaus und die Pfarrkirche gegenüber und in den Nebenstraßen reiht sich Straßencafé an Straßencafé.

Das alte **Rathaus,** eines der wenigen erhaltenen Gebäude aus dem 16. Jh., ist ein schönes Beispiel portugiesisch-maurischer Architektur aus der Renaissance. Die beiden Treppenaufgänge werden von Drachenbäumen flankiert, deren Äste auf ihr Alter schließen lassen: Nur alle 15 Jahre soll diese Pflanze sich verzweigen.

Barockes Fliesenbild an der Pfarrkirche

Der Grundstein zur Kirche **Nossa Senhora da Piedade** wurde bereits 1430 gelegt, der Großteil des Baues und die Inneneinrichtung stammen aber aus dem 17. Jh. Teile des ursprünglichen gotischen Kirchleins sind auf der Südseite erhalten geblieben. Leuchtend weiß und mit barocken Kachelbildern verziert, ist sie ein echtes Schmuckstück. Rechts der Kirche erweitert sich der Platz um ein neues Areal, das von ebenfalls neuen öffentlichen Gebäuden wie dem neuen Rathaus und einem Kultur- und Kongressgebäude gesäumt ist. Bei unserem Besuch waren beide jedoch geschlossen. Links neben der Kirche führt eine Gasse zu einem recht bescheiden wirkenden, restaurierten Altstadthaus. Nachdem man bei Restaurierungsarbeiten auf Häuserreste aus dem 15. Jh. gestoßen ist, vermutet man, dass an dieser Stelle das Haus von *Bartolomeu Perestrelo* gestanden hat. Hier weilte wohl nicht nur

Vila Baleira im Festtagsschmuck

der erste Legatskapitän Porto Santos, sondern wahrscheinlich auch mehrere Jahre sein weitaus berühmterer Schwiegersohn, *Christoph Kolumbus.*

Kolumbusmuseum: Im unteren Raum neben der Kasse werden wechselnde Ausstellungen präsentiert, bei unserem Besuch 2006 stellten sich junge Künstler des Archipels mit ihren Werken vor. Der erste Raum der ständigen Sammlung ist Portugal als führender Seefahrer- und Handelsnation des 15. und 16. Jh. gewidmet. Kommentiert wird u. a. die Bedeutung der Häfen von Porto Santo und Madeira als Sprungbrett und Verbindung zu den eroberten Gebieten in Übersee, ebenfalls wird die Rolle führender (Adels-)Persönlichkeiten dieser Zeit beschrieben. Cristóvão Colombo, so heißt Kolumbus in Portugal, wird in seiner Funktion als Entdecker für die (konkurrierende) spanische Krone im zweiten Raum vorgestellt. Die Erfolge Portugals und Spaniens führten zum Vertrag von Tordesillas, der die neue Welt zwischen beiden Ländern aufteilte.

Weitere Räume des Museums beschäftigen sich mit der 1724 vor der Nordostküste gestrandeten Galeone „Sloot Teer Hooget“. Von den 254 Menschen an Bord konnten nur 33 gerettet werden. In abenteuerlichen Unternehmungen gelang es später, die Schätze des Schiffes zu bergen.

Öffnungszeiten/Eintritt Di–Sa 10–12.30 und 14–17.30 Uhr, So 10–13 Uhr. Eintritt 2 €.

▸ In Richtung **Strand** geht man am besten über die Palmenallee der Avenida Infante D. Henrique. Sie führt auf die Av. Dr. Manuel Gregorio Pestana Junior, die hier die Funktion einer Promenade hat. Weiter geradeaus kommt man zu einem neu gestalteten Platz mit Grünanlagen, der Praça do Barqueiro, auf dem einige Stelen und Gedenktafeln zur Erinnerung an die Entdeckung und Besiedlung Porto Santos zu finden sind. Weiter geradeaus geht es auf den Landungssteg (Cais). Rechts, d. h. Richtung Westen, beginnt der schönste Strandabschnitt.

Nebeninseln
Karte Umschlagklappe hinten

Felipa und Christoph Kolumbus

Im Jahr 1478 läuteten die Hochzeitsglocken für den bekanntesten aller Entdecker und Eroberer und für Felipa Perestrelo y Moniz, Trägerin eines damals weitaus klangvolleren Namens. Sie war die Tochter des ersten Lehnsherren Porto Santos, Bartolomeu Perestrelo, der gemeinsam mit Zarco und Teixeira das Unternehmen Inbesitznahme von Madeira und seiner Nebeninseln initiiert und durchgeführt hatte. Zudem stammte der Brautvater aus königlicher Familie. Die Eheschließung seiner Jüngsten hat er nicht mehr erlebt; vermutlich wäre sie unter seiner Obhut auch nie zustande gekommen. Kolumbus, Sohn eines Webers aus Genua, Seefahrer und Kartograf in Lissabon, war alles andere als eine passende Partie für ein Mädchen aus dem Hochadel. Das Happy End einer Liebe, die alle Schranken überwindet, war die Hochzeit aber dennoch nicht. Sie war offensichtlich ein Abkommen mit Vorteilen für beide Seiten.

Felipa Perestrelo y Moniz war bei ihrer Trauung bereits 25 Jahre alt und damit für die damaligen Verhältnisse eine alte Jungfer, deren Lebensperspektive der Nonnenschleier war. Ihre Mutter konnte, als Witwe von Bartolomeu Perestrelo, keine Mitgift aufbringen. Damit war Felipa standesgemäß nicht unterzubringen und musste ohne Bewerber, zunächst als Laienschwester, in das Kloster de Santo in Lissabon, Heimstatt für adlige, unverheiratete Frauen, eintreten.

Christoph Kolumbus interessierte sich weniger für eine Mitgift als für einen Zugang zum Königshaus. Die Idee, über eine Seereise nach Westen den sagenumwobenen Osten zu finden, wollte er den damaligen Beherrschern des Atlantik, dem portugiesischen Königshaus, unterbreiten. Diesen Zugang konnte ihm nur eine Ehefrau aus adligem Geblüt verschaffen. Der Kolumbus-Biograf Fischer-Fabian (S. Fischer-Fabian, *Um Gott und Gold,* Gustav Lübbe Verlag) schildert, wie Kolumbus die Heirat einfädelte. Der Heiratsmarkt für junge Männer aus einfachen Verhältnissen mit Ambitionen zum Adel war die Kapelle des Klosters de Santo. Sie schauten dort beim Gebet weniger auf die Jungfrau Maria neben dem Altar, als auf die in den Bänken knienden Jungfrauen, trafen ihre Wahl und versuchten ihr Glück. Genauso machte es auch Kolumbus.

Die beiden wurden ein Paar, ihr Sohn Diego kam vermutlich noch in Lissabon zur Welt, und weil das portugiesische Königshaus wenig geneigt war, dem weitläufig verschwägerten Kolumbus eine Expedition ins Unbekannte zu finanzieren, siedelte sich die junge Familie vermutlich für mehrere Jahre in Porto Santo an. Madeira und Porto Santo waren dem Seefahrer bekannt, nachweislich war er auf den Inseln schon als Agent im Zuckergeschäft aktiv gewesen. Vor alle anderen Informationen setzt das Kolumbusmuseum in Vila Baleira allerdings ein Fragezeichen. Wahrscheinlich hat er in dem kleinen Haus Nr. 12 hinter der Kirche gewohnt. Möglicherweise hat er im weißen Sand von Porto Santo als Strandgut unbekannte Früchte und Hölzer gefunden, die ihn in seiner Vermutung vom Land im Westen bestätigten. Tatsächlich werden von der Strömung regelmäßig Samen und Hölzer aus der Karibik angeschwemmt.

Der weitere Lebensweg von Kolumbus füllt ganze Bibliotheken, von Felipa weiß man lediglich, dass sie ihren Hochzeitstag nur um wenige Jahre überlebte.

Wohnte hier Kolumbus?

Sehenswertes in der Umgebung

Westlich von Vila Baleira: Zwei Aussichtsplätze und ein Park lohnen einen Abstecher nach Westen. Vom **Miradouro das Flores,** hoch oben auf der Steilküste ganz im Südwesten, schaut man auf die Inseln Ilheú de Baixo und Ilhéu de Ferro, an klaren Tagen bis nach Madeira und hinunter auf den Strand. Wegen der geologischen Formationen gilt der **Miradouro Pedreira** am Hang des Pico Ana Ferreira als einer der interessantesten Aussichtspunkte. Von oben schaut man nach Südwesten auf die karge Landschaft. Im völligen Kontrast dazu gestaltet sich der Blick nach Nordwesten auf den neuen, immergrünen Golfplatz. Über die Abfahrt nach Campo de Baixo erreicht man die **Quinta das Palmeiras** (ausgeschildert). Im kleinen Park, der mit seinen subtropischen Bäumen wie eine Oase wirkt, hat Senhor Camanel einen kleinen Zoo mit vielen Vögeln, Gänsen, Enten sowie weißen und schwarzen Schwänen angelegt. Öffnungszeiten: im Sommer täglich 10–13 und 15–17 Uhr. Die Öffnungszeiten zu anderen Jahreszeiten bitte bei der Touristeninformation erfragen. Eintritt 2 € Auf dem Weg dorthin fahren Sie übrigens am empfehlenswerten Restaurant Gazella vorbei (s. o.).

Strandspaziergänge: Herrlich ist es, im weichen Sand immer am Meeressaum entlangzugehen. Kopfbedeckung nicht vergessen! Am schönsten ist der Abschnitt von Vila Baleira nach Westen. Selbst im Sommer wird man weite Strecken für sich allein haben. Wer nicht hin- und zurückgehen möchte, kann für eine Etappe auf der parallel zum Strand verlaufenden Straße den Bus nehmen (wenige Abfahrten). An den Hotels Porto Santo, Luamar und in Ponta da Calheta kann man sich alternativ dazu ein Taxi nehmen (wegen der kurzen Strecke nicht besonders teuer). Wer mag, geht die ca. 7 km bis Ponta da Calheta zu Fuß, im Westzipfel direkt gegenüber den Felsen der Ilhéu de Baixo, die wegen ihrer Kalkvorkommen auch Ilhéu de Cal genannt wird.

Essen Am Strandende liegt das **Restaurant O Calhetas,** s. o. Wer nicht so weit laufen möchte, kann sich auf den Hotelterrassen unterwegs stärken.

Karte Umschlagklappe hinten

Rundfahrt: Von Vila Baleira nach Norden und über den Osten zurück

Wer mit dem Rad unterwegs ist, muss sich auf einige Steigungen gefasst machen und auf den Pico do Castelo bestimmt eine Weile schieben. Man kann ihn aber getrost auslassen, denn gegen Ende der Tour hat man auch vom Aussichtsplatz Portela einen schönen Blick auf Porto Santo. Unterwegs kann man sich zu einer oder zwei Wanderungen entscheiden.

Ähnlich wie die professionellen Inselrundfahrer kann man im Pkw alle sehenswerten Punkte in zwei Stunden besichtigen, wer individuell unterwegs ist, sollte sich jedoch mehr Zeit lassen. Unterwegs gibt es mehrere schöne Plätze; wenn man ein Picknick an einem Aussichtsplatz oder stillen Plätzchen am Meer vorzieht, sollte man sich in Vila Baleira mit den nötigen Zutaten eindecken. Getränke sollten Sie auf jeden Fall mitnehmen.

Zunächst führt die Fahrt auf den **Pico do Castelo,** der zwar nicht der höchste Berg, aber durch seine Kegelform und fortgeschrittene Bewaldung der schönste Gipfel Porto Santos ist. Die Straße hinauf ist in gutem Zustand und ausgeschildert. Sie endet an einem Aussichtspunkt. Man überblickt von hier aus Porto Santo und seinen Strand in ganzer Länge. Bei klarem Wetter zeigt sich Madeira, häufig verhüllen aber Wolken die Hauptinsel des Archipels. Eine Kanone erinnert an die Zeiten, als Piratenüberfälle die Bewohner bedrohten und hier oben die Fluchtburg stand. Vom Aussichtspunkt gelangt man auf einem Pfad in ca. 20 Minuten zum höher gelegenen Gipfel. Unterwegs lässt sich die mühevolle Arbeit der Aufforstung nachvollziehen. Wenige Meter unterhalb des Gipfels steht die Büste des Initiators der Aufforstung, *António Schiappa de Azeveda*. Am Wochenende herrscht an den Picknicktischen und Grillplätzen viel Betrieb, denn diesen schönen, schattigen Platz wissen auch die Einheimischen zu schätzen.

Weiter geht es nach **Camacha** am nördlichen Ende des Flughafens. Früher baute man hier Weizen an, heute wird in Camacha vor allem Wein angepflanzt – und man schenkt ihn hier sogar aus. Aber Vorsicht: er ist sehr gehaltvoll.

• *Essen* Camacha ist bekannt für seine über dem offenen Feuer gegrillten Hähnchen. So serviert man sie im **Restaurant Torres** und im **Restaurant Estrella del Norte.** Wenn Sie nicht allzu hungrig sind, dann gedulden Sie sich aber lieber noch etwas, denn die **Quinta do Serrada** (s. u.) ist ein viel angenehmerer Aufenthaltsort.

Über eine ausgeschilderte Stichstraße, die westlich von Camacha in Richtung Meer führt, erreicht man die Quelle **Fonte da Areia.** Sie entspringt dicht über der See.

Am Goldstrand

Ihr Wasser soll ein wahrer Jungbrunnen und, an Ort und Stelle getrunken, besonders wirksam sein. Tische und Bänke neben dem Quellenhaus verwandeln sie in einen angenehmen, stillen Picknickplatz. Die steile Küste oberhalb wirkt wie eine von der Natur geformte Sandsteinskulptur. Ein Pfad führt zu einem beliebten Angelplatz hinunter ans Meer.

Weiter geht es zurück über Camacha in Richtung Osten. Kurz hinter dem Ort ist die **Quinta do Serrada** ausgeschildert. Der Abstecher lohnt sich, denn in dem ansonsten trockenen Landstrich wirkt dieser Garten mit seinem Vogelgezwitscher geradezu paradiesisch. Zu dem ca. 150 Jahre alten Anwesen, in dem man auch übernachten kann (s. o.), gehören ein Restaurant mit Gartenterrassen, Grillplatz, Teich und ein Schwimmbad.

Tipp: Das Restaurant der Quinta do Serrada ist im Landhausstil eingerichtet. Serviert werden in herrlicher Umgebung regionale Spezialitäten, die hier auch nicht teurer sind als anderswo.

Zunächst geht es noch weiter Richtung Osten. Nur wenige hundert Meter hinter der Quintaabfahrt beschreibt rechts der Straße eine Informationstafel den ausgeschilderten **Wanderweg auf den Pico do Castelo.** Der Berg wird vor Erreichen des Gipfels umrundet. Je nach Variante ist die Strecke in eine Richtung zwischen 3,2 und 4,6 km lang und dauert 1 ½ bis 2 Stunden, dabei müssen 210 Höhenmeter überwunden werden.

Die Straße führt weiter durch wüstenhafte Landschaft, ein Picknickplatz mit Ausblick auf Küste und ins Meer verstreute Felseninseln wird passiert und bald darauf bietet sich erneut eine Wandermöglichkeit. Links der Straße ist ein **Wanderweg zum Pico Branco und zur Terra Chá** oberhalb der Küste ausgeschildert und beschrieben. Dieser ist mit einer Länge von 2,7 km, 1 ½ Stunden Gehzeit in eine Richtung und 260 Metern Höhenunterschied angegeben. Zunächst geht es auf den deutlich vor Ihnen liegenden Hügel, den Pico Branco, und dann hinunter in die Terra Chá, ein Naturschutzgebiet für nur auf Porto Santo vorkommende Pflanzen.

Karte Umschlagklappe hinten

Die Fahrt führt nun nach Süden. Man passiert **Serra de Dentro,** eine ehemals wichtige landwirtschaftliche Zone, doch die Terrassenfelder und Bauernhäuser sind schon seit vielen Jahrzehnten aufgegeben. Ziegen, Schafe und vereinzelte Kühe zupfen an dem kümmerlichen Grün. An mehreren Stellen bemüht man sich, das spärliche Regenwasser in ehemaligen Bachläufen zu stauen und diese so als Viehtränken zu nutzen. Rund um den Weiler **Serra de Fora** verdichtet sich das Grün. Nach all der Dürre zuvor wirkt das Örtchen mit Bäumen und Palmen wie eine Oase.

Bei Inselkennern und Wanderern wird das **Restaurant Teodorico** (Zufahrt ausgeschildert) als guter Tipp für üppige Fleischspieße gehandelt. Allerdings öffnet das Restaurant nur abends und nach vorheriger Anmeldung. ✆ 291-982522.

Es folgt der Aussichtsplatz von **Portela.** Von der Höhe schaut man auf den Strand und den gesamten Südwesten. Gleich nach der nächsten Kurve stehen als restaurierte Museumsstücke drei der **Windmühlen,** für die Porto Santo bekannt ist. Ihr mit Rädern versehener Baukörper ruht auf einem runden Plateau und ließ sich auf diese Weise einst in jede Windrichtung drehen.

Über eine Stichstraße erreichen Sie den letzten sehenswerten Punkt der Rundfahrt, die **Kapelle Nossa Senhora da Graça.** Ihre Vorgängerin war eine der ersten Kirchenbauten und wurde 1533 vollendet, nachdem die Jungfrau Maria sich hier offenbart haben soll. Das jetzige Kirchlein stammt aus dem 19. Jh., vollendet wurde es jedoch erst 1949. Am 15. August (Mariä Himmelfahrt) steht es im Zentrum eines Festes, als dessen Bestandteil der „Baile Sério", der „Ernste Tanz", aufgeführt wird.

Ilhas Desertas und Selvagens

Beide Inselgruppen gehören zum Territorium von Madeira. Die Desertas (die „Verlassenen") sind Teil des Archipels und liegen 18 km vor der Südostküste Madeiras. Die Selvagens (die „Wilden") bilden einen eigenen kleinen Archipel und liegen 280 km weiter südlich, also wesentlich näher an den Kanarischen Inseln. Beide Gruppen sind Teile von Naturschutzgebieten, die ihre Unterwasserwelt weiträumig einschließen. Bis auf Beobachtungsposten der Naturparkverwaltung sind sie unbewohnt und dürfen nur mit Sondergenehmigung betreten werden.

Ilhas Desertas

Schon während der Fahrt vom Flughafen nach Funchal sieht man sie als ständige Begleiter am Horizont. Wer in Caniço de Baixo wohnt, schaut bei jedem Blick aufs Meer zu ihnen hinüber. Je klarer man sie sehen kann, um so eher ist schlechtes Wetter mit Sturm und Regen von Süden zu erwarten – das sagen jedenfalls die einheimischen Wetterfrösche. Wir fanden allerdings keine Bestätigung für diese Vorhersage.

Drei Inseln zählen zur Gruppe. Im Zentrum erhebt sich der Rücken von **Ilha Deserta Grande** bis auf 442 m, bei 12 km Länge und maximal 2 km Breite. Im Süden schließt sich das nur halb so große **Búgio** an, den nördlichen Abschluss bildet das Felseneiland **Ilhéu Chão.**

Bewohnt waren die unwirtlichen Insel nie. Es gibt keine Süßwasserquellen und damit, abgesehen von den wenigen Litern, die in Grotten sickern, kein Trinkwasser. Auch der Bewuchs ist spärlich, wenn auch für Botaniker von hohem Interesse. Der Legende nach sollen im 16. Jh. Ziegenhirten die Insel als Weide genutzt und sich er-

Von Caniço de Baixo hat man die Ilhas Desertas immer im Blick

folgreich gegen die Besatzung eines Piratenschiffes zur Wehr gesetzt haben. Das ist auch schon die spannendste Geschichte, die man über die Inseln zu berichten weiß. Nach der Eroberung von Madeira setzten regelmäßig Sammler hinüber, die *Orchilla,* ein Kraut, aus dem sich ein lilafarbener Farbstoff gewinnen ließ, von den Küstenfelsen klaubten. Schießwütige Vorbesitzer setzten Kaninchen aus, um die Inseln wenigstens als Jagdrevier nutzen zu können. Die Langohren brachten allerdings mehr Schaden als Freude, sie fraßen die Inseln kahl.

Bis 1990 blieben die Desertas-Inseln in Privatbesitz, zuletzt gehörten sie der aus England stammenden Familie Hinton. Dann machte die Regionalregierung Ernst mit dem Naturschutz und gliederte sie in den Meeresnaturpark Garajau ein.

Naturschutzgebiet Ilhas Desertas

Seitdem Ziegen und Kaninchen von den Felseninseln vertrieben werden, breitet sich der natürliche Bewuchs wieder aus. 184 meist seltene Pflanzen gedeihen wieder, zwei davon gibt es weltweit nur hier. Auch Ornithologen haben ihre Freude, die Inselgruppe ist nicht nur Nistplatz von Hochseevögeln, die auch an anderen Orten zu finden sind, sie bilden hier sogar Kolonien. Auf Búgio befindet sich gar der einzige Nistplatz des seltenen Vogels *Pterodroma Feae*. Auch Falken, Bussarde und eine Eulenart nutzen die Einsamkeit bisweilen zur Aufzucht ihrer Brut.

Unangenehm kann für die hier stationierten Naturschützer die Begegnung mit *Lycosa Ingens* werden, einer nur auf der Ilha Deserta Grande lebenden Vogelspinnenart. Entscheidend für die Einbeziehung der Desertas in den Meeresnaturpark war jedoch die Tatsache, dass hier die letzten acht bis zehn *Mönchsrobben* (Monachus monachus) eine Zuflucht gefunden hatten. Die in Portugal *Lobo*

Karte Umschlagklappe hinten

Marinho genannten Meeressäuger hatten einst zu Tausenden die Südküste Madeiras bevölkert und waren von den Fischern als vermeintliche Fischräuber brutal abgeschlachtet worden. Weltweit stehen sie ganz oben auf der Liste der gefährdeten Wirbeltiere. Bereits 1988 wurde eine ständig besetzte Station zu ihrer Bewachung eingerichtet.
Dank des Meeresnaturparks entwickelt sich die Unterwasserwelt zwischen den Desertas und der Südküste Madeiras wieder prächtig. Sporttaucher finden hier ein hervorragendes Revier. Selbst Sportanglern ist die Zufahrt gestattet, nur die Fischer dürfen seit 1990 ihre Angeln nicht mehr auswerfen. Die wenigsten Madeirareisenden haben jedoch die Gelegenheit, das Naturschutzgebiet zu besuchen oder vor seinen Küsten zu tauchen. Um Flora und Fauna dennoch kennen zu lernen, reicht ein Gang ins Naturkundliche Museum, *Museu Municipal de História Natural e Aquário,* in Funchal.

Ilhas Selvagens

Kaum mehr als ein paar Felsen im Atlantik zählen zu dieser Gruppe. Als Hauptinseln gelten Selvagem Grande mit 2,4 km^2 und Selvagem Pequena mit nur 0,16 km^2. Beide werden von ein paar Riffinselchen umgeben. Diese Miniinselgruppe soll ein Unterschlupf des berüchtigten Piratenkapitäns William Kidd gewesen sein.

Hartnäckig hält sich die Legende, er habe hier den geraubten Schatz der Kathedrale von Lima vergraben. Immer wieder starteten Expeditionen zur Hebung des Schatzes, sogar Wissenschaftler wie der Polarforscher Sir Ernest Shackleton beteiligten sich. Er scheiterte genauso wie die Teilnehmer des letzten Versuches in den fünfziger Jahren. Möglicherweise wollte auch die Bankiersfamilie Rocha-Machado ihren Reichtum mit den Schätzen der Selvagens mehren; in ihrem Besitz waren die Inseln bis 1971.

Naturschutzgebiet Ilhas Selvagens

Nach ganz anderen Schätzen suchte 1963 der deutsche Wissenschaftler Günther Maul, und im Gegensatz zu den Goldjägern wurde er fündig. Er fand ein in Millionen von Jahren kaum verändertes Paradies mit seltenen Pflanzen und Vögeln, in dem allerdings eine Spezies vom Aussterben bedroht war: der *Sturmtaucher.* Jedes Jahr zogen von Madeira und den Kanaren Vogelfänger herüber, um die Jungvögel zu töten und getrocknet oder eingesalzen als Delikatesse auf den heimischen Markt zu bringen. Die Berichte von Günther Maul führten zur Übernahme der Inselgruppe durch die madeirische Regionalregierung und ihrer Erklärung zum Naturschutzgebiet. Seit 1976 ist dort ein Wachposten stationiert, der 14 Tage in völliger Einsamkeit lebt, dann wird er abgelöst. Flora und Fauna der Selvagens sind im Naturkundlichen Museum, *Museu Municipal de História Natural e Aquário,* von Funchal dokumentiert.

Etwas Portugiesisch

Elementares

Frau	*dona oder senhora dona*
Herr	*senhor*
Danke (als Mann)	*obrigado*
Danke (als Frau)	*obrigada*
Bitte	*faz/por favor*
Guten Tag (vormittags)	*bom dia*
Guten Tag (nachmittags)	*boa tarde*
Guten Abend (abends)	*boa noite*
Auf Wiedersehen	*adeus*
Bis bald	*até logo*
Hallo	*óla*
Entschuldigung (kann ich bitte mal vorbei?)	*com licença*
Entschuldigung (tut mir leid!)	*Desculpe!*
Keine Ursache	*de nada*
Ja	*sim*
Nein	*não*
Ich verstehe nicht.	*Não entendo*
Ich bin Deutsche(r)	*Sou alemão/ alemã*
Ich heiße ...	*Chamo-me ...*
Sprechen Sie bitte etwas langsamer!	*Fale mais devagar, por favor!*
Was bedeutet das?	*O que quer dizer isso?*
... mieten	*... aluguer*
... sehen	*... ver*
Es ist zu teuer	*é muito caro*
Es ist laut	*É barulhento*
Es ist klein	*é pequeno*
Nach rechts	*à direita*
Nach links	*à esquerda*
Immer geradeaus	*sempre em frente*
Offen	*aberto*
Geschlossen	*fechado, encerrado*
Weinkeller(ei)	*adega*
Trinkwasser	*água potável*
Stadt	*Cidade*
Dorf	*aldeia*
Umgebung	*arredores*
Kunsthandwerk	*artesanato*
Friseur	*cabeleireiro*
Gasthof	*hospedaria*
Rathaus	*câmara municipal*
Toilette	*casa de banho*
Auskünfte	*informações*
Touristenbüro	*turismo*
Bus	*autocarro*
Autobahn	*autoestrada*
Polizeistation	*esquadra de policía*
Landstraße	*estrada*
Nationalstraße	*estrada nacional*
Schnellstraße	*via rápida*
Aussichtspunkt	*miradouro*
Bucht	*bahia*
Hafen	*porto*
Platz	*praça, largo*
Postamt	*estação dos correios*
Briefmarken	*selos*
Schiff	*barco*
Strand	*praia*

Fragen

Wo ist ... ?	*onde está ...*
Wo sind ...?	*onde são ...?*
Gibt es (hier) ... ?	*há (aqui) ...*
Wie komme ich am besten nach ...?	*qual é o melhor caminho para ...?*
was bedeutet ... ?	*o que significa ...?*
Sprechen Sie ...?	*fala ... ?*
... deutsch	*... alemão*
... englisch	*... inglês*
... französisch	*... francês*
... italienisch	*... italiano*
... nur portugiesisch	*... só português*

Im Restaurant

die Speisekarte	*a ementa*
die Rechnung	*a conta*
die Toiletten	*a casa de banho*
Prost!	*saúde !*
bringen Sie mir ...	*traga-me ...*
... noch ein Glas	*... mais um copo*
... noch eine Flasche	*... mais uma garafa*
... noch einen Teller	*... mais um prato*
ich nehme ...	*eu tomo ...*
Frühstück	*o pequeno almoço*
Mittagessen	*o almoço*
Abendessen	*o jantar*
Kleinigkeiten/"tapas"	*petiscos*
eine Suppe	*uma sopa*
... Gemüsesuppe	*... de legumes*
... mit Meerestieren	*... de mariscos*
... Fischsuppe	*... de peixe*
einen (gemischten) Salat	*uma salada (mista)*
ein Sandwich mit ...	*um sandes com*
... Käse	*... queijo*
... gekochten Schinken	*... fiambre*
... rohem Schinken	*... presunto*
Toast	*tosta*
Gemüse	*legumes*
Reis	*arroz*
Kartoffeln	*batatas*
Salz und Pfeffer	*sal e pimenta*
Zucker	*açúcar*
Nachspeisen	*sobremesas*

Fische

(gegrillte) Sardinen	*sardinhas (assadas)*
Stichling	*carapau*
Thunfisch	*atum*
Weißfisch	*pescada*
Degenfisch	*peixe-esparda*
Schwertfisch	*espardarte*
Meerbrasse	*besugo*
Rotauge / Brasse	*sargo*
Seebarsch	*robalo*
Meerbarbe	*salmonete*
Makrele	*cavala*
Silberbarsch	*cerne*
Seeteufel	*tamboril*
Seezunge	*linguado*
Krabben	*camarão*
große Krabben	*gambas*

Fleisch

Schwein	*porco*
Lamm	*borrego*
Zicklein	*cabrito*
Kaninchen	*coelho*
Hühnchen	*frango*
Wildschwein	*javali*
Ente	*pato*
Spanferkel	*leitão*
Truthahn	*peru*
Rind	*vaca*
Kalb	*vitela*

Zubereitung	*modo de preparação*
gebraten	*assado*
gut durch	*bem passado*
rot	*corado*
gekocht	*cozido*
frittiert	*frito*
geräuchert	*fumado*
gegrillt	*grelhado*
geschmort	*guisado*

Nachspeise	*sobremesas*
Milchreis	*arroz doce*
Puddingteilchen	*bola com creme*
Kuchen	*bolo*
Eiscreme	*gelado*
Sahne	*nata*
Törtchen	*pastel*

Getränke	*bebidas*
„Expresso"-Kaffee	*o café*
Milchkaffee im Glas	*o galão*
Milchkaffee in der Tasse	*café com leite*
großer schwarzer Kaffee	*café duplo*
kleiner Milchkaffee	*o garoto*
frischgepresster O-Saft	*sumo laranja natural*
Wasser ohne/mit "Gas"	*aqua sem/com gas*
ein kleines Bier vom Fass	*um imperial*

Zahlen und Zeiten

1	*um/uma*
2	*dois/duas*
3	*três*
4	*quatro*
5	*cinco*
6	*seis*
7	*sete*
8	*oito*
9	*nove*
10	*dez*
11	*onze*
12	*doze*
13	*treze*
14	*quatorze*
15	*quinze*
16	*dezasseis*
17	*dezassete*
18	*dezoito*
19	*dezanove*
20	*vinte*
30	*trinta*
40	*quarenta*
50	*cinquenta*
60	*sessenta*
70	*setenta*
80	*oitenta*
90	*noventa*
100	*cem*
105	*cento e cinco*
200	*duzentos, duzentas*
300	*trezentos, trezentas*
1.000	*mil*
2.000	*dois mil*
1.000.000	*um milhão*
2.000.000	*dois milhões*
1.000.000.000	*mil milhões*

Tageszeit

morgens	*de manhã*
mittags	*ao meio-dia*
gegen Mittag	*pelo meio-dia*
nachmittags	*à tarde*
abends	*à noite*
nachts	*à noite*
heute abend	*esta noite*
gestern	*ontem*
morgen	*amanhã*
übermorgen	*depois de amanhã*
vorgestern	vorgestern
morgen Nachmittag	morgen Nachmittag
heute	heute
Wann?	*Quando?*
Um wie viel Uhr?	*A que horas?*
Stunde	*hora*
Minute	*minuto*
Sekunde	*segundo*

Wochentage

Montag	*Segunda-feira*
Dienstag	*terça-feira*
Mittwoch	*quarta-feira*
Donnerstag	*quinta-feira*
Freitag	*sexta-feira*
Samstag	*sábado*
Sonntag	*domingo*

Monate

Januar	*Janeiro*
Februar	*Fevereiro*
März	*Março*
April	*Abril*
Mai	*Maio*
Juni	*Junho*
Juli	*Julho*
August	*Agosto*
September	*Setembro*
Oktober	*Outubro*
November	*Novembro*
Dezember	*Dezembro*

Zeiten

Wie spät ist es?	*Que horas são?*
Es ist 7 h früh.	*São sete da manhã.*
Es ist 9 h abends.	*São nove da noite*
Es ist 10 nach 4.	*São quatro e dez.*
Es ist viertel nach 6.	*São seis e um quarto.*
Es ist halb 7.	*São seis e meia.*
Es ist (zu) früh.	*É (muito) cedo.*
Es ist (zu) spät.	*É (muito) tarde.*
Der wievielte ist heute?	*A quantos estamos?*

Verlagsprogramm

- Abruzzen
- Adriaküste
- Ägypten
- Algarve
- Allgäu
- Altmühltal & Fränk. Seenland
- Amsterdam *MM-City*
- Andalusien
- Apulien
- Athen & Attika
- Azoren
- Baltische Länder
- Barcelona *MM-City*
- Berlin *MM-City*
- Berlin & Umgebung
- Bodensee
- Bretagne
- Brüssel *MM-City*
- Budapest *MM-City*
- Bulgarien – Schwarzmeerküste
- Kanada – der Westen
- Chalkidiki
- Chianti – Florenz, Siena
- Cornwall & Devon
- Costa Brava
- Costa de la Luz
- Côte d'Azur
- Dolomiten – Südtirol Ost
- Dominikanische Republik
- Ecuador
- Elba
- Elsass
- England
- Franken
- Fränkische Schweiz
- Friaul-Julisch Venetien
- Gardasee
- Genferseeregion
- Golf von Neapel
- Gomera
- Gran Canaria
- Gran Canaria *MM-Touring*
- Graubünden
- Griechenland
- Griechische Inseln
- Hamburg *MM-City*
- Haute-Provence
- Ibiza
- Irland
- Island
- Istanbul *MM-City*
- Istrien
- Italien
- Kalabrien & Basilikata
- Karpathos
- Katalonien
- Kefalonia & Ithaka
- Korfu
- Korsika
- Kos
- Krakau *MM-City*
- Kreta
- Kroatische Inseln & Küste
- Kykladen
- La Palma
- La Palma *MM-Touring*
- Languedoc-Roussillon
- Lanzarote
- Lesbos
- Ligurien – Italienische Riviera, Genua, Cinque Terre
- Liparische Inseln
- Lissabon & Umgebung
- Lissabon *MM-City*
- London *MM-City*
- Madeira
- Madrid & Umgebung
- Mainfranken
- Mallorca
- Malta, Gozo, Comino
- Marken
- Mittel- und Süddalmatien
- Mittelitalien
- Montenegro
- München *MM-City*
- Naxos
- Neuseeland
- New York *MM-City*
- Niederlande
- Nord- u. Mittelgriechenland
- Nordkroatien – Kvarner Bucht
- Nordportugal
- Nordspanien
- Norwegen
- Nürnberg, Fürth, Erlangen
- Oberbayerische Seen
- Oberitalien
- Oberitalienische Seen
- Ostfriesland & Ostfriesische Inseln
- Ostseeküste – Mecklenburg-Vorpommern
- Ostseeküste – von Lübeck bis Kiel
- Paris *MM-City*
- Peloponnes
- Piemont & Aostatal
- Polen
- Polnische Ostseeküste
- Portugal
- Prag *MM-City*
- Provence & Côte d'Azur
- Rhodos
- Rom & Latium
- Rom *MM-City*
- Rügen, Stralsund, Hiddensee
- Salzburg & Salzkammergut
- Samos
- Santorini
- Sardinien
- Schottland
- Schwäbische Alb
- Sinai & Rotes Meer
- Sizilien
- Skiathos, Skopelos, Alonnisos, Skyros – Nördl. Sporaden
- Slowakei
- Slowenien
- Spanien
- Südböhmen
- Südengland
- Südfrankreich
- Südmarokko
- Südnorwegen
- Südschweden
- Südtirol
- Südtoscana
- Südwestfrankreich
- Teneriffa
- Teneriffa *MM-Touring*
- Tessin
- Thassos, Samothraki
- Toscana
- Tschechien
- Tunesien
- Türkei
- Türkei – Lykische Küste
- Türkei – Mittelmeerküste
- Türkei – Westküste
- Türkische Riviera – Kappadokien
- Umbrien
- Ungarn
- Usedom
- Venedig *MM-City*
- Venetien
- Wachau, Wald- u. Weinviertel
- Westböhmen & Bäderdreieck
- Wien *MM-City*
- Zakynthos
- Zypern

Aktuelle Informationen zu allen Reiseführern finden Sie im Internet unter
www.michael-mueller-verlag.de

Michael Müller Verlag GmbH, Gerberei 19, 91054 Erlangen
Tel. 0 91 31 / 81 28 08-0; Fax 0 91 31 / 20 75 41; E-Mail: mmv@michael-mueller-verlag.de

Register

A

Abrabucht (Baía de Abra) 200
Achada Teixeira, Ebene 167
Achadas da Cruz 141
Açorda 42
Água de Pena 188
Aguardente 134
Amelia von Brasilien, Kaiserin 38
Anreise mit dem Flugzeug 13
Anreise mit dem Schiff 14
Apotheken 57
Architektur 90
Arco da Calheta 135
Arco Sao Jorge 160
Ärztliche Versorgung 57
Atun, Thunfisch 43
Ausflüge 24
Autovermietung 48
Azeveda, António Schiappa de 232

B

Bacalhau, Stockfisch 43
Baden 58
Baía de Abra (Abrabucht) 200
Bananen 39
Banken 62
Barbusano, Lorbeerart 30
Bevölkerung 12
Bier 44
Biken 21
Blandy's Garden 116
Boal, Madeirawein 45
Boaventura 159
Bolo de Caco 44
Bolo de Mel, Honigkuchen 44, 67
Borracho 172
Botanischer Garten 102
Briefmarken 69
Busverbindungen 47

C

Cabanas, Aussichtspunkt 161
Cabo Girão 124
Café Relógio 205
Caldeira de Peixe 42
Caldo verde 42
Calheta 132
Camacha 202
Camacha (Porto Santo) 244
Câmara de Lobos 119
Caniçal 195
Caniço 177
Caniço de Baixo 179
Canyoning 21
Carreiros 109
Casa Forestal Pico das Pedras 167
Chão da Ribeira 148
Charterflüge 13
Churchill, Winston 119
Curral das Freiras 112

D

Desertas, Inselgruppe 246
Dorset, Anne 36, 189
dos Passos, John, Schriftsteller 131
Drachenbaum 231

E

Einreisebestimmungen 60
Eira do Serrado, Aussichtspunkt 115
Elisabeth von Österreich, (= Sisi) 38
Encumeada-Pass 220
Esmeraldo, João (= Jean d'Esmenaut) 131
Espada, Degenfisch 43
Espetada, Lorbeerspieße 43
Essen 42
Estalagem, Landhotel 19
Estreito da Calheta 135
Estreito de Câmara de Lobos 123
Eukaplytusbäume 32

F

Fachos 190
Fado 82
Fahrradverleih 49
Faial 173
Fanal 149, 226
Fauna 33
Feiertage 60
Feste 60
Filmentwicklung 61
Fischgerichte 43
FKK 59
Fleischgerichte 43
Flora 28
Fonte da Areia, Quelle (Porto Santo) 244
Fotografieren 61
Funchal 72
Fußball 203

G

Garajau 184
Gebäck 44
Geld 62
Geologie 26
Geschichte 35
Geschichte (Porto Santo) 230
Gesundheitszentren 57
Getränke 44
Golf 21
Grutas de São Vicente, Höhlen 146

H

Haustiere 63
Heinrich der Seefahrer 35
Henrique Alemão (= Heinrich der Deutsche) 132
Hochseeangeln 21
Hotelviertel (Funchal) 77

I

Information 63
Insekten 33
Internet 63

J

Jardim do Mar 136
Jardins do Monte Palace 110
Jesuiten 91

K

Kaffee 44
Kanuten 21
Kapitän Kidd, Pirat 248
Karl I. von Österreich, Kaiser 110
Kleidung 64
Klettern 21
Klima 12
Kolumbus, Christoph 36, 131, 241, 242
Konsulate 65
Korbflechterei 202
Korbschlittenfahrten 109
Kreditkarten 62
Kriminalität 65
Kunsthandwerk 66

L

Landkarten 67
Landschaften 25
Lapas 43
Last-Minute-Flüge 13
Laurisilva, Lorbeerwald 30
Levada das 25 Fontes 224
Levadas 23
Linienflüge 14
Literatur 67
Lombada 131
Lorbeerwald, Laurisilva 30

M

Machico 189
Machim, Robert 36, 189
Madalena do Mar 131
Madeirastickereien 66
Madeirawein 45, 66
Malvasia, Madeirawein 45
Manuel I., König 36, 90
Manuelismus 90
Maul, Günther 248
Mauren 90
Medikamente 57
Mönchsrobbe, Lobo Marinho 34, 247
Monte 107
Motorradverleih 49
Mudéjarstil 90
Museu Etnográfico da Madeira 128

N

Nachspeisen 44
Naturschutz 29
Nóbrega, Francisco Alvarez de 188
Notruf 68

O

Oberstadt (Funchal) 95
Öffnungszeiten 68
Orchideengarten 102

P

Paragliding 21
Paúl da Serra, Hochebene 221
Paúl do Mar 137
Pedreira, Aussichtspunkt, (Porto Santo) 243
Penha de Águia, Adlerfelsen 173
Perestrelo y Moniz, Felipa 242
Perestrelo, Bartolomeu 35, 230, 239, 240
Pico da Torre, Berg 123
Pico das Torres 210
Pico do Arieiro 211
Pico do Castelo (Porto Santo) 244
Pico Ruivo, Berg 167, 217
Poncha 44
Ponta da Calheta (Porto Santo) 243
Ponta de São Lourenço 199
Ponta Delgada 157
Ponta do Garajau 184
Ponta do Pargo 140
Ponta do Sol 129
Porto 69
Porto da Cruz 173
Porto Moniz 150
Porto Santo 228
Post 68
Postbank 63
Postlagerung 69
Prainha, Strand 200

Prazeres 138
Preise 69
Profetas 231

Q

Queimadas, Park 167
Quinta, Landgut 19
Quinta da Boa Vista 104
Quinta do Palheiro Ferreiro 116

R

Rabaçal, Wandergebiet 223
Regierung 12
Reis, Luis Eleuterio dos 195, 196
Reiseapotheke 57
Reiseschecks 63
Reisezeit 12
Reiten 21
Ribeira Brava 125
Ribeira da Janela 149
Ribeiro Frio, Naturschutzgebiet 214
Risco-Wasserfall 224

S

Sandes 42
Santa Cruz 185
Santana 162
Santanahäuser, Casas do Colmo 165
Santo da Serra (Sto. António da Serra) 205
São Jorge 162
São Vicente 144
Schwimmen 58
Segeln 21
Seixal 147
Selvagens, Inselgruppe 248
Senhora do Amparo 140
Serical, Madeirawein 45
Serra de Dentro (Porto Santo) 246
Serra de Fora (Porto Santo) 246
Souvenirs 66
Sport 21
Sprache 70
Stadtzentrum (Funchal) 88
Strom 70
Sturmtaucher, Vogelart 248
Suppen 42

T

Tábua 129
Tanken 49
Tauchen 21
Taxis 48
Teixeira, Tristão Vaz 35, 189
Telefonieren 70
Tennis/Squash 21
Terreiro da Luta 112
Trinkgeld 71

V

Verdelho, Madeirawein 45
Verkehr 49
Verkehrsmittel, öffentliche 47
Verwaltung 12
Vila Baleira (Porto Santo) 240
Vinzenz, Heiliger 144
Vögel 34

W

Wale 195
Walfang 195
Wanderführer 68
Wanderunterkünfte 20
Wasser 222
Wasserski 21
Wein 44
Windsurfen 21
Wirtschaft 12

Z

Zarco, João Gonçalves 35, 176, 189
Zeit 71
Zentralgebirge 210
Zoll 71
Zona Velha/Altstadt (Funchal) 93
Zuckerrohrmühlen 173
Zykadeen, Brotpalmfarne 110